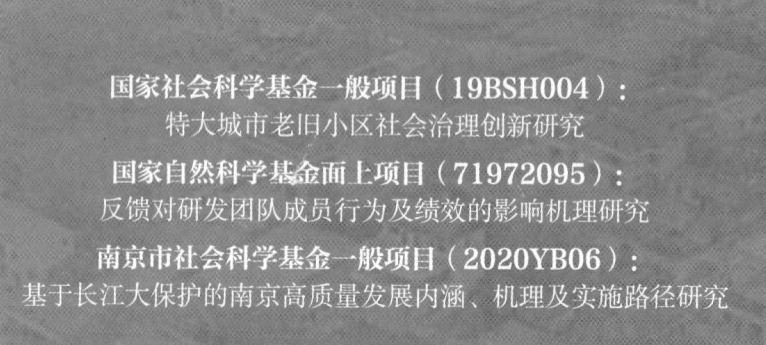

**国家社会科学基金一般项目（19BSH004）：**
特大城市老旧小区社会治理创新研究

**国家自然科学基金面上项目（71972095）：**
反馈对研发团队成员行为及绩效的影响机理研究

**南京市社会科学基金一般项目（2020YB06）：**
基于长江大保护的南京高质量发展内涵、机理及实施路径研究

陶德凯 著

# 乡村居住空间重组研究

**以农业现代化作用下的平原地区为背景**

中国社会科学出版社

### 图书在版编目（CIP）数据

乡村居住空间重组研究：以农业现代化作用下的平原地区为背景／陶德凯著.—北京：中国社会科学出版社，2021.9
ISBN 978 – 7 – 5203 – 8913 – 6

Ⅰ.①乡… Ⅱ.①陶… Ⅲ.①农业现代化—影响—乡村—居住空间—研究—中国 Ⅳ.①C913.31

中国版本图书馆 CIP 数据核字（2021）第 166052 号

| 出 版 人 | 赵剑英 |
|---|---|
| 责任编辑 | 王莎莎 |
| 责任校对 | 张爱华 |
| 责任印制 | 张雪娇 |

| 出　　版 | 中国社会科学出版社 |
|---|---|
| 社　　址 | 北京鼓楼西大街甲 158 号 |
| 邮　　编 | 100720 |
| 网　　址 | http://www.csspw.cn |
| 发 行 部 | 010 – 84083685 |
| 门 市 部 | 010 – 84029450 |
| 经　　销 | 新华书店及其他书店 |
| 印　　刷 | 北京明恒达印务有限公司 |
| 装　　订 | 廊坊市广阳区广增装订厂 |
| 版　　次 | 2021 年 9 月第 1 版 |
| 印　　次 | 2021 年 9 月第 1 次印刷 |
| 开　　本 | 710×1000 1/16 |
| 印　　张 | 28 |
| 插　　页 | 2 |
| 字　　数 | 403 千字 |
| 定　　价 | 168.00 元 |

凡购买中国社会科学出版社图书，如有质量问题请与本社营销中心联系调换
电话：010 – 84083683
版权所有　侵权必究

# 前　言

农，天下之本，务莫大焉。中国自古以来就是一个农耕文明国家，战国时期的秦国商鞅变法、汉武帝时期的盐铁官营、明清时期的海禁闭关锁国，这种总体上"重农抑商"的执政理念一直贯穿于历代封建王朝，虽然存在"维护皇权根基稳定"的因素，但在生产力水平相对落后的封建时期，国家和民族的强盛与否往往取决于人口和粮草的数量，中国古代精耕细作的农业生产方式"恰恰"有效地解决甚至"稳固"了大量农民局限在有限的耕地上。统治者通过"屯田"不断稳定农业生产，稳固农民居屋，不仅解决了大量农民的"口粮"，还在"皇权不下乡"的封建时期实现了社会长期稳定。中华人民共和国成立后，党中央高度重视农业和农村发展，一方面，引导城市知识青年上山下乡，为农村输送新鲜活力；另一方面，大力兴修农田水利，大力提高农业生产力水平，极力改善农村面貌。改革开放后，家庭联产承包责任制的实施，有效激发了乡村社会活力，极大地促进了乡村经济社会发展，尤其是开放程度高、经济条件好的平原地区，新的经营模式和现代化的农业生产方式推动了苏南模式、温州模式、珠三角模式等农村新发展模式层出不穷。

21世纪以来，党中央对"三农"工作前所未有地重视。一方面，全力推进城镇化发展成为国家战略，将其作为调整经济结构和解决"三农"问题的重要途径；另一方面，把工作聚焦到乡村地域空间，首先是"中央1号"文件于2003年再次回归"三农"主题（20世纪80年代末经济体制改革，引领工作重心由农村转向城市，1987年至2002年的"中央1号"文件停发），其后连续多年聚焦"三农"工作

（除 2011 年以水利改革为主题外），特别是 2014 年和 2015 年连续两年强调加快推进农业现代化，着力从顶层进行制度设计，改进农业生产方式，改善农村面貌，提高农业生产力，缩小城乡差距。同时，先后出台了多项指导乡村地区发展，调整城乡关系，促进城乡融合，推动城乡一体化发展的战略思想，从 20 世纪末 21 世纪初的建设社会主义新农村到统筹城乡发展；从农村新社区建设到美丽乡村，再到当前大力实施推进的乡村振兴战略等。

在城镇化和农业现代化快速发展，农业生产方式、组织方式、经营方式产生巨大变化的新时期，平原地区良好的经济基础和自然资源禀赋，使其拥有快速适应现代农业生产方式转型升级的天然优势和基础条件，乡村社会原有的各类生产关系系统，在城镇化的外力拉动和农业现代化的内生推力作用下，都需要自我更新和重构，以适应新的生产力发展需求。乡村居住空间是乡村地域系统最重要的基本单元和空间载体，也是乡村社会空间重构最敏感的单元。农业现代化作用下的平原地区城乡人口、技术、资金、资源等要素流动对传统乡村居住空间和居住模式的冲击影响显然更加显著，乡村居住空间重构的特征、进程、经验也更加具有典型性和代表性。

在生态文明和全面实施乡村振兴战略的新时代，探讨平原地区乡村居住空间演变规律及基于农业现代化作用的平原地区乡村居住空间重构的动力机制，可以为我国乡村地域空间结构理论构建、地域系统研究提供新的思路与方法；以长三角平原地区的南京市为案例，探索区县级乡村居住空间重组模式路径及行动策略，可以推动经济发达平原地区乡村地域空间重组进程，为其他平原地区地域空间研究提供相应经验和垂范。

本书以长三角平原地区的南京市县域乡村居住空间为例，旨在探索专业大户、家庭农场、农民合作社、农业产业化龙头企业等现代农业生产组织方式多样、农业经营模式多元的平原地区乡村居住空间重组的模式路径，力求揭示农业现代化作用下乡村居住空间重组的动力机制和空间组织特征，并提出相应的优化策略。

乡村居住空间是乡村社会发展的"稳定舱"，是乡村经济发展的

"加速器",是乡村生态环境的"蓄水池",是乡土社会的最典型的空间单元。费孝通先生认为,"从基层上看去,中国社会是乡土性的"。因此,乡村居住空间也是中国社会乡土性最本质的空间映射。希望通过本书的研究,能够引起更多学者关注新时代的乡村空间、乡村地域、乡村社会,为乡村振兴贡献更加丰富的理论成果和实践指导。

陶德凯

2020 年 8 月 1 日于南京虹桥

# 目　录

**第一章　绪论** ……………………………………………………（1）
　第一节　研究背景 ………………………………………………（1）
　第二节　研究目的和意义 ………………………………………（4）
　第三节　相关概念辨析 …………………………………………（9）
　第四节　研究内容及框架 ………………………………………（13）
　第五节　研究方法及技术路线 …………………………………（17）

**第二章　国内外相关研究与实践** ………………………………（20）
　第一节　农业现代化的研究进展 ………………………………（20）
　第二节　乡村居住空间的相关研究 ……………………………（40）
　第三节　乡村居民点建设的实践探索 …………………………（51）
　第四节　本章小结 ………………………………………………（66）

**第三章　中国乡村居民点体系的演化历程及特征** ……………（69）
　第一节　农耕文明时期乡村居民点体系的特征解析 …………（70）
　第二节　工业化时期乡村居民点体系的特征解析 ……………（111）
　第三节　本章小结 ………………………………………………（128）

**第四章　农业现代化对乡村人口流动的影响分析** ……………（130）
　第一节　中国农业现代化的内涵特征与发展模式 ……………（131）
　第二节　农业生产规模化对乡村劳动力需求的影响 …………（146）
　第三节　农业生产专业化对乡村劳动就业构成的影响 ………（157）

第四节　农业运营市场化对乡村人际关系网络的影响……（175）
　　第五节　农民公共服务需求提升对乡村人口迁移的
　　　　　　影响 …………………………………………………（182）
　　第六节　综合影响下的乡村人口迁移特征 ………………（189）
　　第七节　本章小结 …………………………………………（193）

第五章　平原地区乡村居住空间演化及影响因子分析 …………（195）
　　第一节　2000年以来溧水乡村居住空间演化与格局
　　　　　　特征 …………………………………………………（196）
　　第二节　潜在影响因子及分析模型拟选 …………………（214）
　　第三节　分析过程及结果评估 ……………………………（217）
　　第四节　本章小结 …………………………………………（236）

第六章　平原地区乡村居住空间重组的动力机制 ………………（237）
　　第一节　农业经济模式变化的推动力 ……………………（238）
　　第二节　农村制度环境的制约力 …………………………（258）
　　第三节　乡村社会关系网络变化的双重作用力 …………（269）
　　第四节　乡村居住空间重组的动力框架模型 ……………（279）
　　第五节　本章小结 …………………………………………（284）

第七章　平原地区乡村居住空间组织的理论模式 ………………（286）
　　第一节　思想基础 …………………………………………（286）
　　第二节　乡村次区域自平衡模式 …………………………（298）
　　第三节　乡村全网络多节点模式 …………………………（311）
　　第四节　不同背景下乡村居住空间组织模式比较 ………（323）
　　第五节　本章小结 …………………………………………（329）

第八章　平原地区乡村居民点体系重组的空间策略 ……………（331）
　　第一节　测度识别乡村居民点体系的现状空间格局 ……（331）
　　第二节　科学预测乡村人口流动的路径及集聚规模 ……（344）

第三节　合理选择乡村居民点重组的空间优化模式……（348）
   第四节　因地制宜确定乡村居民点空间布局规划…………（364）
   第五节　差异引导乡村居民点特色职能发展………………（379）
   第六节　本章小结……………………………………………（389）

**第九章　结论及讨论**……………………………………………（391）
   第一节　结论…………………………………………………（391）
   第二节　研究特色及创新点…………………………………（394）
   第三节　研究不足与展望……………………………………（396）

**参考文献**…………………………………………………………（398）

**附录1　附表**……………………………………………………（415）

**附录2　调查问卷**………………………………………………（432）

# 第一章　绪论

## 第一节　研究背景

在全面实施乡村振兴战略的转型期和机遇期，乡村社会生产、生活、生态空间都需要做出相应的调整，以适应时代发展需求。以工业化、城镇化带动农业现代化实现"四化同步"发展的客观现实，同样要求乡村社会各项要素的空间结构和组织结构能够与时代发展实现无缝衔接。因此，农业现代化背景下的乡村居住空间重组既是宏观战略背景的客观要求，也是乡村社会转型发展的现实需要。

### 一　"四化同步"战略下农业现代化将迎来发展新机遇

长期以来，农业现代化一直是国家发展战略的重要组成部分。从中华人民共和国成立初期的"四个现代化"的宏伟目标制定，到党的十九大提出坚持新发展理念，推动新型工业化、信息化、城镇化、农业现代化同步发展的总体部署，"四化"的内容随着时代背景的变化和国家主要矛盾的变化不断调整和优化，但是"农业现代化"是唯一不变、贯穿始终的国家发展战略。

习近平总书记在2013年12月中央农村工作会议上的重要讲话中指出，农业还是"四化同步"的短板，中国要强，农业必须强。农业现代化之所以成为短板，与我国长期以来缓慢的工业化进程及政府"以农补工"的政策密不可分。随着中国特色"四化同步"战略的实施，在工业化基础上的现代化就不能也不会忽视农业现代化的同步均衡发展。

国家实施"四化同步"发展战略，给农业农村发展的内外环境带来极大变化，加速建设农业现代化成为解决农业问题、推进农业发展的现实迫切需求。在新常态的经济形势下，经济增长从高速回到中高速，发展方式从规模速度的粗放型向质量效率的集约型转变，带来农业发展条件和生产要素的变化，为农业现代化发展提供新的发展环境和新的技术支持；另外，农业、农村是保障经济持续健康发展的"压舱石"，是调节劳动力就业波动的"蓄水池"，是扩大消费的新增长点。只有不断夯实农业基础、恢复农村市场活力、稳步推进农业现代化进程，才能适应新常态发展，才能同步实现新型工业化、城镇化质量的提升。因此，国家"四化同步"战略的实施，是农业现代化发展新的战略机遇期。

## 二 农业现代化发展是实施乡村振兴战略的重要抓手

党的十九大提出实施乡村振兴战略，指出农业农村农民问题是关系国计民生的根本性问题，加快推进农业农村现代化发展是解决乡村问题的重要途径、振兴乡村的根本出路。随着"四化同步"战略的实施，农业现代化在工业化、城镇化及信息化的带动下，将呈现质的突破和提升。构建现代农业产业体系、生产体系、经营体系，完善农业支持保护制度，发展多种形式的适度规模经营，培育新兴农业经营主体，健全农业社会化服务体系，实现小农户与现代农业发展有机衔接，是乡村振兴战略的重要任务，也是农业现代化发展的核心内容。通过农业现代化的发展，促进农村第一、二、三产业融合发展，拓宽农民增收渠道，有效改善乡村社会环境风貌是乡村振兴的重要体现。

## 三 农业现代化将促进乡村人口迁移及空间格局新变化

改革开放以来，年均1%增长率的城镇化发展进程和农村劳动人口向城镇大幅度迁移的现实，显示了城镇化是拉动乡村人口向城镇集中的主动力。尽管"中央1号"文件多年来连续出台支农、惠农的政策（表1-1），为我国的新农村建设和农业现代化发展提供了政策支撑，但是仍然不能扭转农村劳动人口外溢的势头，农村人口向城镇转移的数量仍逐年增加（表1-2）。可见，乡村人口向城镇集中集聚，是城镇化和工业化发展的必然结果，也是城乡社会经济发展的客观规律所在。

表1-1　　21世纪以来中央关于"三农"问题的"中央1号"文件一览表

| 序号 | 时间（年） | 内容 |
| --- | --- | --- |
| 1 | 2017 | 《关于深入推进农业供给侧结构性改革加快培育农业农村发展新动能的若干意见》 |
| 2 | 2016 | 《关于落实发展新理念加快农业现代化　实现全面小康目标的若干意见》 |
| 3 | 2015 | 《关于进一步深化农村改革加快推进农业现代化的若干意见》 |
| 4 | 2014 | 《关于全面深化农村改革加快推进农业现代化的若干意见》 |
| 5 | 2013 | 《关于加快发展现代农业进一步增强农村发展活力的若干意见》 |
| 6 | 2012 | 《关于加快推进农业科技创新持续增强农产品供给保障能力的若干意见》 |
| 7 | 2011 | 《关于加快水利改革发展的决定》 |
| 8 | 2010 | 《关于加大统筹城乡发展力度进一步夯实农业农村发展基础的若干意见》 |
| 9 | 2009 | 《关于2009年促进农业稳定发展农民持续增收的若干意见》 |
| 10 | 2008 | 《关于切实加强农业基础建设进一步促进农业发展农民增收的若干意见》 |
| 11 | 2007 | 《关于积极发展现代农业扎实推进社会主义新农村建设的若干意见》 |
| 12 | 2006 | 《关于推进社会主义新农村建设的若干意见》 |
| 13 | 2005 | 《关于进一步加强农村工作提高农业综合生产能力若干政策的意见》 |
| 14 | 2004 | 《关于促进农民增加收入若干政策的意见》 |

资料来源：根据2004年至2017年"中央1号"文件绘制。

表1-2　21世纪以来农业从业人员数量及农村劳动力转移数量一览表　　（单位：万人）

| 年份（年） | 2003 | 2004 | 2005 | 2006 | 2007 | 2008 | 2009 | 2010 | 2011 | 2012 |
|---|---|---|---|---|---|---|---|---|---|---|
| 农业从业人数 | 31260 | 30596 | 29976 | 29418 | 28641 | 28364 | 28065 | 27695 | 27355 | 27032 |
| 农村劳动力转移数量 | 17711 | 19099 | 20412 | 21558 | 22795 | 23662 | 24534 | 25549 | 26330 | 26826 |

资料来源：根据《中国统计年鉴》整理。

此外，随着现代农业生产方式和经营组织方式的运用，机械生产代替人工劳动、社会化和专业化分工代替传统的计划经营，农村劳动力需求将进一步减少；而中国人口基数大，农村人口比重高，大部分国土面积仍是农业生产空间，即使城镇化水平达到70%，仍有约五亿人生活在农村，因此，当城镇化发展进入内涵发展、提质增效阶段，乡村人口向城镇跨越式异地迁移步伐放缓的同时，乡村人口的内部流动性势必会进一步增强，进而促进乡村社会空间格局的变化与重组。

因此，在城镇化拉动与农业现代化发展的推动下，乡村人口迁移及其带来的社会生活方式和社会空间剧变，是未来乡村社会内不可避免的社会现象。

## 第二节　研究目的和意义

### 一　研究目的

1. 探索农业现代化背景下乡村人口迁移及居住空间重组的动力机制

农业现代化是现代农业生产的发展趋势，平原地区的空间资源优势将随着农业劳动生产率及土地综合产出率的提高而不断彰显。一方面，农业生产规模化经营将直接推动农业生产空间的重构；另一方面，现代农业生产组织和耕作方式，将极大地释放农村劳动力，推动农村人口向城镇空间转移及乡村社会内部流动。传统乡村社会关系网络将随着乡村人口的转移和就业结构的变化而呈现新的结构形式，进而推动乡村社会组织结构的重组。农业生产空间与社会组织结构的重构离不开农村社会的本体——农民，二者的重构交织在乡村空间上最直接的体现是农民生活空间——乡村居住空间重组。本书研究的目标之一，是探索农业现代化经营带来的乡村人口流动特征及乡村居住空间重组的内在动力机制。同时，判别农耕文明向农业现代化转型期乡村居住空间重组的动力转向。

2. 构建平原地区乡村居住重组的空间组织优化模型

乡村居民点体系是乡村经济社会发展和乡村居民生活在空间上的映射，是构成乡村社会空间的基本单元。城镇化和工业化推动城镇空间的内涵重组和向乡村空间的外延扩张同步发展，平原地区的自然条件优势为农业现代化快速发展创造条件，加快了乡村社会结构性重组，在城镇化、工业化拉动作用和农业现代化推动下的乡村社会空间结构如何适应时代发展的需求？尤其是现代农业生产组织方式下乡村经济模式、社会关系的转变带来的乡村社会人口老龄化、乡村居住生活空心化等是乡村未来发展不可回避的结构性问题。本书研究的目标之二，是结合农业现代化背景下的乡村居住空间重组的动力机制研究，建构普适性的空间组织优化模型。

## 二 研究意义

1. 理论意义：丰富和完善乡村地域结构理论

"农业稳则天下安"，反映了稳定的农业生产是农村乃至全社会安定的基础。改革开放以来，家庭联产承包责任制的实施，极大地提升了农民生产积极性，有效提高了农村生产力水平，改善了乡村经济社会发展环境。21世纪以来，城镇化水平的快速提升，加速了城镇对农村富余劳动力的吸附，为农业现代化发展创造有利条件的同时，也深刻地影响着乡村社会空间景象。据统计，2002年至2012年，全国村庄总数由 360 万个剧减至 270 万个，十年间 90 万个村庄消失在广袤的田野间（沈关宝，2015）（图 1-1、图 1-2）。

**图 1-1　因人口流失即将消失的山西盂县宽坪村**

资料来源：http：//picture.youth.cn/rwdl/201310/t20131025_4084815_1.htm。

**图 1-2　因拆迁而即将消失的村庄**

资料来源：http：//picture.youth.cn/rwdl/201310/t20131025_4084815_1.htm。

虽然影响乡村空间的变化与重组的因素众多，既有城市空间扩张和城市功能外溢的外部拉动，也有乡村人口的外迁和乡村文化迷失的自发推动，但从中国农村社会发展的总体进程来看，经过"上千年漫长的自给自足、小规模的农业生产方式"的浸淫，突然"蛙跳式"地向"规模化、机械化和网络化的现代农业生产方式"转变，这种生产关系的巨大变化无疑是影响中国乡村空间发生巨变的重要力量。西方发达国家早在20世纪六七十年代就基本实现了农业现代化，尽管因为土地、人口及自然资源禀赋条件不同而出现了不同的农业现代化发展模式，但是都对本国乡村空间的演变产生了较大的影响（图1-3、图1-4）。

由于国情及社会经济发展水平、农业现代化水平的差异，国内外学术界尚未形成一个具体的理论框架来引导乡村居住空间的重构。当下，中国农村社会的乡村居民点面临数量上呈现急剧减少的总体态势；空间分布上呈现集中化和层次化现象；内部结构上呈现空心化蔓延的趋势；功能组织上出现碎片化的总体问题将随着农业现代化进程的加快推进更加难以为继。

为此，亟须建构具有适应性的乡村居住空间重构理论加以引导。在此背景下，从乡村居住空间构建的动力、方法、模式和路径等方面进行思考，积极探索农业现代化驱动下乡村居住空间重构的理论模式及空间组织优化模型，可以有效推动乡村地域结构的基本范型研究，丰富和完善乡村地域结构理论。

2. 实践意义：指导平原地区乡村发展建设

过去，工业化、城镇化带动城乡经济社会一体发展的同时，城市依托其技术、资金和相对完备的公共服务设施配套优势汲取乡村的资源和人口红利；当下，农业现代化推动农业生产规模化、机械化程度不断提高，也间接导致日益空心化和碎片化的乡村自身发展面临层出不穷的问题，人口结构性失调、环境人工化污染、资源断层式枯竭，城乡社会差距进一步拉大；未来，"四化同步"发展和乡村振兴战略背景下的平原乡村地区不仅要为农业生产和生态保护提供充足的绿色开敞空间，还要谨防城市对乡村土地（耕地）资源的觊觎。在日益趋紧的资源与环境约束条件下，如何在农业现代化驱动下有效

图1-3 法国农村实景

资料来源：http://www.huitu.com/photo/show/20150427/014251862200.html。

图1-4 爱尔兰农村实景

资料来源：笔者自摄。

缩小城乡差距，让乡村保持应有的生命力和活力，让"望得见山，看得见水，记得住乡愁"成为现实，就需要乡村空间规划做出合理的响应。

平原地区的土地资源禀赋和生产力水平是农业生产实现规模化、机械化不可或缺的必要条件，是率先实现农业现代化发展的重要先行区。因此，以平原地区为对象，研究农业现代化背景下的乡村居住空间重构理论，指导乡村空间合理布局，既可以有效改善农民生活环境质量，引导乡村居民点渐进集中、弹性生长，形成等级有序、功能互补的居民点体系结构和生产有序、生活文明、生态健康的乡村机理，还能够极大地提高乡村建设用地利用效率，减少人类生产生活对生态基质环境的侵蚀。同时，通过土地整理和复垦等项目的实施，提高耕地产出率，保护耕地和生态环境。这对"四化同步"发展及实施乡村振兴战略的时代背景下，平原地区乡村空间的重组具有重要的实践指导作用。

## 第三节　相关概念辨析

### 一　现代农业与农业现代化

**现代农业**：现代农业是一个历史概念，世界农业发展史进程根据农业发展特征及社会发展阶段，将农业划分为古代农业、传统农业和现代农业（表1-3）。古代农业是直接以自然界为对象，以利用人力及骨制和简单的木制、石制工具为基本特征，缺乏特定目的性（仅为满足生存需求）的简单劳动生产为主的产业；传统农业也是以自然界为对象，以传统的直接经验技术为基础，以使用简单的铁木农具和人力、畜力及水、风等自然力为基本特征，进行自给自足的简单生产为主的产业；现代农业则是以土地资源为基本对象，以机械技术—化学技术群为核心，以科技与工业提供的生产资料与现代科学管理方法为条件，在市场条件下运作为主要特征，以交换为目的、以机械化生产为主的产业。

表1-3　　　　　　　农业阶段划分及主要特征一览表

| 阶段划分 | 劳动对象 | 生产工具 | 生产动力 | 耕作方式 | 劳动目的 | 基本特征 | 社会生产组织形式 |
|---|---|---|---|---|---|---|---|
| 古代农业 | 自然界 | 骨制、木制、石制 | 人力 | 刀耕火种 | 温饱、生存 | 看天吃饭、粗犷型农业 | 低水平均质化生产 |
| 传统农业 | 自然界 | 木制、青铜器、简单铁制 | 人力、畜力、水、风等自然力 | 铁犁牛耕 | 自给自足 | 作物密集、劳动密集、精耕细作型的集约型农业 | 依附式小农生产 |
| 现代农业 | 土地资源 | 铁制、工业制造 | 机械动力、科学技术 | 机械化生产 | 满足自我需求、交换 | 以机械—化学技术群为支撑，现代化工业和科技手段武装的系统型农业 | 高效率现代化生产 |

资料来源：笔者自制。

在国外农业经济学研究中，为了强调现代农业区别于传统农业的商品性特征，甚至直接用现代农业代替农业现代化概念。因此，农业商业化或产业化是现代农业的最本质特征（宣杏云，1998）。简单来讲，现代农业就是将现代科学技术与管理方法合理地运用到农业生产中，拓展生产经营与市场的横向联系度、强化农业生产过程与市场的纵向联系度，实现产供销贸工农一体化发展的高度发达的商品性农业，因此，现代农业必定是一种投入产出比高、科技含量高、社会化服务程度高、产业链完善的高效农业。

**农业现代化：**徐更生（1995）以系统化的观点指出，农业现代化是用现代科学技术和管理手段将落后的传统农业组织化改造为生产力水平高、环境质量好、可持续发展程度高的现代农业的发展过程。这个过程是农业生产条件和农业生产目标统一的动态发展过程，即通过科学技术在农业生产中的运用，实现农业机械化、电气化、水利化、化学化、良种化和土壤改良化等现代化的生产条件革新，达到提高劳动生产率和土地产出率，以推动农产品自给自足向商品化转变的目的，最终实现增加农产品供给和提高农民收入并举的生产目标。

因此，农业现代化就是传统农业向现代农业转变的过程。表层意思是指农业生产技术上的变革，而深层内涵则是将现代工业技术和生物化学技术运用于农业生产中，结合现代的科学管理方法，实现传统农业向现代农业的转变。

## 二　乡村聚落与乡村居民点

**乡村聚落**（rural habitat）：聚落是一定人群集聚而居的地域，是人类聚居的基本模式单位。历史上居民聚集之处被称为"聚落"。《史记》记有"一年而所居成聚，二年成邑，三年成都"。此聚，谓村落也。《汉书·沟洫志》："或久无害，稍筑室宅，遂成聚落。"因而，古代聚落指的是有别于都邑的乡村居民点。"聚落"中的"聚"是一种社会性概念，人们因为某种社会性活动而聚居在一起；而"落"是一种环境性概念，是对一种空间的描述。"有居必有聚，无居不成落"，因此，聚落通常是联系在一起的，等同于居民点的概念。

周国华（2010）认为，乡村聚落指一定规模与从事农业生产密切相关的人群在一定地域范围内集中居住的现象、过程与形态。乡村聚落规模大小不一，小至单家独院，大至多户人家聚居在一起的村落，甚至是尚未形成建制的乡村集镇。金其铭（1998）从乡村地理学的角度认为："乡村聚落指除城市以外位于农村地区的所有居民点，包括村庄和集镇等有别于都邑的农村居民点。"水津一郎认为，乡村聚落体系是对若干个不同职能和规模的乡村聚落的空间分布的一种描述，是乡村社会生活的空间基础。总之，乡村聚落是乡村人们生活和生产的基本场所，通常与乡村居民点的内涵相一致。

**乡村居民点**（rural settlement）：居民点是人类根据生产、生活需要聚集定居的地点，它既是人们生活居住的地点，又是生产经营活动的场所。1908年清朝颁布的《城镇乡地方自治章程》将居民点分为城、镇、乡三类，并首次明确界定了居民点的类型："凡府厅州县治城厢为城，其余市镇村庄屯集等各地方，人口满五万以上者为镇，人口不满五万者为乡。"按居民点性质与人口规模可将其分为城镇居民点和乡村居民点两大类。

乡村居民点是农村人口聚居的场所，是农民活动的中心，也是农村人地关系的表现核心,随区域环境不同而有多种名称,如湾、寨、岗、庄、舍等。焦为玲(2009)认为应该包括农村宅基地、内部道路用地、村集体各项生产性用地、公共设施用地等集中配置的地方,其权属归集体所有。张正峰(2002)从功能角度将乡村居民点理解为建制镇以下农村居民的聚居区,分为集镇和村庄两种类型。朱红波(2005)从用地构成角度将其定义为建制镇以下的乡和村,包括零散农户、生产设施用地、村内村旁树木和道路用地。姜广辉(2005)等将农村居民点界定为一定区域内由村庄、集镇等构成的相互联系和协调发展的网络群体。倪虹(2007)提出居民点是为村民按照生产和生活需要建设的集聚定居点,按其规模大小分为中心居民点和一般居民点两类。

乡村居民点作为乡村社会的基本地域单元和基本聚落,一方面,反映出人类生活对自然环境和空间的认识和适应;另一方面,反映出人类活动对生存与发展空间的干预和重构。本书的乡村居民点指农村地域内,以农业生产为主的农民。日常生活居住的空间聚落和场所,主要包含分布在农业生产空间内的自然村(村民小组、村庄)、行政村以及一般乡、集镇等几种农村居民聚落形态。

**乡村居民点体系**(rural residential system):崔功豪(2006)认为,居民点体系是指一定地域空间范围内,多种规模等级、职能结构相异的城乡居住空间有机联系又相互影响的空间组合,是人口与生产力在一定地域范围内组合的空间反映。

笔者认为,乡村居民点体系是指一定乡村地域范围内,在乡村基本公共服务设施配套和道路等基础设施支撑下,若干个空间形态和功能类型各异且动态发展的乡村居民点构成的数量、规模、结构、布局复杂,功能复合的乡村居民点组群。这个体系是一个有机联系的、相对完整的整体,由于经济服务中心的作用大小不等又分为若干等级,包括农村集镇(为乡所在地,又称为乡镇)、中心村(为过去生产大队所在地,又叫"行政村")和基层村(为过去生产队所在地,又叫"自然村")。其中,乡、集镇是承上启下的纽带,联系着县城与乡村,是一定区域范围内的服务中心,承担辖区功能组织和管理作用;中心村则是农业生产腹地内,服务于农业生产和农民生活的最基本的单位组织,也是我国管理框架体制的末端；基层村则是农民在农业生产中自发形成的聚落，也是农业地区农民生活空间组织的最基本单元（霍阳阳，2014）。

## 第四节 研究内容及框架

### 一 研究范畴的界定

1. 平原地区

平原是地面平坦或起伏较小的一个较大区域，主要分布在大河两岸和濒临海洋的地区，包含独立型平原和从属型平原两类。我国的东北平原、华北平原、长江三角洲平原是典型的独立型平原地区，海拔相对较低。

平原地区得益于优越的自然条件，通常农业现代化以机械化生产、规模化经营为主要表现形式，农业生产组织化、科技化在农业生产中运用较广泛，农业现代化整体水平较高。本书是基于农业现代化的乡村居住空间重组，是一种未来态下较为理想状态的研究，即农业生产工业化程度发达、组织化和科技化在农业经营体系中广泛运用的、高水平的农业现代化发展模式下的乡村空间重组的研究。因此，本书将研究视野锁定在农业生产工业化、组织化程度较高的平原地区，又重点以长江三角洲平原地区的乡村为例，以确保研究具有一定的代表性、前瞻性、科学性。同时，也为后续山区、丘陵及高原等地区特色农业现代化发展模式下乡村居住空间重组研究提供开创性的思路。

2. 乡村居住空间重组

雷振东（2005）认为，重组是系统科学的一种方法论，是系统在外力驱动和内部因子突变作用下，发生功能组织的变异和组织结构的解体，导致系统瘫痪停滞直至消亡或推动系统要素重新组合、结构重新生成、功能重新组织的根本性转变。孙建欣等（2009）指出村庄体系重构是随着村庄居民点拆迁、合并而进行的土地整理，从而不断提升乡村建设用地集约利用和基础设施高效运转的空间行为。

笔者理解的乡村居住空间重组，是人们为了顺应社会、经济发展的时代要求而有意识地对自然村落、行政村及乡镇等乡村居民点体系的组成要素、结构和功能演化进行人为干预和引导的过程，从而反映在空间格局上的重新优化和组合。这种新的要素组合形态能够带动乡村生产、生活、生态空间的整体优化和调整，使新的乡村社会经济结构具有更高效的组织效率，并催生新的结构形态和空间绩效。因此，乡村居住空间重组是统筹城乡发展战略在乡村地区开展的一项较为具体的、以农民居住空间为载体，集社会、经济、生态等于一体的区域协调发展战略（张泉，2006）。

需要说明的是，乡村居住空间重组不是对原有乡村社会生活组织结构的全面摒弃，而是依据乡村居住空间体系演化的基础和社会发展的要求，对体系现状要素组织、空间结构和功能形态进行适当的补充和改善，以体现乡村居住空间体系的时代适应性。

城市与乡村最大的差异在于其异质性，即乡村社会的均质性远高于城市。乡村居民点体系内同一等级的居民点为村民提供的基本公共服务职能是相似的，因此，本书中乡村居住空间重组的内涵主要是指乡村居民点的空间重组。根据行文需要，文章会出现乡村居民点体系重组的概念，其内涵等同于乡村居住空间重组。

## 二 研究内容

农业现代化背景下平原地区乡村居住空间重组的研究，是以农业生产方式转变为主要表现形式的农业经济模式转变为前提，以乡村空间主体——人的空间流动为视角，以乡村社会关系变迁为主题，以"演进特征—动力机制—理论模式—重构策略"为研究的逻辑主线，系统地研究不同时期、不同驱动力作用下乡村居住空间发展过程和重构的运行机制。结合既有成熟的城乡空间规划理论思想基础，总结提炼农业现代化背景下，平原地区乡村居住空间重组的理论模式。依据样本地区乡村居住空间体系重构的实践和发展趋势，提出平原地区乡村居住空间体系优化调控的策略。

本书研究的主要内容包括：

1. 中国乡村居住空间体系的演化历程及特征

研究以历史推演为时间纵轴，厘清历时态下乡村居住空间体系演变的生长逻辑、结构变迁、演化进程、发展趋势及特征等问题，勾勒出不同时期乡村居住空间体系的主要结构模式和演变规律，梳理出经济模式转型和社会关系变迁视角下，创新乡村居住空间体系的宏观分析框架。从结构—功能主义视角出发进行横向推演，指出乡村居住空间作为一个系统，其演化历程都是在特定的环境下，内部组成要素按照一定规律相互作用组合成一个结构有序的有机整体。

2. 农业现代化背景下平原地区乡村居住空间重组的动力机制

从农业现代化的内涵结构入手，分析农业现代化发展对乡村人口流动的影响，主要表现在乡村人口的两个流动性特征，即乡村人口在乡村社会内部流动和在城乡间的梯度转移，进而引发乡村居住空间的重组。

根据农业现代化对乡村人口流动的影响分析，结合农业现代化作用下平原地区乡村居民点体系重组的空间实践，定量分析农业现代化发展对乡村居住空间重组的影响因素，提取平原地区乡村居住空间重组的动力因子——经济模式转变下的经济作用力、社会关系变迁下的社会作用力和制度环境转型下的政策力，构建平原地区乡村居住空间重组的动力框架模型。结合乡村居民点体系演进历程及空间特征的历时态分析，指出农业现代化作用下的乡村居住空间重组是一个主动力转换——从社会力主导向经济力主导转变的动态变化过程。

3. 农业现代化背景下平原地区乡村居住空间重组的理论模式及模型建构

乡村居住空间体系是一个复杂的系统，拟从系统论的维度出发，溯源乡村居民点体系作为一种空间行为建构的思想基础，并从乡村居民点体系空间组织过程特征进行探索，以构建乡村居住空间重组的理论解释框架。

**思想基础**：吸收和借鉴聚集经济理论、中心地理论、市场区位论等成熟理论的核心思想，保持和维系乡村居民点体系作为一个系统所必要的"耗散结构"特征。

**体系特征**：要素特征是乡村居住空间重组的关键组成要素的特征，如乡村人口、中心社区、基层社区和特色村落，以及支撑和联系这些要素的基础设施网络和生态开放空间等。结构特征是一个多级共生、弹性适应的乡村居住空间网络结构模式。功能特征是组成乡村居住空间体系的众多要素之间的互动平衡以及众要素作为一个整体与周边环境之间的组织结构特征。

4. 平原地区乡村居住空间重组的组织策略

基于平原地区乡村居民点体系现状空间格局特征的识别及空间问题的剖析，结合农业现代化背景下平原地区乡村居住空间重组的理论模式，从规划实践层面提出"现状识别—科学预测—模式选择—布局规划—差异引导"的乡村居住空间重组策略。

## 三 研究框架

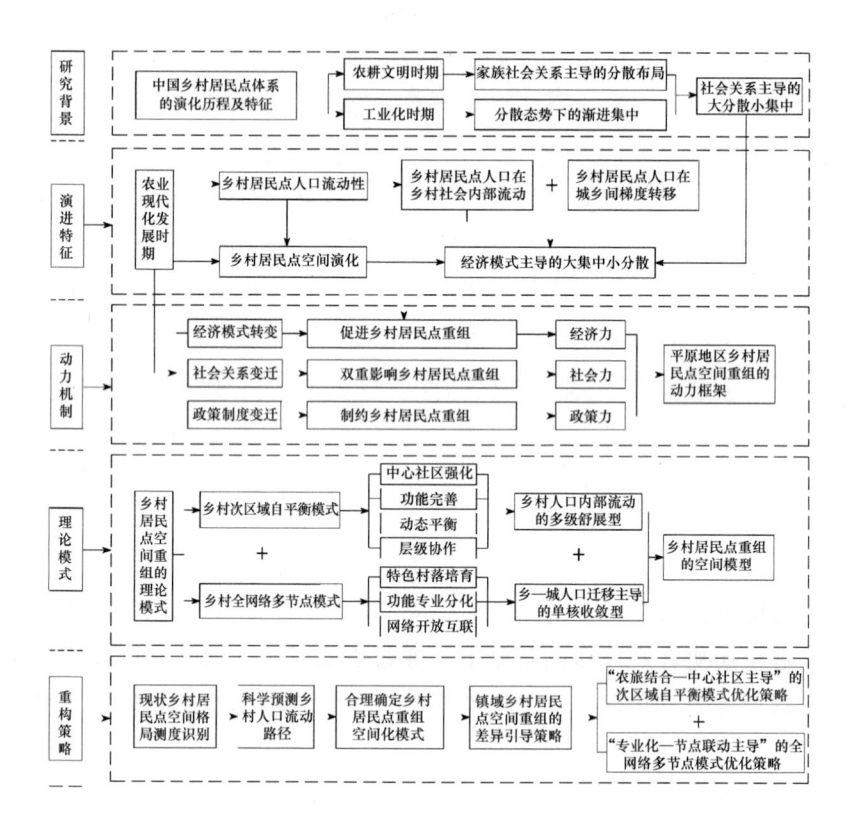

图1-5 研究框架

资料来源：笔者自绘。

## 第五节 研究方法及技术路线

### 一 研究方法

不同的研究方法往往代表着不同的研究思路,每种研究思路都要遵循其特定的逻辑。各种研究方法和研究思路之间不存在等级之分,也不存在明显的界线,而是有着诸多重叠、交叉之处。徐振宇(2011)认为,每种研究方法都可以服务于三种研究目的——探索、描述和解释。结合研究需要,本书主要采用以下三种研究方法。

1. 案例研究法(case study)结合田野调查(field trip)深度访谈法

当前采用大数据进行宏观的、总量性的研究,是各学科研究的重点和热点,但大数据分析多从面上进行统计分析,通常难以顾及样本个案的具体问题,容易忽略针对性的研究。案例研究方法的优势恰恰在于可以处理一些不能量化却又非常重要的因素,在长期的实地调研(field trip)中直接获取问题的答案。对于农业现代化模式及对乡村人口流动性影响的研究,必然要处理大量与农村社会关系网络、农村发展制度等诸多难以量化的因素。比如在农业现代化快速发展背景之下,农村政策制度(土地流转等制度、户籍制度等)变迁、农民心理(迁移意愿、顾忌因素、兴趣偏好)变化等方面的影响,也许只能通过入户调查和深度访谈才有可能加以探究,而这些难以量化的因素有时甚至比那些可以定量的因素更为重要、更为生动。

2. 历史分析方法与逻辑分析方法

历史分析与逻辑分析通常是一对同时运用的研究方法,历史分析是在尊重历史客观规律的基础上,通过现象发生的线索和内在联系把握,揭示历史现象发生、发展的必然性;逻辑分析则是跳出历史现象的具体形式,以及致使现象发生的偶然因素,从理论层面论述现象的内在逻辑联系,从而揭示现象的本质及其内在规律。综合运用历史和逻辑相统一的分析方法,是对现象发生的历史过程观察的基础上,对现象的内在进行理性的逻辑加工。

对于乡村居住空间的历时态分析，需要借助于历史分析的研究方法，厘清农耕文明时期及工业化初期，乡村居民点体系变迁的现象，并透过居住空间分布的外部特征，总结农耕文明及工业化初期乡村居住空间分布的规律及空间组织模式。运用逻辑分析方法，撇开不同历史时期，影响乡村居住空间分布的偶然客观因素的干扰，把握农耕文明时期、工业化初期，乡村居住空间布局及体系结构变迁内在规律。

根据历史分析总结出乡村居住空间的分布特征，逻辑分析归纳出乡村居住空间体系发展的运行规律，结合未来农业现代化背景下，乡村居住空间重组的影响因子分析，揭示农业现代化驱动下乡村居住空间演变的动力机制，为乡村居住空间重组理论的构建奠定理论解释基础。

3. 归纳与演绎相结合的分析方法

归纳与演绎分析是一对组合体，归纳分析是对若干个独立现象的背后一般规律性的分析总结；演绎分析则是从普遍现象中寻找其独特之处，在实践与理论的反复认识过程中，从若干实践事实中提炼概括一般现象，再从一般现象推理到独特个体的思维过程。

乡村居住空间历史演变及特征分析，需要通过居民点体系的空间分布、形态演变等外在特征的提炼、总结和抽象，归纳出不同历史时期，乡村居住空间的结构模式；农业现代化对乡村人口流动的影响分析，需要运用演绎分析方法，通过影响域的归纳，结合景观生态分析法对乡村居住空间重组的实践分析，演绎出农业现代化发展对乡村居住空间体系格局的若干影响因子；结合层次分析法（AHP）、主成分分析方法，进行降维、归纳和整合集成，总结农业现代化驱动乡村居住空间重组的动力机制。

## 二 研究技术路线

研究由三部分构成一个完整的逻辑体系（图1-6）。

第一部分是结合相关研究综述构建研究的框架；第二部分是分析乡村社会经济模式变迁中乡村居住空间转型的过程、空间特征及影响居住空间体系变迁的动力机制等问题；第三部分是研究总结农业现代化背景下乡村居住空间重组的演变趋向及理论模式，提出平原地区乡村居住空间重组的模型及优化策略。

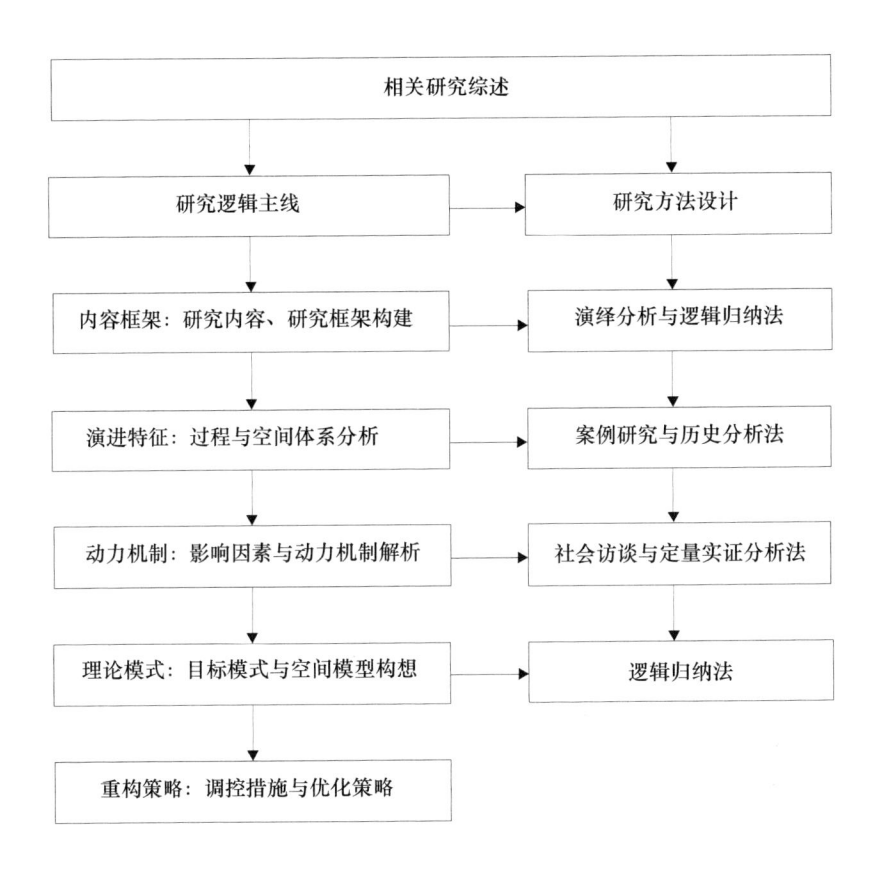

图 1-6 技术路线与研究方法对应关系

资料来源：笔者自绘。

采用文献阅读、历史逻辑推演、乡村实地调研和社会调查等相结合的研究方法对乡村居住空间体系发展变迁进行解剖和分析；从经典、成熟的理论思想中汲取营养，从乡村规划实践中科学论证，经过缜密思辨演绎再造，探索形成农业现代化背景下乡村居住空间重组的理论模式。

# 第二章　国内外相关研究与实践

　　基于农业现代化发展的平原地区乡村居住空间重组的理论研究思路，本章首先从农业现代化内涵、国内外农业现代化发展阶段与进程、发展模式与路径等几个方面总结关于农业现代化研究的理论进展及农业现代化发展的总体特征；其次，结合已有相关研究基础，从空间视角对国际和国内有关乡村居住空间及乡村发展的理论研究进行梳理和总结；最后，对国内外乡村居民点建设的实践探索进行简要回顾。

## 第一节　农业现代化的研究进展

### 一　农业现代化的内涵

　　西奥多·舒尔茨（Theodore W. Schultz）在《改造传统农业》中指出，发展中国家的经济成长，有赖于农业的迅速稳定增长，传统农业并不具备这种潜力，需要将传统农业改造成现代农业，即实现农业的现代化。国内最早出现"农业现代化"的概念是在中华人民共和国成立后的政府工作报告中[①]，着重强调农业现代化的基础作用和调节功能。自此，农业现代化成为农业政策制定、农业学术研究、农业生产经营等中国学术和科研领域研究的对象，其内涵也随着城乡经济社会的发展不断丰富和拓展。

---

① 1954年9月23日，周恩来总理在一届人大一次会议上作政府工作报告时指出"建设强大的现代化的工业、现代化的农业、现代化的交通运输业和现代化的国防"。这是在我国政府文件中第一次提出建设"现代化的农业"问题。

1. 小"四化"

改革开放前,学术界对于农业现代化的研究普遍较少,限于"工业学大庆、农业学大寨"的时代背景和苏联社会主义国家发展思想的影响,认为农业是工业的附属品,主要是为了工业生产进行储备,农业现代化被简化为机械化、化肥化、水利化和电气化为主要内容的"四化"(张冬平,2012)。(图2-1)

图2-1 改革开放前农业现代化生产下的丰收场景

资料来源:http://www.nipic.com/show/10713946.html。

## 2. 系统化

改革开放后，随着以"包产到户"为主的责任制、以"统分结合"的双层经营体制的实施，"三农"问题研究从自然科学领域逐渐延伸至社会科学领域。邓宏海（1981、1984）从哲学的高度，提出对农业生产广度和深度的认识应该系统化，即广度上要扩大农业现代化"小四化"的狭隘思维；深度上要将西方的农业生产经验描述上升到理论科学范畴。他认为农业现代化就是农业经济、技术和生态三个系统之间的能量变换、物质循环的优化。（图2-2）

图2-2 改革开放后现代农业生产方式下的农业规模化经营

资料来源：http://shenghuo.lshou.com/c3984/t5babd86de16a.html。

### 3. 综合化

20世纪90年代，随着中国社会主义市场经济体制初步建立，城乡二元的体制性和结构性因素逐渐松动，农业现代化内涵研究开始综合化。一是强调农业生产手段变革的学者认为，现代科学技术推动农业生产工业化和农业生产率的提高，促进农业现代化的进程。如王家梁（1992）、顾焕章等（1997）的农业现代化"综合论"，认为农业现代化是现代科学技术在传统农业中的运用，推动农业产业结构的调整和专业分化，实现农业可持续发展。二是强调农业生产要素重组的学者认为，农业生产要素在市场化、产业化、制度化作用下进行重新整合是推动农业现代化发展的新方向。农业部农村经济研究中心（1997）、康芸（2000）等认为，农业现代化在生产手段、生产技术现代化的基础上，呈现为资源配置、经营管理、产品营销及产权制度等诸方面发生深刻变革的过程。三是强调农业生产经营多样化的学者认为，农业现代化包括生产、流通、分配、消费等多重环节的现代化。卢良恕（1996）认为，农业现代化建设就是用科学化的手段、集约化的生产、商品化和产业化的运营来变革传统农业的生产和经营方式。王利民等（1999）认为，农业现代化是农业生产、流通、消费等全过程的现代化。韩士元（1999）认为农业现代化包含农业科技、农业生产、农业管理、农村经济和农民生活这五方面的现代化。

### 4. 多元化

进入21世纪，农业现代化发展更加走向多元化。刘玉（2007）以"四化同步"发展为背景，重点从城镇化与农业现代化关系出发，指出农业生产手段、技术、管理等每个方面现代化都需要高度发达的城镇化、工业化、信息化作坚强的后盾。黄佩民（2007）、于转利（2010）认为农业现代化就是农业生产手段、生产技术和生产管理的现代化过程，是各项要素在开放条件下的国际化。黄祖辉（2003）等认为农业现代化是工业化的推动、科技化的装备、市场化的运作和现代生产要素的投入以及综合服务体系的支撑等全方位、立体化地改造传统农业的过程。陈锡文（2012）从城乡一体化发展的角度，指出农业现代化发展要具备两个外力和两个体系，即能够打破固有的物质循环和能量流动的封闭圈的外力和促使农业生产技术进步的外力；一套从实际出发、能效较高、对农业进行支持保护的体系和一个健全的现代农业组织体系。

学者们对农业现代化内涵的研究涉猎范围极其广泛，从发展阶段论到系统论、从市场论到技术论、从单一论到一体论等，概括来讲，农业现代化是传统农业向现代农业转化的历史过程和实现手段。这是一个用现代工业、科学技术和现代管理方法武装农业的动态过程，是一个农业生产力由落后的传统农业向先进现代农业转变的发展过程。

## 二　国外农业现代化研究综述

### 1. 农业现代化发展进程研究

国外对农业现代化发展阶段的划分主要以农业现代化的进程及其影响为线索进行研究（表2-1）。孙鸿志（2008）结合美国农业现代化的发展与政策之间的关联耦合，指出美国农业现代化发展大致分为起步、发展和实现3个阶段。其中：起步阶段，实现了农业半机械化，主要标志为畜力代替人力，农业机具代替原始工具；快速发展阶段，由农业半机械化向农业机械化推进，主要标志是先进的农业科学技术得到进一步运用；实现阶段，是全美在专业分工下形成了特色农业分布带（图2-3），主要标志是美国的畜牧业和种植业等逐渐实现了全面机械化。

陈英（2005）将法国农业从传统农业变为现代农业的演进分为三个阶段。19世纪前期，是中世纪传统农业的小农经济延续，主要特征是小土地占有和经营，农业发展整体迟缓。19世纪中叶至20世纪初，是小农农业向商品农业转变的快速发展时期，以雇用劳动为特征的资本主义农场不断扩展，生产技术的进步使生产率提高，专业化生产开始出现，农业区域分工逐渐形成。第二次世界大战后至20世纪末，是法国农业发展最快的时期。工业化快速发展为农民转移提供了外部条件、政府土地集中政策为土地和农场的规模化经营提供了政策基础，农场、农业技术的改造和农民专业技能的提高为农业劳动生产率的增长提供了技术支撑，农业发展以生态化、家庭农场（图2-4）为该时期的主要特征。

表2-1　　　　　　　主要发达国家农业现代化进程一览表

| 美国 | 法国 | 日本 | 韩国 |
|---|---|---|---|
| 1860—1920年，农业半机械化，畜力代替人力为标志 | 19世纪前期，中世纪的传统农业，特征是小土地占有和小土地经营 | 技术革命阶段，良种化、化学化是标志 | 1960年代以前，从农田基础设施、农业教育投入和改善农业经营方式等方面推广西方农业科技 |
| 1920—1950年，向农业机械化推进，农业科学技术的运用为标志 | 20世纪初，自给自足的小农经济向商品农业转变，雇用劳动为标志的农场发展，专业化分工强化 | | 明治维新到19世纪末，学习西欧农业技术 |
| | | 20世纪初到第二次世界大战结束，生产技术改良和肥料投入提高劳动产出率 | 1960年代至1980年代，土改的"耕者有其田"的政策实施以及非均衡发展战略，为1970年代开展的新村建设运动和民族工业的发展奠定了坚实基础 |
| 1950年至今，农业现代化阶段，畜牧业和种植业全面机械化，整套科学技术在农业中运用 | 第二次世界大战后至20世纪末，工业化、土地集中政策为农场的规模化经营创造条件，科技在农业中广泛运用 | 生产力革命阶段，农业机械化为标志 | 第二次世界大战后至1970年代，现代农业技术推广构建农业现代化的框架 |
| | | | 1970年代的新村建设运动、绿色革命极大地推动农业现代化发展 |
| | | 1970年代后，农业机械和生物化学技术广泛运用，劳动生产率和土地产出率并举 | 1980年代，已基本实现以机械化生产为核心的农业现代化改造 |

资料来源：笔者根据研究综述整理绘制。

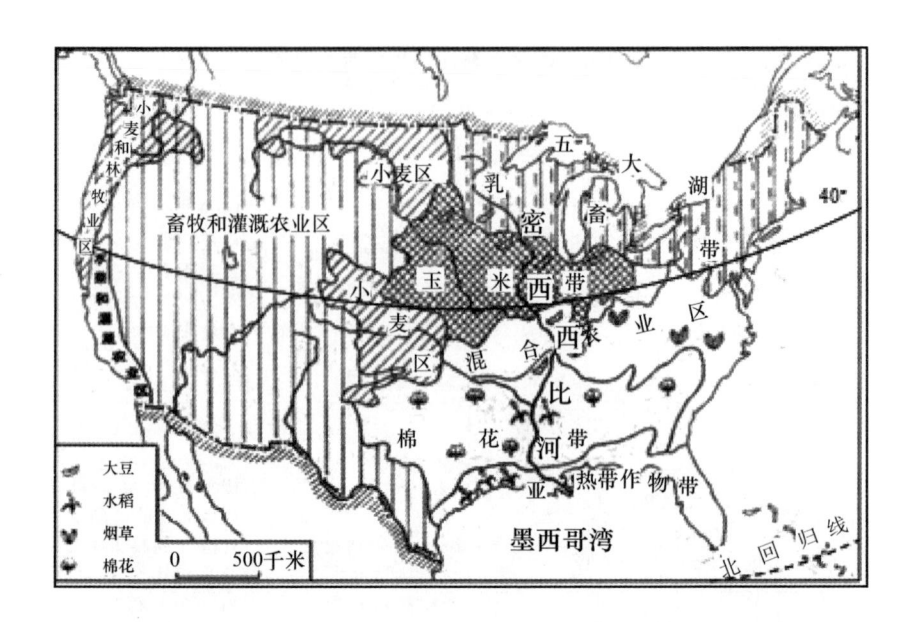

图2-3　美国特色农业带分布

图2-4　法国中型家庭农场现场实景

资料来源：http://wenda.so.com/q/1409816850720556　http://www.diyitui.com/content-1439106171.33410807.html。

宣杏云（2006）将日本农业现代化分为四个时期。从明治维新到19世纪末，是提高农业生产力时期，着重以学习西欧农业生产技术为主；从20世纪初到第二次世界大战结束，是改良生产技术、多施肥料为主以提高劳动产出率为主的劳动密集型时期；第二次世界大战后到1970年代初，是建立现代农业基本框架时期，重点是强化现代农业技术的开发和推广应用；1970年代以后，坚持地均产出和劳均产出提高并举，着重推广高性能的农业机械，并在农业生产中推广生物化学技术。李群（2002）、刘海利（2013）则以日本农业现代化进程为对象，注重土地改革及第二次世界大战后工业化的影响分析，以1961年为界将日本农业现代化进程分为2个阶段：农业现代化的技术革命和生产力革命阶段。前者以农作物的良种化、化学化、栽培技术科学化为中心，切实提高粮食产量，以满足战后日本大量的物资需求；后者以农业机械化为中心，切实节省劳动时间，以满足快速发展的工业化对劳动力的需求。

强百发（2010）以历史的视角梳理出韩国农业现代化进程分为四个阶段。1960年代以前，农业发展水平较低，属于韩国农业现代化的发端，日本殖民统治主要从农田基础设施、农业教育投入和改善农业经营方式等方面推广西方农业科技；1960年代至1980年代，是韩国农业飞速发展期，美国人主导的土地改革起了决定性作用，"耕者有其田"的政策实施以及非均衡发展战略，为1970年代开展新村建设运动和民族工业的发展奠定了坚实基础；1970年代的新村建设运动、绿色革命极大地推动韩国农业现代化的发展，到1980年代，韩国已基本实现以机械化生产为核心的农业现代化改造。

此外，史蒙（2014）、张新光（2009）、成晓星（2007）、毛霞（2007）、张士云（2014）、金新民（1998）等学者也从不同角度对老挝、德国、美国、韩国、荷兰、比利时等国家的农业现代化进程提出了较为详细分析的思路和方法，概括了相应国家的农业现代化发展阶段。

2. 农业现代化模式特征研究

P. J. Turyareeba（2001）在研究乌干达地区的农业生产技术后，提出农业生产技术的发展和创新是该地区农业现代化水平提升的充分条件。Steven Archambault（2004）则通过案例研究，揭示了环境因素作用于农业产业化发展的运行机理。Yujiro Hayami 和 Vernon W. Ruttan 则认为，技术变革是推动农业现代化发展的前提条件，无论是土地资源的紧缺问题，还是劳动力数量的约束问题，都将在技术变革的前提下迎刃而解。Hayami 和 Ruttan 提出的"技术变革论"，对应了不同外部环境条件下农业现代化的两种发展模式，即土地资源紧缺的国家或地区，通过农业生产技术的改良提高土地产出率，以实现农业现代化的发展；人口资源稀少的国家或地区，则通过农业生产手段的改进提高劳动生产率，以实现农业现代化的发展。而对于一些土地资源和人口资源比例适中的国家和地区，则通常采取两者并举的方法，提高农业现代化水平。由此，本书总结出西方国家农业现代化的几种发展模式。（表2-2）

表2-2　　　　发达国家农业现代化发展模式及特征一览表

|  | 地广人稀型 | 人地适中型 | 人多地少型 |
| --- | --- | --- | --- |
| 发展模式 | 机械动力替代体力劳动的农业现代化模式 | 机械技术与生物技术并举的生态化、特色农业现代化模式 | 精耕细作的集约型农业现代化模式 |
| 模式特点 | 土地资源丰裕型的现代农业模式——提高劳动生产率为主 | 生态化、特色化发展的农业现代化模式——提高土地和劳动生产率并重 | 土地资源短缺型的现代农业模式——提高土地生产率为主 |
| 主要特征 | 以市场为导向的生产；科学技术装备的农业工业化；农业合作社服务于农业产业 | 市场与政府共同推动；农业科学技术教育和推广；功能完善的合作社体系 | "一村一品"的产业化模式；优先发展生物技术；完善的社会化服务体系；政府方面积极扶持农业 |
| 典型国家 | 美国、澳大利亚、加拿大、俄罗斯等国家 | 法国、德国、荷兰等西欧国家 | 日本、韩国等东亚国家 |

资料来源：笔者根据研究综述整理绘制。

(1) 机械动力替代人工劳动的农业现代化模式

对于一些地广人稀的国家，高昂的人力成本推动农场主往往乐于在土地开发和机械设备上加大投入，形成农业科技创新驱动农业现代化发展格局。通过农业生产手段的改革，实现提高劳动生产率的目标，同时兼顾提高土地生产率。此类国家以美国为典型，包括加拿大、澳大利亚、俄罗斯等。因此，强化科技（机械力）对劳动力的替代以及通过科技创新驱动农业生产手段的变革，一直是美国农业现代化发展的重点（图2-5），并由此形成科技含量高、市场化程度高、以劳动生产率提高为主、土地生产率提高为辅助的规模经营型大农业模式（黄庆华，2013）。

**图2-5 美国免耕播种机、收割机应用于现代农业生产**

资料来源：http://beng.maijx.com/information/shownews-1010327.html。http://www.71.cn/2013/0615/718558.shtml。

这类模式的主要特征有：一是市场导向型的农业生产。农业生产中以市场为导向、农业产业化水平很高、农产品市场体制比较健全和完善。二是科技装备的农业工业化。科学技术提高了工业化水平、科学技术促进机械在农业生产中广泛运用。三是社会化服务的农业合作生产。由各种农业合作社牵头组织家庭农场和农资、农技、农产品销售市场动态衔接，形成了较完善的农业生产、销售服务体系。四是政策的调控与促进。一系列围绕减少农产品市场波动影响的农业政策的制定，有效保护了农业稳定生产和农业市场秩序的稳定，土地租佃制度则推动了以家庭农场为主要形式的农业规模化经营。

(2) 机械技术与生物技术并举的农业现代化模式

在土地和人力资源比例相对均衡的国家，农业现代化推进兼顾农业生产技术（生物化学技术）与生产手段（机械化）的同步发展。通过国家工业化的积累与发展，将技术和资金反哺至农业生产中，以工促农，实现农业机械化、电气化、水利化，不断推进农用地的集中化和规模化经营，以多样化、多层次的家庭农场形式，实现土地和劳动生产率同步提高的"农业现代化模式"（图2-6）。此类国家以西欧国家为主，以法国为代表，还包括荷兰、德国等。

**图2-6 法国农场主使用机械收割小麦**

资料来源：http://world.cankaoxiaoxi.com/2013/0424/198711.shtml。

这类模式的主要特征有：一是专业化的农业生产。政府引导农村劳动力转移实现农村土地集中规模化发展，家庭农场成为农业发展的重要载体，农业专业化生产较为突出。二是农业技术的教育与推广。通过建立国家、省、农场三级农业技术推广体系，来明确农业生产技术的重要性并提高农业劳动者的素质。三是功能完善的合作社体系。引导农民自发组织或加入合作社组织，并制定相关政策支持农业合作社的发展，如规定合作可以免交1/3的公司税收等。法国几乎所有的农户都加入了合作社，市场上大部分的农产品都是由合作社所提供，生产资料和饲料基本上由供销合作社销售，10%的农业贷款业务由信贷合作社提供。

(3) 生物技术改良的精耕细作型农业现代化模式

在人多地少的国家，高昂的地价和低廉的人力，造成了资本不愿进入高投入的农业产业，而农民又不愿离开传统的农业，农业现代化多通过技术创新，推动农业采用良种化、化学化进行精耕细作化生产和集约化经营，即以农业生物技术创新，缓解土地资源的不足。此类国家主要包括日本、韩国等东南亚国家。如1880年，日本每个男性农场工人的平均农业土地面积只有美国的1/36，到1960年，则只有美国的1/97，可耕地面积是美国的1/47（图2-7）。政府通过"以工补农"政策带动、降低生产资料价格和补贴农副产品价格、组织农协等社会化组织等方法，保护农业的发展，从而为日本第二次世界大战后农业现代化快速发展创造了良好的发展契机。

**图2-7 日本智能化大棚农业及生物技术的运用**

资料来源：http://mt.sohu.com/20160320/n441226579.shtm。

这类模式主要特征有：一是"一村一品"的产业化模式。以一个村庄为对象，以地域特色资源为载体，包括有形资源和无形资源，以市场为导向，开发村庄的特色产品，提高农产品的价值、价格。二是优先发展生物技术。基于土地资源紧缺的现实，将生物技术的研究和推广、施肥方法的改进、土壤的改良置于最重要的位置。三是完善的社会化服务体系。通过政府领导的农业协同组织，将分散的小农经营组织联系起来，实现农业生产的产前、产中、产后诸环节和大市场的链接。四是政府积极扶持农业。政府通过经济和财税政策的制定，合理保障农民权益。如对农产品实行价格补贴，70%以上的农产品的价格受政府的价格政策支持；对农业实行低税政策，约为非农业税率的一半，以促进农户扩大再生产，调动农户积极性。

此外，张新光（2009）以德国农业发展为研究对象，从农业资本主义化的角度列举了以农奴制改良为主的英国范式、以彻底革命为主的法国范式、以自由农民为主的美国范式和农奴制为主的"普鲁士"范式这四种农业发展方式，指出德国农业现代化进程缓慢甚至停滞的主要原因在于，"普鲁士"范式延伸的"容克"经济基础使得德国农业难以形成规模化经营的基础。直到1949年和1952年，"西德"和"东德"才通过家庭农场规模化和家庭生产经营方式的改造，走上了农业现代化的复兴之路。

史蒙（2014）从老挝农业区域发展不平衡的现实基础出发，指出农业经济落后的北部地区，应强化政府对农业生产的主导，依据地区资源禀赋条件发展特色化的现代农业模式；机械化水平较高的中部地区，应强化科学技术在农业生产中的运用，发展机械化生产的现代农业模式；市场化程度高的南部地区，则应发展农业产业化的现代农业模式。据此，提出了东南亚欠发达国家的农业现代化发展的模式路径。

### 3. 对国内农业现代化发展的启示

发达国家农业现代化进程及模式各异，但都是围绕生产力变革展开。从发达国家农业现代化发展模式特征来看，由于各国的经济社会基础、自然地貌特征及社会发展历史等众多因素不尽相同，所以在推进农业现代化发展进程中，所选择的发展模式相距甚远，这是发达国家推进农业现代化进程中的不同之处；而相同之处则在于，发达国家都是选择围绕生产力变革来推进农业现代化发展的路径，无论是美国的机械化代替人力劳动为主，还是日本的技术改良和生物革命为主，抑或法国技术变革和生产手段革新并举的折中主义，都离不开通过生产力的发展带动农业现代化。

我国总体处于农业现代化发展的初期，除初步形成了"东强西弱"的地域性空间分布特征外，尚未形成一定的发展特色。当前正处于"四化同步"发展的起步期，通过工业化、城镇化来带动农业现代化同步发展，实现传统的小农经济模式向现代化的科学农业快速转型，是当前"四化同步"发展的必经之路，也是妥善解决农业发展慢、效益低的最佳路径。研究表明，发达国家的工业化进程和城镇化发展水平及带动农业现代化发展速度和质量都远超我国当前的发展水平，因此，发达国家的农业现代化发展的进程及模式特征，对我国现阶段的农业现代化发展具有重要的现实借鉴意义。

一是农业现代化发展与工业化进程密切相关，实现了从机械化、生产组织化到科技化的转变和提升。国外工业化进程经历了19世纪的制造业主导，到20世纪的服务经济主导，到21世纪的以知识经济主导的三个阶段。相应的国外农业现代化也随着工业化进程而呈现三阶段的变化，19世纪农业现代化以制造工业为基础的机械化为主要表现形式；20世纪服务经济的发展，带动农业生产组织化运营，农业生产专业化分工加强，农业现代化开始呈现社会化服务的主要表现形式；21世纪知识经济推动城乡社会一体化发展，科技创新和转基因等新技术在农业生产中推广运用，农业现代化呈现科技化、生态化的表现形式。

发达国家的农业现代化进程表明，工业化是农业现代化发展的原始动力。因此，当前我国农业现代化发展必须坚定不移地走"四化同步"发展的道路，加快工业化向后工业化转型的步伐，提高新型城镇化发展质量，让工业化、城镇化发展的成果惠及农业发展领域，有效促进农村人口跨区流动，实现农民向市民身份的转变，为乡村空间重组创造条件的同时，也为农业规模化发展营造现实的空间基础。

二是农业现代化进程是一个不断起伏而缓慢的发展过程，经历了农业机械化的瓶颈期向组织化生产、科技化创新的稳定期转变。发达国家农业现代化先快后慢、厚积薄发的发展进程显示，先期得益于工业化的强力推进，尤其是土地资源丰富而人力资源短缺的国家，农业机械化生产推动农业现代化水平快速提升，而随着农业机械效率的边际效益达到临界点，尤其是农业机械技术达到瓶颈，农业现代化发展进入停滞期。而专业化分工和社会化服务成为农业现代化发展的阶段性动力，科学技术的发展，则促使技术创新替代农业机械为主的生产手段变革推动农业现代化发展，技术创新本身就是一个漫长而曲折的过程，导致农业现代化进程起伏且缓慢。

我国工业化起步较晚，总体发展水平不高，尽管近年来工业化和城镇化的快速发展，已为农业现代化发展提供了充足的外部动力和人口拉力，但国外的发展历程及经验告诉我们，农业现代化发展不会一蹴而就。在工业化发展转型期及城镇化发展进入内涵提升的关键期，农业现代化的每一小步进展，都离不开农业生产方式及生物技术发展的突破和创新。同时，技术创新会成功也会失败，自然会带来农业现代化进程的迂回曲折。因此，国外农业现代化发展进程及历史经验告诉我们，我国农业现代化发展道路不会一帆风顺，需要做好长期和迂回曲折的准备。

三是农业现代化发展应充分结合国情，选择适应自身发展的模式路径。按国家来分，世界上有美加澳为代表的大农场农业模式、欧洲的中小农场特色农业模式、日韩的小农经济农业模式这三种模式。

中国人多地少的国情，不同于美国的地大物博，因此我国农业现代化发展不能套用美加等国家的大农场农业；中国家庭农场尚处于起步阶段，缺乏相应的管理手段和技术支持，因此也不能完全发展欧洲中小农场的特色农业；中国的经济整体发展水平又不同于资源同样匮乏的日本，而应该结合人地关系的实际，从生产关系视角去审视我国农业、农村现状存在的问题，尤其是庞大的农村人口基数、上千年的农耕文化传承和小农经济模式锁定等要素，要综合多方面的因素来选择并确定适合中国国情的农业现代化发展模式。

## 三　国内农业现代化研究综述

### 1. 农业现代化发展阶段研究

国内关于农业现代化进程的研究多以时间维度作为农业现代化发展阶段划分的基础，以农业生产条件、土地生产率、劳均耕地面积等社会经济指标的归纳，结合一定的量化数据来研究。也有部分学者以空间维度为研究切入点，研究农业发展水平的时空耦合关系，推断不同地域农业现代化发展水平的阶段性特征和时空差异。

卢良恕（1996）从农业产业结构、农村劳动力及农民生活方式等方面总结了我国农业现代化的十大发展趋势，强调工农协调、城乡接合、农业社会化服务体系健全的农业现代化是未来总的发展趋势。徐星明（2000）从农业现代化实现程度由低到高的发展过程将农业现代化分为准备阶段、起点阶段、初步阶段、基本阶段和发达阶段。蒋和平（2006）等通过量化模型计算对我国农业现代化发展阶段进行评价，将中国农业现代化分为初始期、起步期、发展期、成熟期、实现过渡期。黄佩民（2007）从主要目标、内涵、侧重点考察，以动态的思维将农业现代化的历程分为以"小四化"为中心的推进阶段、以国情研究为背景的推进阶段、以宏观经济发展为动力的推进阶段和以全面、协调、可持续发展观为指导的研究推进等四个阶段。宁新田（2010）以农业现代化的特征为切入点，分析农业现代化的发展趋势，分为以机械化和商品化为特征、倡导生态农业和可持续发展、以知识经济为特点的三个阶段。王西秦（1990）从生产力、生产关系的角度回顾了农业现代化的进程，并指出思想意识的短视、二元结构体系的固化、经济基础的薄弱和制度框架的不健全导致当时我国农业现代化进程的放缓。吕文广（2010）以甘肃省农业发展的现实基础指出地域性农业现代化进程受到自然地理环境、经济发展水平、人力资源条件等多重因素的束缚。

农业现代化是一个动态的发展过程，是一定时期城乡经济社会发展水平在农业生产方式、农业投入水平上的正向映射。城乡经济社会水平发展要求农业为城乡社会提供足够的农副产品剩余，以保证城乡经济社会的正常运转，扩大农业的规模化生产和经营是农业发展必然选择；相应的经济和社会投入是农业扩大再生产的必要条件，因此农业现代化发展的阶段性特征与城乡经济社会发展水平的互动是并驾齐驱的。农业现代化发展是经济社会发展的要求，也是经济社会发展的必然结果。结合国内外农业现代化进程及发展阶段的研究成果，我国农业现代化进程可概括为三个发展阶段。

第一阶段是经典农业现代化阶段，即传统农业与现代工业结合的农业工业化，形成以"小四化"为主要标志的农业生产的工业化。

第二阶段是现代农业现代化阶段，即农业与现代科技结合的农业产业化和组织化。农业生产过程注重社会化生产与服务，从而使得农业生产成为社会生产的有机组成部分。主要包括农户或农场与农业服务企业之间的纵向合作，从而把农业生产纳入农产品加工和销售体系，即以农业产业化为标志的纵向社会化；农民为抵御市场风险，强化横向协作而自发组织形成农业合作社等经济型和社会性的农民组织，在农业生产中形成有序分工和有效整合的格局，即以农业合作组织化为标志的横向社会化。

第三阶段是后现代农业现代化阶段，即农业生产与生态环境保护有机融合的可持续化，着重关注粮食安全、生态平衡、环境健康及自然、经济、社会的良性健康发展。

我国地域面积广阔，各地经济社会发展水平不均衡，尤其是东西部差距较大，同时自然地貌条件也参差不齐，但从众多学者的研究成果来看，基本能够达成共识，即我国农业现代化发展尚处于第二个阶段的起步期，农业现代化发展外缘环境和内核动力都已初步形成，局部地区已处于现代农业现代化中后期，加快农业生产社会化发展是未来农业现代化走向纵深阶段的必经之路。

2. 农业现代化发展模式研究

国内学者对农业现代化模式的研究，多以国外农业现代化的发展模式总结为基础，结合我国地域发展差异的国情提出农业现代化的发展模式。孔祥智（2007）根据我国资源禀赋特色、人文环境和经济发展水平差距的现实情况，指出现代农业发展道路必须在兼顾劳动生产率目标和土地生产率目标之间的关系、规模经济与现代农业发展之间的关系、经济发展和生态环境保护之间的关系这三对关系的基础上，因地制宜地形成不同的模式。如大城市城郊都市型农业主要是以都市农业科技园区的形式组织现代农业发展；东部集约型现代农业主要有集体农场、家庭农场、"外贸公司+农户"、"合作社+农户"等组织形式；中部产业化型现代农业主要采用"农产品加工企业+农户"的组织形式推广农业生产；西部特色型农业则"龙头企业+农户"和"农业专业合作经济组织+农户"等组织形式促进农业发展。

郑高强（2008）基于中美、中日和中法三组农业现代化发展的现实比较，提出中国农业现代化发展应突出东、中、西部地区资源禀赋差异、地域特色和经济发展水平不同，因地制宜地走特色化发展的农业现代化道路。万振凡（2009）等在分析欧美及东亚发达国家农业现代化的模式及路径后，以中西部地区的农业现代化发展为研究对象，指出决定地区农业现代化发展模式选择的首要因素是地区的资源禀赋条件，而土地制度变迁、农业技术发展、政府宏观政策调控和引导、农业组织化程度和农业基础设施建设则共同构成了农业现代化发展的外部条件。张新光（2009）以德国农业现代化发展模式研究为基础，指出中国农业现代化发展应避开低效的社会改良模式，以地域资源条件为基础，走差异化的农业现代化发展道路。

部分学者还从土地制度的创新、农业生产组织化、农业生产资本体系的构建等方面的对农业现代化发展模式的构建提出了创新的思路（陈宏伟，2012；白跃世，2003；牛若峰，2001）。

总的来讲，学者研究认为，我国农业现代化发展应结合地方经济社会发展水平差异，根据我国地域资源禀赋条件，尤其是东、中、西部区域发展条件和发展水平的不同，因地制宜选择差别化、特色化的农业现代化模式。

3. 平原地区农业现代化发展路径

平原地区便捷的交通条件和地域区位优势，为城镇化和工业化发展提供了先天优势条件，因而通常地区经济发展水平较高，人口聚集效应明显；而相对密集的人口分布，又使得人均资源占有量又明显少于山地丘陵地区，同时还要面对快速发展的工业化和城镇化对乡村空间的侵占，造成平原地区的人地矛盾关系依然较为突出。在此背景下，国内学者研究认为，平原地区通常强调农业生产手段改良、生产技术创新和社会化组织，来推广农业生产的技术，创新农业经营方式，不断完善农业生产组织体系，推动农业生产经营方式的重组，为农业生产规模化、组织化创造条件。

具体来讲，平原地区农业现代化发展通常包含以下两类实施路径：

（1）一般平原地区以农业技术发展支撑的"规模主导型"的实施路径

一般平原地区天然的资源禀赋条件（地形地貌、交通）和相对成熟的社会服务体系为农业现代化的发展奠定了先决条件。平坦的地势特征，有利于机械化耕种和农业生产规模化经营；便捷的交通条件，有利于运输网络构建和农业产业化经营；多元化的空间结构，有利于农业生产的区域化布局；成熟的社会服务体系，有利于吸引多元化的投资主体，为农业现代化的发展注入强大的资本和技术支持。依托于农业技术创新、生产手段变革和健全的社会服务体系网络，平原地区农业生产通常主要发展设施化农业、精准化农业和高端化农业。通过人工技术改良农业生产设施，适应农业规模化生产；把人工智能、信息网络技术运用于规模化的农业生产中，提高资源利用率，减少环境污染，实现农业生产经济、社会、环境效应的良性互动发展；以技术、管理创新驱动农业生产结构高度化、农产品品质高级化，在规模化生产基础上实现农业高端化。因此，一般平原地区的农业现代化发展路径，主要是农业生产工业化推动土地规模化经营，通过农业产业规模化效应的挖掘和彰显，提高土地节约集约利用水平，提升土地产出率。

从农业现代化的经营模式和组织方式看，平原地区农业现代化依托规模化的农业生产方式，突出的农业生产组织形式包括集体农场、家庭农场、种养大户、"农业专业合作社+农户"、"龙头企业+基地+农户"等多样化的方式。

（2）大城市腹地平原以区位优势驱动的"多元复合型"的实施路径

大城市腹地平原是指大城市郊区或大城市周边的城乡接合平原地带，这类平原地区不同于一般的平原或山地丘陵地区，区位条件较好，信息接收便利，接收城市资本和技术辐射的能力强。随着大城市都市区化发展，城市腹地平原的农业生产空间与城市建设空间相互影响，都市近郊农村不再是单纯的农业生产空间，而是集休闲、旅游等新型功能于一体的复合功能空间。农业空间功能的多元化与使用的复合化，推动这类农业地区农业支撑体系完善，农业生产的抗风险能力和可持续发展能力增强，进而成为率先实现农业现代化发展的地区。

现代科学技术成果在农业生产中的广泛使用推动现代农业多元化发展，如现代育种、栽培和饲养、土壤改良和植物保护等技术成为农业发展和功能多元化的支撑；现代化的滴灌、喷淋技术成为吸引城市居民参观和游览的景观设施；等等。因此，依托独特的区位优势条件，发展高科技农业、休闲观光农业、安全农业和园区农业是大城市腹地农业现代化发展的主要路径。

多元复合型的农业现代化路径，是集都市农业、集约化农业、产业化农业于一体的现代农业生产类型。充分利用大城市都市区的区位优势条件，在土地集体所有制不变的基础上，拓展农业生产组织形式，如通过龙头企业或合作经济组织对应生产基地和农户的方式，采取"公司+基地+农户""合作经济组织+农户""专业市场+生产大户""公司+合作经济组织+基地+农户"等模式，提高农民的组织化水平和农业生产的市场敏感度和抗风险能力，实现现代农业的多元复合化发展。

## 四 小结

总体来讲，第一，国外农业现代化起步较早，但整体进程也较长。如美国农业现代化早在19世纪60年代就开始推动农业半机械化劳动，但用了近一个世纪才基本完成农业现代化进程。西方国家农业现代化进程起步早、进程慢的主要原因，一方面与西方工业革命带来的工业化成果在农业生产领域中的运用以及科技创新推动农业生产技术的革新密切相关，工业化推动农业机械化快速发展，为农业现代化初期快速发展提供充足的动力；另一方面，农业现代化动态性和过程性的特征，决定了科技创新推动农业现代化发展的进程注定是一个长期连续的过程。第二，国外农业现代化发展模式与各国国情紧密相关，主要包括以工业技术创新代替人工劳动为主的规模化发展模式和以生物技术改良为主的精细化发展模式。

国内农业现代化发展大致分为三个阶段，在"四化同步"发展的政策背景下，我国农业现代化发展正处于农业产业化与组织化生产的重要战略机遇期。而对于国土面积辽阔，资源禀赋差异较大的我国国情而言，显然难以形成统一的农业现代化发展模式来引导现代农业的发展。对于平原地区的农业现代化发展路径，则主要包括一般平原地区和大城市腹地平原地区两大类，分别对应以农业技术发展支撑的"规模主导型"实施路径和以区位优势驱动的"多元复合型"实施路径。

## 第二节　乡村居住空间的相关研究

### 一　国外乡村居住空间研究的进展

国外乡村居住空间发展历程与其社会制度、土地私有制度及经济发展水平具有极强的相关性，相应的关于乡村居住空间的理论研究也呈现出经济、社会、空间等多维度的研究视角。本书将聚焦对国外乡村居民点的空间视角研究的回顾和综述。

空间视角下乡村居民点体系研究主要聚焦于历时态下居民点体系动态空间演进过程和共时态下居民点体系静态空间结构特征。其中：空间结构研究主要是从城乡规划学和乡村地理学的视角，研究乡村居住空间的形态格局和功能特征；空间演进过程倾向于研究乡村居住空间演变的内在动力机制及其内在要素的相互作用的关系。

1. 居住空间的功能形态研究

乡村居民点作为农村人地关系最直接的空间映射，其空间形态、规模结构及功能类型随着乡村社会经济发展呈现极为复杂的时空变迁。乡村居民点形态功能的研究，多从乡村聚落地理学的角度，对不同地域空间范围及地域层次内乡村居民点的空间分布、规模形态及影响其空间变化的要素之间的关系进行分析和研究，以掌握乡村居住空间结构特征及其乡村居民点变迁的内在演变规律。

早期的乡村聚落研究以乡村居住空间的地形地貌条件为基础，展开相应的空间分布格局研究。随着研究方法的多元化和学科知识交叉运用，乡村聚落的研究领域逐渐向聚落的形态、功能、类型等多方面拓展。尤其是中心地理论、参与式农村评估（Participatory Rural Appraisal，PRA）为乡村聚落研究发展起到积极推动作用，主要突出用于村庄资料搜集和聚落发展等领域（沈茂英，2005）。因此，国外对乡村居住空间体系功能形态研究主要可以概括为以下几个方面。

一是乡村聚落的自然地理格局研究。如1841年，德国地理学家科尔（J. G. Kohl）在《交通殖民地与地形之关系》中从都市到集镇、村落等不同空间层次的聚落进行比较分析（张文奎，1987）。让·白吕纳（J. Brunhes，1910）在《人地学原理》中则将村落与其所处的环境的互动关系进行详细研究。他认为受自然环境和乡村社会传统的影响，村落形式既是反映一定区域自然风光的载体，同时其空间形态也受所处的地理环境影响和决定。

二是乡村聚落的生态格局研究。Mc Kenzie（2011）等运用 GIS 等分析方法，定量研究乡村聚落建设空间扩张对自然、半自然植被系统生态的影响。Banks（1996）等通过两个典型乡村聚落的木材生长量与采伐量关系动态比较研究乡村空间发展对生态环境的影响。

三是乡村聚落的形态格局研究。德孟雄（Demangeon）根据村落自身的空间形态，将村落分为带型、组团型和星形村落。Banski（2010）等结合波兰农民建房对乡村聚落空间形态和耕地面积的影响进行了实证研究。Amarasinghe（2005）等则以斯里兰卡农户为研究对象，通过农民聚居的贫困状况分析绘制了农村区域贫困聚居图。

四是乡村聚落的景观格局研究。Sevenant（2007）等发现不同地貌类型区域的土地利用方式和聚落形态是造成农村景观差异的主要原因；Zomeni（2008）等运用 RS 技术对希腊乡村聚落的农业景观演变进行了解释。

五是乡村聚落的土地属性研究。Musisi Nkalllbwe（1996）通过对博茨瓦纳城乡边缘地区村庄无序扩张现象的研究，指出土地市场化是有效缓解城乡接合地带拥挤现象的良方。Fred Lerise（2000）以坦桑尼亚为研究对象，探讨了为什么城市总体规划、村庄建设规划等各空间管制政策对开发主体约束性不够的原因，认为村庄规划难以对乡村地区土地开发活动形成有效指导，导致政府关于乡村治理的系列政策无法顺利实施。A. Gobin（2001）等则研究认为尼日利亚农村土地所有权是决定农村空间利用的重要影响因素，要及时调整土地利用法令，来抑制公有土地私有化的现象。Viofette 和 Marin（1998）指出中东欧农村居民点随着社会发展而出现兴衰，要么逐渐衰退，要么成长为"中心地"，发挥着农村中心的功能。

2. 居住空间演进的动态过程研究

随着乡村空间形态和功能结构等表象特征的研究日趋成熟和多元化，学者将研究视野逐渐转移至乡村居住空间形成原因及内在机制方面。如德国学者梅村（A. Meitzen）以德国北部村落为研究对象，在划分村落形态的基础上，全面分析了村落形成的因子及其发展的过程和条件（何峰，2012）。部分学者则试图从不同种族现存的居住形态和聚居模式中来"反思突进的现代文明在居住形态上的得失，为传统价值观消亡所带来的文化失调和失重寻求慰藉和补偿"。乡村聚落的演变及复兴逐渐成为学者研究的热点，概括来讲，主要包括对乡村聚落演进过程的描述及其内在机理的解析。

一是演进过程的综述。Saleh M. A.（2001）对沙特阿拉伯南部乡土村落中建筑和村落形态的变迁进行了研究。Sylvain（2003）对农业耕作方式变化带来的新乡村聚落进行了探讨。Spedding（1984）从社会学角度探讨当地居民聚落环境变化的动因。NaVehz（1995）从文化角度来探讨乡村聚落变化的动力机制。Turner（1990）从景观生态学角度研究乡村聚落的生态机能模式和过程。Isabel Martinho（2001）从人文角度提出影响乡村聚落演变的人文因素主要包括传统文化继承、政局稳定、人口密度、社会结构、市场发展等。Ni Pei–chun（2009）以有实施都市计划的永安聚落为研究对象，探讨了都市计划的实施对于原有的生活场域的影响冲击，并提出修正改善的方法与建议。Lisa dwi（2012）运用建筑空间形态类型学和形态学方法探讨了文化入侵和同化作用下巴厘岛传统村庄传统居住模式的空间变化过程。Nishimoto（2010）则对21世纪以来日本传统建筑的复兴进行了全面的研究。

二是演进机理的解析。Marlow Vesterby 和 Kenneth S. KruPa

（2002）通过城乡建设用地数据对比分析指出，美国长期的高收入、低利率、低通货膨胀率使得人们对城市外围低成本的房屋建设产生需求，从而导致农村居住空间的快速扩展。Hansen 和 Brown（2005）分析了美国乡村居住用地变化的驱动力，并指出农村居住用地的扩张容易对生态系统产生负面影响。MirkoPak 和 Valentina Breeko（1999）、Cannen C. F 和 Elena GI.（2004）从城镇化视角分析农村人口非农化、城镇人口的迁移对近郊和远郊村庄土地利用的影响，以及随着农村人口的非农化、农业产业结构的调整、居民生活方式的改变、农村功能的变化对农村居住用地产生的影响。Wasilewski（2004）等在分析波兰城郊农村居住用地的变化后指出，农村居住用地变化的动因在于不同利益主体的利益博弈，产权制度、政府管理等是影响农村土地所有者、地方政府、土地开发者等不同主体利益的主要因素。

3. 对国内乡村居住空间发展的启示

从国外乡村聚落体系的研究成果来看，国外乡村聚落体系发展具有较为显著的特点，可为我国乡村居住空间体系的构建和重组提供较为宝贵的经验：一是乡村聚落体系发展充分尊重乡村生态本底，注重乡村自然环境、耕地的保护；二是充分尊重乡村土地所有权的归属，结合乡村土地利用方式及景观格局差异，引动乡村聚落合理布局；三是注重规划对乡村聚落体系发展的引领作用，合理布局乡村聚落空间格局。

当然，国外乡村聚落体系的发展也存在一些不足，在国内乡村居住空间体系构建的进程中应予以重视。

一是以乡村聚落为研究对象，缺少统筹的思维。总体来说，既有研究缺乏工业化、城镇化发展对乡村聚落发展及其空间演变影响的研究，而以城乡聚落协调发展为对象的研究成果则更少（何仁伟，2012）。芒福德（L. Mumford）认为村庄是城市的原形，在城市产生和消亡后都以独特的方式和稳定有序的生活状态存在着。城市和乡村是不可分割的有机体，国外乡村居民点体系的形态功能研究仍然局限于乡村空间自身，缺乏城乡统筹发展的思维和战略考虑。

二是以乡村聚落空间研究为主，对乡村居住空间的设施配套等研究较少。既有的乡村聚落功能形态研究，缺乏居民点聚落体系与基础设施体系、农业生产体系的融合研究,更加没有将城乡居民空间体系作为一个系统来统筹谋划。

三是国外乡村聚落演进及居住空间体系变化的动态过程研究,更加侧重于居住用地规模、空间形态及分布的变化分析,并结合社会学、地理学等领域的研究方法对乡村社会组织、社会形态、社会问题以及城乡关系转型等方面进行定性研究。

**二 国内平原地区乡村居住空间研究的进展**

我国国土幅员辽阔,区域间自然环境、社会风俗习惯、经济发展水平等差异极大,从研究对象的空间分布来看,包含平原、山区、高原、河谷等多种地形地貌的乡村地区。如姜广辉、张凤荣(2006)等分析指出山区自然环境、生产环境和社会经济等环境要素与不同地域层次上农村居住空间分布及其变化存在一定的耦合关系。王成(2001)等和李君(2009)等分别以河北省阜平县河谷地区和河南省巩义市乡村居民点为研究对象,指出不同区域环境影响下乡村居住空间分布特征。另外,从既有的研究文献来看,以乡村居住空间为对象的研究涉及社会学、人口学、聚落地理学及城乡规划学等众多领域。

为聚焦于平原地区乡村居住空间的研究对象,笔者主要梳理城乡规划学科对平原地区乡村居住空间的相关研究。结果显示,国内平原地区乡村居住空间研究主要集中在乡村居民点的空间分布研究、土地利用及其变化的驱动机制研究、土地整理研究等方面。

1. 平原地区乡村居住空间分布研究

一是关于平原地区乡村居住空间分布变化及影响因素研究。刘彦随(2015)等以环渤海地区农村居民点用地的纵向变化为基础,采用集成格网统计、地理探测器和 Logistic 回归等研究方法,定量识别环渤海地区农村居民点时空地域格局及空间指向性特征。指出传统农区的乡村聚落密度小组显著高于其他地区,农村人口"城乡双漂"助推农村聚落用地持续扩张,农村聚落的空间分布呈现出一定的交通指向、中心地指向、耕地资源禀赋指向、环境宜居地域指向等指向性特征。姜广辉(2015)等基于空间自相关方法,分析北京市平谷区农村居民点的规模、形状、分布等空间格局呈现较为显著的空间自相关，指出平原农业地区乡村居民点应注重总用地综合效益的提升，通过优化调整农村居民点用地结构来改善农业生产生活条件。蔡为民（2004）等基于黄河三角洲近20年来乡村居住空间景观格局的跟踪研究发现，该地区乡村居民点在规模、数量、占用土地面积上增加，在空间分布上则呈现集中、密集的趋势，在形状上呈现不规则发展状态，并指出乡村居住空间景观格局先期受到农业自然条件与开发历史的影响较大，但随着乡村居民点的发展，其景观格局则受政策变化、城市经济发展和人为活动的影响更加显著。徐雪仁（1997）等认为地形是影响平原乡村居住空间分布呈现地域分异与区域相似性的主导因素；张金萍（2008）等认为农业、农村经济的发展是山东省冠县居民点数量减少、平均规模增加、空间分布密集程度减小的主要原因。刘仙桃（2009）等研究了地形、公路及河流等环境因素对北京市昌平区农村居住空间分布特征的影响。既有众多学者研究成果集中反映了乡村居住空间演化主要呈现以下几点规律：①空间分布趋于集中；②空间格局表现出一定的差异性；③空间分布初期与山水等自然环境密切相关，后期则受自然、经济、社会的综合影响较大。张军（2003）等、孙华生（2008）等分别以不同地区的乡村居住空间为研究对象，定量分析指出坡度、坡向以及地势海拔等自然环境要素对乡村居住空间分布特征存在较大的影响。

二是关于平原地区乡村居住空间发展模式问题的研究。研究旨在通过乡村聚落空间分布现象及特征的把握，提出空间优化的策略，进而实现乡村土地的集约利用。杨忍、刘彦随（2016）等以中国电子地图数据和分县经济社会数据为基础，利用最邻近距离R指数模型分析中国村庄空间分布呈现出聚集、随机、离散均匀分布的并存空间分布模式，且区域差异显著；同时结合地理探测器的研究方法对影响因素进行探测识别，指出村庄分布受到传统因素和经济发展双重因子的影响，村庄空间亟待优化重组，优化以镇区为依托的中心村—基层村体系空间组织结构是乡村物质空间优化重组有效选择，并提出相应的空间优化重组形态可以采用放射均衡、放射非均衡、多核心均衡、走廊式布局模式及混合模式。陈志文（2007）等结合乡村聚落案例研究指出宗族组团式、松散式的自然组团、紧密式的生产组团模式等几种典型的农村居住空间结构模式的成因及其规律。渠霓（2008）在"三集中"和"大分散小集中"的居住空间分布模式分析基础上，强调指出苏南模式、温州模式的现实指导意义。张如林（2007）指出城镇密集地区农村居住空间发展的点网模式的成因以及优化重组的策略措施。王焕（2008）等则以江苏省农村居住空间密度及空间分布形态为例，指出不同密度下块状、点状及带状居民点布局的形态，并提出居住空间布局设施优化、资源整合、综合整治等几种整治思路。

2. 平原地区乡村居住空间土地利用集约研究

平原地区乡村居住空间土地集约利用问题研究主要包括乡村空心化及空间发展潜力的评价两大方面。

一是关于平原地区乡村空心化的问题研究。刘彦随（2009）以河南省禹州地区的农村空心化现象为案例，从农村空心化的内涵特征、形成机理与动力机制、空心化效应与响应机制、整治潜力类型与优化调控等方面系统地梳理了乡村空心化的系列命题，提炼并发展空心村演进的生命周期、代际演替空间型式、农村空心化动力学机制和农村空心化调控"三整合"等基础理论。最后，对禹州农村聚落空间格局和聚落演进的影响要素分析，提出我国农村空心化调控的机制和模式。杨忍（2014）通过构建农村空心化程度、耕地利用集约度指标体系，采用神经网络确定权重的方法，对环渤海地区分县农村空心化程度和耕地利用集约度进行综合测评指出，一方面，平原传统农区，农村空心化正处于空心化的成长、兴盛期；另一方面，农村空心化与耕地利用集约度变化存在着耦合联动的关系，直接体现空心化发展周期的农村劳动力的波动性是衡量耕地利用集约度的重要指标，统筹城乡健康发展的城镇化道路，推进农业现代化发展，是提升耕地集约度的重要途径。王国刚（2015）等从影响农村空心化演进的资源环境、农业生产、城镇化与工业化推进、社会人文变迁等因素分析入手，归纳农村空心化的作用力主要为内核推动力、外缘拉动力和系统突变力这三类驱动力。

二是关于平原地区乡村居民点土地利用模式、空间发展潜力、影响因素、评价指标体系方面的研究。陈秧分、刘彦随（2012）运用GIS技术和空间自相关分析方法研究农民就业结构与人均农村居住用地面积的相互关系，指出农村土地利用与农民生计转型之间的内在关联特征，总结了农户非农就业程度与人均农村居住用地面积存在"倒U形"规律，为农村居民点用地整治与重构提供了新的思路和研究方法。乔陆印、刘彦随（2015）等利用全国农村居民点栅格数据，基于不同空间尺度，通过构建和运用综合指标法、空间自相关分析法，揭示20世纪末21世纪初的10年间全国农村居民点用地变化的数量特征、变化地域类型和空间分布特征，并提出相应的调控策略。陈莉（2007）提出要从农村居民点土地集约利用的模式、潜力及效益等维度系统分析乡村居住空间的土地集约利用方式。李昕（2008）通过建立评价指标体系来定量研究乡村居住空间土地集约利用的影响因素及其相应的影响程度，总结土地集约利用的理论基础，并据此提出相应的实施路径。刘仙桃（2009）从北京市昌平区乡村居民点土地利用的现状问题分析入手，总结土地集约利用模式，分析土地集约利用潜力，构建相应的评价体系，最终提出乡村居民点土地集约利用的保障措施。吕宜平等（2007）、马佳（2008）、陈曦炜等（2009）从乡村居住空间土地集约利用的必要性和可行性、影响因素等方面入手，构建了评价理论体系。顾湘（2009）从政策保障和市场配置角度研究，认为应根据不同平原地区的经济发展水平，因地制宜、区别性地制定相关政策，提高乡村土地利用的市场化配置程度是集约利用乡村居住用地的有效途径。

3. 平原地区乡村居住用地变化及驱动机制研究

平原地区乡村居住用地变化主要体现在规模和数量两个方面，而影响乡村居住用地变化的动力因子主要包括经济发展和城镇化水平、农业科技水平、政策制度等几个方面。如方方（2013）等采用参与式农村评估法（PRA）[①] 研究传统平原农区人口非农化对乡村土地流

---

[①] 参与式农村评估是农业生产、城乡社区发展等领域通过对研究区居民进行非正式访谈了解地方实际情况的一种有效方法。引自 Chambers R., "The origins and practice of participatory rural appraisal", *World Development*, 1994, 22 (7), pp. 953 – 969。

转、农业种植结构等土地利用特征的影响。冯文勇（2003）等研究指出晋中平原地区乡村聚落扩展主要是人口增长和家庭规模变化、社会经济发展与收入增加、交通条件改善、农村地区工业化及其他因素共同作用的结果。胡贤辉（2007）等则通过江汉平原地区乡村居住用地变化的分析研究指出，经济发展和城镇化水平、科技进步和政策制度保障是该类地区乡村居住用地变化的主动力因子。李晓刚（2005）等基于山东省青岛市乡村居住用地规模及区域条件差异，对十项社会经济指标进行主成分分析，指出青岛市乡村居住用地变化的主动力因子是经济发展和农业科技进步。海贝贝（2013）等以河南省巩义市农村居民点为研究对象，综合运用GIS技术、景观指数定量分析方法以及空间统计方法，分析了该市20年来农村居民点规模结构、空间分布、形态结构的演变特征，探索地形因素、区位因素以及社会经济因素对农村居住空间发展变化的影响。袁萌萌（2014）等从理论上概括影响乡村居住用地变化的因子集，借助SPPS工具，通过因子分析法运算得到变量间相关系数矩阵，指出城镇化和经济发展水平、科技进步等是影响开封市乡村居住用地的两大动力因子，基于此构建了乡村居民点面积与各公因子间的回归模型。戎晓红（2017）等运用主成分分析方法，发现江苏睢宁县农村居住用地快速扩张的主要驱动力是人口流动和区域经济社会发展。

也有部分学者认为影响乡村居住用地变化的因素是多元化和综合性的，如刘志玲（2006）等认为推动农村居住用地变化的是自然、经济和社会这三个综合要素。陈思明（2008）等对福建省漳州市农村居住用地时空演变及驱动因素进行分析，指出影响漳州农村居住用地变化的动力因子主要包括城市化水平、固定资产投资、第一产业产值、农民人均纯收入以及政府政策。

4. 平原地区乡村居住空间土地整理问题研究

长期以来，平原地区农村建设用地粗放利用方式，使得土地整理成为当前提高乡村居住空间低效利用、解决建设用地不平衡问题的重要途径。学界在这方面的研究主要集中在乡村居住空间土地整理的潜力与模式、效果评价与驱动力等方面。

一是关于平原地区乡村居住空间土地整理潜力研究，主要包括潜力来源与潜力测算两个方面。一方面是潜力来源研究，研究认为乡村居住空间整理的潜力主要来源于现状宅基地面积超标潜力、村庄空心化潜力及环境潜力等几个层面。如张正锋（2002）认为农村住宅容积率提高、宅基地总量较少、闲置土地再开发、迁村并点及设施配套完善是居民点整理的潜力所在；孙钰霞（2003）认为有效土地面积潜力、农村聚落优化潜力、改善生态环境潜力、土地增值潜力等是乡村居民点整理的四大潜力；雷中英（2003）、师学义（2003）等研究指出乡村居住空间整理潜力来源主要体现在宅基地面积超标、村庄空置地占用、村庄分散需要搬迁以及农地与村庄穿插等方面。另一方面是潜力测算研究，主要是通过定量研究的方法来测算。如刘彦随（2011）运用指标判别法对环渤海地区若干县域农村居住用地潜力进行测算和划分。另外，胡道儒（1999）运用户均建设用地标准法、贾玫（1999）利用村庄内部土地闲置率方法、丁学智（2001）运用人均建设用地标准法、刘筱非（2004）通过人均建设用地标准计算法、闲置宅基地抽样调查法、城镇体系规划法、刘咏莲（2004）等运用层次聚类法与多因素综合评定法，分别测算了沿海平原、内陆山地丘陵地区的乡村居住空间整理潜力。

二是关于平原地区乡村居住空间土地整理模式研究，主要包括空间发展模式和资金筹措模式。我国疆土辽阔，地域资源丰富，地形地貌差异较大，导致在不同地域条件和生活方式下，乡村居住空间模式千差万别，因此，研究成果多结合地域资源条件、经济发展水平及既有居住空间布局方式等因素，因地制宜提出相应的乡村居住空间整理模式。如叶艳妹（1998）等提出农村城镇化、自然村撤并、中心社区优化、异地迁移等几种空间重组模式；高燕（2004）等提出了社区（公寓）化、撤小村建大村、大村优化控制及整村搬迁重建等几种模式；甄勇（2009）细分了山东省德州市乡村居住空间分布特征，提出城乡接合部撤村并居型、小城镇聚集型、边远地区（山、库、滩、矿）搬迁提升型、原村落拆旧建新型、偏远农区中心村定居型等几种模式。另外，宫攀（2003）、杨庆媛（2003）等也做了类似的研究，但整理模式的类型基本属于万变不离其宗。

值得一提的是，石磊（2008）从空间建设、组织管理和筹资主体等几个维度分别对农村户主空间整理模式进行了研究；吴小红（2006）从农村居民点调整的建制变动角度分析了农村居住用地整理包括转制式、建制式和改造式等，相应的其用地布局调整有村庄保留、迁移、合并和村改居等几种模式，并提出了不同的发展策略措施。

三是关于平原地区乡村居住空间土地整理效益问题（效果评价）研究。张长春（2000）通过构建乡村居民点改造效果评价因素指标体系，对平原地区近郊型、城市包裹型及远郊型农村居住空间改造的效果分别展开实证分析，指出限制乡村居住空间改造的因子集，并提出了相应的解决方法；范金梅、谭术魁（2003）等通过土地整理效益内涵阶段和模式预测，提出了土地整理效益分析和预测的方法；另外，国土资源部还对农村居住空间土地开发潜力的含义、潜力的计算方法、效益进行了专题研讨。

四是关于平原地区乡村居住空间土地整理驱动力研究。谷晓坤（2007）等以浙江省嵊州市为例，指出发达地区乡村居住空间土地整理驱动力主要包含政策和经济社会驱动力，其中政策驱动力主要为耕地占补平衡政策和土地整理增减挂钩政策，而经济社会驱动力包括市（县）域经济发展、城市化与农村经济社会发展；郎义华等（2007）利用SPSS软件和主成分分析法揭示，影响重庆市九龙坡区农村居住用地变化的动力要素主要是经济发展、人口因素、政策因素和社会行为因素等。

### 三　小结

总体来讲，国外直接针对乡村居住空间体系形态结构、演进历程研究的理论较少，而侧重于将乡村空间与城市空间并列作为研究对象，其相关理论研究呈现以下特征：在研究的属性范畴上，从乡村空间的物质属性向社会属性研究转向；在研究的内容特征上，以空间形态、功能结构的定性描述分析为主。

与国外研究相比，国内关于平原地区乡村居住空间的相关研究已有一定的发展，但具有中国特色的创新性、探索性不足，总体呈现以下特征：一是研究学科上，开始向社会学、地理学及建筑学等交叉学科方向延伸；二是研究方法上，借鉴国外较为成熟的方法体系，结合中国的案例进行归纳、总结，借助 GIS、SPSS 等工具平台，采用景观生态分析法、主成分分析法、分形维数等空间分析方法，对平原地区乡村居住空间规模、空间分布形态、体系格局特征等开展相应的定量研究分析；三是研究内容上，国内关于乡村居住空间组织结构的理论研究，多集中在土地集约利用、空间分布变化等方面。由于中国乡村空间发展面临着压缩的城镇化进程和快速的工业化导向的现实特殊性，使得西方种种关于乡村发展及居住空间体系重构的分析、解析理论难以照搬照抄到中国社会来，需要建构适应国情的乡村居住空间体系重构的理论架构。

## 第三节 乡村居民点建设的实践探索

### 一 国外乡村居民点建设经验

国外乡村居民点体系建设起步较早，其空间布局、土地利用已基本进入成熟期和稳定期。目前，发达国家的乡村居民点建设富有成效且具有代表性的国家主要以东亚的日韩，西欧的德国、比利时等为主（表2-3）。

1. 日本造町运动：完善设施配套向振兴乡村转型

第二次世界大战后，日本经济遭受沉重打击，东京、大阪、神户等大都市重建成为重点，农村青壮年劳动力向城市大量输出。据统计，在20世纪50年代中期至60年代末的16年间，非农产业就业人口由2510万人增加到4340万人，非农就业人口净增长了1830多万人，占就业总人数的比重从61%猛增至85%；而同期农业劳动力则从1600万人锐减到760多万人。[①] 伴随着乡村人口外流的是乡村社会

---

① 参见《日本造町运动对我国美丽乡村建设的启示》，http://blog.sina.com.cn/s/blog_9f864b200102x9tf.html。

老龄化、空心化现象明显，农村地区生活和社会基础弱化、以农业为主的生产功能难以维系，乡村社会体系面临崩溃。

1973 年开始的"造町运动"成为日本政府振兴衰落农村的重要工作（图 2-8），大致分为乡村环境设施改善、特色村落社会建设、村民共同参与设施运用和管理、特色乡村地域塑造和宜居生活品质提升这五个阶段（路明，2007）。至 20 世纪 90 年代末基本完成，期间由地方政府和中央政府共同分担了建设的大量费用。造町运动涵盖的内容量大面广，从村镇发展的宏观战略、前景展望到产业引导、社会组织建设等微观运营；从村落住宅建设、道路修缮、市政排水等物质空间建设到历史保护、乡村治理等文化复兴；从建设计划目标到行动计划目标一系列完整的系统工程。

表 2-3　　　　　　　　国外发达国家乡村发展与建设经验

| 地区 | 建设特征 | 建设基础及要点 |
| --- | --- | --- |
| 日本 | 20 世纪 50 年代中期至 60 年代中期，村庄环境改造；20 世纪 60 年代后期至 70 年代中期，传统农业结构调整；80 年代以后，"造村运动" | 注重乡村特色产业和内生动力的培育；着力打造"一村一品" |
| 韩国 | 20 世纪 1970 年代至 1980 年代，建设农业生产基础设施；1980 年代，改变农业生产关系，缩小城乡差距；1990 年代后，完善"新村运动" | 发展特色都市农业；中央与地方政府共建；农民主动参与 |
| 德国 | 1950 年代至 1960 年代农地整理为主；1970 年代至 1980 年代，关注聚落形态及空间环境改造；1990 年代以来，注重乡村可持续发展，重视乡村文化挖掘和生态环境保护。 | 1950 年代，城市化水平 60%，传统乡村农业用地较为分散 |
| 荷兰 | 整理农村土地，提高农地利用效率；推进乡村经济的多样化发展，改善乡村生活质量。 | 1950 年代，城市化水平高达 80%，城乡差距较小，城镇人口外迁"都市乡村" |

资料来源：黄杉：《国外乡村发展经验与浙江省"美丽乡村"建设探析》，《中国园林》2013 年。

**图 2-8 日本"造町运动"下的乡村居民点建设实景**

资料来源：http://blog.sina.com.cn/s/blog_9f864b200102x9tf.html。

同时还借鉴德国经验，实施了新村建设措施，并出台了《农业基本法》《山村振兴法》等一系列农业、农村振兴的相关法律（刘志仁，2000）。值得一提的是，日本非常重视农村卫生环境的建设，如对农村家庭污水通过净化槽处理进行循环利用就是一个成功的范例（程宇航，2012）。

2. 韩国的新乡村运动：农村环境整治带动经济发展

韩国"七山、二田、一分水"的资源状态与日本有一定相似之处。20世纪40年代末至60年代初，韩国农业一直以自给自足的小规模经营为主，但随着政府对工业化的重视，工业生产经营迅速发展，大批农村劳动力向工业生产领域转移的同时，乡村社会的传统文化、生活秩序甚至维系乡村社会基本生活的伦理道德都受到工业化的强烈冲击，城乡社会不公、差距拉大、二元结构日趋显著，城乡社会动荡加剧、城乡社会矛盾激化等因素已成为制约经济社会发展的桎梏。因此，保护农业发展，缩小城乡差距，恢复乡村社会原有生态，成为韩国政府的首要任务。

为此，20世纪70年代初期韩国政府倡导和推动了以"农民启蒙、社会开发和经济开发同步进行"为目的的建设"新乡村运动"（图2-9）。"新乡村运动"主要包括：一是重塑自信，改善农民精神面貌。政府无偿向每个村庄提供水泥等建材，引导农民及农村组织自发组织修建乡村公路等基础设施（张敬华，2001），改善村庄居住环境，以激发农民的主人翁意识，培养农村社会的开拓精神，帮助农民重塑自信心和积极性，创造自强不息的价值观。二是改善环境，缩小城乡差距。从改善农民居住生活环境，到完善农业基础设施建设，实现向农业生产条件提升的转向。三是发展经济，增加农民收入。推广农业生产技术，创新农业生产方法和生产工具手段，发展特色农业和农产品加工，为增加农民收入创造多元化的渠道（马远军，2006）。为保证"新乡村运动"的建设效果，政府分三个阶段来推进实施：1970—1973年是提高农村基础设施建设水平，改善农村环境；1974—1976年主要以增加农民收入为主，政府注重农村发展多种经营策略的实施；1977—1981年主要是着力发展农村工业，进一步提高农民收入。（图2-10）

图2-9 韩国前总统朴正熙视察济州岛新乡村运动牧场

**图 2-10 韩国新乡村运动农业生产实景**

资料来源：http://music.hujiang.com/music/388101/。http://doc.qkzz.net/article/23651e4a-52b7-4b3a-9896-078c92783737.htm。

韩国新乡村运动给韩国农村带来了巨大的变化，1980年代中期农民人均收入已超过城市居民，到了1990年代初韩国城市化水平为72.1%，人口集中度达68.2%，远超同期中国的26.2%和33.9%水平（United Nations Population Division）（井上俊一，1995）。1998年，韩国以"江原道的新农村建设运动"的实例作为向全国推广的先进典型，开启了又一轮的新农村建设，推动韩国乡村建设开启了新的篇章。

3. 德国的村落更新计划：物质空间环境改造

第二次世界大战后，德国农村居民点片面追求"功能"的运作，使乡村风貌大受损害。20世纪60年代末，人们开始意识到乡村的发展要在延续历史传统中更新发展，全国范围内实施村落更新计划，在充分尊重原有村落风貌和建筑风格的前提下，对现有的环境进行渐进式改造，在功能上满足现代的要求，更强调对乡村聚落物质空间的改造。如对老屋保护、修缮、改造和加固，部分闲置老屋要通过功能植入加以复合利用；改善步行交通状况，完善公共服务设施和农业生产设施的配套；重视山区及低洼地区的防洪排涝功能设施的完善；在一

些风景区要修建可供旅游的设施等。（图2-11）

**图2-11 德国农村村落更新实景**

资料来源：《造乡专题研究（二）各国造乡运动及启示》，http://news.china.com.cn/2015-11/12/content_37044641.htm。

德国村落的更新是遵循规划预定的目标有序开展的，核心是合理布局居住生活空间，保障村落与经济社会的协调发展以及农业生产的持续发展，保护村落的内在价值及自主性等（姜广辉，2007）。可见，村落更新不仅仅对原有村落的环境改善，已从单纯的建筑形式保护延伸到村落空间结构、内在机理、文化传承乃至社会文化背景更加广域的范畴。因此，村民参与、部门协同和政府支援是德国村落更新得以顺利实施的前提和基础。

4. 其他国家的中心村建设

1960年代，工业化和城镇化进城的加快，导致乡村人口大量外流，造成了乡村人口结构性短缺，社会经济萧条。双重困难包夹下的欧洲农村亟须探索乡村产业振兴、空间重组的综合发展之路，以提升乡村用地的使用率，恢复乡村空间的活力。

英国农村中心村建设。1950年代至1970年代，为了提高乡村服务设施的利用率，发挥规模效应，英国政府通过建设中心村来吸引乡村地区人口的集中（图2-12），并配套出台系列综合性政策，完善中心村的住房、就业、服务和基础设施配套，促进中心村的成长和腹地的发展（马远军，2006）。

图2-12 英国中心村建设实景

荷兰、比利时等国家多通过土地整理来实现乡村居民点建设和改造。荷兰通过土地所有权和土地用途的变更来实现规划引领建设的目的，始终坚持使农场主和当地居民的个人利益与社会利益相协调，通过土地整理改善农地利用效率，提高生产效率，改善农村生活环境，提高生活水平。比利时以加强土地整理为主题，辅以农村振兴工程（图2-13）。在综合分析和土地评估定级的基础上，初期的土地并块是以单纯的地块交换和重组为形式，随后扩大至农村产业发展的用地布局，最后则扩展至整个乡村的生态治理领域。

图2-13　荷兰农业发展与乡村景观并举的建设实践

资料来源：http://www.weixinyidu.com/n_ 2682073。

以色列通过创造一个由 6—10 个村庄服务中心组成的村落布局体系，以适应其移民众多和农业发展的特点。每个服务中心由社区服务中心、学校、卫生服务中心、储蓄所和农业辅助系统组成，这个服务中心与保留的教堂、幼儿园及商店等设施一起为一个 80 户村民的村庄服务。当然，服务中心随着专业化分工及经济发展分化成不同规模的村庄集团中心、地区中心、地区间中心以及区域中心等，为不同的对象提供优质高效的服务（马远军，2006）。

5. 对国内乡村居民点建设的启示

总体来讲，国外乡村居民点建设是在工业化和农业现代化发展成熟时期，乡村人口流失而导致乡村衰败的社会背景下，通过环境改造带动乡村社会全面发展的空间实践行为。国外的乡村居民点建设经验对正处于乡村振兴重要时期的我国乡村居民点建设具有较为重要的借鉴意义。

一是工业化、城镇化带来乡村人口流失、乡村空心化是乡村居民点建设和重组的重要原因。日本、韩国政府都是基于本国工业发展对农业、农村重大汲取导致乡村衰败的困境下，提出"造町"和"新村建设运动"，其目的就是通过乡村居民点建设来复兴乡村活力，振兴乡村经济。

二是从物质空间环境改善到设施配套完善，再到乡村产业发展带动乡村全面振兴，是推动乡村居民点建设、改善乡村空心化面貌的有效途径。韩国的新村建设运动，从整治农村环境入手，向改善农民生产条件和生活水平转型，进而实现全面提升农民收入水平的目标，走出了一条"自主、自强、自发、自建"的模式（张敬华，2001）。这种分阶段、逐层推进的发展模式，与我国人多地少的国情较为匹配，既可以充分调动农民自主建设的积极性，又可以阶段性地解决农民就业的问题。

三是通过土地整理提升乡村土地集约利用，恢复乡村活力，是乡村居民点建设的重要推动力。荷兰、比利时的农村整治是通过土地并块整理有机地串联土地利用和农村环境整治工作，实现乡村人居环境的改善和提升。

## 二 国内平原地区乡村居民点建设实践

限于经济发展水平及优先发展工业化的政策导向，国内乡村居民点建设实践起步较晚，1952年的"土地改革"运动带来乡村发展短暂的繁荣，后又被"大跃进""文化大革命"等一系列运动拉回低谷，乡村建设基本处于停滞状态。改革开放后，乡村经济复苏为乡村居民点建设提供了资金保证和人民改善环境的需求，乡村居民点建设主要是以农民改善住房条件为主的空间无序扩张形式出现，1990年代中后期至21世纪初，农村建设管理才逐步走向制度化和长效化。随着统筹城乡发展进程的推进，呈现以新农村建设和美丽乡村建设为主要形式的乡村居民点建设实践。

1. 新农村建设

新农村建设是落实统筹城乡发展、推进乡村建设的重要抓手。21世纪以来，各地农村都开展了不同形式的建设实践。张绍风（2013）将平原地区新农村建设实践分为以"村庄整治"为核心的综合建设、以"迁村并点"为特征的土地整理、以"社会化服务"为目标的社区建设等几种类型。

（1）村庄环境整治建设

村庄整治是"以建设和完善乡村基本公共服务设施和基础设施配套水平为主线，不断改善和提高农村人居环境水平的一项工作"（李兵第，2016）。2006年后的3年内，全国共有12万多个村庄开展了村庄整治工作（李兵第，2009）。截至2013年，已完成不同程度的村庄整治数量达30余万个。如北京市新农村通过"路、水、污、厕和垃"五项基础设施建设、江西省赣州市农村以"三清三改"为切入点、湖南省临澧县以"民风家风整治和环境治理"为载体，全面整治改善乡村居民点环境；而山东省青岛市农村通过硬化、亮化、绿化、净化、美化等措施手段，累计完成了3780个村庄环境的整治出新，占总数的62%。[①]

---

[①] 参见"住房和城乡建设部网站"，http://www.mohurd.gov.cn/czjs/dfxx/。

(2)"三集中"的迁村并点建设

"迁村并点"是针对城镇建设用地扩张迅速，农村耕地保护面临挑战的现状，国土资源部（2008）推行"农业向规模化集中，企业向园区集中，农民向社区集中"的"三集中"政策，重点推进农村宅基地的集约利用，辅以城乡建设用地增减挂钩政策，满足城市建设空间扩张需求。如江苏省的农民集中居住、天津市的农村宅基地换房、河南省的三项整治工程、四川省的金土地工程等都是以"迁村并点"为核心内容的不同建设模式。

张正芬（2008）指出，上海市农村居民点迁并和整理主要集中在农民居住集中、迁村并点、中心村规划建设和宅基地置换等几个方面。其中，农民居住集中是郊区乡村居民点拆并和整理目标导向，迁村并点是促进农民居住集中的主要手段，中心村建设是农村居民点拆并、整理的主要方向，宅基地置换是有效推进农民居住集中的保障。政府推动对于影响农民居住集中意愿有着较为明显的积极作用；子女接受良好的教育环境、失地利益保护和置换补贴是制约农民居住集中的重要因素。

万宁（2009）将江苏省农民集中居住区建设概括为三种形式，一是政府主导、企业带动的小城镇型；二是以行政村为单位，就地建设农民集中居住点，成为集中的农村社区；三是在农业地区，因大型工程项目建设需要，新建集中居住示范点，合理引导村庄适度集并。

(3)农村新社区建设

"农村社区"模式是以推进城乡基本公共服务均等化为载体，以农民日常生活圈或公共设施的服务圈为标准，建设公共服务中心，一个村庄或若干个村庄集中围绕公共服务中心形成一个标准化的"农村社区"。如江苏省海门市、张家港市的"一村一社区"、山东省诸城市的"多村一社区"，都是农村社区模式的不同表现形式；甘肃省阿克塞哈萨克族自治县探索出了伴随式服务，使农牧民能享有更好的社会保障和公共服务。

顾达明等（2004）总结上海市闵行区七宝镇农民中心村建设的三个阶段，即统规自建阶段，由村委会根据统一规划提供建设地点，农民自行出资建设新住宅，住宅占地面积及建筑面积按规划统一确定，局限在于宅基地仍较粗犷（户均占地 0.67 亩）、中心村公共设施建设相对滞后，农民居住环境改善仅限于单体；统规统建阶段，以镇政府为主导试点建设中心村，中心村一次建成，房屋建成后由村民出资购买，不足在于中心村规模小、公共服务设施无法完善，且不能上市销售；统建中心村阶段，住宅类型、环境设计等完全采用城市住区标准，建设用地通过征地方式转化为国有土地，住宅可上市交易，中心村与城市小区相差无几，北京市呼家楼占地面积约 0.27 亩，极大地集约了建设用地规模。

浙江省结合千村示范、万村整治工程，因地制宜，分类指导，不同地区采取不同的模式，多层次推进乡村居民点整治、旧村改造和新村建设、特色村保护的工作。从地域分布来看，城中村重点是撤村建居，建设都市型小区；农村地区则按村美民富的标准，建设农村新社区；城郊接合地区重点是环境整治，以"脏乱差散"为整治对象。从经济条件来看，经济发达的村，实施旧村改造，拆旧建新；经济条件一般的村，主要是环境综合治理；风貌特色浓厚或文化底蕴深厚的村庄，注重特色的营造和指导，根据不同类型不同特色的村庄，分为整体迁建型、保护复建型和环境整治型等改造方案，制定不同建设改造策略。

2. 美丽乡村建设

随着城镇化步伐的加快，城市空间不断向乡村地区蔓延和扩张，"拆村并点""增减挂钩""三集中"等以"土地指标"为核心的农村建设实践的弊端不断呈现。2013 年中央提出要"推进农村生态文明建设、努力建设美丽乡村"；同年 2 月农业部发布《关于开展"美丽乡村"创建活动的意见》，全国确定创建 1000 个"美丽乡村"试点村。次年 5 月，以"乡村居民点环境改造提升、乡村产业发展、生态环境美化""三位一体"的"美丽乡村"建设工作正式拉开序幕。陈秋红（2014）、吴理财（2014）等结合美丽乡村建设的实际情况，总结了几种较为成功的建设模式（图 2 - 14）。

图2-14 安吉、衢州、临安、湖州及宁国美丽乡村实践

资料来源：http://www.anjitour.com/detail-2014328-42946.html。

(1) 三产联动的安吉模式

尽管关于美丽乡村建设的全国性政策出台较晚，但早在2008年浙江省安吉县就出台了《建设"中国美丽乡村"行动纲要》，使其成为最早提出建设美丽乡村，并付诸实践的地区。安吉模式的最大特点是以经营乡村的理念推进美丽乡村建设，产业带动农民人居环境水平提升，按照规划本土化、特色乡村化、建设项目化、资金多元化和管理长效化的创建思路，编制了《中国美丽乡村建设总体规划》和《乡村风貌营造技术导则》，将全县187个建制村划分为五类，40个工业特色村、98个高效农业村、20个休闲产业村、11个综合发展村和18个城市化建设村。在农民居住点建设上，因村制宜地大致分为城郊融合型、旧村改造型和拆迁整合型三种类型。村庄风貌设计着力体现一村一业、一村一品、一村一景。

(2) 多元共生的临安模式

浙江临安结合地域文化特色的挖掘，如吴越文化、天目山文化和浙西文化的传统优势，做到内外兼修、古今融合，创设文化礼堂和"好家风"，打造农村精神文化"地标"，从而兼顾了农村从生产到生活、从基础设施到文化文明、从生态保护到社会管理等各方面的需求，实现地域多元共生。

(3) 两三共轭的湖州模式①

浙江湖州美丽乡村建设是在传统的"三集中"基础上，提出了"三提高"，即农业现代化水平、农村公共服务水平和农民收入水平的提高，并将三提高与三集中融会贯通。通过改善公共服务水平，引导农民向社区集中居住；通过发展农业生产技术和组织方式，引导农业资源向现代经营主体集中；通过乡村旅游、特色农副产品深加工等产业发展带动农民生活水平提升，以加快农村工业向园区集中的步伐。

(4) "五位一体"的宁国模式

安徽宁国美丽乡村建设结合地方地形地貌和经济发展特色，分为景区带动型、旧村改造型、项目支撑型、生态依托型和城郊接合型五种不同的建设类型，在"大生态、大和谐、大循环"的理念指导下，构建"经济高效、环境优美、文化开放、政治协同、社会和谐""五位一体"发展的美丽乡村。五种生态相得益彰，引领多方参与，实现共建共享，通过城乡统筹带动乡村产业发展，并有效保护了宁国的生态资源和文化传承。

(5) 四级联创的衢州模式

浙江衢州模式是通过"县、乡镇、村庄和农户"四级主体联动发展，以改善农村基础设施为重点，以推进中心村建设为平台，以实施农村清洁工程为基础来推动美丽乡村创建。通过乡村生态旅游、农业观光和一村一品的特色产业发展，实现农民增收；通过中心村和精品村建设提升农村基本公共服务设施配套水平；通过环境工程改造，实现农村民生的全面改善和提升。

此外，杨锋（2015）、应建敏（2015）、管永祥（2014）、许增谋（2014）等分别对海南省、上海市、江苏省和广东省等地的美丽乡村建设的模式、路径进行了总结和研究。

美丽乡村建设行动是基于近年新农村建设中出现的问题而提出的

---

① 浙江"两三"是指"三集中"和"三提升"，其中"三集中"，即农业资源向现代经营主体集中，农民居住向城镇和农村新社区集中，农村工业向开发区和功能区集中；"三提高"指提高现代农业发展水平，提高农民收入持续稳定增长水平，提高城乡基本公共服务均等化水平。

一种较为成熟、稳定和综合的乡村发展行动策略。从既有实践和研究的空间分布来看，其主要集中在东部沿海经济发达地区。从建设内容来看，表层主要包括两方面内容：一是建筑外立面和空间的清理改造，以体现地域特色为主；二是环境整治与绿化，以关注村民实际需求为出发点，凸显以人为本的美丽乡村建设宗旨。从深层次来看，已从村庄环境整治上升到乡村生产、生活、生态的"三生"空间的统筹布局，不仅关注乡村居民点物质空间环境的改造，同时还注重对乡村生产发展、乡村文化传承、乡村生态环境保护、乡村社会体制建设等多方面的改善和提升。

### 三 小结

国外乡村居民点体系的实践研究，主要集中在乡村居民点的规划管理、用地、环境治理和中心村建设等问题方面的研究，这是基于其快速发展的经济社会水平而开展的。工业革命的累累硕果惠及广大城市，推动城市化水平提升的同时，也促进了乡村工业化、城镇化的进程。尤其是工业化带动的农业现代化水平的急剧提升，农业已基本实现规模化、机械化生产，乡村居民点的空间布局和土地利用已渐趋稳定，其研究多侧重于环境整治和乡村社会治理。如何将西方国家的实践与我国国情下的乡村发展的具体情况相联系，以形成具有可操作性的实践指导，需要结合我国当下的社会经济发展条件和自然环境条件开展相应的研究。

国内平原地区乡村居民点的建设实践，呈现从面上的新农村建设到具体的美丽乡村实践的阶段性特征。快速发展的农村经济社会中出现了大量的结构性问题，居民点建设占地规模大、布局分散的现象仍然存在，并有逐步扩大的趋势。由此，初期新农村建设着重从宅基地面积控制、基本农田保护到农民建房用地审批、一户一宅等以保护耕地和节约用地为目的的政策接连出台。从出台的政策来看，多偏向于农民建房占地类型和面积的管理，村庄选址和整体空间布局等宏观性的控制要素未得到应有的重视，尤其是农民"建新不拆旧"、"一户多宅"、村庄空心化现象日益增多，造成政策目标与相应的管理手段之间明显错位。经过政策的控制管理，到具体的美丽乡村建设阶段，各个地区根据经济社会发展阶段及实际情况不同而各有侧重，如侧重单体建筑户型设计和村居绿化景观环境建设的、侧重村庄设施配套水平提升的、侧重乡村防灾减灾和竖向设计，还有的注重村庄建筑整体风貌，等等。

总体来讲，国内乡村居民点建设实践多侧重不同地域空间的乡村居民点建设和改造的类型研究，而缺乏以时间轴为基础的纵向研究，尤其是缺乏历史上乡村居民点布局随着生产关系发展而呈现不同的空间分布格局的研究。将农业现代化的发展与平原地区乡村居民点体系的构建相结合的理论与实践研究则是凤毛麟角，而农业现代化发展带来的劳动生产方式和生产力水平的变化，则不可避免地推动乡村空间的重组，乡村居民点体系的重构如何适应农业现代化的发展，需要新的理论来指导。

## 第四节　本章小结

本章主要结合国内外关于农业现代化、乡村居住空间理论及乡村居民点建设实践的成果梳理，总结当前相关领域研究的目标方向、阶段进展及研究内容等。

**1. 农业现代化：内涵丰富多元，模式路径差异显著**

（1）"依附论—独立论—一体论"的转变

从早期的"小四化"时期，农业是工业的附属品，为工业提供原材料和劳动力；到农业现代化的综合发展时期，就农业论农业，农业现代化相对独立发展；至当前"四化同步"发展的多元化时期，农业现代化与工业化、城镇化、信息一体化发展，尽管农业现代化的内涵丰富多元，但其核心都反映了农业现代化是从传统农业向现代农业转变的过程。

（2）阶段进程有先后，模式特征显差异

国内外农业现代化的进程及发展阶段显示了与工业化发展极强的

正相关性，而在不同的经济发展驱动力及人口规模背景之下，发达国家之间、发达国家与发展中国家之间农业现代化的模式及发展路径都表现出极大的差异性：地广人稀的国家，农业现代化以机械动力替代人工劳动模式为主；人多地少的国家，以生物技术改良的精耕细作型模式为主；人地关系适中的国家，则是机械技术改良与生物技术创新并举的模式。

中国农业现代化发展路径与地域条件关系紧密。中国农业现代化发展经历了传统农业与工业化结合的经典农业现代化时期、农业与科技创新相结合的现代农业现代化时期，目前正处于农业产业化与组织化发展重要战略机遇期。在人多地少、资源瓶颈的现实情况下，平原地区农业现代化发展的模式路径与地域条件又存在紧密的关系：一般平原地区以农业技术支撑的"规模主导型"的路径为主，大城市腹地的平原地区以"多元复合型"的路径为主。未来，在劳动生产率和土地产出率双重指标的压力驱动下，在城镇化水平快速发展带动人口梯度转移的趋势导向下，如何寻求一条适应于中国乡村社会发展的农业现代化模式与路径，是未来中国农业现代化发展需要思考的核心内容，它将成为未来中国乡村居住空间体系构建的内在基础。

**2. 乡村居住空间的理论研究：适应国情的理论模式待构建**

受工业化和城市化影响，西方乡村居住空间理论研究集中在其功能形态及演进过程的研究。国内乡村居住空间研究集中在乡村居民点土地集约利用、空间分布变化及其内在的动力机制研究，这既与国内人多地少的现实环境有关，也与我国漫长的文化传统及农耕文明社会紧密相连。农业现代化发展及新技术运用对中国城乡经济社会产生深刻影响，尤其是对传统的乡村社会关系带来根本性的改变。乡村居住空间的理论研究将更加注重经济模式、社会关系网络变化带来乡村空间集中集约利用，尤其需要结合中国国情，构建指导平原地区乡村居住空间体系重组的理论模式。

### 3. 乡村居民点的建设实践：物质空间建设向人本精神关怀转变

国外乡村居民点体系建设实践多是一项长期的系统工程，主要通过乡村居民点环境改造升级，改善乡村社会面貌和助推乡村经济社会的长足发展。国内乡村居民点建设则经历了从物质空间环境改造向产业发展引领的转向，从关注生活环境改善向农民持续增收和村庄长效治理转变，从空心村治理向人本精神关怀转变。近年来实施的美丽乡村建设，使得山水、乡愁等传统的乡土文化和价值观在乡村居民点体系的改造与实践中得以呈现。但在"四化同步"发展和乡村振兴的总体要求下，也存在乡村居民点体系空间结构、组织架构等方面的完善和提升实践性不够等系列问题。

未来的平原地区乡村居民点体系建设实践的重点是，在农业经济模式变迁和农业生产方式发生根本性改变的背景下，对平原地区居住空间体系的组成要素、空间结构、功能类型和社会组织等进行全方位的重组和升级，这恰恰需要构建一套科学性和时代性的乡村居住空间体系重组的理论模式和优化策略。

# 第三章　中国乡村居民点体系的演化历程及特征

任何事物都有生命周期，都要经历从生长走向消亡的过程，乡村居民点的发展也不例外。众多学者在研究人类聚居系统时，将时间作为研究的重要因子。如道萨迪亚斯曾说："时间是聚居发展的必要的第四维因素，它寓于聚居之中，并被物质地表现出来。"日本学者原广司（2003）指出："聚落并非静止，而是不断地变化和发展。"人类社会学家景军（1994）采用"记忆研究"的方法，描述了甘肃省永靖县大川村的历史、权力和道德随着经济社会发展的变迁过程，谱写了一篇颇具影响力的"神堂记忆"。历史文化保护学者何依（2012）研究指出三维空间中蕴藏的时间属性，提出"四维城市理论"，强调"时间"在历史空间保护和研究中的重要性。村落作为社会记忆的一种表现形式，时间赋予空间更多的意义，是村落研究中不可忽视的一个维度。因此，乡村居民点体系的构建与发展具有过程性，正确认识和全面把握乡村居民点体系的形成背景、演进阶段、演变规律及内在机制，是深入理解乡村居民点体系现存空间形态本质及未来发展导向的重要基础。

根据研究需要，结合中国社会发展史的时间分段，笔者将视角定格在乡村社会与城市社会发展差异明显、近代工业化在中国逐步壮大的中华民国时期，将其作为研究时段的分段点，即将1919年中华民国以前的年代统称为"农耕文明时期"；1919年之后的年代统称为

"工业化时期"①。

## 第一节 农耕文明时期乡村居民点体系的特征解析

本章研究的重点是乡村居民点体系的空间特征。根据多元决定论（over–determination）思想（林清，2013），乡村居民点体系作为复杂的系统，其空间变迁同样是由经济、社会、意识形态等综合要素决定的，而不仅仅是由人口迁移、土地制度变迁、经济社会发展等单一因素的变化驱动，必须借助于居民点要素在经济、政治和意识形态领域的交互作用而重塑乡村居民点体系。因此，本章拟以"经济—社会—文化（意识形态）"在乡村居民点体系内作用方式的变化为逻辑主线，从农业经济模式、家族社会关系、乡土文化及社会政治变迁等几个影响要素来分析在农耕文明时期乡村居民点空间演变的主要特征。

### 一 小农经济模式决定空间的分散性

1. 小农经济的缘起

马克思把小农经济称为"生产者对劳动条件的所有权或占有权以及与此相适应的个体小生产"，小农则是"自己拥有劳动条件的小生产者"。恩格斯（1991）指出小农"是指小块土地的所有者或租佃者"。马克思认为封建社会的小农，既要交纳土地的租税，耕作劳动也要受到地主阶级的剥削，而其生产的剩余价值又被统治阶级用来维持阶级统治和国家机器的运转，因此，他们既非形式主义分析中的企业家，也非实体主义者笔下的道义共同体成员。卡尔·波拉尼（Karl Polanyi）的"实体经济学"认为，在资本主义市场出现之前的社会

---

① 笔者认为，近代中国工业化的起点是洋务运动时期，由地主阶级领导、军事工业为主体的中国近代工业开始萌芽。但其时，仅有汉阳钢铁厂等少量规模较大的工业，整体水平尚未有较大提升。经过洋务运动时期"师夷长技以自强"的运动式发展以及甲午战争时期短暂的衰落，至中华民国时期，中国社会才拥有较为完整的工业体系，逐步完成了中国由农业社会向工业社会过渡阶段。因此，笔者决定将1919年作为本书研究的时段分段点。

中，经济行为"植根"于社会关系，如古代的"互惠"关系（如互助及亲属之间的义务），而非取决于市场和追求至高利润的动机。因此，"小农"拥有三个不同面貌，即实体主义观点是维持生计的"生产者"、形式主义观点是追求利润的"劳动者"、马克思主义学派观点是遭受剥削的"耕作者"。无论哪种观点，都强调了小农经济的基本特征是以家庭为单位进行生产和消费。因此，小农经济的起源应该追溯到个体家庭的形成。马克思和恩格斯认为，个体家庭的分散劳动和独立经济早在原始社会末期即已出现。我国的考古历史事实也验证了原始社会末期出现独立经济的个体家庭这一基本判断。

约公元前5000年至3000年的仰韶文化时期，伴随着种植业的发展，社会进入农耕文明时期，人类因从事简单的种植农业生产而逐渐选择了定居。陕西省临潼县境内发现包括姜寨遗址在内的20余处仰韶文化时期的村落遗址（图3-1），浙江省余姚县的河姆渡遗址则是南方发现的较为完整的原始村落体系。早期典型的原始村落在抵御自然灾害及外部落入侵的安全需求下，规模通常较大，且功能较为完备。姜寨遗址面积约5万平方米，由居住区、陶窑场和墓地组成，是一个保存较为完整的母系氏族村落遗址（图3-2）；河姆渡遗址面积约4万平方米，有一个大家庭的人居住，兼具了消费和生产职能，是一个具有独立经济的个体家庭。这表明个体家庭不但已经出现，而且其独立经济已有所发展。

一些史料文字也记录了中国古代小农经济的发展历程。《淮南子·冥览训》说，黄帝治理天下，做到了"农者不侵畔，渔者不侵隈"。《说文》也有："畔，田界也。"其中"田界"即指明当时已有清晰的个体农民所占有和使用的耕地标界，而"畔"的出现及其受到保护表明，当时的农民已在从事"小土地劳动"，有了自己的独立经济。因此，小农经济在原始社会末期已出现，在奴隶社会得到进一步发展，到了封建社会初期已成为我国农耕文化的主要经济组织方式。尽管生产工具和生产方式不断发展，如铁制农具的普及，以沟土填垄的代田种植法的运用等使得农业生产关系取得较大进步（图3-3），但经过2000多年封建社会的固化，在人口剧增、土地资源

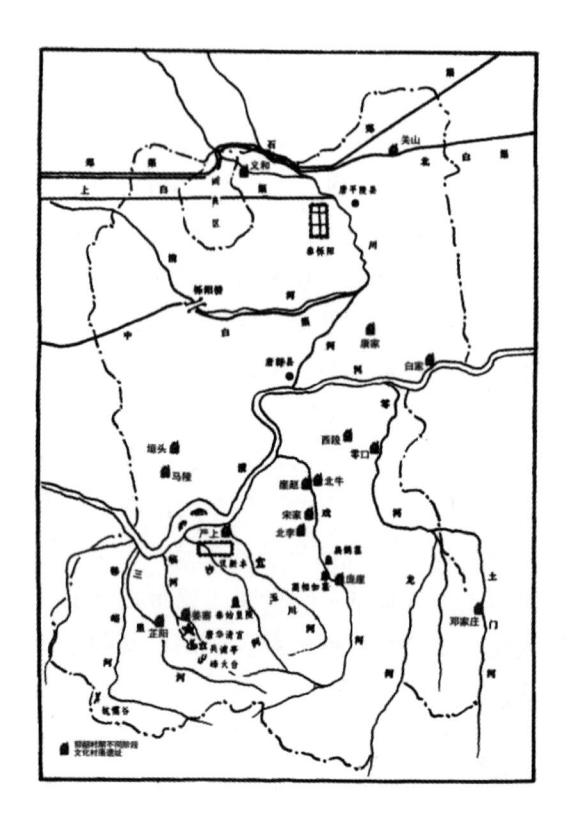

图 3-1 临潼境内仰韶文化时期村落遗址分布

图 3-2 临潼姜寨村落遗址

资料来源：根据《文物志》原始村落遗址章节临潼文物分布图绘制。

紧缺的现实背景下，以家庭为基本组织单位、以家庭生活和消费为基本需求的小农经济模式不仅没有根本性转变，而且不断壮大和成熟，并一直延续至今。

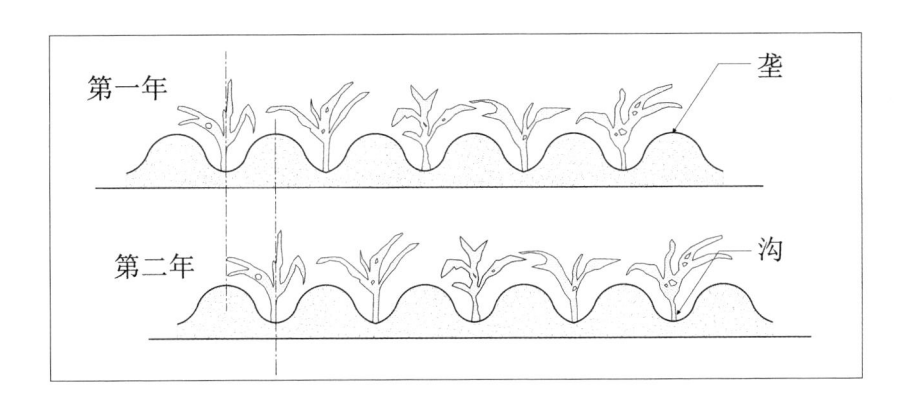

**图 3-3 代田沟垄易位图**

资料来源：根据资料绘制。

2. 小农经济的特征

小农经济是以家庭和个体为单位，以精耕细作、男耕女织为生产方式，以自给自足为生产目的的自然经济。小农经济是自然经济，但是也不完全等同于自然经济，小农经济的基本结构，强调其耕作方式以铁犁牛耕为主、其组织方式以家庭为单位的男耕女织为主、其生产特点则是精耕细作为主，而自然经济主要与商品经济相对。根据小农经济的基本概念和基本结构，以下将梳理小农经济的特点。

一是分散性，它是以家庭生产、生活为基本单位，实施"精耕细作"的生产方式。精耕细作是小农经济的重要特征，指在有限的土地上，通过生产工具的使用和劳动力投入的加大，单位面积土地的产出率不断提升的耕作方式。人地关系紧张的局面伴随着中国农村社会发展的步伐从未间断，而在田地间实践而成并演化成熟的"精耕细作"法是解决人多地少、资源匮乏问题的有效路径。这种精耕细作的劳动方法无形中促进了人口的疏散。《周颂·噫嘻》记载："噫嘻成王，既昭假尔,率是农夫,播厥百谷。骏发尔私,终三十里;亦服尔耕,十千维耦。"秉承成王旨意让农夫在公田和私田上进行分散耕作。① 通常农民在方圆三十里的土地上,先要完成公田的耕作任务,然后再进行私田的耕作。徐中舒先生认为"私"是私田,"十千"是公田。十个千亩的公田由千夫耕种,每夫同时各耕私田百亩,则千夫共耕私田十万亩,公私田合计共十一万亩,都分布在三十里的范围内,即为"终三十里"。"三十里恰好是一天可以来回的路程,因此籍田和份地的最好安排,是千夫围绕着十个千亩而居。"古代一夫为五口,千夫即五千人左右,而十一万亩②土地约合 21.3 平方千米,即人口密度约为 234.7 人/平方千米。可见,在"公私兼顾"的精耕细作方式下,小农经济模式的人口分布是极为分散的,以家庭与家族为自保单位的私田占有格局,构成了小块土地分散式经营的格局。

二是封闭性,它是农业和家庭手工业结合的生产方式,缺少与商品经济的互动。小农经济主要是在满足家庭或者家族内部基本生活之需的同时,能够抵御外来力量侵扰的一种封闭型的农业经济结构。小农经济之所以会形成封闭性的经济结构,其一,维护社会安定而长期实施的重农抑商政策是一项重要原因。自古以来,农业人口都是社会人口结构的主体,农业的发展关系到人口的温饱问题,控制和管理好农民,即实现了全国的统治,因此,从奴隶社会伊始,统治阶级就注重对农业的控制。农业生产最重要的特点是以土地为生产资料,农民依附于土地开展农业生产就不易迁徙流动,居住相对稳定,这对于统治者依地域进行编户管理是极为有利的,如《史记》记载"令民为什伍,而相牧司连

---

① 如果把"终三十里"都视为公田,把"十千维耦"理解为二万人在方圆三十里的田场上耕作,那简直是匪夷所思。所以"终三十里"必然包含助耕公田的农夫的私田在内。

② 根据年代估算,此处亩应为小亩。《汉书·食货志》晁错言:"一夫挟五口,治田百亩。"一个五口之家,两个劳动力,耕种 100 亩地(此乃战国时期的小亩,百步为一亩;秦为大亩,二百四十步为一亩;《盐铁论·未通》记载,汉以后统一为大亩),约合 41.6 大亩。战国秦汉时期,六尺为步,每尺约 23.2 米,则一大亩约为 465.04 平方米,约为 0.692 市亩,故一百亩合今约 28.8 市亩,劳均 14.4 市亩。《管子·巨乘马》:"一农之量,壤百亩也。"《管子·山权数》:"地量百亩,一夫之力也。"《管子·轻重甲》:"一农之事,终岁耕百亩,百亩之收,不过二十锺。"皆为井田制下"一夫百亩"之说。

坐"、《后汉书》记载"什主十家,伍主五家,以相检察,民有善事恶事,以告监官",都是将农民固化在一定区域范围内管理的体现。农民通过种植水稻和粟等农作物,解决自身温饱问题,家庭日常生活用品则通过家庭手工业制作来获取。这样就可以有效控制因经商而造成的人口流动和社会不安定因素的产生。因此,通过重视农业发展,抑制商业发展,将广大的农民稳固在一方土地之上,实现社会的安定。其二,封建的土地制度亦是造成小农经济封闭性的重要推手。随着奴隶社会的瓦解,土地国有制的占有模式——"井田制"也难以复加,封建土地私有制开始盛行。土地是封建社会最宝贵也是较为单一的生产资料,随着少部分人经商而迅速积累自身财富,以及官僚和地主的出现,土地私人占有的多寡迅速呈现,尤其是在官僚、地主及商人察觉到从土地中可以汲取源源不断的利益时,最原始的土地流转和兼并现象便伴随着封建社会制度的存在开始出现,小农、佃农、雇农等时代特有的产物也伴随着封建社会而长期存在。官僚、商人和地主凭借手中的权力开始巧取豪夺、大肆侵吞农民的田产,"三位一体"成为旧社会最大的土地所有者。土地作为农耕文明时期唯一的生产资料和生产对象,在"三位一体"的垄断式占有后,也加剧了社会的贫富分化,致使"富者田连阡陌,贫者无立锥之地"的现象贯穿于封建社会始终。而部分拥有少量土地的贫民为求生存,竭力封闭自保。《盐铁论》说:"民人藏于家,诸侯藏于国,天子藏于海内。故民人以垣墙为藏闭。"所谓的"男耕女织",即是这种封闭意识的具体体现。正是由于这样一种明哲保身的封闭意识,才形成了人们头脑中浓厚的乡土观念、地域观念,最终将自己束缚在极其狭小的一个空间内(王红,1994)。当然,宗法制和家族式的乡村文化制度,也造就了小农经济封闭性的特征。小农经济的发展保障了封建社会秩序的稳定和社会经济的繁荣;同时,它也实质性地割裂了农业与手工业和商业的联系,占社会人口绝大多数的农民被锁定在有限的土地空间内,不断固化小农经济的封闭特征。

三是自足性,它生产的主要目的是满足自家生活需要和缴纳赋税,是一种自给自足的自然经济。中国封建社会的农民一直是由占有少量土地和生产资料的自耕农和依附于地主阶级的佃农(其前身是隐户农民）两种农民构成的。他们都是以家庭或家族为单位的一家一户、男耕女织、自给自足的分散式生产经营，从家庭或家族内部寻找生存的途径，以"男耕女织"的生产方式解决最基本的生活资料，依靠自己的劳动提供自身必需的最低消费，实质是将有限的土地置于与世隔绝的封闭状态中。小农经济的自给自足性的形成，是在落后的生产力水平下，人多地少、交通运输困难、市场交换体系不成熟等众多的现实条件下，资源要素配置的一种较为理想的方式。一方面，小农经济自足性的形成与资源禀赋状况有很大的关联，在人多地少的状况下，集中在一定区域内的人口会导致有限的土地资源面临无限度的开采和利用，进而造成劳动资源过剩和土地要素的紧缺。在这种自然条件下，小规模的劳动密集性的经营方式最符合"最优要素组合原则"。所以，小农生产方式是在特定资源状况下经济系统自组织的结果，有其存在的现实合理性（宋圭武，2003）。另一方面，落后的生产力水平是形成落后的小农经济结构的根本原因。马克思认为，生产力是一切社会问题的最终解释变量，生产关系必须适应生产力的发展，且做出及时而恰当调整，一切"社会生产关系，是随着物质生产资料、生产力的变化和发展而变化和改变的"。在中国历史的长河中，由于自给自足的小农经济结构总是和落后的生产力水平结合在一起，因此，只有生产力水平提高了，要素的配置结构才能同步提升，自给自足的小农经济才能打破乡村社会生产关系周围无形的桎梏，与开放、多元的商品经济接轨。当然，封建社会重农抑商政策的长期锁定，每个家庭在种植粮食养活人口的基础上，还能够通过家庭手工业制作日常用品。这种男耕女织的生活方式，不仅限制了商品交换的发展，同时也为小农经济形成自给自足特性奠定了天然基础。

3. 井田制：分散的乡村空间生产

（1）井田制的概念内涵

井田制是横亘在原始社会末期和奴隶社会尚未充分发展的阶段上的一种土地制度，属于古代契约型社会的公社土地所有制（赵俪生，1980）。在原始社会向奴隶社会过渡的时期，私有制已经产生，如部落之间为私利斗争而频繁出现"造兵"。而部落为争夺地盘和利益在不断扩大自身力量的同时，亦需要依靠集体的力量修建农田沟洫系统，以满足战斗的物资需求，为了维护这种公共经济职能，就出现了土地公有私耕的农村公社，这就是原始的"井田制"。

孟子在《孟子·滕文公上》中最早提出了"井田制"的构想（图3-4）。"方里而井，其九百亩，其中为公田，八家皆私百亩，同养公田；公事毕，然后取治私事。"《谷梁传》则是最早明确提出"井田制"概念的，宣公十五年："古者三百步为里，名曰井田。井田者，九百亩，公田居一。"记载井田制最详细的则是《汉书·食货志》："理民之道，地著为本。故必建步立亩，正其经界。六尺为步，步百为亩，亩百为夫，夫三为屋，屋三为井，井方一里是为九夫。八家共之，各受私田百亩，公田十亩，是为八百八十亩，余二十亩以为庐舍。"① 国家统治者作为最大的奴隶主和贵族的总头目，按当时一个成年男奴耕种"百亩"的水平，将土地划分成若干块方田，一个方田即为一个奴隶耕种的土。许多方田连在一起，田与田之间既有灌溉的渠道，又有交叉的小路，阡陌纵横，形状像许多"井"字联系在一片，是为"井田制"。

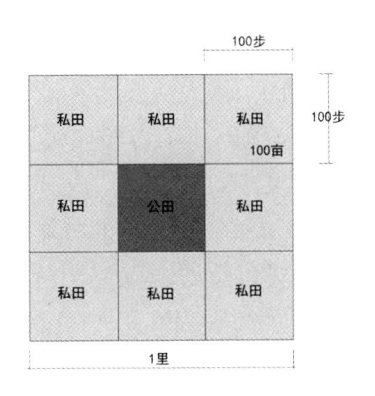

**图3-4 孟子八家为井而有公田（夏商）**

---

① 周礼中关于井田制的说法，认为井田内没有公田，九户人家每户一份私田，公田则位于井田之外的独立地段。

(2) 井田制的空间生产

井田制在形式上是用沟洫体系把农田划分为等面积方块田的土地疆理制度，在内容上则是分配农民以份地，并定期重分或调整的一种土地占有制度。受限于落后的生产力水平、交通条件以及统治者重农抑商的思想灌输，农民对土地有着极强的依附性，八户农家被分散在一片九百亩①的井田之上，每户人家在共同完成一百亩的公田劳作后，再分头进行各户分散的小规模经营。作为劳动生产者，农民不仅要考虑保证农作物的种植，同样需要顾及住地与耕作田地之间的距离，以提高劳动生产效率；国家作为剥削者，则以榨取最大剩余价值为目的，采取休耕制，实施"爰土易居"政策，通过大范围的换土以提高土地产出率，导致农民住地和耕地间的距离过大而不利于农作物管理，这对"集中的内在需求"与"分散的外在驱动"矛盾，使得井田制在实施之初就种下了不可调和的种子。

随着冶炼技术的进步，铁制农具在劳动生产中开始出现。尽管只是将"耜"的材料由木制变为了铁制，但却标志着农业生产由原始的粗放经营向精耕阶段迈进。此外，人口的增长和生产技术的不断提升使得人多地少的局面逐步显现。费孝通先生在研究乡土社会时指出："乡土社会中无法避免的是'细胞分裂'的过程，一个以血缘关系建立并维系的社群，其集聚的规模是有限的。因为社群维系日常生产生活所需的土地面积随着人口的增长而同步增加，当人口规模集聚到一定程度时，居住的地方与工作的地方距离就会达到临界值，否则就会带来极大的不便以致影响效率，这时社群就必须面临区位上的分解。"人口的增多和技术的改进，使得原有的井田已难以满足人们生产生活需求，统治者又适时推出了"履亩而税后领主"的鼓励政策，于是以开荒为主要形式的乡村空间再生产便应运而生。特别是铁制农具的使用，在减少劳动投入的同时，极大地改变了开荒的成本收益比，在人口剧增的内力和政策鼓舞、技术升级的外力推动下，乡村生产空间进一步外拓。

在早期奴隶制社会生产技术落后的条件下，井田制的土地产权制度

---

① 此处为小亩，100 小亩约为 41.6 大亩，28.8 市亩。

对当时的农业生产和社会稳定起到了积极的作用。但无论周礼关于井田制的"九户私田"（图3-5），还是孟轲关于井田制的"八户之说"①，庶民和奴隶都要领受国王的土地，并耕种缴纳所得。按"百步为亩、一夫百亩"计算，每个庶民耕种的土地面积约为30市亩。西周奴隶社会时期，奴隶、庶民等以石器等劳动工具进行农业生产，这种低水平的劳动方式限制了庶民的劳动生产率和出行距离（耕作半径），大规模的奴隶、庶民及佃农都要就近分散居住所领受的土地周边。而被附着在固定的土地（先公田后私田）上的奴隶与奴隶主之间的这种从属关系决定了其劳作的局限性，即必须限定在以公田为中心的一定范围内，而井田制的土地划分模式，在空间上又决定了奴隶及佃农劳作具备一定的秩序性。因此，公田与私田之间的空间分离、"小规模分散式"的生产经营方式是井田制的核心。这就注定了在"井田制"背景下，以土地为唯一生活依附的农奴或庶民，必然围绕着自己的私田展开生产生活，也导致居住空间在整体上呈现一种有序的分散。

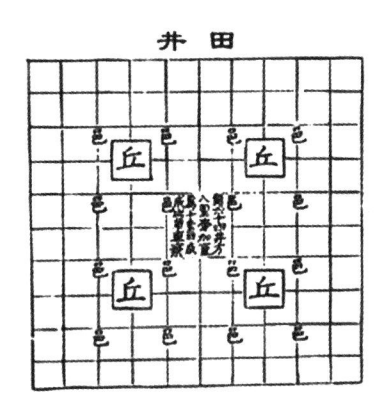

图3-5　九夫为井而无公田（周）

资料来源：笔者自绘。

---

① 井田制大致可分为八家为井而有公田与九夫为井而无公田两个系统。《周礼·地官·小司徒》载："乃经土地而井牧其田野，九夫为井，四井为邑，四邑为丘，四丘为甸，四甸为县，四县为都，以任地事而令贡赋，凡税敛之事。"《谷梁传·宣公十五年》："古者三百步为里，名曰井田。""井田者，九百亩，公田居一。"

## 二　家族血缘关系主导空间的集聚性

"一年而所居成聚，二年成邑，三年成都。"《史记·五帝本纪》中的"聚、邑、都"是古代社会中人类聚居和生活的场所，"聚"是有房屋住所，规模相对较小的纯粹的农业村社，显然也是农村居民点的原型；而邑、都则是对大小不等的城镇聚落的称谓。《左传》记载："有宗庙先君之主曰都，无曰邑。"进一步界定了"邑"和"都"作为古代城镇聚落的区别所在。无论是聚，还是邑或都，都说明了古代社会居民点及其体系的存在，"聚"是乡村居民点体系形态的一个重要特征，也是一个群体聚居的物理空间形态体现。这种群体与群体、群体内部之间的社会关系显然是群体维系、聚落形成和生存的基础。

1. 传统社会关系网络结构

以农业生产生活为基础的乡土社会是整个中国乡村社会历史的缩影。费孝通在《乡土中国》中指出，乡村的熟人社会具有很强的地方性，人与人之间具有复杂的社会关系网络，表现为"差序格局"。他认为人都是处于一定的社会关系网络中，如同一块石头丢在水面上所产生一圈圈外溢的波纹，每个人好比扔出去的石头，被外溢的波纹所推及的圈子，就是与其产生联系的社会关系网络。也就是说"乡土社会"中的社会关系是以自己为中心，和别人所联系成的社会关系是扩散的水波，一圈圈地推出去，越推越远，越推越薄。费老描述的这种"差序格局"是农村社会关系的高度凝练，映射了农村社会中人的行为及人与人的关系维系是靠默认的村规民约、相互信任，而不是靠一种明文规定或者制度条文。

漫长的农耕文明社会，宗族血缘关系在人类生存与发展过程中自然形成并在奴隶制社会得到制度性的强化。春秋末期，孔子的儒家学说把长幼尊卑的层级之序视为理想的家庭关系和社会秩序，首先完成了其理论层面的提升；先秦时期，作为国家政治文化中心的王城和采邑是宗族血缘关系在制度层面对聚落体系影响的集中体现；汉武大帝"罢黜百家、独尊儒术"的实施，使得以血缘宗族关系为基础的儒家礼制正式成为封建社会的主流意识形态。由此，中国农村社会在封建礼制、宗法文化的影响和小农经济形态的锁定之下，逐渐形成并固化了以"家庭"为中心、以"血缘"关系为纽带的单一的社会关系基础。如山西著名的乔家大院、王家大院（图3-6）等，都是以一个姓氏人家经过多代的繁衍不断壮大形成，但他们始终居住于一个大院，只是随着家族势力的庞大，其"院"的空间范围不断扩增，这个空间包括了有形的建筑院落空间，同样也包括无形的家族势力空间。这种无形空间是以每一家自己的地位为中心，周围画出一个圈子，形成邻里或街坊。街坊就是他们的圈子，一些穷苦人家的圈子只是毗邻的两三家；像乔家、王家这类有势力的人家的街坊可以遍及全村乃至更大的区域，而最大的势力圈子莫过于当朝的皇帝，他的姓氏是国家的姓氏，所以他的圈子可以大至全国范围。

虽然随着社会经济的发展，乡村社会关系在不断交往和融合的进程中，由单一的血缘关系逐步衍生出地缘关系（如邻里关系）、互惠关系（如互助合作生产关系）、共生关系（如同学、战友关系）以及社会分层形成的半契约关系（贺雪峰、仝志辉，2002）等看似多种复杂的网络化社会关系，但所有的衍生关系要得以正常运转和发展，都必须通过"血缘关系"来维系，这与费孝通先生所说的中国传统社会是"礼制社会"的观念是一脉相承的。

因此，中国乡土社会的本质就是家族社会，人伦关系是以小家为核心的按亲疏程度展开的波纹状结构。这种波纹状的社会结构是以血缘关系为基础，亲缘、地缘、业缘为架构形成的一种"单一圈层化"的社会关系网络结构。所谓"单一"，是指血缘关系是中国农村社会关系的唯一基础；所谓"圈层"，是指农村社会关系中，以个人为中心，以距离远近、往来亲疏的空间和心理距离等地缘和亲缘为基础的一个横向的"朋友圈"，以家庭为中心，以生产协作等业缘为基础的一个纵向的"资源层"。

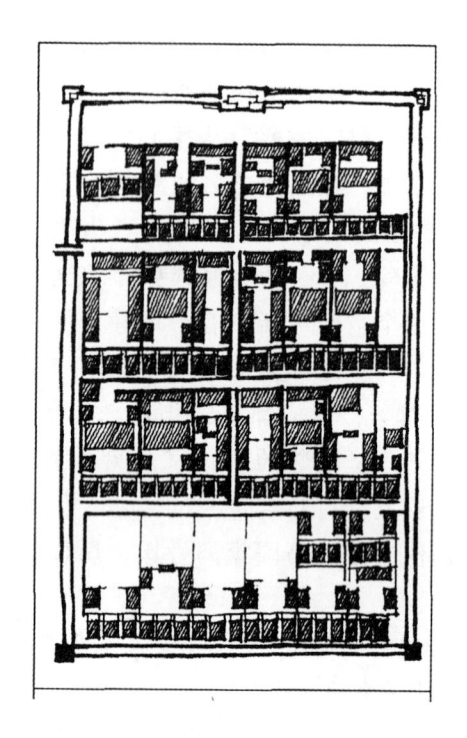

**图 3-6　山西王家大院平面机理图**

资料来源：张良：《西安明城区内传统建筑设计方法探索与实践》，西安建筑科技大学，硕士学位论文，2010年。

2. 家（宗）族社会的特征

家族，又称"宗族"，是指以血缘关系为纽带、以父系家长制为特征的家庭联合体。或者说是一个男性祖先的子孙，以血缘关系为纽带按照一定的秩序结合而成的、特殊的社会组织形式（徐杨杰，1995）。《尔雅·释亲》与班固《白虎通论》认为，广义的宗族就是"父之党"，即同一始祖的父姓血缘群体，但同时又特别强调家族内部由己身算起上下五世，亦即"上凑高祖，下至玄孙"，是宗族和家族内最亲近的群体。西汉初期贾谊在《新书·六术》释"宗族六亲"是指父辈往下的五代，此六亲与以己身为基础的"五世"是相同的，其实质内涵与《仪礼》丧服制的"五服"亦基本相同。可见，无论是广义的宗族还是狭义的宗族，血缘关系始终是决定家族或宗族成立的一个基础条件。因此,在中国传统的农业社会中,家族社会是以血缘关系为纽带形成的社会关系的最重要的一种表现形式。

农耕文明时期,不管内部组织是否严密、外在形式是否明显,但以血缘关系为基础的家族、宗族力量始终是农村社会治理的重要力量,为乡村地区的政治稳定和社会发展发挥着不可替代的作用。为什么家族、宗族力量能够在乡村——这种难以用法律、法规等契约精神来管制而只能用乡情和村规民约来治理的社会中实现平稳过渡,并拥有漫长的生命力,一直延续至今呢?

一是组织性。家族、宗族并不是一个实体概念,它是由众多同姓家庭,因血缘关系伴随着共同的目标理想和事物,而形成的一个社会生活共同体。通常一个家族要具备三样基本制度,即"族祠、族谱和族田"(图3-7)。族田,是同族集体的经济建设,其经济所得主要用于集体活动,同时部分用于接济同族人家由于灾荒、疾病等原因而难以维系正常生活所需;族谱,是家族的文化建设,是促成空间相对分散的各户对同宗的文化认同,使之具有相互接济、扶助的共同意识;族祠,是同族集体最显性的精神寄托和文化图腾,是同族进行集中祭祀活动的主要场所。[①] 族田、族谱和族祠这些实体存在的东西,需要具体人员去维护和管理,因此,家族的组织性便成为其存在的一个先决条件。只有具备了一定的组织性,才能够维系本家族、宗族的基本生存,才能够与其他家族进行交往、互助。北宋时期,面对谱牒之学衰落,张载提出强化宗法制,以维护家族和宗族组织的稳定,进而实现封建统治的延续。因为"所谓宗者,以己之旁亲兄弟来宗己"。按宗子之法,一切旁亲兄弟都要以宗子为主,家产继承、祭祀主持等均由宗子负责。这样,别子团聚在宗子周围,形成明确的等级组织,一个家族就得以稳固和世代相传,不至于分散。

---

[①] 宋代以前,"礼不下庶人",一般平民百姓是不允许建立祠堂和修建庙社的,建祠、修族谱等都是官僚士大夫的事情。到了宋代,张载面对高度分散、高度分化的乡村社会,进而提出了"礼下庶人",从此建祠立庙逐渐成为平民精神生活的一项基本权利。

◆ 乡村居住空间重组研究 ◆

图 3-7 南京溧水区丁氏宗祠、族谱
资料来源：笔者自摄。

通过家族、宗族这个无形的社会生活共同体的组织性，才能使其在物质上，组织与协调相对分散的生产和生活，为本族的成员提供公共的福利和安全保障；在精神上，通过不定期的祭祀、集会等活动，满足了儒家正统文化影响下的人们对自身历史感和归属感的深刻追求。也正是家族、宗族组织性的存在，使得涵盖了血统、身份、仪式、宗教、伦理和法律等诸多要素的宗族理念逐渐内化为汉民族精神的一个组成部分，使中国几千年的农耕文明得以薪火相传。

二是排他性。在封建社会中，家族、宗族能够得以形成并不断延续的一个重要动因是，势单力薄又自私自利的个体农民通过家族和宗族的力量保护个人的利益，并使得个人的利益不断壮大。可以说血缘的亲情关系催生了宗族的形成，而利益关系则决定了宗族的生存和发展。因此，由族长组织同姓家庭共同构成的社会共同体，其主要职责是保护本家族族人的人身和财产安全，维护本家族利益关系。

在动荡的社会体制下，无论是奴隶制社会还是封建社会，村庄、聚落乃至国家的构建从未曾摆脱血缘关系的束缚，血缘与人伦色彩一直伴随着村庄乃至国家形态的发展。王沪宁（1991）总结了中国传统家族文化的血缘性、聚居性、等级性、礼俗性、农耕性、自给性、封闭性和稳定性八个特性，"血缘性"则是家族文化的首要特征。家族、宗族是以血缘为纽带的社会形态的反映，作为一种社会组织，农耕社会内相对封闭的世居以及人们有限的联系在强化了家族意识和观念的同时，也形成了极强的排他性。家族的形成与发展必须以同姓宗族或血缘姻亲关系为纽带，排斥任何非血缘关系的成员进入家族体系，外姓女性成员嫁入家族内，自然随夫"归化"为本家族的成员；而本家族女性则随着出嫁、婚姻的完成，成为其他家族的成员。家族内部组织结构稳固，血缘关系分明，"人人各知来处"，是一个家族最基本的特征。

三是非科学性。中国农村社会的行为方式是关系取向的，"人情"是农村"社会关系"的主要表现方式。伴随着漫长的农耕文明社会，在传统农业生产方式中产生的"人情"逐渐成为中国人交往、维持关系的重要规范准则（李伟民，1996）。贺雪峰和刘锐（2007）认为，在村庄熟人社会里，存在着以村民个体为中心，认同感更强的"自己人圈子"，村庄内"自己人圈子"之间相互交织。正如费孝通所说，乡村社会是"礼制社会"，而城市社会是"法治社会"。这就注定了以家族形态主导的乡土社会难以形成契约型的科学社会体系，在以人情和关系为逻辑主线的乡土社会中，科学、法治精神与传统的人情、风俗习惯是难以共生的。

家族、宗族的组织性、排他性和非科学性既是其本质特征所在，同时也是维系家族社会在几千年农耕文明社会中生存和发展的法宝。因为组织性，家族才能在族长的统一领导下，参与并适应乡村社会一系列非正式制度规则，并维护自身利益所需；因为排他性，家族才能在动态的社会体制内，通过不断维护自身利益得以生存并不断发展壮大；因为非科学性，家族才具有生存的弹性，并不断适应复杂的乡村社会网络秩序。

3. 血缘关系：乡村空间集聚的纽带

传统农业社会中，土地和房屋是农民最重要的生产和生活资料，是人们的安身立命之本。在血缘关系主导和诸子均分析产继承制下，每个男性子孙都可以从父祖名下获得部分房屋和土地，再经过父传子、子传孙的代代分割相传，同一家族或宗族成员就会在父祖的田宅旁聚居生活下来，形成家族、宗族聚居的分布状况。

（1）同姓宗族聚居

长沙马王堆汉墓出土的西汉时期城邑图、地形图和驻军图，清晰地记录了当时长沙诸侯国南部（今湖南、两广地区）居民点的分布以及与自然地形地貌、河流水系的关系（图3-8）。驻军图还详细地标明了居民的户数、移民并村情况、村庄间道路和里程等。从地图上居民的分布状况看，居民点是以家族为主体，居住于不同的居住单元——"里"，一里的户数多少不等，多者百余户或几十户，少者才十几户。[①] 居住户数规模不等，正是由于当时各家族大小不一，占据的土地、人口及生产资料的规模不等，但以家族为单位的居住模式则得以较为完整而清晰的反映。

---

① http://baike.baidu.com/view/103018.htm.

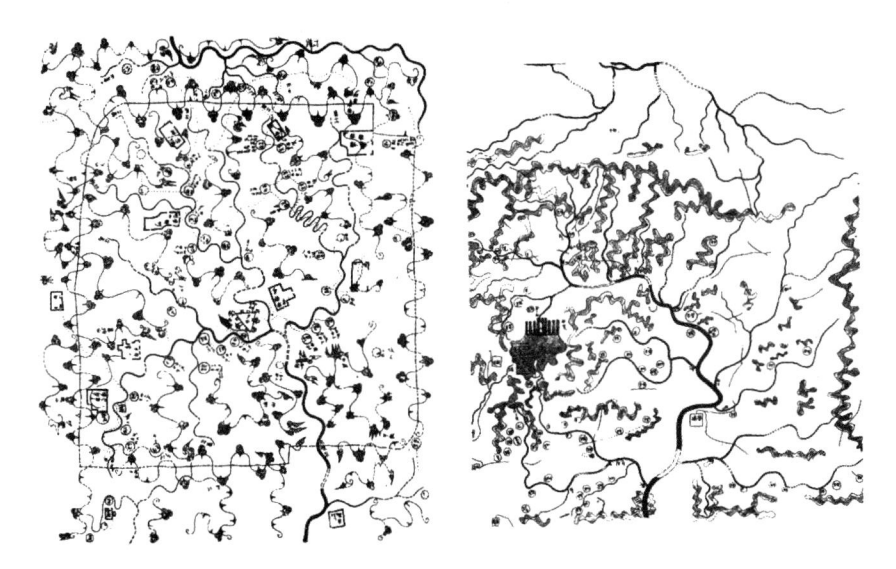

**图 3-8 马王堆墓出土的西汉地图复原图**

资料来源：http://baike.baidu.com/view/103018.htm.

这种自然形成的家族、宗族聚居的事例文献记载较多。《汉书》记载，西汉"济南㼌氏宗人三百余家，豪猾，二千石莫能制"；河东汾阴人薛安都，"世为强族，同姓有三千家"。《薛辩传》记载北魏太和年间，薛辩出任河北太守时，河北是"郡带山河，俗多盗贼。有韩、马两姓各二千家，恃强凭险，最为狡害，劫掠道路，侵暴乡间"。还有《关东风俗传》称："（北齐）文宣之代，政令严猛，羊、毕诸豪，颇被徙逐。至若流、冀诸刘，清河张、宋，并州王氏，淮阳侯族，诸如此辈，一宗近将万室，烟火连接，比屋而居"等，这些千家万室聚居一州县的情况都是郡县级大姓，所以宗族聚居的规模空前宏大。由此可推，未见于史书记载的平民百姓家族、宗族聚居的情况在乡村社会中应该更加普遍，只是聚居的规模可能远不及此。始建于北宋年间的宁波鄞县走马塘村（图3-9），是陈氏先祖于北宋端拱元年出任明州知府时初建。千余年来，陈氏家族耕读传世、兴学重教，历经宋、元、明、清，38代至今，走马塘村依旧保持了以陈氏家族人员为主体的群居村落空间形态。

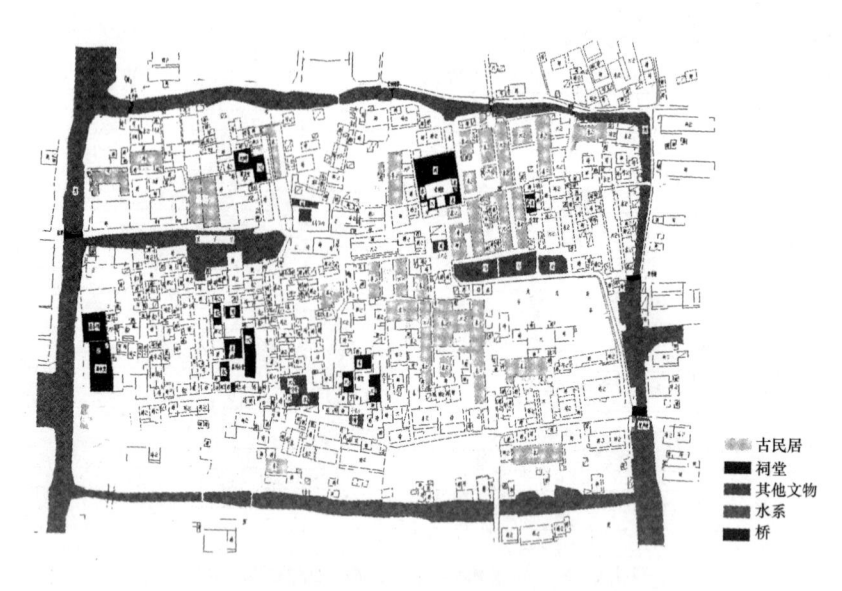

**图 3-9 始建于宋代的宁波鄞县陈姓走马塘村平面图**
资料来源：邱枫：《宁波古村落史研究》，第 101 页。

（2）家族庄园村落

西汉末，甚至出现了一种小规模的土地流转，出现了以家族为单位的庄园村落形式，推动了居民点体系的小规模集中。在《后汉书·樊宏传》中，西汉末年樊重的田庄，"三世共财，子孙朝夕礼敬，常若公家。故能上下勠力，财力岁倍，至乃开广田土三百余顷。其所起庐舍，皆由重堂高阁，陂渠灌注"。体现了大商人、大官僚通过购买或兼并的方式占有大量土地，建成了属于自家的庄园。至东汉，庄园的规模和数量迅速膨胀。《昌言·理乱篇》说："豪人之室，连栋数百，膏田满野，奴婢千群，徒附万计。船车商贩，周于四方，废居积贮，满于都城。"此时，庄园数量和规模都已呈现顶峰，形式上多是以家族为单位，以土地为依托，聚集一定数量的徒附和奴隶从事各行业，形成经济上自给自足的小社会。

（3）战乱举族迁徙

儒家文化影响下的中国农民"安土重迁"的传统观念根深蒂

固，使得人口的流动性很差，家族、宗族聚居一旦形成稳定的生活状态便不远徙他乡。但兵荒马乱的战乱时期，人口的迁徙往往是家族乃至宗族的集体行动，即"举族而迁"。这类"举族而迁"的村庄，对战乱及外族入侵具有强烈的防备心理，因此在集中居住的基础上往往最看重选址的安全防御性，通常会利用自然地形地势来布局村落的形态，以体现家族聚落的防御意识。如浙江省乐清市的黄檀硐村是元末明初卢氏先人逃难至雁荡山山脉深处营建起来的，整个村落仅设置两座入门，皆位于山口地势险要的狭窄之处，城门与两侧高峻的山崖相呼应，形成"一夫当关、万夫莫开"的布局。而福建省永定的土楼则更是大型防御型家族聚居的典型村庄布局案例（图3-10、图3-11）。

图3-10　乐清市黄檀硐村

图3-11 永定土楼

资料来源：http://www.cntour365.com/scenic.html?method=showscenic&scenic_id=7dd95aaf0bac00。

随着父辈田宅的不断细分和人口的繁衍增加，原有土地能够提供的生存空间越发紧缺，原祖上继承下来的田宅也无法维持家族、宗族新增人口基本生活需要，推动着家族、宗族迁移散居。但得益于"儒家的亲民"教化，人伦关系、名分等级观念早已渗透中国乡土社会的每一个角落，并通过人们的自觉意识融入乡村聚落空间——一个"以血缘关系为基础，以宗祠为物质空间中心、以宗族长老为精神中心"的高度集中的家族社会共同体。这样，看起来松散的村落实际上其内在却是由宗族血缘关系牢固连接在一起的"差序格局"分明的乡村社会结构体。

## 三 乡土文化传承助推空间的分散性

### 1. 乡土文化与村落

自古以来,中国文人喜好隐逸的风尚使得古代村落中山水文化盛行。陶渊明"误落尘网中"的"羁鸟恋旧林,池鱼思故渊",在浓浓乡情的深处,把村落生活视为人自然本真的生存状态。他们崇尚山林,醉心于山水之间,一方面通过诗词歌赋、山水画卷等表达对大好河山自然风景的赞美;另一方面,将山水诗和山水画的意境引入村落空间的营造,孕育了村落与山水诗画意境相统一的村落文化环境(图3-12、图3-13)。在生产力与生产关系相对落后、生活圈相对丰富的旧社会,把"绿树村边合,青山郭外斜""暧暧远人村,依依墟里烟"的水墨乡村视为温馨、恬静的港湾,把秦砖汉瓦的古村落视为民族文化的源头,可谓是把传统自然山水、村落生活视为精神家园寄托的最真实反映。

图3-12 清代樊忻《江干风雨图》(局部)描绘的村落境界

**图 3-13 清代王时敏所绘《杜甫诗意图》(之一)中村落境界**

资料来源：刘沛林：《中国古村落之旅》，湖南大学出版社 2007 年版，第 18 页。

从城市和村落的选址可见对自然和水文化的青睐，"母亲河"是每一座城市诞生和发展的源头，每一个村庄聚落形成、发展、壮大，直至其在社会发展中衰落，都离不开"水"这个自然要素。浙江省楠溪江沿岸的古村落分布是典型的围绕水系逐步展开，江南水乡的村落则更是滨水而建，河流水系成为其生产生活不可分割的重要载体（图 3-14、图 3-15），这些都反映了中国传统文化中对自然山水的赞美和向往。

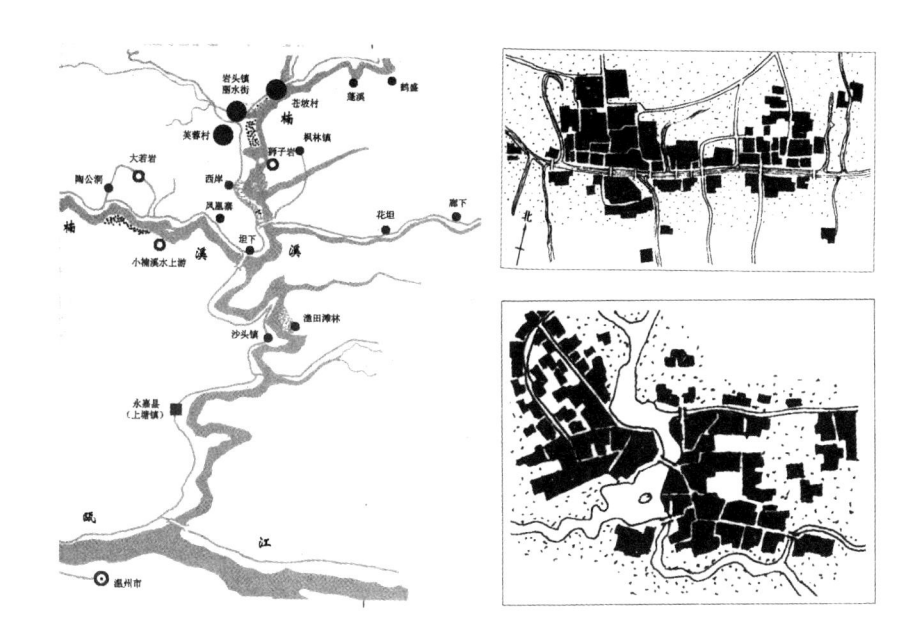

图 3-14　楠溪江沿岸的古村落分布　　图 3-15　沿河布局的村落示意

资料来源：刘沛林：《中国古村落之旅》，湖南大学出版社 2007 年版，第 15—18 页。

### 2. 乡土文化的特征

乱世下迁居、营建的世外桃源体现了古代文人的退守智慧：以儒学的"独善其身"和道家的"返璞归真"理念作为精神的寄托，选择天人和谐的生存环境。总体上对于上流社会追求的文化意境而言，无论是独尊正统的儒家文化，还是游离于外的道家文化，抑或深藏玄机的禅宗文化，都将对自然山水的歌颂和向往作为其文化内涵外显的一种手段，这也正是中国传统乡土文化的内在特征。

一是儒家山水比德。早在先秦时期，儒家的创始人孔子及代表人物孟子、荀子等人的自然美学思想就已经成为儒家文化的精髓，深刻影响着后世的自然审美观（沈茜，1999）。

《论语·雍也》记载"知者乐水，仁者乐山"，充分表达了人们对自然山水的喜爱，尽管个人的精神品质决定了其对自然山水喜爱的方式和内涵层次差异，但也恰恰说明自然山水具有与人的精神品质相似的形式结构，只是从"君子"的人格修养上来说明"知者"与"仁者"所侧重的品质特征不尽相同。《论语》中"为政以德，譬如北辰，居其所而众星拱之"，通过自然现象表达人的伦理道德观，把所见的美好自然现象比作人的某种精神品质的表现和象征。不论山、水、北斗抑或其他自然现象，本身都具有一定的自然美，同时它所蕴含的寓意往往与人的某种精神品质、情操有形构相同之处，从而巧合地成为"君子"所"乐"。这种"乐"是精神上的感应、共鸣，是人对自然美的感受和愉悦，即审美。孟子、荀子亦都在自己的言论中继承了孔子以山水比喻道德、品质的思想。

以孔子为代表的先秦儒家文化思想，认为千变万化的自然现象总是与社会规律相联系的。他们眼中的山水美景已不仅是停留在视觉或听觉上的愉悦和满足，而且也是通过山水和松柏这种外在的形态美，来寄语蕴含于自然万物中的内在精神品格，以寻求精神上的感应与共鸣、思想上的净化与升华。自然不是孤立存在的，而是同人的精神生活和内在情感要求密切联系在一起的。

二是道家寄情山水。以老庄为代表的道家先贤，崇尚"道法自然"，一切以尊重自然、适应自然为基本原则，通过对自然的适应和改造自身，达到境界的升华。道家对世俗的看穿与出世的世界观，使得其对现实世界产生种种不满，通常都是通过诗词歌赋将郁结心中的压抑情怀宣泄出来，从庄子到屈原，从陶渊明、谢灵运到李白、王维等无一不是通过寄情山水、吟诗作赋来表达其郁郁不得志的心理状态。于是激荡起岳飞《小重山》的"欲将心事付瑶琴，知音少，弦断有谁听"，张孝祥《浣溪沙》道出"高山流水遇知音"，陶渊明云"采菊东篱下，悠然见南山"，将山水当成知己来表白；李白的"相看两不厌，唯有敬亭山"，更是直白了个中心情。

所以格罗塞说："诗歌是郁积着感情的慰藉物，不论用最低浅的形式或者用最高的形式，本质上是相同的，——就是对于歌者的一种发泄和慰藉。"情感是艺术发生的原动力，格罗塞认为艺术源于情感的需要，情感的需求是艺术产生的内在动力。山水之道涵容了天地之大情，山水艺术属于"自然"之美，其思想的根源来自于道家崇尚自然的哲学思想，"自然"是"道"的核心思想。

三是庶民择水而居。相比于正统的儒家文化以山水见人的品格和游离的道家文化以山水寄托失意的情怀，分散在民间的普罗大众则更加向往山水为生产、生活带来便利，多数择水而居。如安徽许村始建于唐代（图3-16），村落四山环绕、二水交流，昉溪、升溪交汇于村中，形成"倒水葫芦"之势。整个村落沿昉、升两溪而筑，形成上下十里的带状村落，从而有了"许村十里水"的美誉（许骥，2013）。

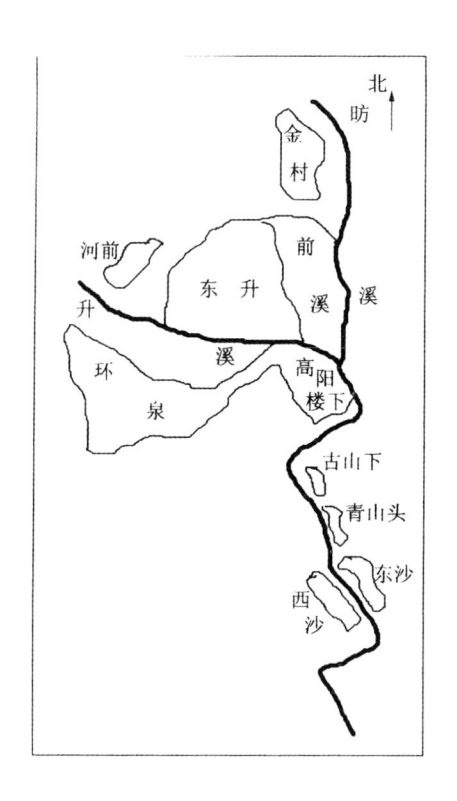

**图3-16 安徽历史村落许村依水而居**

资料来源：许骥：《徽州传统村落社会——许村》，复旦大学出版社2013年版。

人类从采集食物转向生产食物伊始,便从事农业生产活动。《前汉书》记载,"农,天下之大本也",水,则为农之本也。水是中国农业生产和农民生活的最重要的资源。传统乡村住宅选址总是"无意识"地围绕水而展开,基地前面的水塘可以迎接夏日南来凉风,调节村落小气候,空旷的开阔地又保证了基地有充足的日照时间;基地靠近水体则便于生产灌溉、水产养殖及生活日常用水,同时河流水系又利于传统的水运交通。在传统的小农经济模式下,作为农民日常生活的主要承载地和农民生产组织维系纽带的宅基地,是农民最为倚重的资源,择水而居为农业生产和农民生活提供了极大的便利。同时,择水而居的生活习惯也造成了农民的居住空间随着蜿蜒曲折的河流水系而不断外拓、分散(图3-17)。

图3-17 宁波鄞县水网及村镇分布略图

资料来源:刘沛林:《中国古村落之旅》,湖南大学出版社2007年版,第15—18页。

3. 山水文化：乡村居民点分散的诱因

（1）依山傍水的村落选址

总体而言，传统乡村聚落布局的特点就是人们寄情山水文化、依赖山水资源生产生活，并适应自然、改造自然与环境相和谐，形成一种自由灵活的布局形式（图3-18）。

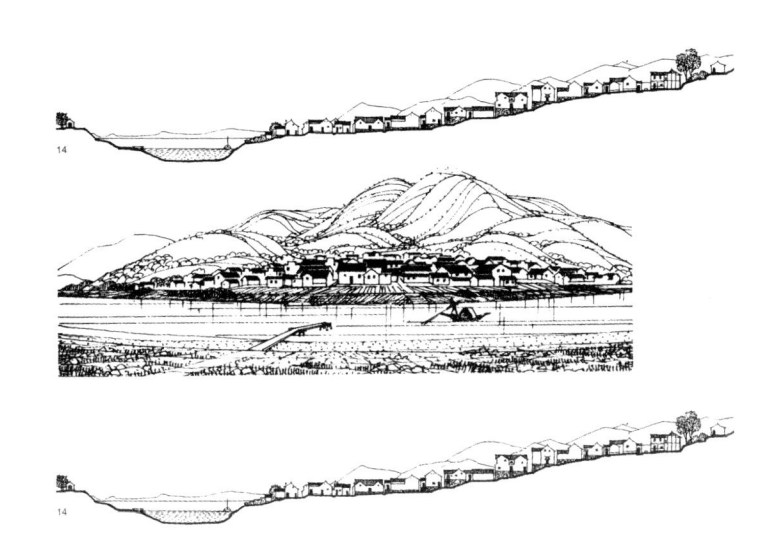

**图3-18　嵊县屠家埠村背山面水、依山就势的村落全景及剖面图**

资料来源：刘沛林：《古村落：和谐的人聚空间》，上海三联书店1997年版，第111—113页。

犹如每一座城市的发展都离不开自己的母亲河一样，纵观中国历史村落体系的结构形态和演化进程，这种假借自然、自由灵活的布局形式同样也离不开自然山水要素（图3-19）。陶渊明在《桃花源记》记载："林尽水源，便得一山。山有小口，仿佛若有光……"人们所追求的理想居住环境是有山、有水、有分田，这是一种典型的自给自足的中国农村环境特征（刘沛林，1997）。而江南水乡地区的村庄聚落，这种邻水而建、滨水而居的空间形态和框架结构则更加显著，河流水系的宽度、形状及走向通常决定了村落的基本形态和景观环境。如江南水乡木渎（图3-20、图3-21），河道呈Y字形走向，建筑物自然地沿河呈带状布置。而弯曲的河道自然顺畅，河网地区大量村落形态也表现出随弯就曲的景观特色。

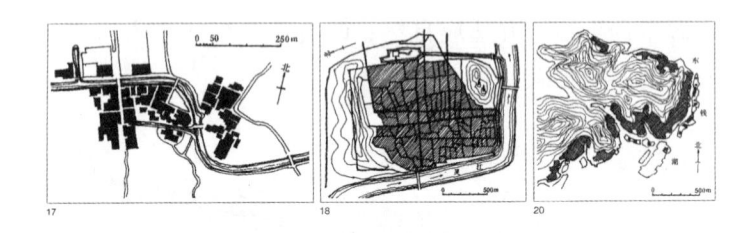

图3-19 假借自然山水形成的村落布局

资料来源：刘沛林：《古村落：和谐的人聚空间》，上海三联书店1997年版，第111—113页。

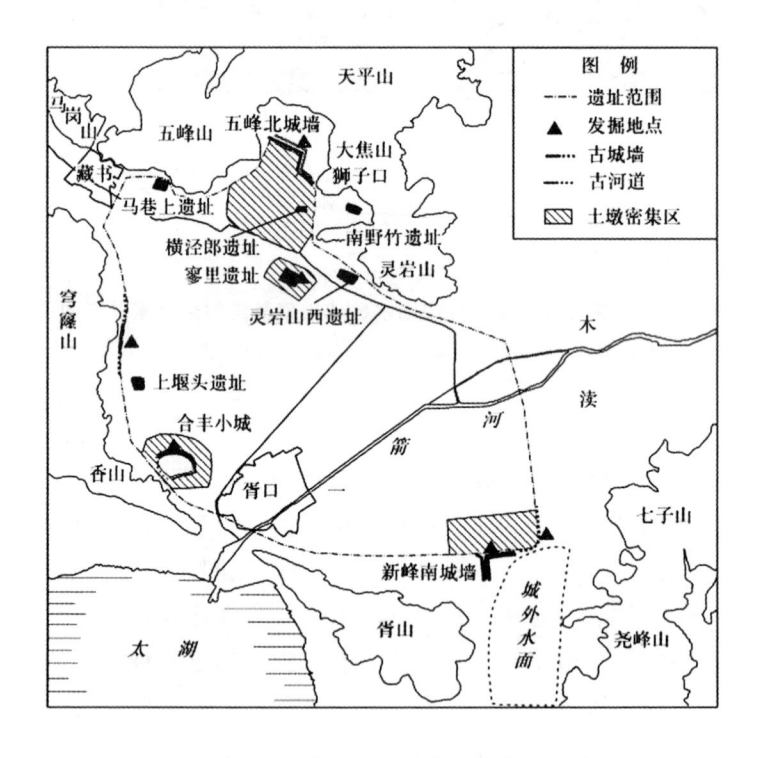

图3-20 木渎古城主要遗存分布与水系脉络

资料来源：苏州古城联合考古队：《江苏苏州市木渎春秋城址》，《考古》2011年第7期。

**图 3-21　木渎古镇区街巷水网体系**

资料来源：吴蔚：《延续文化脉络　再现古镇风韵》，《江苏城市规划》2009 年第 8 期。

（2）背山面水的宅第选址

人们历来重视住宅的选址，其至因此专门诞生了一门学问，中国称之为"风水"，西方称之为"生态"。在中国传统的风水文化意境中，村落负阴抱阳，背山面水，是宅、村乃至城镇基址选择的基本原则和基本格局（图 3-22）。通常是指基址后方有靠山——玄武，而青龙山、白虎山分居基址左右两侧，前方则有月牙形的池塘或弯曲的水流，水的对面还有一个对景的案山，基址坐北朝南，这就是一个理想的背山面水基址的基本格局（徐杰舜，2012）。

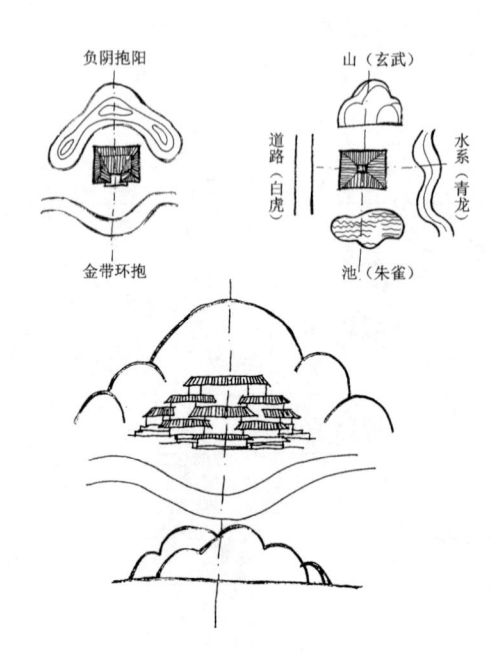

图3-22 民间住宅及村社选址示意

资料来源：笔者自绘。

（3）山水相依的形态格局

寄情山水文化的情愫不仅影响着村落和民宅的选址和形式，也通过空间意义和水系脉络、山形走势定位村落的格局，如形似蜗牛的安徽宏村（图3-23），由村西引入牛泉河水流至家家户户，以村中心泉眼为基础，建成"主科甲"的月塘，在村南人工挖掘南湖，作为中阳之水以避邪、聚财，弥补内阳之水的不足，使流水复归平静。形似元宝的爨底下村、形似大船的三家店村、形似灵龟的灵水村以及金华俞源村的北斗七星（图3-24）、永嘉苍坡村的文房四宝都有异曲同工之妙。

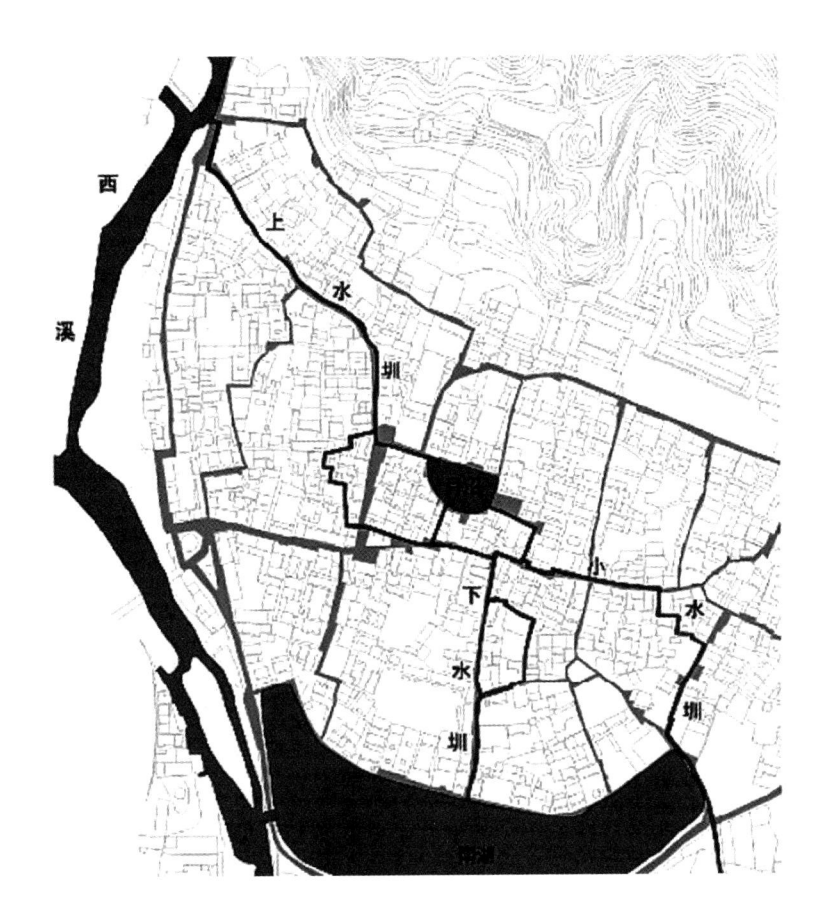

图 3-23　宏村水系空间格局

资料来源：俞明海、杨洁、周波：《徽州传统聚落建设的系统理念探讨》，《安徽农业科学》2009 年第 32 期。

这些主流文化动态和民间社会实践在表面上彰显了传统文化对于自然山水的赞美，而其内在本质则是反映了传统文化的思想精髓对人们的深层影响，表达了人们对自然山水的寄情与向往，从而出现"向往世外桃源""择水而居"的乡村居住空间离散分布现象。

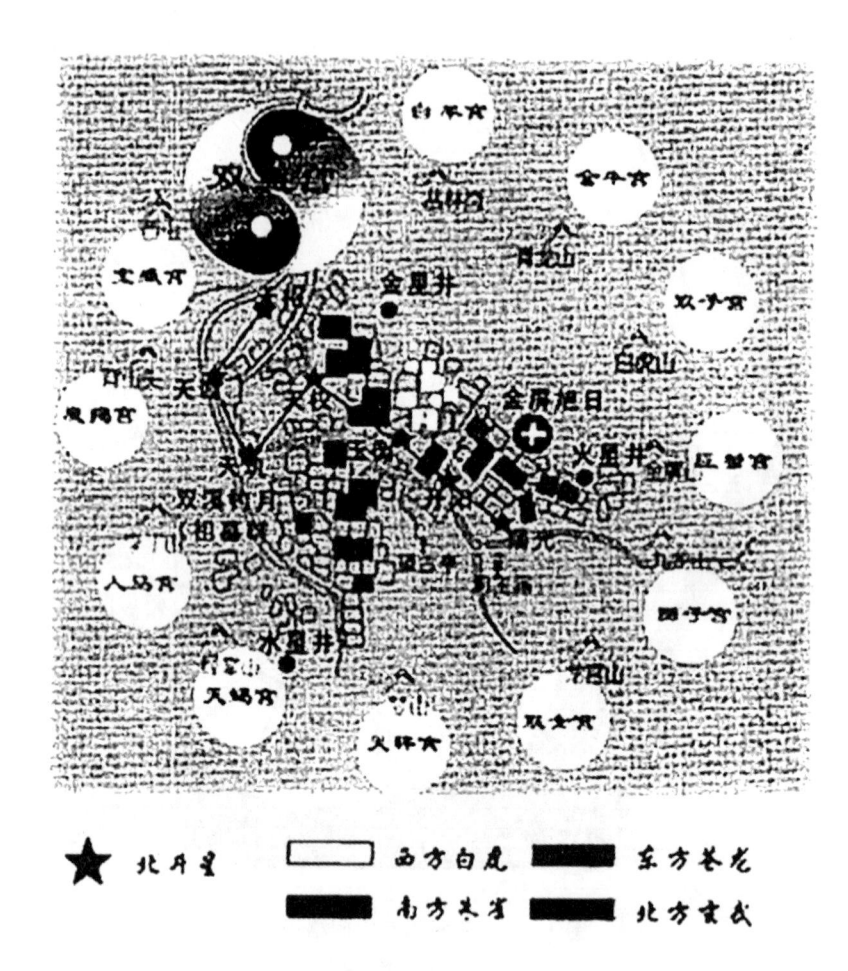

图 3-24　俞源村北斗七星平面布局

资料来源：谭春霞：《金华道教文化旅游产品开发研究》，华东师范大学，硕士学位论文，2008 年。

## 四　社会动荡助长空间的离散性

1. 农耕时代的社会特征

农耕时代的中国社会结构简单而复杂，简单是基于落后的生产关系与生产力水平下，农业生产是维系经济社会发展的主动力；复杂是基于辽阔的国土内诸侯林立、民族多样，频繁冲突下的社会发展显得缓慢而艰难。因而，就狭义的社会发展而言，农耕时代的社会特征主要表现为以下几点。

一是朝代更迭。悠久的中华文化见证了这个古老民族的兴衰,漫长的封建社会既有大汉民族顺昌逆亡的王朝交替,也有五胡乱华、蒙元入侵的外侮骚乱;既有文景之治、贞观之治的盛世景象,也有王莽暴乱、三国分治的历史低潮。尽管维护皇权统治的性质没有随着朝代的更替发生根本性改变,但推翻既有皇权统治树立新的统治者如同生产关系要适应生产力发展的历史逻辑一样,始终是封建社会朝代更替的主题。从夏商周统治开始至清政府灭亡,共经历了 20 余个朝代,若算上同一个朝代多个诸侯小国共存的现象,则有 70 多个开国皇帝。每一次皇权的交替、每一个小国的独立和灭亡都伴随着社会的急剧动荡和不安。

二是战事频发。人类社会前进的历史就是一部战争史,所有的文明和进步几乎都是伴随着战争而诞生的,在战争中实现凤凰涅槃和再生发展。中国封建社会的进程就是一部群雄并起的战争史,既有农民起义新建王朝的颠覆政权的战争,也有宗室内部阋墙、争权夺利的斗争。从最早的黄帝战蚩尤,夏商、商周的远古之战开始,战争就一直伴随着中国整个农耕时代。从秦始皇合纵连横统一六国到秦末陈胜吴广的农民起义,从楚汉战争奠定的汉朝统治到汉朝对西域和北方匈奴的战争,从加快中华民族融合的汉末三国战争到魏晋南北朝北方民族成立一众小国的战乱,从隋朝结束中国向西发展完成中国版图的统一之战到结束少数民族对中国统治不认可的隋唐之战、五代十国的民族融合之战,从宋的汉族地区统一之战到宋蒙之战、元末的农民起义、明清之战,直至武昌起义中华民国的成立,可以说,农耕时代的中国社会一直在不熄的战火中缓慢前行。

三是管理无序。纷繁的战事与频繁的朝代更替之下,百姓难以有一个安定的生活环境,而统治者则一方面要应对外族人的侵扰;另一方面要维护统治阶级的既得利益,难以真正顾及社会经济发展,造成社会管理无序的乱象频生。

2. 社会动荡:乡村空间分散的推手

(1) 王朝更迭下人口规模的跌宕起伏

一是人口总数增长缓慢。从历朝人口、国土面积及人口密度分布来看，漫长的封建社会时期不仅人口规模呈现大起大落，其总量也一直在较低的规模上徘徊，直至清朝乾隆六年，全国人口才突破1亿人，而且其分布极为松散，每平方公里不到11人（表3-1、图3-25）。

表3-1 封建社会时期中国历朝人口、国土面积及人口密度一览

| 朝代 | 人口（万人） | 面积（万平方千米） | 人口密度（人/ha） |
| --- | --- | --- | --- |
| 秦 | 2000 | 360 | 550 |
| 西汉 | 5959 | 1040 | 570 |
| 东汉 | 2100 | 890 | 240 |
| 三国 | 767 | 590 | 130 |
| 晋 | 1616 | 920 | 180 |
| 北魏 | 3000 | 935 | 320 |
| 隋 | 4450 | 840 | 500 |
| 唐（玄宗天宝十四年） | 5292 | 1030 | 590 |
| 唐（宪宗元和十五年） | 1576 | 1030 | 150 |
| 北宋（元丰三年） | 3330 | 460 | 720 |
| 元（至元二十七年） | 5883 | 1680 | 350 |
| 明（洪武二十六年） | 6054 | 1300 | 470 |
| 清（顺治八年） | 1063 | 1310 | 80 |
| 清（康熙三十九年） | 2041 | 1310 | 160 |
| 清（乾隆六年） | 14341 | 1310 | 1090 |
| 清（乾隆二十七年） | 20047 | 1310 | 1530 |
| 清（乾隆五十五年） | 30148 | 1310 | 2300 |
| 清（道光十四年） | 40100 | 1310 | 3600 |

资料来源：笔者根据相关材料整理绘制。

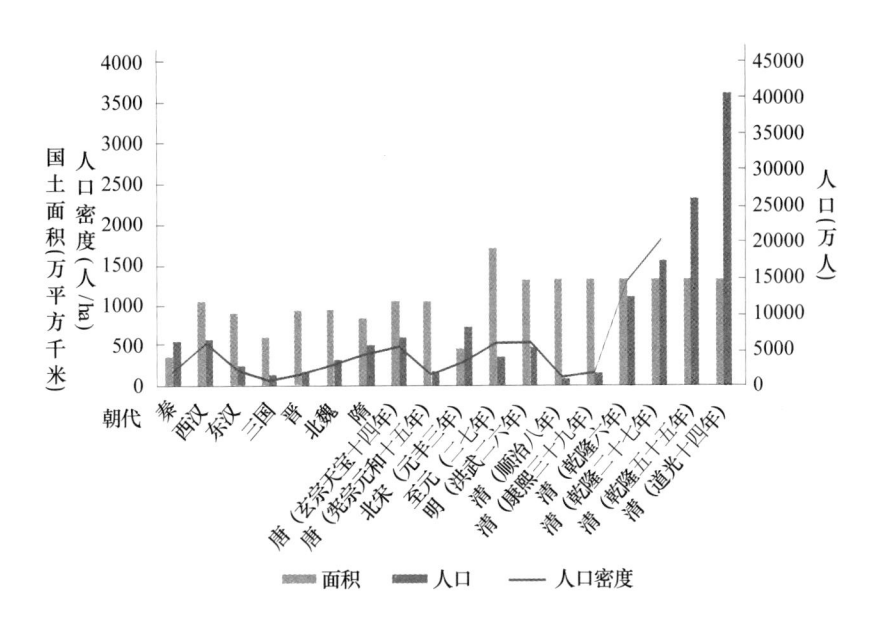

图 3-25 封建社会时期中国历朝人口、国土面积及
人口密度分布

资料来源：笔者自绘。

二是人口规模起伏无序。伴随着每次王朝兴盛和更迭，都会出现人口的剧增和骤减。公元前 221 年秦始皇统一六国时全国人口约为 2000 万人左右，至西汉末的公元 2 年增加到 6000 万人；经王莽乱世引起人口的大幅下降，到东汉初仅剩 3500 万人左右；公元 609 年，隋统一后的大业五年，人口增长至 6000 万人左右，但历史总是惊人的相似，与王莽乱世相似的隋末战乱造成人口降幅超过 50%，到唐初仅有 2500 万人。史载隋炀帝 612 年攻打高句丽，仅陆军就有 113 万人，尚有大量水军。其中宇文述指挥的九支军队约有 30.5 万人，但受限于战事与饥饿，回到辽东城下时只有 2700 人（朱绍侯）。从整个封建社会的进程来看，中国古代人口先后经历了八次大起大落（图 3-26）。

在漫长的封建社会中，人口呈增长的总体趋势下，由于生态环境的剧烈变化或自然灾害、疾病瘟疫的影响，在某些年代或某个集中时期，也会出现人口持续增长和急剧下降交替发生的情景。前文所述西汉的文景之治时期、唐朝的贞观之治时期、11世纪北宋经济自由发展时期以及清朝的康乾盛世时期，人口的年均增长率都可达到7‰—10‰，而少数年份甚至可能出现更高的年平均增长率；而在王莽乱世等时期，往往在一二十年间，人口就下降高达50%以上的降幅，每年的负增长率高达5%—10%。

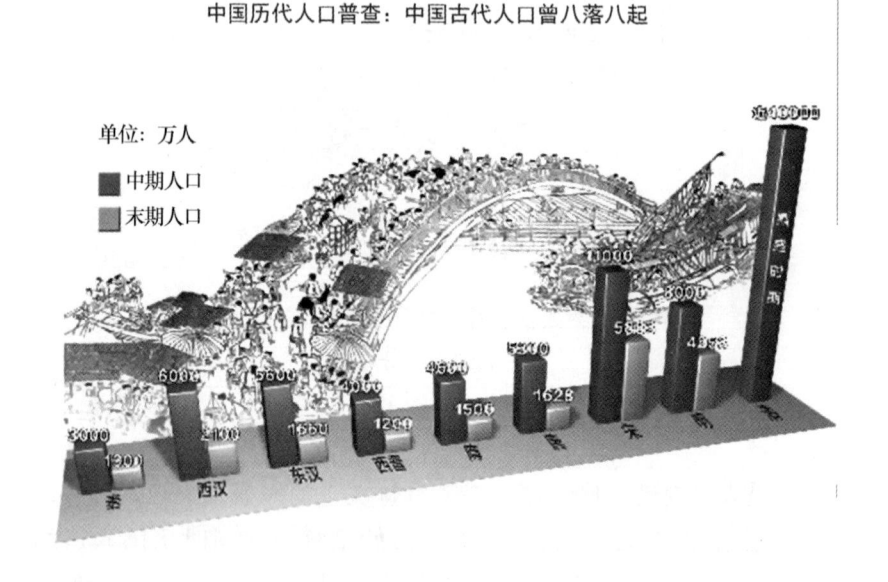

图3-26 中国古代人口"八落八起"

资料来源：http：//bbs.tiexue.net/post2_4654981_1.html。

在这种跌宕起伏的人口变化中，农民往往更多是为了安身立命，难以稳定地从事农业生产，居无定所、颠沛流离是农村社会的一种常态，农民居住的空间始终呈现一种离散性的状态。

（2）纷繁战事下人口骤减与流动人口的自发分散

中国国土面积辽阔，尤其是长江和黄河流域，水土条件好，降水充沛、土地易于耕作，在铁犁牛耕的农耕文明时期，部分地区就可以实现每年两季种植。彼时的农业生产条件下人口增长率为1%时，72年间人口倍增，144年就实现人口翻两番，但在2000多年漫长的封建社会里,直至"康乾盛世"的百余年间,人口才刚刚过亿。那么,是什么原因导致特定的劳动条件下人口增长被抑制呢?这与长期的、周期性的社会动乱是分不开的,每一次战争都是"近身肉搏",导致大量的平民伤亡;为了扩充军力更是不断抓壮丁,大量百姓背井离乡、流离失所,庶民自发分散地躲避在战争的夹缝之中。

一是战事频繁,人口骤减。东汉末年至三国时期,全国发生循环的战乱导致三国时期的汉族近乎灭族。先后经过黄巾军起义以及董卓之乱,中原群雄的相互内战,如北方袁绍与曹操刚打完官渡之战,南方曹操又与孙刘联军爆发赤壁之战,两大战役接连打响,对原本就极为分散的人口形成极大的创伤;随后西北、西南都爆发局部战争,除了边远的西域地区外,汉帝国的疆土几乎都被卷入了战火,到了东汉末年"三大战役"至夷陵之战结束的时候,中国的人口下降至触底。唐人杜佑《通典》记录,东汉桓灵二帝时期黄巾之乱始,历经董卓之乱,到了曹操"挟天子以令诸侯"的建安初期,当时中国的人口就已经"人户所存,十无一二"。即便如此,又先后发生了官渡之战、赤壁之战,以及刘备收巴蜀,曹操收河西的兼并战,直到公元222年吴蜀夷陵之战后,中国才进入了一个相对和平期。《历史不忍细看》指出三国赤壁之战后,中国人口仅剩140万人左右,可谓"百不存一"。其时,三国的国土面积之和仍有590万平方千米,亦即每平方公里仅约0.2人。

唐代安史之乱时期,激战最烈的河南一带,《旧唐书·郭子仪传》记载,"人烟断绝,千里萧条"。13世纪的蒙古战争,中国国内人口不足5000万人,中原地区从768万户降至87万户,南方则从1267万户降至900万户。更有"崖山之后无中国"一说,尽管这带有一定戏说成分和民族情感成分,但也大致可以看出当时人口数量大规模减少的事实。

二是清野迁民,入屯戍边,人口分散。明朝时期,朝廷面临"自兵兴以来,民无宁居,连年饥馑,田地荒芜,若兵食尽资于民,则民力重困"的局面,底层出生的朱元璋清醒地认识到"养兵而不病于农者莫若屯田",遂令"将士屯田,且耕且战,以收地利"。这种

"屯田积粟，以示久长之规"的防御策略，一方面实行坚壁清野，将沿边百姓迁入内地，以"保障清野，使来无所得"；另一方面分封诸王以实边，将内地四丁以上的农户抽取一名壮丁入边军屯。从洪武初年至嘉靖末年，为强化边境地区管理和控制边境冲突，政府通过实施"且耕且战、藏兵于农的策略"，不断地改建和增建军屯城堡，军屯以养军，商屯以助军，民屯以补军，整个晋北地区成为纯粹的军事地带，大量流民为了躲避战争和免于兵役而四处分散流动，彻底改变了晋北地区的聚落风貌（图3-27）。

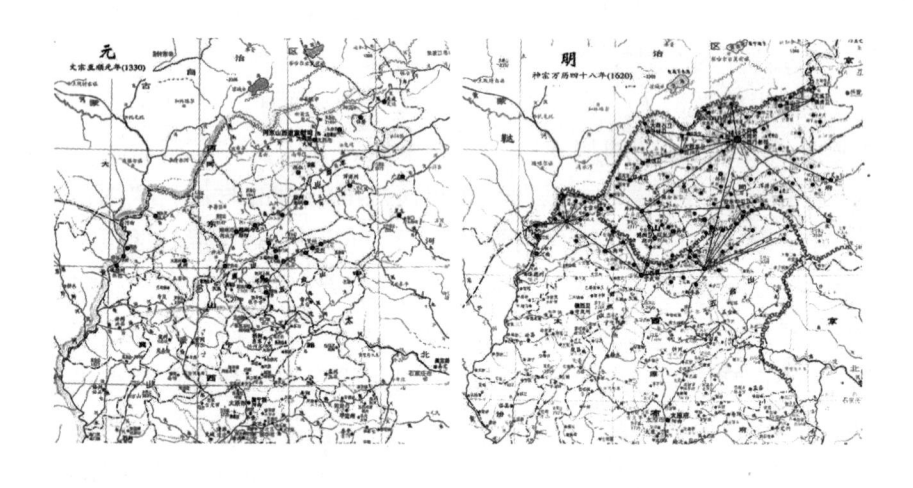

**图3-27 九边制度下晋北军事聚落体系**

资料来源：邓巍，据山西历史地图集绘制。

（3）多层级社会管理制度下有限人口的被动分散

秦统一六国后，废分封制，建郡县制，分天下为36郡，每郡下设20个县左右，县下设乡、里和亭。《汉书·百官公卿表上》记载："大率十里一亭，亭有长，十亭一乡"，即每两亭之间相隔十里，设亭长，亭遍布于城乡各要地。汉高祖刘邦就曾为一名亭长，维护方圆3公里土地内百姓的社会治安和稳定。公元前221年秦始皇统一六国时，全国约有2000万人，当时国土面积约360万平方千米，即每平方千米仅有约5.5人。如按全国36郡720县计算，则每郡约55.6万人，每县约为 2.78 万人左右。再按乡和亭细分之，处于最基层的社会管理组织——亭（初始作为治安组织）的人口更为稀少和分散。而据《广雅》记载，"十邑为乡，是三千六百家为一乡"，按每户 5 口人计算，则每乡 1.8 万人，1656 个乡（每县约有 2.3 个乡），则每乡约 2175 平方千米，人口密度约为 8.3 人/平方千米。

隋整顿人户编制，畿内以五家为保，设有保长；五保为闾，设有闾正；四闾为族，设有族正。畿外在保之上为里，设有里正；里以上为党，设有党长，用这种多层级的组织来分散管理农民（朱绍侯）。而从长沙马王堆汉墓出土的地图来看，西汉初年，一里的户数多少不等，多者百余户或几十户，少者才十几户，[①]可见人口居住也是极度不均衡的。

纵观秦统一六国后的千余年封建社会，直至清乾隆年间人口总量才破亿，而就是在人口总数相对较低的背景下，统治者为了实现对国家的控制，在部分人口集中于城市以防御外侵和简单的商品交易前提之下，通过建立各种社会管理制度，将有限的农民分散于广大的乡村内，在维护社会稳定的基础上，从事着精耕细作的小农生活，从而达到分散人口、分解各层级官员权力的目的。

## 五 乡村居民点体系的空间特征：分散性主导下的"大分散、小集中"

乡村居民点体系是多种因素综合影响下乡村居民生活的一种综合空间效应。总体来讲，农耕文明时期的小农经济模式和家族血缘关系的主导影响之下，乡村居民点从无序分散、有限集聚到有序分散，是在农民生产、生活中，为适应漫长的生产关系变化和生产力发展，不断发挥自我调节机制和功能，选择适合自身发展的因素，逐步构建的居民点体系格局的过程。

在这个漫长的构建过程中，乡村居民点体系受到经济、社会、文化等众多因素的影响，小农经济模式导致落后的生产力（生产工具、

---

① 参见 http://baike.baidu.com/view/103018.htm。

生产技术）长期占据着封建的农耕文明社会，也最大程度地锁定了乡村居住空间总体上分散的格局，而动荡的社会体制和悠久的乡土文化则加剧了乡村居住空间分散化的特征；血缘关系为基础的家族、宗族制则又将乡村居住空间限定在小规模的姻亲集聚状态。因此，农耕文明时期的乡村居住空间结构和功能不断调节，是乡村社会结构及其空间形态自组织演变的一个全过程。在这个动态的变化趋势下，随着生产力的渐进更新，生产关系不断谋求适应生产力发展而不断自我调节，推动居住形态的变革，乡村居民点体系总体上呈现一种社会关系主导下，小农经济模式作用和传统乡土文化支撑关联下的"大分散、小集中"的无序状态（表3-2）。

表3-2　农耕文明背景下不同要素驱使的居住空间演进一览

| 影响领域 | 表现形式 | 内在机制 | 居住形态 | 空间模拟 | 原型提炼 |
| --- | --- | --- | --- | --- | --- |
| 经济模式 | 小农经济模式 | 生产方式未发生根本变革 | 无序分散 | 散点、开放 | 大分散、小集中 |
| 社会关系 | 家族血缘关系 | 有限的社会交往限定 | 小范围集中，有序分散 | 散点、封闭、内聚 | |
| 文化传承 | 山水乡土文化 | 寄情山水的传统文化驱使 | 有限分散 | 散点、开敞、外迁 | |
| 社会结构 | 战争动荡结构 | 王朝的更替，但相对落后生产关系未发生根本变化 | 极度分散 | — | |

资料来源：笔者自绘。

## 第二节　工业化时期乡村居民点体系的特征解析

前文从经济模式、社会关系和文化传承等视角，解读了农耕文明时期乡村居民点体系的空间特征，还原了历时态下乡村居住空间体系的原型，为未来乡村居住空间体系重构奠定了基础。但总体来讲，受限于落后的生产力与生产关系，漫长的农耕文明时期乡村居住空间格局的变化是有限的。1919年至今，短短几十年的工业化时期，乡村社会的生产方式、邻里关系、文化认同等要素发生了剧烈变化，激荡了乡村居民点体系的结构、功能、格局的转变，深入研究共时态下乡村居民点体系格局及其分布特征，将有助于未来乡村居住空间体系的科学重构。

### 一　规模生产经营推动人口梯度性转移

经过洋务运动的技术革新及资本积累，以汉阳造等为代表的兵工企业的发展，显示当时中国工业化已有了长足进步。中华人民共和国成立以来的社会主义建设时期，工业化成果逐步向农业生产生活领域的惠及，让农业生产技术、劳动耕作方式得到有效改观。农业生产经营方式开始打破传统小农经济模式下的个体经营方式，走向适度的规模化、机械化经营，乡村人口开始向城市和集镇梯度转移，乡村居住空间走向小规模的渐进集中。

1. 生产设施变革：水利化

周魁一认为，2000多年的封建社会里，"生产力未出现革命性的变革，农田水利工程的勘测设计、施工技术和水利管理，虽有改进，但并未出现重大的突破"（周魁一，1986）。中华民国时期，面对外侮内乱的动荡社会现实，农业生产领域建设显然难以得到重视，历史上建设的蛮河、唐白河灌区、引漳灌区等古灌区甚至出现废弃和萎缩。

中华人民共和国成立以后，面对战争洗礼的社会格局，以及水涝旱灾等灾害频发的自然现象，国家通过政策制定、科技投入，开展了大规模的农田水利基本建设，以实现农业和农村稳定发展。一方面，通过政策制定和劳动记工的方式，鼓励农民参与水利工程建设，强调指出"兴修水利，保持水土"是农业增产的主要措施之一（李富强，2012），"要求到1960年在全国大部分地区基本实现水利化"；另一方面，国家划拨财政经费和定向贷款支持水利建设，并动员组织灾民以工代赈，解决兴修水利需要的资金。据中国社会科学院（1991）统计，1949年中央和地方用于"以工代赈"的粮食达8亿斤。全年以工代赈完成的水利工程达5.8亿立方米以上，参加的灾民超过300万人。从1949年冬到1953年春，共兴修、整修了小型塘坝600万处，凿井80多万眼，恢复与新建较大灌溉工程250余处，排水工程30余处。这一时期，基本完成了惠及我国后来几十年的大型水库和大型灌区的工程建设，如安徽的淠史杭、内蒙古的三盛公、北京的密云水库都是这一时期的水利工程杰作。

农业水利化建设极大地提升了农业生产关系，客观上为推进农业规模化生产经营奠定了坚实基础。据统计，从1952年到1986年的30余年时间内，在我国农业生产中，机电灌溉面积从476万亩扩增到了3.91亿亩，整整提升了82倍，机电灌溉面积占有效灌溉面积的比重从1.6%上升到59%。乡村兴办水电站从1970年的2.9万座增加到1986年的5.4万座，发电能力从70.9万千瓦提升到了387.9万千瓦。

农田水利工程建设在短短的十几年时间实现从弱到强的变化，主要得益于工业化进程的加快，但也与劳动人民大量的投入密切相关。据统计，从1949年至1959年间，我国共建成大型水库60座，大型水闸33座，大型水电站19座，大型灌区4000处，中型水库1700座……上百万的劳动人民投入这场"跃进式"的水利工程建设中。为了顺利完成库区、灌区建设，原来居住在灌区、库区范围内的农民要么举家搬迁至新的规划区内，要么插建在远离灌区的较大村庄内。伴随着移动的风景线和举家搬迁的人潮，乡村居民点的空间分布开始出现变化，一部分人口远离家乡，向城镇迁移；另一部分人口则搬迁至较大村庄落户，这些由农业水利化建设带来的人口渐次转移和搬迁，缓慢地推动了农村居住用地的小规模集中（图3-28），也同时实现了农村土地使用效率的提升。

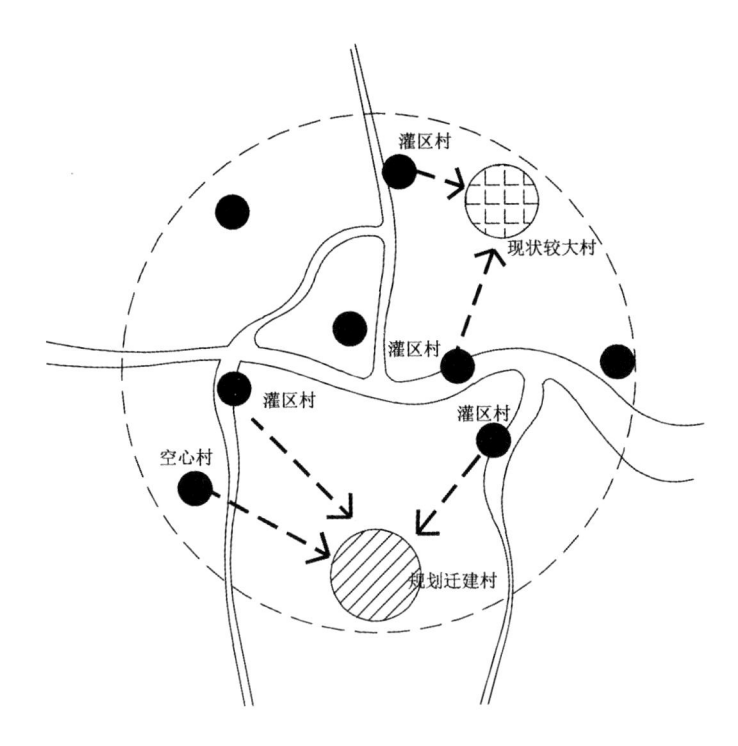

图 3-28　生产设施变革影响下的乡村居住空间分布模式

资料来源：笔者自绘。

2. 耕作方式变革：机械化

传承上千年的"铁犁牛耕"的耕作方式是小农经济难以实现跨越式发展的重要瓶颈，而工业化的发展直接推动了农业生产方式革命性的变化。以机器逐步代替人力、畜力进行的"农业机械化"生产极大地提高了劳动生产效率，世界平均水平显示，每台拖拉机的平均耕种土地面积约为50公顷（苏昕，2014），即每个劳动力使用拖拉机可以耕种约750亩的土地。我国农业机械化耕作水平在中华人民共和国成立后取得长足的进步。统计显示，1969年我国人工手扶拖拉机尚不足千台，大型拖拉机5.5万台，到1977年分别达到110万台和46.7万台，到1980年代中期全国拥有人工手扶拖拉机和大型拖拉机分别达452.8万台和86.6万台，分别增长了4500倍和15倍（图3-29）。

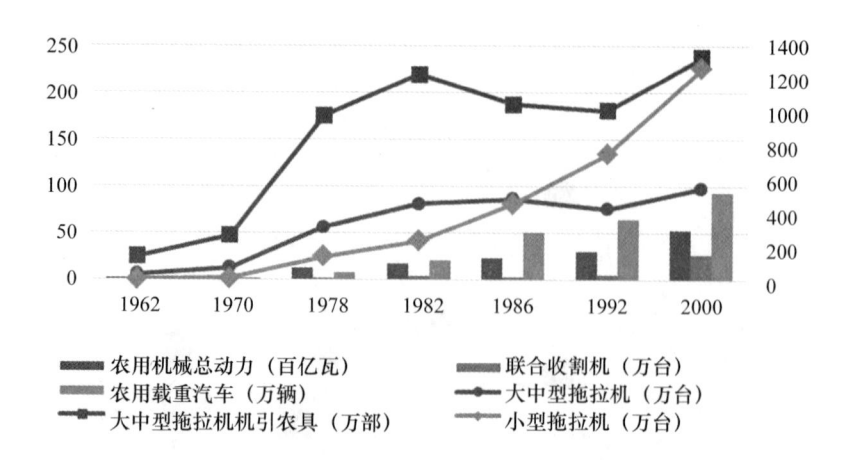

图 3-29  1962 年至 2000 年主要农业机械年末拥有量
资料来源：笔者自绘。

机械化耕作极大地提升了劳均耕作面积和劳动生产效率，伴随而来的是生产组织的变革和各层次经济结构的调整。为了便于大型拖拉机、播种机和收割机等机械的操作，农业生产空间需要进行规范化整理，农村居民点开始走向小范围的集中；同时，农村居民点与耕地之间的"耕作半径"锁定得以逐步松动，部分被拖拉机"解放"的农民开始寻求新的生产、生活方式，逐步向城市、集镇转移，乡村居民点开始出现"空心化"现象（图 3-30）。同时，农业生产经营方式也将随着机械化程度的提高而面临重大调整，规模化生产经营成为一种新的导向。这些机械化耕作带来的乡村要素深层次的变化，也为乡村空间的规模集聚提供了后续的影响。

3. 经营方式变革：规模化

人多地少是我国长期面临的基本国情。改革开放初期，我国城镇化水平仅不到 20%，大量人口生活在农村，庞大的农村劳动力数量和有限的耕地面积造成了乡村社会复杂的人地矛盾关系，劳均占有耕地面积极度有限。据统计，我国人均耕地面积仅占世界平均水平的 1/3。因此，这对我国农村耕地的集中集约高效利用，提高土地耕地产出率提出了极高的要求。

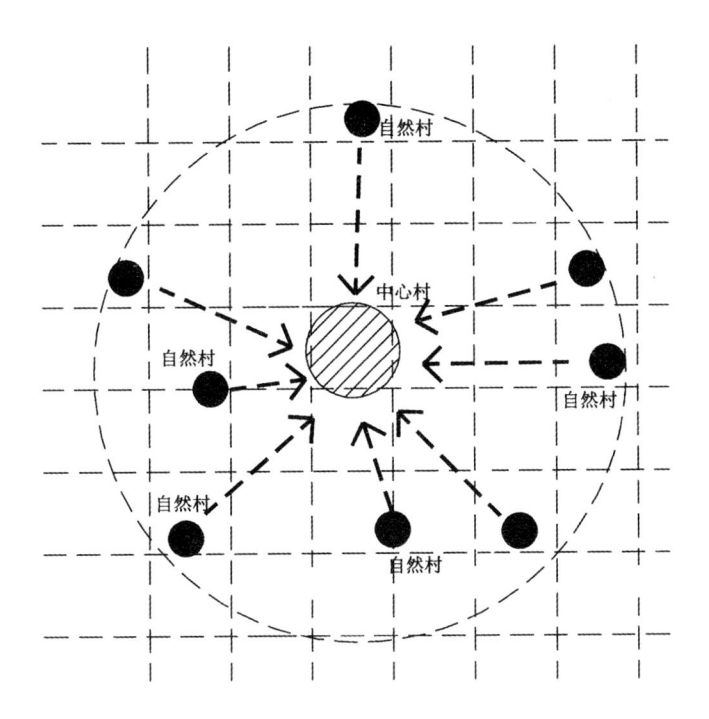

图 3-30　耕作方式变化下的乡村居住空间分布模式

资料来源：笔者自绘。

随着水利化建设基本完成，机械化耕种渐次开展，农业劳动生产率得到极大的提高，推动人口向城镇的梯次转移，为乡村农业生产开拓了新的方向，农村新型土地使用模式以及家庭农场、专业合作社等新型社会组织的出现（图 3-31），为土地规模化经营创造了条件。近年来，家庭农场已发展到 87 万家（李克强，2016）。[①] 劳动生产率和经济效益大幅度提高的同时，也有效地推动了乡村空间的重组（图 3-32）。

---

① 另，李克强总理于 2016 年 2 月 16 日在《求是》杂志发表署名文章《以改革创新为动力　加快推进农业现代化》，指出我国户均经营面积不足 7 亩。

图 3-31　江汉平原地区农业生产规模化起步期乡村居民点分布

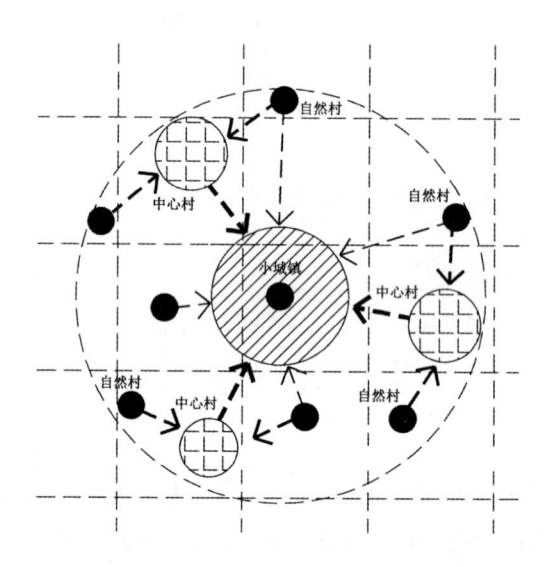

图 3-32　经营方式变革模式下的乡村居住空间分布模式

资料来源：笔者自绘。

## 4. 乡村居住空间：渐进性集中

从结构学派的观点来看，农业生产规模化带来的改变不仅仅局限在农业生产领域内，其深层次影响着农村社会体系的变革——因为农业生产方式的变革，带来了乡村社会生产组织方式的变革和经济结构的重组乃至乡村文化体系的重构。

农业生产规模化经营最显著的外部效应是解放乡村劳动力，大量潜伏在乡村的"零值劳动"为城镇化的快速发展提供了基本的人力资源，助推了乡镇企业的快速发展，为乡村经济社会发展奠定了坚实的经济基础。犹如一个硬币的正反两面一样，乡镇企业带动乡村经济社会发展的同时，也撬动了千百年来乡村居住模式的根基——离土不离乡、离乡不离土的农民群体的出现，使得乡村内居住空间"空心化"现象陡增，带动了乡村空间格局的重组。据2013年湖北省乡镇村庄人口统计数据显示，人口在600人以上的大型和特大型村庄仅占村庄总数的20%，小于200人的村庄接近村庄总数的一半（表3-3）。

表3-3　　　　2013年湖北省乡镇村庄人口规模分组情况

| 村庄类型 | 特大型 | 大型 | 中型 | 小型 | 合计 |
| --- | --- | --- | --- | --- | --- |
| 村庄人口规模（人） | >1000 | 601—1000 | 201—600 | <200 | —— |
| 村庄个数（个） | 8085 | 16807 | 37684 | 61950 | 124526 |
| 比例（%） | 6.5 | 13.5 | 30.3 | 49.7 | 100 |

资料来源：2013年湖北省村镇基本情况基层表。

人口向城镇转移的同时，部分居民点或村办企业用地因土地整理实现了空间的集约化利用，但村庄用地由于建设时序及土地权属、文化根植等原因并未实现同步的复垦，导致人均村庄建设用地面积急剧上升，2012年湖北省村庄人均建设用地面积超过140平米的村庄占到了村庄总数的40%（表3-4）。人口流动和农业生产空间重组为居民点体系重组创造了可能，但用地功能置换不及时、不彻底导致乡村居住空间重组只能是一种另类的空间集聚模式——"人口集聚、用地分散"。

表3-4　　　　2012年湖北省村庄人均用地面积分组情况

| 人均用地面积<br>（m²/人） | 50—80 | 80—110 | 110—140 | 140—170 | 170—200 | >200 | 合计 |
|---|---|---|---|---|---|---|---|
| 比例（%） | 20.7 | 21.7 | 15.0 | 12.9 | 11.4 | 18.3 | 100 |

资料来源：2012年湖北省村镇基本情况基层表。

## 二　业缘网络关系引导空间差异化重组

1. 乡村社会关系变迁：扁平化

人们以血缘关系为轴心、以家族或宗族的形式聚集在有限的地域范围内，从事以土地为生产资料的农业生产，并在此过程中交往形成传统乡土社会的村落共同体（李汉宗，2013），内向、传承、稳定是这个共同体的最大特征。费孝通先生（1948）指出乡土社会极具地方性，人们区域之间沟通较少，拥有相对孤立的社会圈子。农民固守土地而居，形成熟悉的社会圈子，构建了封闭、稳定而单一的社会关系网络。

首先，内向的社会特征弱化。工业化时期的乡村社会则开始走向开放与包容，乡村与乡村之间的交流、乡村与城市之间的互动日益频繁，使得乡村社会不再是一个封闭的"铁桶"。农业生产机械化、农业经营规模化的发展，推动了大量乡村内部"零值劳动力"适时地加入工业化和城镇化浪潮中；留守在农村的，从事与农业相关的农产品加工、贸易、流通和销售；彻底远离农业的，则进入城市从事与农业无关的职业。随着以互利为目的的"交换"与以互惠为基础的"交往"在乡村社会共生，以血缘关系为基础、互惠为原则的"自家人"共同体关系逐渐弱化。

另外，社会边界的模糊。传统乡村社会是一个边界明晰、关系稳定的"熟人社会"，人们日常生产生活、闲暇交往固定在一个相对稳定的"朋友圈"，即使没有血缘关系的人们，也会因为共同耕作或共同生活的地理位置比邻，而形成熟悉的、稳定的社会关系和强烈的归属感。但随着机械化生产带来劳动人口释放和人口流动的频繁，特别是城乡社会间的交融，乡土社会中长期形成的无形"篱笆"慢慢松动，人们逐渐摆脱了土地的束缚，以地缘关系为纽带的乡村社会关系日渐式微。从21世纪前10年长江沿线部分区县农民非农就业结构指数分析来看，沿海经济发达地区的农民非农就业指数较高，江苏江阴农民非农就业已接近6，即该地区每7个农民只有1个从事农业生产，大部分农民从事非农产业。中西部地区农民非农就业结构指数绝对值没有沿海地区高，但是其增长速度却非常明显，13年间湖北枣阳市、重庆万州区农民非农就业结构指数增长幅度都接近十倍（图3-33）。特别是工业化、城镇化带来的城乡间要素流动的频繁，乡村社会分工精细化，乡村社会生活职业化日趋明显，以职业、行业为基础建立起来的业缘关系与逐渐弱化的血缘关系、地缘关系共同构成乡村社会关系网络基础。

在城乡互动的现代乡村社会格局中，机械化生产已慢慢成为乡村农业生产的主力军，乡村社会不再局限于土地为基础的农业生产方式，传统农业生产活动中形成的共同的时空观、农耕知识逐渐淡化，人们与资源、资本、技术等要素一起在城乡间自由流动，以职业为轴心、以个人或核心家庭为形式的社会关系逐渐成为新时期现代乡村社会关系的主要表现形式。"同事、同行与同乡"共同分享着现代乡村社会的时空关系，推动乡村社会关系日益扁平化发展。

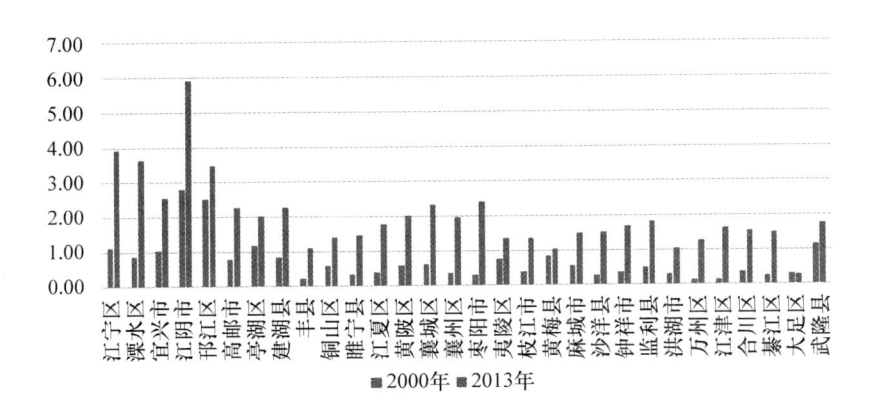

图3-33 2000—2013年中国长江沿线部分区县农民非农就业结构对比

资料来源：笔者根据历年农村统计年鉴计算。

2. 业缘社会关系网络：松散化

乡村社会的构成要素在乡村内部、城乡之间、区域之间流动促进乡村社会结构的改变。工业化下的乡土社会，乡村依然是"铁打的营盘"，但构成这个"营盘"的形态要素、功能结构、框架体系在流动的网络空间中呈现千变万化的态势。既往单纯从事农业生产的农民，面对城乡间资源流动、信息共享、技术互动的多元化选择，成为新的职业农民、商人抑或是从事农产品流通的职业经理人。他们则更像是"流水的兵"，流向更广阔的乡村市场，流向选择机会更多的城市。而跟随川流不息的要素流走的则是以血缘关系为基础的乡土人情；留下的是以业缘为基础，血缘、地缘关系交融的松散化的新型乡村社会关系。

工业化带动了乡村社会结构的深层次变革，商品经济的触角伸向了乡土社会的最底层，传统的价值理性逐渐被工具理性所替代。传统乡土社会中需要通过社会网络、家庭交往、人情往来等方式才能获得大量信息、资源、互助等，在城乡一体的新型社会结构中，都可以通过工具性交换、网络媒体等途径获得，社会网络的功能逐渐被取代，家庭功能被不断外包（李荣山，2011），人与人之间的相互依存度被无限削减，维持庞大且同质的亲属网络所带来的收益不断降低（蒋剑勇，2013）。而随着城乡社会互动走向纵深化，乡村社会分工也呈现精细化和专业化，传统乡土生活的"远亲不如近邻，近邻不如对门"将逐渐化作消失的历史记忆，而"鸡犬相闻，老死不相往来"则慢慢成为真实生活的写照。这也恰恰就是未来乡村社会的以业缘为基础构筑起来的新型社会结构。

面临工业化浪潮的席卷，无论新的业缘关系社会网络能否构成或是否高效运转，传统农耕社会中以血缘、地缘关系为基础建立起来的紧密的乡村社会关系在松散化的新型社会关系网络冲击下，正变得日渐碎化。随着业缘社会关系的成熟，维持这种空间分散的旧有社会关系的风险成本和潜在代价也将不断增加，新型乡村社会关系网络将不可避免地走上乡村生活的舞台。

### 3. 乡村居住空间：差异化重组

传统社会关系基础上的乡村空间格局依然存在。中国的乡村社会从来都是一个相对独立的社会组织，自古封建社会就有"皇权不下县"之说。中华人民共和国成立后短暂的人民公社"半军事化"制度，曾强化了对乡村社会的管理。改革开放后，政府积极推行家庭联产承包责任制的同时，也强调"村民自治"制度。由村民自行选举产生的村民委员会是基层群众自治性组织，既是村民自治过程中的有效利器，也是乡村社会继续保持相对独立性的体现。因此，建立在血缘基础上的乡村社会关系面临工业化的冲击会松散和破碎，但不会分崩离析。以血缘关系为基础的"朋友圈"可以在蹉跎岁月中出现裂缝，这个由中心推及出去的"波纹"会慢慢弱化，但这个"差序格局"依然存在。

业缘关系为基础的社会关系网络日趋成熟，推动乡村居住模式改变。以业缘关系为基础的新的社会关系将随着乡土社会的开放而日趋外显，职业流动性、市场开放性的特点，使得新的业缘关系为基础的乡村社会中人与人之间关系不再熟悉和紧密，因"互利"而走到一起的合作随着利益的完成，也会回归到陌生的起点并找寻下一个"互利点"。这种"快餐式"的契约关系和"传统式"的人情关系，在社会经济结构不断重组的过程来回"震荡"，使得乡村社会关系网络呈现松散化、碎片化特征，同时也推动了人与人交往行为、生活习惯、居住模式的改变。

湖北省襄阳市某镇的城镇职能从纯农业产业向"以农促工、以工兴农"转变，工业化向乡村社会的渗透带来乡村社会关系的变迁，从而影响农民居住空间由分散的居民点向设施带动、功能主导的组团型聚落转变，如向交通便捷的乡村道路沿线集中、根据农民养殖及生活习性向河网水系岸边集中、向城镇集中等变化，乡村居民点体系结构将呈现"邻里走向多元、由单一走向复合、由紧密走向松散"的差异化重组（图3-34）。再如由电子商务带动上游工业品制造、加工、销售、运送一体化发展的江苏省宿迁市耿车镇大众村，是有名的"淘宝村"。在市场经济的冲击下，人口随着商品贸易流通而流动，带动

◆ 乡村居住空间重组研究 ◆

乡村社会关系、居住体系格局的重组。在"物以类聚、人以群分"的思维模式主导下，原有的乡村人口在不同的就业方向驱动下逐渐组建新的以业缘关系为基础的乡村社会关系。

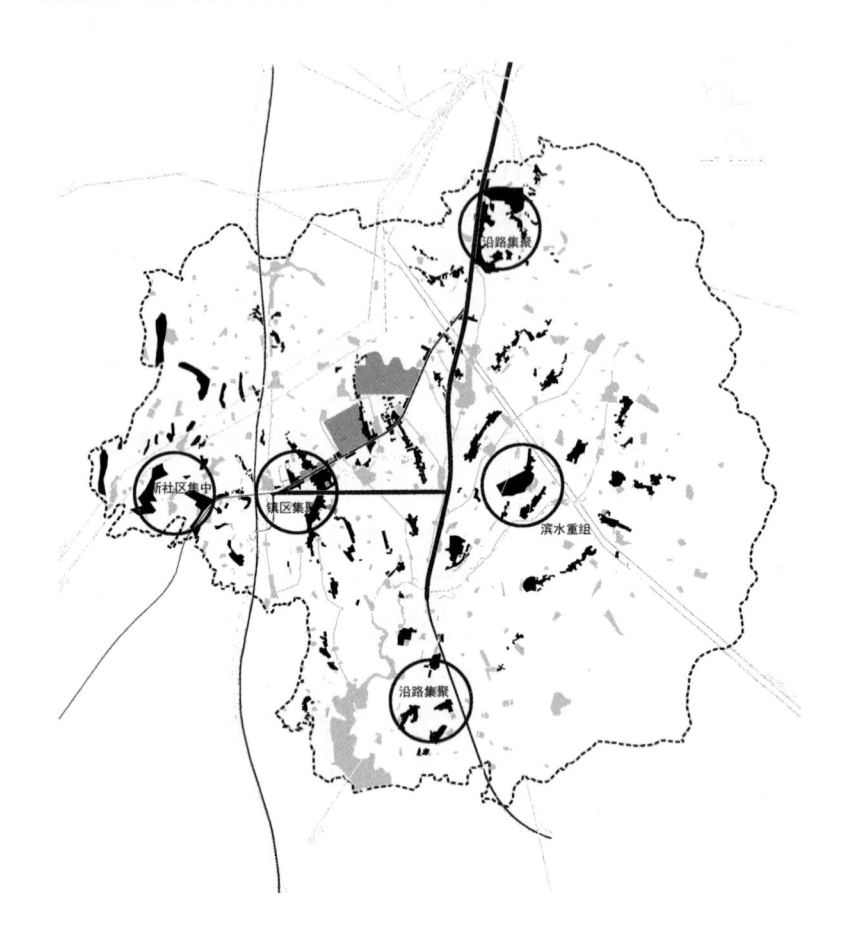

图3-34 襄阳市某镇乡村居民点差异化重组趋势

资料来源：笔者自绘。

城镇化和乡村社会关系重构的合力作用，促进乡村人口流动，对乡村居民点体系空间格局的重组形成了强大的内生力。笔者调查的苏北某自然村，经过30年的岁月洗礼和生活变迁，在开放性日渐增强的乡村社会体系中，进城人口的外迁和外姓人员随着乡镇企业的入住不断交替发生，改革开放初期50多户同姓家族构成的自然村已只剩下不到30户，其中原来以血缘、亲缘关系而集聚在一起的同姓家庭则不到20户。村庄内原有的邻里空间关系尽管依然存在，但随着市场化的渗透，在新的扁平化乡村社会关系引导下，邻里空间已逐步衰退，呈现出以商业交往空间与传统邻里空间共存的现象。总体而言，以业缘关系和血缘关系共同作用下的乡村居民点体系差异化重组的步伐一直未曾停歇，并呈现"数量递减、空间集聚"的总体态势。

### 三 城乡文化融合影响空间多元化共生

农耕文明时期的乡土文化类型多样，但受限于小农经济模式的长期锁定，乡土文化的主题较为单一，"仁者乐山，智者乐水"、游山玩水、乐山好水等都强调了山水文化是中国传统文化的主题，情感上寄托了人们内心的山水情怀，行为实践上则常常表现为人们对山水环境的向往。在住宅选址时择水而居、依山傍水、背山面水，很自然地凸显了农民住宅选址及乡村居住空间体系与山水相连的空间分散性。雷蒙·威廉斯认为，文化是一种知识系统，制度形式和生活方式。从时间向度来看，文化的形成必然是经过长时间的积累；从空间向度上来说，其又有一定的地域范围界定；而从主体的角度来看，它更体现为具有一定的阶级与阶层性的（刘广宇，2007）。经历了农耕文明时期的时间积淀和空间锁定，工业化时期的乡土文化在内容上正呈现出多元共生的混沌状态。

1. 传统山水文化的式微

乡村社会结构随着工业化触角的延伸而出现变迁和重组，乡村社会功能则为适应结构变迁而不断做出相应的调整。乡村基本公共服务水平的提升，为乡村社会创造了对外交流的条件，而现代城市社会文明的崛起和外延扩张，又深刻影响着封闭的乡村文化生活。人多地少的乡村社会里，山川则成为现代化农业大生产和日常生活出行的天然障碍，河流水系等更多地赋予了农业生产灌溉的基本功能……尤其是在机械化和规模化经营的现代农业生产方式的背景下，速度和效率成为全社会乐于追求的目标，寄情山水而抒发情怀则成为快节奏社会里的"美好奢望"，传统乡土文化中"山水文化因子"正趋于弱化。

以山水文化为代表的传统乡土文化的弱化深刻影响着农民对住宅选址的空间诉求以及乡村居住空间体系的框架布局。传统农耕社会农民住宅选址对自然山水意境的追求和向往，在城乡融合发展的"快餐文化"的影响下显然难以继续维持。规模化生产在促进农业生产率提高的同时，也改变了乡村文化的内涵。一方面，"分散娴静的田园生活"与"集中高效的机械生产生活"是一对矛盾体，大力提高劳动生产率，分享工业化带来的发展成果，成为工业化时期乡村农业生产、农民生活的目标指向；另一方面，以"高效为目标"的农业机械化生产对道路、灌溉设施等农业生产空间的特殊要求，迫使原有分散的乡村居住空间有条件地适度集中，为大型机械进出田间操作创造便利条件。工业化带来的现代文明拉力与传统乡土文明弱化形成的内生推力，在直接赋予现代乡村社会文明新内涵的同时，也推动了农业生产和农民居住生活方式的改变。

2. 乡村自治文化的复兴

小农经济模式下自给自足的中国农村社会更像是一个封闭运行的自组织系统，城市社会的风云变幻对于相对独立的乡村社会共同体而言，难以产生深刻影响。尽管工业化时期的中国农村时常扮演着重要的生力军角色，但从漫长的时间向度来看，农业生产的天然特征，使得农村社会除了成为工业化、城镇化的"蓄水池"和"稳定器"外，更多时候是偏安一隅的"世外高人"。这也恰恰为乡村社会独立发展营造了一个好的环境氛围，乡村社会长期自发形成的一套封闭、内生化的管理方式成为乡村社会稳定的基石，尽管这种乡土性的管理模式与科学性格格不入。

家庭联产承包责任制在农村推广，使得农业产能在短期内得到最大化释放，乡村社会市场空前活跃，呈现极大的活力。与经济政策并行的是乡村社会治理方式的创新，1980年代中期实施的《中华人民共和国村民委员会组织法》强调了农村社会村民自治的制度建设，是一种具有中国特色的乡村政治民主制度。"村委会"制度是农村社会内自我发育形成、以扩大村民参与为核心的村民自治制度,是村级组织的权力内生化,体现了乡村社会自我管理、自我教育、自我服务的群众自治组织的性质。它所凸显的是国家与农村不再是单方面的强制关系,而是农村社会与国家相互影响的关系。贺雪峰(1999)指出,这一权力内化的村级组织在面对不受村民欢迎的国家任务(如实行2000多年的"交公粮"以及由此延伸的"两上缴"任务)时,就没有协助乡镇行政的内在积极性,进而与行政管理者进行沟通与交流,以维护农民的切身利益。

3. 特色乡贤文化的重生

中国传统的乡土社会自古就有"皇权不下县"之说。黄宗智(1986)认为,"在20世纪之前,国家政权也没有完全渗入自然村落,在下层的乡土社会,一般只能利用乡村士绅的个人威望来间接行使权力,并靠吸引下层机构中的人士进入上层来控制自然村"。可见,士绅阶层为乡村共同体提供了一种稳定的内生秩序,使村落社会在应对中央政权的行政控制和乡村自身利益要求时,保持相应的权威稳定和权力平衡(费孝通,2006)。这个士绅阶层,就是通常所指的乡贤,是乡村社会一定地区内,德高望重又具有一定文化水平,能够在一定群体中发挥组织协调作用的人。他们的共同特征是在乡村熟人社会内,能够凭借自身的个人魅力,越过法理而摆平、搞定乡村社会的纠纷或日常事务,以实现地方社会的和谐稳定。

工业化时期,随着以血缘关系维系的差序格局的弱化,特别是中华人民共和国成立后"大跃进"及"文化大革命"运动的波及,村落共同体中的地方精英或被斗倒失去原有的地位或离开村庄。而国家为了控制乡村以汲取更多的资源来支持城市建设,试图通过正式的官僚化建制影响村庄的社会治理,彻底摧毁农村非正式权力网络的根基,"旧时的国家政权、士绅或地主、农民的三角关系被新的国家政权与农民的双边关系取代了"(黄宗智,1992),乡贤文化一度失去了生存的土壤。

改革开放后,乡村社会关系复合化,社会矛盾日趋复杂,行政管理能力在乡村社会的弱化,"国家政权建设"① 的制度建构并没有完全取代村庄的内生权力秩序,反而造成村庄权力秩序的混乱,村庄自治在经济浪潮的冲击下也逐渐失去新生的锐气,村落共同体进入一个加速分化的状态。在乡村内部分化与外部弱化的环境推动下,乡贤文化迎来了重生的机会。

乡贤文化是现代城乡社会发展的阶段性产物,在快餐文化盛行之下,是对传统文化的一种追忆。业缘关系为基础的社会关系网络所表现出的冷漠、无活力的现象需要乡贤文化这个时代过程品来拾起对传统文化的回味。乡贤文化的兴起是乡村社会空间走向稳定的助推器,通常乡贤会组织同族、同姓乃至乡村同行开展一定的社会工艺活动,以增强当地乡村社会的凝聚力。

4. 乡村居住空间:多元化共生

传统乡土文化的弱化改变依山傍水的乡村居住习惯。传统乡土文化的弱化与现代城乡文化交融,共同构成了现代乡村社会复合化的文化体系格局。传统寄情山水文化推动人们依山傍水的居住方式,已不再是现代乡村社会的主流和固有模式。在工业化的快节奏生活影响和多元的生活选择驱动下,既往的分散式居住方式已难以适应时代发展的需求。高度现代性的村民自治文化作为农村社会的新兴文化形态,呈现高度的开放性和包容性,既尊重传统家族、宗族聚居的物质空间形态,也对新时期专业技术引领下的集中集约的居住方式给予强力的支持,为传统文化向现代文化的平稳过渡,营造了一个宽松的物质空间环境。

村民自治强大的内生性特征,带来了乡村空间发展的多样性,某种程度上也造成了乡村居住空间的分散和无序。尽管传统的乡村社会关系在工业化时期渐趋弱化,不再成为人们交往的首要因素,但血缘

---

① 国家政权建设的代表性研究,当属杜赞奇对华北农村进行的考察。他认为,中华民国政府对乡村的整合工作是基本失败的,其原因在于国家忽视了乡村文化网络中的各种资源,这种文化网络"由乡村社会多种组织体系以及塑造权力运作的各种规范构成"(杜赞奇,2003)。黄宗智(2003)把近代中国的社会整合与国家政权建设当作一种相对的社会运动,他认为近代社会整合主要表现在城镇中新兴社会团体的出现,地方精英动员起来参加公共活动。但是,中央政权的衰败是社会整合的进展,主要体现在地方而非全国层面,社会合作也只有在有限的城乡区域才得以实现。

关系的先赋性和历史性，总是惯性地成为村民们选址择居考虑的重要因素，因此兄弟"分户析产"时首选通常会与父兄并行，"团结力量大"，故土旧居的吸引力总是大于其他非亲非故的要素。当这种选址建设与乡村规划所引导的建设空间发生矛盾时，行政管理力量弱化的弊端就会暴露无遗，村民自治往往成为农民行使权利的保障，熟人关系和村民自治制度双管齐下，往往会使村民住宅的选址顺利落地。人情社会的乡村内，村民外迁和外人内插的困难现实加大了以集中集约为原则的乡村规划顺利实施的难度，而村民自治的制度大多会成为维护村民利益的代言人，阻碍乡村居民点体系有序组织的顺利完成。

可见，城乡文化融合下的乡村居民点空间体系，不再是传统社会下单一的分散式布局，在传统文化弱化与现代文化兴起的交互影响下，乡村居民点体系呈现一种集聚与分散共生的格局。而传统乡贤文化的重生，在提升乡村社会凝聚力的同时，进一步加剧了乡村居民点空间体系的向心集聚态势。

## 四 乡村居民点体系的空间特征：分散性主导下的"渐进式集中"

工业化时期的乡村社会外部环境瞬息万变，城市文明的触角在工业化和城镇化的全力推进下，不断向乡村内部延伸，乡村社会在外部作用的影响下经历着前所未有的改变。

第一，工业化与城镇化的外部正效应促使乡村农业生产走向机械化、规模化，乡村人口伴随着规模化的农业生产呈现向城镇梯度性转移的空间特征，人口规模及结构的变化推动乡村结构的调整，乡村居住空间伴随着社会结构的调整呈现小规模的集聚，但这种趋势还不明显，总体处于起步萌芽阶段。

第二，开放性与包容性是新时期乡村社会的重要特征，资本、技术、人口等要素在外部作用下在城乡社会间建立起流动的无障碍通道，传统社会以家族血缘、亲缘关系为基础建立起来的社会关系网络逐步瓦解，以职业为纽带的新乡村社会关系网络逐步形成，成为乡村社会"结构—功能"互动的基础，新的社会关系网络推动乡村居民点体系结构走向差异化重组，分散与集中并存的乡村居民点体系格局在差异化重组的步伐下交错前行。

第三，传统的山水文化在日益加快的城乡社会生活节奏中不再是人们的精神追求和向往，速度与效率成为新的经济模式和社会关系网络下乡村社会功能的体现，以快速、高效为价值导向的新型乡村文化体系正在形成。村民自治、乡贤文化再生是城乡文化融合和社会发展背景下产生的新的文化观念，乡村居民点体系在新的文化价值导向下，呈现分散与集中态势并行的多元化共生。

总体而言，工业化时期的乡村居民点体系在"空心化、离散化、碎片化"的总体空间布局下，呈现一种渐进式集中态势。

## 第三节 本章小结

本章主要是以历史推演为时间纵轴，厘清乡村居民点体系演变的生长逻辑、演化进程、空间结构变迁特征等问题，勾勒出不同时期乡村居民点体系的主要结构特征和演变规律，梳理出经济模式转型和社会关系变迁视角下，乡村居民点体系重组的"经济—社会—文化"宏观分析框架。从结构—功能主义视角出发进行横向推演，指出乡村居民点体系作为一个系统，在经济模式、社会关系与文化脉络构成的分析框架下，乡村居民点体系为适应不断变化的外部条件，通过内部结构的调试推动系统的整体功能性变迁，进而构建全新的乡村居民点体系框架。主要结论是：

**农工时期，乡村居住空间总体上是分散性主导的布局模式。**农耕文明时期，受小农经济模式和寄情山水的文化影响，乡村居民点体系整体表现为"大分散、小集中"的空间模式特征；工业化时期，受乡村人口梯度转移、业缘关系网络与城乡文化融合发展的共同作用，乡村居民点体系呈现"集中与分散交错"的无序混乱的状态，渐进式集中是工业化时期乡村居民点体系空间模式的主要特征。总体来讲，历时态下乡村居民点体系布局是分散性主导的空间分布模式。

**传统的社会关系是维系农工时期乡村居住空间分散布局的主要因素。**乡村居民点体系的演进历程及空间特征是乡村社会生产、生活等内在运行逻辑在空间上的外在彰显，反映出乡村居民点体系的构建与演化受到农业生产方式、农民生活方式、农村人口规模、乡村社会关系的深刻影响。从中国乡村居民点体系的空间格局形成机制来看，尽管工业化初期的经济模式转变已开始慢慢撬动乡村居住的传统布局方式，但仍未跳出"大分散、小集中"的空间格局，属于非均衡型的分散化空间形态和内发型的空间发展方式。而小农经济模式和家族血缘为基础的社会关系则是这种非均衡型的分散化空间形态和内发型的空间发展方式形成的主要因素（图3-35）。

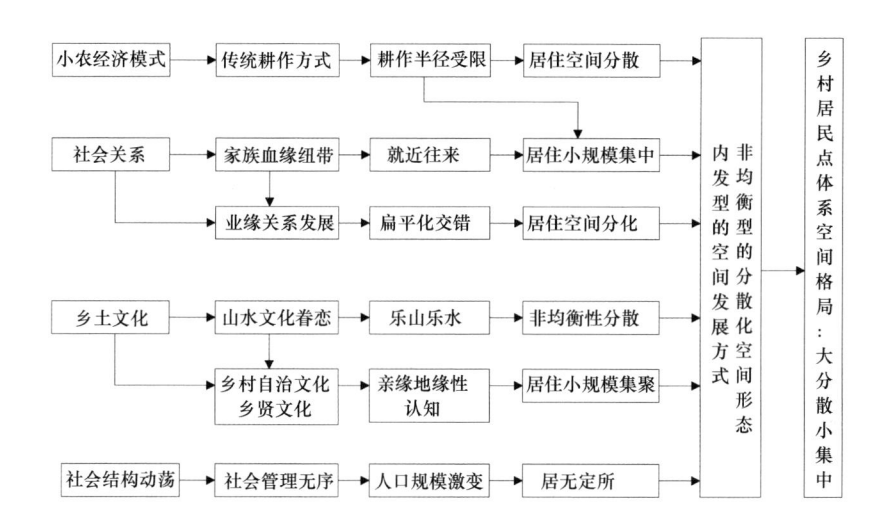

**图3-35　历时态下中国乡村居民点体系演化历程及运行机制**

资料来源：笔者自绘。

在"四化同步"发展的未来，农业现代化发展带来乡村经济模式转型、社会关系变迁及乡土文化复苏下乡村居住空间将面临怎样的变化？本书下文将从农业现代化的生产组织方式对乡村人口流动的影响作用、对乡村居住空间体系作用传导路径以及其内在的运行机制和逻辑机理等进行深度剖析，力求构建适应未来新的农业生产组织方式下乡村居住空间重组理论模式和空间模型。

# 第四章 农业现代化对乡村人口流动的影响分析

改革开放以来,中国城镇化水平以年均1%的速度增长,成为中国城乡社会经济发展的一大亮点,与快速发展的工业化共同成为近年来乡村人口流动的主动力,短时间内释放了中国最大规模的人口红利。我们在充分肯定工业化与城镇化等对乡村人口流动作用的前提下,也要清醒认识到,中国仍有近一半的人口生活在农村(2013年,中国常住人口城镇化率为51.3%),大量乡村人口在持续发展的城镇化、工业化等外部作用下,面临新的考验和就业选择,将直接影响乡村社会的稳定与发展。

在全面实施乡村振兴的国家战略指引下,坚持把推进农业供给侧结构性改革作为主线,加快推进农业农村现代化是振兴乡村的重要实践。因此,从乡村社会内部挖潜乡村振兴的动力与要素,借助农业现代化发展带动乡村振兴,恢复乡村活力,探讨农业现代化对乡村人口流动可能产生的影响,是推动乡村振兴、农业发展,引导农民集约利用乡村空间的重要切入点之一。那么,在农业现代化背景下,上千年农耕文明时期建立的乡村社会经济格局、社会关系网络会产生哪些根本性的变化?乡村人口在农业现代化发展的推动下将何去何从?本章将围绕上述问题,以中国农业现代化的内涵特征、发展模式为切入点,重点分析农业现代化对平原地区乡村劳动力构成、就业结构及社会关系的影响,并以此为基础总结农业现代化背景下乡村人口变化的空间特征与发展规律。

# 第一节　中国农业现代化的内涵特征与发展模式

## 一　中国农业现代化的内涵特征

前文在农业现代化发展的研究综述中指出，发达国家的农业现代化发展通常包含土地规模化经营、农业生产机械化、农业生产技术科学化、农业基础设施现代化、农业生产劳动者素质现代化、农业经营方式现代化、生态环境可持续发展等众多普适性特征。各国经济社会发展水平差异、特殊的自然地形地貌特征及发展阶段不同，又使得各国农业现代化呈现一些强烈的具有本国或本地区的个性特征。

在小农经济模式背景下诞生的农业现代化注定了其内涵的丰富性和过程的曲折性，加之中国几千年传统农耕社会的文化锁定效应、农民主体的有限理性等现实问题，我们对中国农业现代化的内涵认识，应结合中国乡村社会背景、工业化进程等众多因素进行归纳总结。中国农业现代化发展的阶段历程，基本彰显了现代农业发展的三大主要特征，即土地的规模化经营（农业生产手段的现代化推动）、现代科学技术的广泛运用、市场化和企业化的经营组织方式。因此，概括来讲，中国农业现代化的内涵主要包含以下几个方面。

1. 农业生产方式工业化

农业现代化是在工业化大生产推动下产生，并将工业化成果在农业生产中运用和转换的过程。因此，农业现代化总是伴随着工业化大生产的步伐而前行。农业生产方式工业化主要体现在农业机械在农业生产中的大规模使用、农业生产电气化程度的提高、农业生产水利设施建设的不断加强上，进而推动农业规模化生产水平的整体提升。中国农业现代化发展的萌芽就是以机械在农业生产中的广泛运用为标志，中华人民共和国成立初期的农业现代化发展就是典型的农业生产方式的工业化，农田水利设施建设、农业机械化耕种等都是中国农业现代化内涵的最突出标志。

2. 农业生产组织社会化

农业生产组织社会化又被称为"农业生产经营组织现代化"，是农业现代化从关注农业生产技术手段变革的单一维度向关注农业生产关系、生产制度、生产组织等多维度转变的重要体现。农业生产经营组织构成农业一切经济活动的基础，它既表现为生产关系，又是农业生产要素的载体（牛节光，1998）。因此，农业生产组织社会化是农业生产过程中，各社会主体整合与利用劳动力、生产工具、自然资源以及信息技术等各种生产要素，采取科学先进的组织形式来进行社会化生产、经营和服务，延展农业产业链，丰富农业生产形式，实现农业产业化发展，以提高农业综合生产效率。我国农业生产经营组织也随着农业现代化发展经历了从互助组到初级社、从高级社到人民公社、家庭承包责任制等几个发展阶段（周洋博，2014）。未来随着市场化向农村社会和农业生产的纵深化发展，农业生产组织社会化形式将趋向更加丰富和多元，如为避免家庭承包分散经营规模偏小导致抵御市场风险能力较弱，而会出现多样化的农业合作社；为推广和普及新型农业生产技术而出现农业科技公司；为提高农业生产的规模化效益而出现农业园区等新的农业功能载体……都将是未来农业生产组织化的具体表现形式。

3. 农业生产科技化

农业生产科技化是指将先进的科学技术运用到现代农业生产中，以提升农业劳动生产率及土地综合生产率，推动农业现代化进程。改革开放初期，党中央提出了"通过农业科技含量的提高发展现代农业"的要求，引导集体化时期的"小四化"向市场化时期的"科学化"转变，推动农业结构优化、农业科技教育基础强化、现代生产要素极化发展。21世纪初，以生物和信息技术为基础的高新技术在现代农业中的逐步推广使用，一批汇集现代工业工程技术和农业高新技术的农业工程示范区和农业科技示范区，成为农业技术推广、科研创新转化的试验田，引领现代农业走向产业化发展。未来随着"互联网+"农业的兴起，把信息和知识注入农业技术领域，如通过农业遥感技术和物联网在农业生产上的应用，实现以"互联网+技术"驱动现代农业向信息化和智能化发展，以全面推动我国现代农业实现专业化、品牌化和全链条增值（董江爱，2016）。

4. 农业生产生态化

农业生产生态化的广义内涵就是生态农业。按照生态学原理，保护农村生态开放空间，结合农村地形地貌和土质条件制定适合农业生产和农村经济发展的系统工程体系（黄倩，2016）。农业生产生态化就是将传统农业生产与现代科技相结合，打造新型农业发展模式，实现农村社会、经济与环境的可持续发展。农业生产生态化发展是现代农业未来发展的重要方向之一。一方面可以继承我国千百年来小农经济形态下自发形成的农业生产技术精华，通过农村既有的生态系统改善农业生态体系功能；另一方面，现代科技在农业生产中的广泛应用，可以有效解决我国人多地少的现实困境。通过农业科技研发投入的增加，提高农业科技研究成果转化与实践利用率。

## 二 中国农业现代化发展的阶段性问题

1. 农业机械化水平低

在人多地少的基本国情下，家庭联产承包责任制的实施在极大提高农民农业生产积极性的同时，其"农户小型经营"的特点也使得原本有限的耕地资源被进一步细分，难以实现规模的机械化耕种。据2010年联合国粮农组织统计，我国千名农业劳动力的拖拉机拥有量为3.4台，是世界平均水平的15%、印度的1/4、日本的1/334、美国的1/476、法国的1/522（表4-1、图4-1）。

表4-1　　　　　2010年千名劳动力平均拥有拖拉机数量　　（单位：台）

|  | 中国 | 印度 | 日本 | 美国 | 法国 | 世界平均 |
| --- | --- | --- | --- | --- | --- | --- |
| 千人拥有拖拉机数 | 3.4 | 13.6 | 1135.6 | 1618.4 | 1774.8 | 22.67 |
| 比例关系 | 1 | 4 | 334 | 476 | 522 | 15 |

资料来源：据联合国粮农组织统计数据列表。

较低的人均拖拉机拥有量，也导致拖拉机超负荷地工作，每台拖拉机所负担的耕地面积达到了117.25公顷,而世界平均水平为50.0公顷,英、法、意、日分别为11.31公顷、14.60公顷、4.74公顷、2.17公顷,我国与发达国家之间的差距达8—50倍(表4-2、图4-2)。

表4-2　　　　2010年平均每台拖拉机负担耕地面积　　　(单位:公顷)

|  | 中国 | 法国 | 英国 | 意大利 | 日本 | 世界平均 |
| --- | --- | --- | --- | --- | --- | --- |
| 每台拖拉机负担耕地面积 | 117.25 | 14.60 | 11.31 | 4.74 | 2.17 | 50 |
| 比例关系 | 1 | 0.12 | 0.1 | 0.04 | 0.02 | 0.43 |

资料来源:据联合国粮农组织统计数据列表。

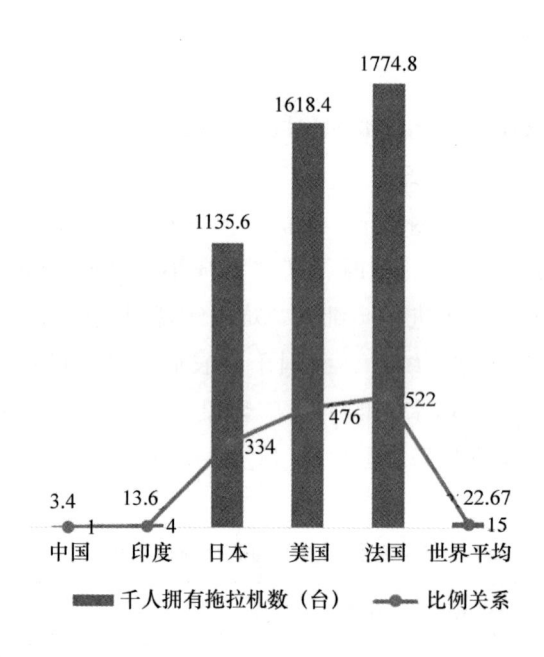

图4-1　2010年千名劳动力平均拥有拖拉机数量

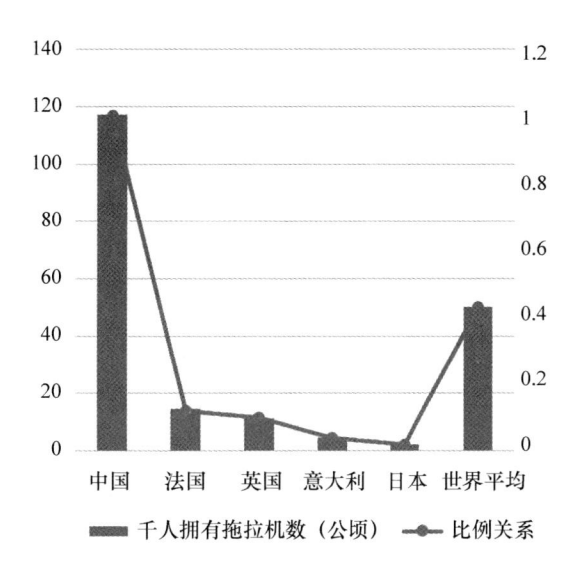

**图 4-2　2010 年平均每台拖拉机负担耕地**

资料来源：据联合国粮农组织统计数据绘制。

2. 规模化经营程度低

2012 年年底我国人口 13.56 亿人，占世界人口比率为 19.13%；同期，我国耕地面积为 10864 万公顷，占世界耕地总面积的 7.87%。我国人均耕地（0.09 公顷）只有世界平均水平（0.21 公顷）的 1/3；户均经营的土地面积在 0.5 公顷以下，而世界中等收入以上国家平均每个生产单位的面积是 76.5 公顷。

虽然城镇化率已经过半，但户籍城镇化人口仅达到 35% 左右，庞大的农业劳动力数量与有限的耕地资源矛盾导致了我国劳均占有耕地资源面积更少。根据联合国粮农组织数据，2010 年我国每个农业劳动力平均负担耕地 0.39 公顷，为世界平均水平的 3/7、印度的 2/3、巴西的 1/10、意大利的 1/18、英国的 1/34、法国的 1/41、澳大利亚的 1/255、加拿大的 1/300、美国的 1/390（表 4-3、图 4-3）。

表 4-3　　　　　2010 年每个劳动力平均负担耕地面积　　（单位：公顷）

| | 中国 | 印度 | 巴西 | 意大利 | 英国 | 法国 | 澳大利亚 | 加拿大 | 美国 | 世界平均 |
|---|---|---|---|---|---|---|---|---|---|---|
| 劳均负担耕地面积 | 0.39 | 0.59 | 3.90 | 7.02 | 13.26 | 15.99 | 99.45 | 117.00 | 152.10 | 0.91 |
| 比例关系 | 1 | 1.51 | 10 | 18 | 34 | 41 | 255 | 300 | 390 | 2.33 |

资料来源：据联合国粮农组织统计数据列表。

表 4-4　　　　　美国各式农场的面积规模一览表　　（单位：万个亩；%）

| 种类 | 农场总数 | 家庭农场数 | 家庭农场占比 | 农场平均面积 | 大型家庭农场平均面积 | 小型家庭农场平均面积 | 退休者农场面积 | 生活式农场面积 | 职业农场面积 |
|---|---|---|---|---|---|---|---|---|---|
| 数量 | 220 | 215 | 98 | 2428 | 10896 | 1000 | 1056 | 898 | 2634 |

资料来源：根据美国农业部数据整理。

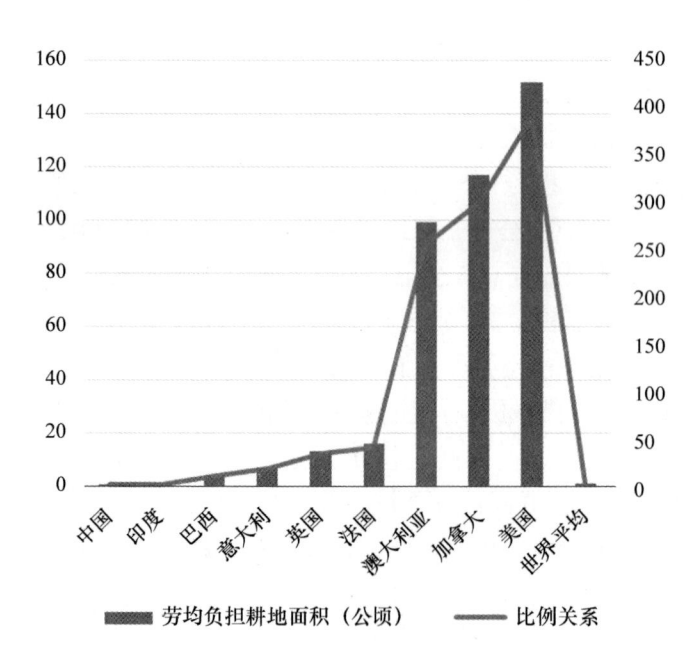

图 4-3　2010 年劳均负担耕地面积

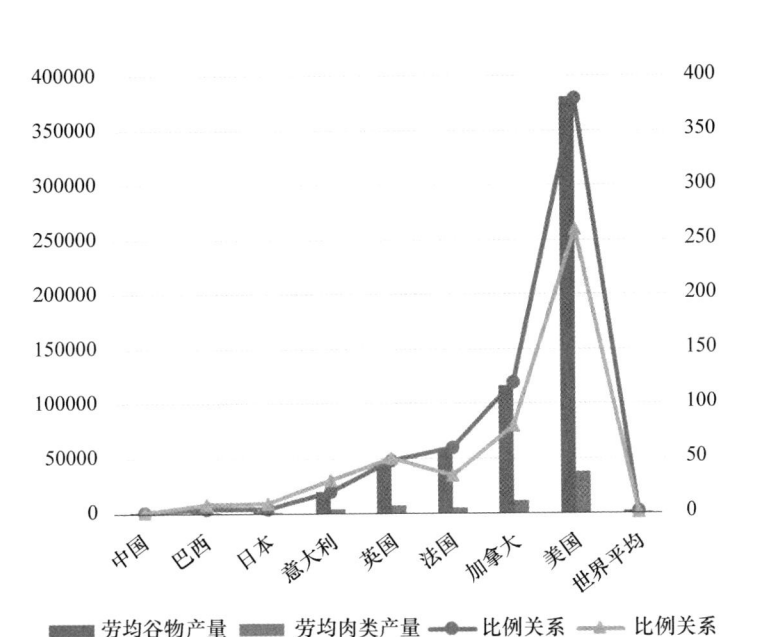

**图 4-4　2010 年劳均谷物及肉类产量**

资料来源：据联合国粮农组织统计数据绘制。

从近年来国内逐渐兴起的家庭农场经营规模来看，尽管已发展到 87 万家（李克强，2016），但平均规模则为 200 亩左右。而美国农业部数据显示，美国共有 220 万个农场，其中家庭农场占总数的 98%（包括退休者农场、生活式农场和职业农场等小型家庭农场和大型家庭农场），农场平均面积为 2428 亩，其中，大型家庭农场的平均面积为 10896 亩，一些小型家庭农场面积也都在 1000 亩左右，如退休者农场和生活式农场的平均面积分别达到了 1056 亩和 898 亩，职业农场面积则高达 2634 亩（表 4-4）。

3. 农业劳动生产率低

农户土地经营规模小、机械化水平低，严重制约农业劳动生产率的提高。按实物量计算，2010 年我国劳动力人均谷物产量为 976.43 公斤，只相当于世界平均水平的 50%，巴西、日本的 1/4、意大利的 1/20、英国的 1/48、法国的 1/60、加拿大的 1/120、美国的 1/380。

我国劳均肉类产量147.49公斤，只及世界平均水平的77%、巴西的1/8、日本的1/9、意大利的1/30、法国的1/35、英国的1/50、加拿大的1/80、美国的1/260（表4-5、图4-4）。

表4-5　　　　2010年每个劳动力平均谷物及肉类产量　　（单位：公斤）

|  | 中国 | 巴西 | 日本 | 意大利 | 英国 | 法国 | 加拿大 | 美国 | 世界平均 |
| --- | --- | --- | --- | --- | --- | --- | --- | --- | --- |
| 劳均谷物产量 | 976 | 3906 | 3906 | 19529 | 46869 | 58586 | 117172 | 380808 | 1953 |
| 比例关系 | 1 | 4 | 4 | 20 | 48 | 60 | 120 | 380 | 2 |
| 劳均肉类产量 | 147 | 1176 | 1323 | 4410 | 7350 | 5145 | 11760 | 38220 | 191 |
| 比例关系 | 1 | 8 | 9 | 30 | 50 | 35 | 80 | 260 | 1.3 |

资料来源：据联合国粮农组织统计数据列表。

于维栋（2013）从中国与发达国家的农业劳动生产率比较分析，数据显示中国农业生产率的发展水平及与国际发达国家间的差距巨大（表4-6）。

表4-6　　　中国农业劳动生产率的国际比较（单位：国际元）

| 类别 | 1980年 | 2008年 | 2008年中外比 |
| --- | --- | --- | --- |
| 中国 | 183 | 504 | 1.00 |
| 美国 | 12131 | 46102 | 91.47 |
| 英国 | 15089 | 27403 | 54.37 |
| 日本 | 14129 | 52062 | 103.30 |
| 巴西 | 2132 | 3255 | 6.46 |
| 印度 | 304 | 471 | 0.93 |
| 发达国家 | 8658 | 25774 | 51.14 |
| 中等国家 | 421 | 767 | 1.52 |
| 欠发达国家 | 253 | 280 | 0.56 |
| 世界平均 | 745 | 1072 | 2.13 |
| 中国/世界 | 25 | 47 | —— |

资料来源：于维栋：《中国农业现代化的过去、现在和未来》，载《中国农业现代化的趋势和路径》，科学出版社2013年版。

从农民人均供养人口的国际比较分析来看，2008 年，中国劳均供养为 4 人，而巴西是 17 人，日本是 45 人，美国是 137 人，英国是 139 人，世界平均值是 5，中国仅与同样为人口大国的印度劳动生产率水平相当（表 4-7、图 4-5）。

表 4-7　　　　　2010 年每个劳动力平均供养人口数　　　（单位：人）

|  | 中国 | 巴西 | 日本 | 英国 | 美国 | 世界平均 |
| --- | --- | --- | --- | --- | --- | --- |
| 劳均供养人口数 | 4 | 17 | 45 | 139 | 137 | 5 |
| 比例关系 | 1.00 | 4.25 | 11.25 | 34.75 | 34.25 | 1.25 |

资料来源：据联合国粮农组织统计数据列表

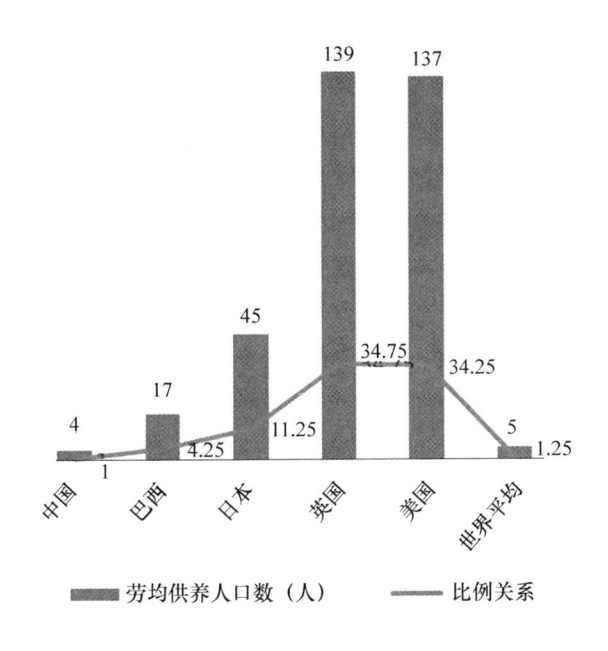

图 4-5　2010 年劳均供养人口数

横向比较，中国农业劳动生产率与工业劳动生产率相比也明显偏低。从表中可以看出，改革开放 30 年，工农业的劳动生产率差距进一步拉大。农业劳动生产率提高了 1.75 倍，而同时期工业生产率提高了8倍（表4-8、图4-6）。

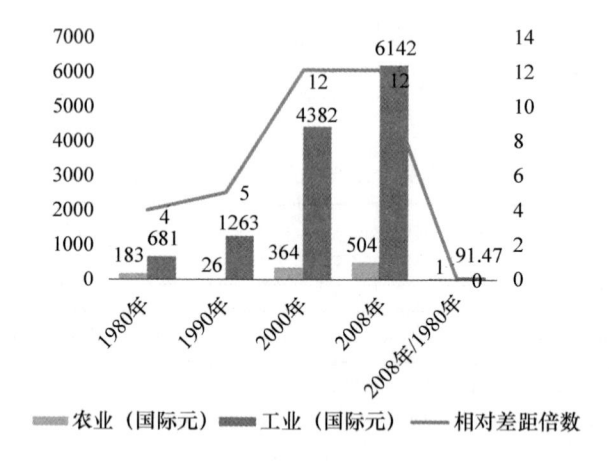

图4-6 1980—2008年中国工农业劳动生产率变化

资料来源：据联合国粮农组织统计数据绘制。

表4-8　　　　1980~2008年中国工农业劳动生产率的变化

（单位：国际元）

| 项目 | 1980年 | 1990年 | 2000年 | 2008年 | 2008年/1980年 |
| --- | --- | --- | --- | --- | --- |
| 农业 | 183 | 26 | 364 | 504 | 1.00 |
| 工业 | 681 | 1263 | 4382 | 6142 | 91.47 |
| 相对差距倍数 | 4 | 5 | 12 | 12 | —— |

资料来源：于维栋：《中国农业现代化的过去、现在和未来》，载《中国农业现代化的趋势和路径》，科学出版社2013年版。

### 三　中国农业现代化的发展模式

何传启（2013）指出农业现代化没有标准模式和最佳模式，只有合适模式。欧美及东亚等国家由于基本国情或发展时序的因素，走出了适合各自国情的农业现代化模式（表4-9）。尽管三者根据各自的自然地貌特征和经济发展阶段不同而选择了不同的农业现代化道路，但是他们有一个共同特征——从生产力的角度来考虑农业现代化的模式。

表4-9 生产力视角下发达国家和地区农业现代化发展模式一览表

| 国家和地区 | 模式特征 | 运行方式 | 模式类型 |
| --- | --- | --- | --- |
| 美国 | 采用政府干预下"市场主导"推进机制,以现代科学技术为支撑,以公司制农场管理方式为主要途径,走以提高劳动生产率为核心的农业现代化发展道路 | "规模化生产+市场机制+政府保护"的运行模式 | 土地资源丰富,劳力短缺的"大国大农"模式 |
| 西欧 | 以提高土地生产率与劳动生产率并重为前提,以机械化、规模化和科技化相结合为特征的农业现代化发展道路 | "小农场+机械化+专业化社会化服务"的运行模式 | 土地和人口适中的"小国大农"模式 |
| 日本 | 政府主导、市场为辅的作用机制;小农经济为基础,"三位一体"(小农地权、农协组织和政府保护)的农业体制为条件,大量资本投入为前提,走以土地产出率为核心,提高农业生产率、资源产出率和农民收入的农业现代化跨越式发展道路 | "小农经济+农协组织+政府保护"的运行模式 | 建立在土地贫乏的资源禀赋特征之上的"小国小农"模式 |
| 台湾 | 以小农经济为基础,依靠科技创新和农民教育,通过集约化生产、产业化经营、社会化服务和专业化分工,提高资源产出率,来推动农业现代化 | "小农经济+科技创新+专业化分工+社会化服务"的运行模式 | — |

资料来源:胡海燕:《世界农业现代化发展模式与借鉴》,《中国农业信息》2014年第12期。

中国是一个人口基数庞大、自然地域广阔,但是人均农业资源又极度稀缺的国家,"人多地少"是中国乡村社会最基本的空间特征,"大国小农"是中国农业的本质属性。因此,不能照搬欧美等发达国家的农业现代化模式,而必须结合自身实际情况——高度紧张的人地关系,从生产关系角度考虑,通过生产关系的改变来适应生产力发展水平,进而选择适应中国农业现代化发展的合理模式。所谓"生产关系",就是人和地的关系、人和人的关系。

工业化的发展改变了漫长的封建社会下自给自足的自然经济体

制,使农民实现了"耕者有其田"的基本愿望,促进了传统农业向现代农业的转变,极大地推动了生产力的发展。未来,在家庭联产承包责任制、耕地小块化难以实现质的改变前提下,要依据要素组合和资源禀赋条件,将中国农业的发展置于科技创新和国际大环境背景下,注重合理的农业现代化模式选择,切实推动乡村劳动人口的转移和集聚,提高乡村用地使用效率和劳动生产率,以切实解决乡村社会紧张的人地关系局面。

1. 总体背景：紧张的人地关系格局

漫长的封建社会,我国人口总量在起伏跌宕的社会变化中呈现较为缓慢的增长态势,加之秉承吃苦耐劳的优良文化传统说教,劳动人民在和平时期善于开荒拓土,不断寻找新的生存空间,所以清代以前的中国封建社会总体处于一种稳定的人地关系态势。杨朝现（2016）研究指出,公元1723年,随着清雍正推行"摊丁入亩"的赋税政策,将人头税统一纳入田亩税后,人口开始急剧膨胀,年均增速达到2.5%。公元1790年（清乾隆五十五年）,人口总数突破3亿大关；鸦片战争前夕,达到了4亿人（何博传,1989；胡果文,1984；谢忠梁,1979）。人口的快速增长,使得有限的土地面积上的人口密度不断增长,"过密化"[①]的农业生产导致农业生产边际效益不断缩减,劳动生产率未能随着农业总产出的增加而实现同步增长,人地矛盾开始在城乡社会中逐步显现。

改革开放以来,与大幅增长的城镇化水平相对应的是城镇建设空间的快速扩张,农村耕地总量不断减少。据统计,1996年至2010年,全国耕地总量从19.5亿亩减少至18.3亿亩,年均减少900万亩（图4-7）。2010年,我国人均耕地面积仅为1.36亩,不足世界平均水平的37%。预计至2030年,每年仍有1100万左右农村劳动力向城镇转移,助推每年1%的城镇化增长,即短期内建设空间外延扩张的总体趋势不会扭转。

---

[①] "过密化"是黄宗智先生针对中国农村社会中随着人口数量的增加而导致农业生产总量提升,而劳均生产效率并未增长的农业"内卷化"的描述,是一种没有"发展"的增长。详见黄宗智《华北的小农经济与社会变迁》,中华书局2000年版。

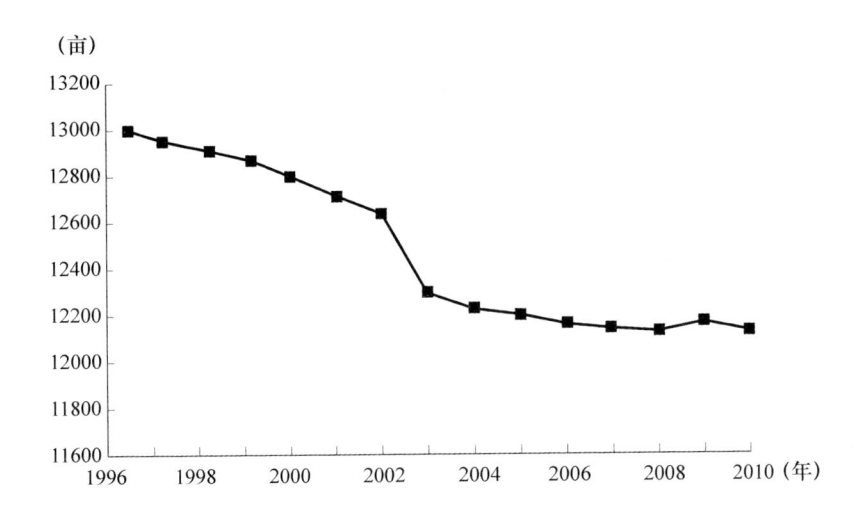

**图 4-7　1996—2010 年我国耕地数量变化趋势**

资料来源：笔者根据相关数据整理。

另外，农村建设用地集约利用的问题同样突出。田淑敏（2013）通过对北京市乡村居民点用地的跟踪调查得出，乡村农业人口在大幅减少的情况下，乡村居民点用地面积整体变化不大，在部分区县甚至出现人均居民点用地上升的现象。随着计划生育政策的放开，我国将迎来一个新的生育高峰期，人口总数不可避免地呈现阶段性的规模增长。耕地规模减少与人口总数增加的趋势促使本已紧张的人地关系格局更加凸显，显然"人多地少"的矛盾问题将成为未来农业现代化发展进程的重要影响因素和总体背景。

2. 人地失衡背景下的农业产业化模式

中国已进入以工促农、以城带乡，工业反哺农业，城市反哺农村的新阶段，对人口基数大、土地资源少、社会生产力与技术水平参差不齐的中国国情而言，既要考虑家庭联产承包责任制土地分散经营的现实情况下，推进大面积的规模化种植的艰巨性，又要考虑在庞大的人口基数及乡村人口回流带来人地矛盾日益突出的背景趋势下，推广大规模机械化耕作的长期性，故正视"人地失衡"的现实情况，实施"集约经营、精耕细作"型的农业产业化经营模式，是从生产关系角度妥善解决未来中国农业现代化发展的重要途径。这个集约经营，不仅是传统农业中的劳动力集约，更是体现在知识、技术、成本和空间等众多方面的集约，实现传统技术与现代技术相结合，逐步实现科学技术对土地等稀缺要素的替代。

集约经营、精耕细作型的农业产业化模式，是在高度紧张的人地关系背景下，以提高土地产出率，兼顾劳动生产率为标志，以产业化经营为基本方式，注重"乡土文化"的传承，"以工促农，以城带乡"，充分发挥人力资源优势的"大国小农"的农业现代化模式。

从中国"人多地少"的基本国情和家庭联产承包责任制的阶段特征出发，通过有序推进多元化种植，逐步改善既往以粮食种植为主的单一种植结构，解决庞大人口基数产生的温饱问题；通过优良的精耕方法传承与创新，解决大量农民工返乡，城镇对农村劳动力吸附能力下降带来的结构性失业问题；通过耕作技术的改良与生物化学技术的提升和推广，改善农业细作水平，提高土地节约集约利用水平和土地产出率，解决土地资源紧张和地力贫瘠的现实难题；通过有序推进适度规模化经营种植、特色化种植和产业化经营，解决农村家庭联产承包责任制的实施带来的阶段性土地细碎化、规模效应低的问题（表4-10）。

**精耕细作、健全产业链**。传承并创新优良的精耕方法，妥善解决广大农村劳动人口的结构性失业，形成技术密集与劳动密集相结合的实施路径，推进传统农艺与现代科技的结合，全面提升耕作水平和土地产出。同时，注重农业产业链的健全和完善，提高农副产品的深加工水平，构建农副产品的流通、销售网络，推动农业产业"接二连三"发展，实现技术化生产、工业化加工、网络化流通的有机结合。

**土地产出率为主，兼顾劳动生产率**。面对人多地少的现实情况，既要提升农村发展水平，又要维护农村社会稳定，重点通过耕作手段的改进和耕作技术的创新，提高耕地的产出水平。通过种植补贴、价格支持等政策手段诱导农民改变农业生产结构，或者引进和创新先进生物技术，提升土地的产出率。适度发展家庭农场的经营模式，提升劳动生产率，解放农村劳动力，推动农村人口向城镇的梯度转移，实现农业生产的规模化经营，提高劳动生产率的良性循环。

表4-10　　　　"人地失衡"背景下的农业产业化模式分解

| 项目 | | 问题分析 | 模式应对 |
|---|---|---|---|
| 总体背景 | | 人地失衡 | 精耕细作 |
| 要素分析 | 人多 | 解决温饱难：决定了农业种植结构单一化（必须以粮食种植为主） | 精耕：有序推进多元化种植 |
| | | 解决就业难：农民工返乡，说明城镇对农村劳动力的吸附能力下降 | 精耕：解决农村劳动力就业 |
| | 地少 | 资源紧张：节约集约土地利用 | 细作：提高土地节约集约利用率 |
| | | 地力贫瘠：提高土地产出、提高劳动产出 | 细作：提高土地产出率 |
| | 小规模 | 联动效应弱：家庭联产承包责任制，使得土地面积细碎化，整体实施难 | 精耕：有序推进规模化（阶段性改良、适度规模化）种植、特色化种植和产业化经营 |

资料来源：笔者自绘。

**产业化经营**。人多地少和以农户为微观主体的家庭承包经营的基本国情决定了我国现代农业必须走产业化发展的道路，通过龙头企业、农业大户、农民专业合作组织和专业市场等载体建设，把小农户和大市场联结在一起，引进技术、资金、管理等现代要素，促进农业整体素质的提高。

**传承"乡土文化"**。上千年的农耕文明深刻影响着中国乡村社会，刀耕火种、铁犁牛耕、垄田代作等农业耕作技术的演进，是中国乡村社会农业生产技术进步的写照。未来"大国小农"的农业现代化生产技术进步离不开乡土文化的传承与创新。积极挖掘农业生产经营中的文化因素，传承优秀的农业文化功能，大力实施农业品牌化战略，积极发展文化创意农业，全面提升农业的市场竞争力。

**以工促农、以城带乡**。建立完善工业反哺农业、城市反哺农村的体制机制。加快推动城镇化发展和农村富余劳动力转移的良性循环，推进农业资本技术对劳动力的替代作用，切实解放农村剩余劳动人口。通过农业现代化的发展，为工业化提供必要的农副产品和农业剩余，为城镇化提供富裕的农村剩余劳动人口，为信息化提供广阔的空间载体，实现"四化同步"发展的良性互动。

**充分发挥人力资源优势。**人地失衡背景下的农业现代化模式最核心的要求是最大化地利用既有的人力资源，充分发挥每个劳动者的潜能，释放劳动者最大劳动力，以实现提高劳动生产水平和维护社会稳定的同步发展。积极推广农业科技教育与培训，全面提升农业劳动力科技素养和文化素养，使有文化、懂技术、会经营的新型职业农民成为现代农业的经营主体。

## 第二节 农业生产规模化对乡村劳动力需求的影响

农业生产规模化是现代农业生产方式变——农业生产工业化对农业生产要素整合、产权要素重组的空间表现，实现和推进农业现代化发展的最基本手段。规模化生产对农业生产空间的特殊要求，使其在平原农业地区的发展速度和进程都明显快于其他农区，相应的机械化耕种、资本化发展及规模化经营等表现形式对平原农业地区的农村劳动力构成产生了深刻影响。

### 一 机械化耕种减少乡村劳动力需求

以工业化为核心的农业现代化逐步发展，首先就是农业机械化生产代替传统的人工劳作，对平原农业地区农业生产效率的提高更加显著。调研显示，一个壮年劳动力每天耕种面积仅约 3—5 亩地，而一台手扶拖拉机每天可耕种耕地面积约 25—30 亩，一台大型拖拉机的耕种面积则达到 80 亩地，机械化耕种下的农业生产效率提高了 10—20 倍[1]。

---

[1] 笔者根据南京市溧水区东屏镇农村调查整理所得。

◆ 第四章 农业现代化对乡村人口流动的影响分析 ◆

农业生产效率的提升，有效减少劳动力的需求。20 世纪 80 年代初至 90 年代末的近 20 年间，日本平均农业劳动力由 15655 美元上升至 30272 美元，人均增长了 93.4%，同期农业就业人口则下降了 50%。根据劳动生产价值学说，这部分剩余劳动力即使投入农业生产中，不仅难以产生相应的价值和效益，当地均劳动力增加到一定程度时，甚至会拉低劳动力的平均产出，此时的"零值劳动力"开始向"负值劳动力"转变。当负值劳动力在农业生产和生活中达到一个饱和状态，即农业现代化的发展所产生的附加效应已完全替代剩余劳动力的价值时，农村有限的土地资源便难以承受大量负值劳动力的负担，这部分劳动力便彻底失去依附于土地的动力和价值所在。

伴随农业机械化水平不断提升的是，乡村劳动力中非农就业比重呈现总体同步上升趋势（图 4-8）。1990 年以来，中国农机总动力水平由 2871 亿瓦上升到 2014 年的 10806 亿瓦，增长了 3.76 倍；而同期乡村就业人口总数由 4.77 亿人下降到 3.79 亿人，即减少了近 1 亿

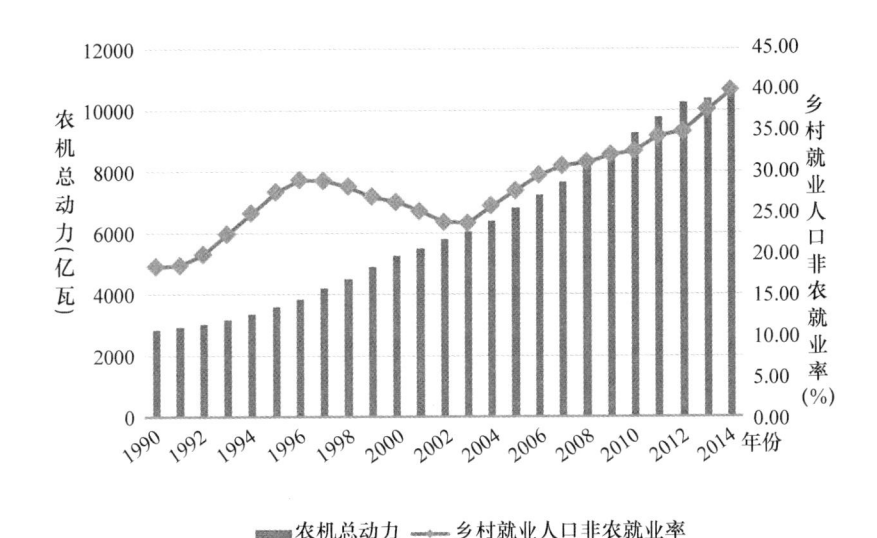

图 4-8 农业机械化水平与乡村劳动人口非农就业率关系对比分析

数据来源：《中国农村统计年鉴（1991—2015 年）》。

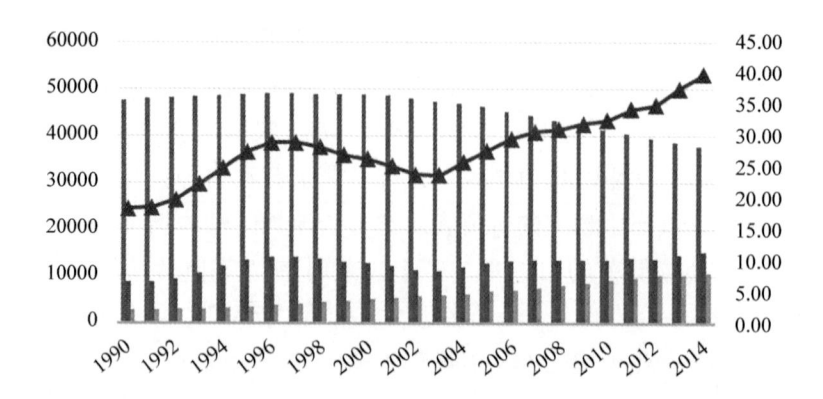

◆ 乡村居住空间重组研究 ◆

■ 乡村就业人口 ■ 非农就业人数 ■ 农机总动力 ▲ 乡村就业人口非农就业率

图 4-9 1990 年代以来乡村就业人口、非农就业人口、
非农就业率与农业机械化水平关系

数据来源：《中国农村统计年鉴（1991—2015 年）》。

表 4-11　　1978—2014 年乡村人口及就业、农机动力一览表

（单位：万人；%；亿瓦）

| 年份 | 乡村人口 | 乡村就业人口 | 乡村就业人口占比 | 农业就业人口 | 乡村就业人口非农就业率 | 农机总动力 |
| --- | --- | --- | --- | --- | --- | --- |
| 1978 | 79014 | 30638 | 38.78 | 28318 | 7.57 | 1175.0 |
| 1980 | 79565 | 31836 | 40.01 | 29122 | 8.52 | 1474.6 |
| 1985 | 80757 | 37065 | 45.90 | 31130 | 16.01 | 2091.3 |
| 1987 | 85713 | 39000 | 45.50 | 30870 | 20.85 | 2483.6 |
| 1988 | 86725 | 40067 | 46.20 | 31456 | 21.49 | 2657.5 |
| 1989 | 87831 | 40939 | 46.61 | 32441 | 20.76 | 2806.7 |
| 1990 | 84138 | 47708 | 56.70 | 38914 | 18.43 | 2870.8 |
| 1991 | 84620 | 48026 | 56.75 | 39098 | 18.59 | 2938.9 |
| 1992 | 84996 | 48291 | 56.82 | 38699 | 19.86 | 3030.8 |
| 1993 | 85344 | 48546 | 56.88 | 37680 | 22.38 | 3181.7 |

续表

| 年份 | 乡村人口 | 乡村就业人口 | 乡村就业人口占比 | 农业就业人口 | 乡村就业人口非农就业率 | 农机总动力 |
|---|---|---|---|---|---|---|
| 1994 | 85681 | 48802 | 56.96 | 36628 | 24.95 | 3380.3 |
| 1995 | 85947 | 49025 | 57.04 | 35530 | 27.53 | 3611.8 |
| 1996 | 85085 | 49028 | 57.62 | 34820 | 28.98 | 3854.7 |
| 1997 | 84177 | 49039 | 58.26 | 34840 | 28.95 | 4201.6 |
| 1998 | 83153 | 49021 | 58.95 | 35177 | 28.24 | 4520.8 |
| 1999 | 82038 | 48982 | 59.71 | 35768 | 26.98 | 4899.6 |
| 2000 | 80837 | 48934 | 60.53 | 36043 | 26.34 | 5257.4 |
| 2001 | 79563 | 48674 | 61.18 | 36399 | 25.22 | 5517.2 |
| 2002 | 78241 | 48121 | 61.50 | 36640 | 23.86 | 5793 |
| 2003 | 76851 | 47506 | 61.82 | 36204 | 23.79 | 6038.7 |
| 2004 | 75705 | 46971 | 62.04 | 34830 | 25.85 | 6402.8 |
| 2005 | 74544 | 46258 | 62.05 | 33442 | 27.71 | 6839.8 |
| 2006 | 73160 | 45348 | 61.98 | 31941 | 29.56 | 7252.2 |
| 2007 | 71496 | 44368 | 62.06 | 30731 | 30.74 | 7659.0 |
| 2008 | 70399 | 43461 | 61.74 | 29923 | 31.15 | 8219.0 |
| 2009 | 68938 | 42506 | 61.66 | 28890 | 32.03 | 8749.6 |
| 2010 | 67113 | 41418 | 61.71 | 27931 | 32.56 | 9278.0 |
| 2011 | 65656 | 40506 | 61.69 | 26594 | 34.35 | 9773.5 |
| 2012 | 64222 | 39602 | 61.66 | 25773 | 34.92 | 10255.9 |
| 2013 | 62961 | 38737 | 61.53 | 24171 | 37.60 | 10390.7 |
| 2014 | 61866 | 37943 | 61.33 | 22790 | 39.94 | 10805.7 |

资料来源：根据《中国农村统计年鉴（1978—2015）》整理并计算。

乡村就业人员；乡村就业人员中非农就业人口不仅未随总就业人数的减少而下降，反而由8794万人增长到15153人，净增加6359万人，提高了1.73倍。乡村非农就业人口占就业总数的比值由18.43%增长到39.94%，相当于全部农村2/5的农业劳动力脱离了直接的农业生产，或进城打工，或从事与农业生产相关的产业门类（表4-11、图4-9）。可见，农业机械化耕种极大地减少了乡村劳动力的需求。

另据住建部门统计数据显示，1978—2008年，中国农村户数由1.74亿户增加到2.57亿户，而期间的乡村常住人口则从1994年最高峰的8.55亿人减少到2008年的7.21亿人（龙花楼，2012）（图4-10）。一方面，农村户数在30年间增加了8300万户；另一方面，则是农村常住人口减少1.3亿人，可见，城乡二元户籍制度框架下农村人口总量在不断增加的同时，乡村常住人口规模却呈下降趋势，农村青壮年劳动人口在得益于农业现代化水平发展而解放的前提下，长期在城乡之间钟摆式地迁徙。

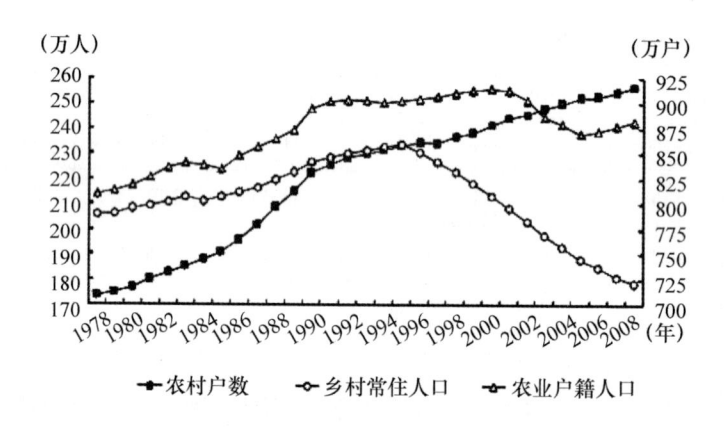

图4-10 中国农村户数和人口的变化（1978—2008年）

数据来源：农村户数数据来自《新中国60年统计资料》（2009年）；农业户籍人口数据来自《中国人口统计年鉴（1993—2006年）》和《中国人口和就业统计年鉴（2007—2009年）》；乡村常住人口数据来自《中国人口统计年鉴（2001年）》和《中国统计年鉴（2001—2009年）》。

因此，在现代化的机械耕种方式下，农村劳动人口需求减少的趋势将成为农业现代化发展下最显著的特征。

**二　资本化发展解放农村劳动力束缚**

农业资本化核心是以资本投入代替农业生产中的人工劳动。黄宗智先生（2013）认为，中国农业发展在人口生育率下降、农民非农就业机会增加及居民消费结构改变的三大历史变迁背景下，正在快速实现农业资本化进程。无论是延续欧美国家"绿色革命"倡导的科学选种与化肥投入来增加产量，还是农药和机械在农业生产中的加速投入，都是通过单位劳动力资本投入的增加，来实现节约单位土地上的劳动力投入。冯小（2015）指出，"农业资本化"主要是以节省劳动力为主的现代农资要素的增加与投入。

具体到农业资本化的进程来讲，1990年代之前，农业发展主要是以继承1960年代的"绿色革命"内容，通过增加化肥的使用和植物品种的改良，以增加农业产量。1990年代后，随着城镇化和工业化进程的加快，城乡统筹发展得以重视，空间上更加注重城乡融合和城乡一体化发展；要素上更加注重人的解放，农业生产的资本投入则侧重于农药等生物技术的改进和农业机械等生产手段的革新，以实现节约劳动力、减少劳动量和降低劳动强度的目的。黄宗智（2013）根据68000个样本农户成本收益的统计数据发现，1996年至2010年，粮食生产中的机械投入较以前增长了5—6倍。从每亩的10—25元增加到60—100元（按1996年价格）。与此同时，除草剂（用来控制除草劳动，减少人工劳动投入）和杀虫剂等农药投入增加到原来的2—3倍。相比之下，同一时期的化肥和品种改良这两种资本投入仅有少量增加。农业机械和农药投入占15年间全部农业现代化投入的比重，从1996年的26%（15%+11%）增加到2010年的54%（37%+17%）。根据农普数据，农业现代化总体投入增加约2倍，达到原先的300%，而依据农业投入成本计算农业现代化收益数据则提高了4倍，实现了通过农业机械和生物技术投入来节约劳动力，达到农业现代化发展的目的。

以除草剂、杀虫剂等现代农资要素投入和农业机械化发展为表征的农业资本化发展的核心便是通过降低农业劳动强度和劳动力需求以实现对劳动力的解放。统计显示，农业资本化投入的加大直接影响农村劳动力的构成，21世纪以来，农业资本化的发展促使农业就业人员从2000年的近3.6亿人减少到2014年的2.28亿人，每年降幅近1000万人。另外，农业生产经营也随人口下降出现了特征性变化：农村土地上的劳动力减少了，农业强体力劳动基本被农业机械所替代，基于代际伦理形成的家庭内在分工使得"女性化农业"和"老人农业"在乡村农业生产中逐渐成为一种普遍现象。据推算，在农业机械及化学技术的推广下，农村老人的劳动时间普遍延长了3—5年，甚至10年之久。因此，从农业资本化发展的角度来看，"留守农业"是农村人口流失的真实写照，但其存在的内在逻辑是：农业投入的增加促进农业生产方式的发展，进而延长了农民劳动生命周期。

### 三 规模化经营加快人口"去过密化"步伐

"过密化"是黄宗智先生（2000）针对长期处于人口增长压力下的中国农业所面临的一种困境描述，即随着单位面积土地上人口的增加，劳动集约度不断提高，导致单位劳动的边际劳动生产率呈现递减的现象。简言之，就是农村劳动力的增加与农地产出效应不成正比，单位土地上农村劳动力数量处于过饱和状态，农村在人口和土地的结构性压力下，呈现紧张的人地关系格局。

农业生产"过密化"与传统的农业生产方式和土地分配制度密不可分。一方面，在小农经济模式下，以简单的农具和畜力为生产工具的生产方式必然需要高密度的劳动力与之相匹配；另一方面，以血缘、亲缘关系主导的农村社会关系和自给自足的小农经济模式相绑定，落后的生产力水平和传统的排他性地域文化等众多因素叠加，直接导致了我国农村土地分割的细碎化。粮食作物偏长的生长周期将庞大的乡村人口锁定在有限的空间范围内，在间接地维护社会稳定的同时，也进一步固化了农业生产小规模、细碎化的耕作模式和高密度的劳动人口分布方式。因此，农业过密化是传统经济模式、生产方式和土地制度下的必然产物。

农地规模化经营是释放农村劳动力的重要推动力。平原农业地区土地规模化大致分为两种形式：一种是"看得见的规模化生产"，即土地在空间上的集聚，通过土地整理和复垦等技术手段，将分散的土地集中至一个整体片区，辅以水利设施的改进，实现"路成网、田成方、树成林、渠连塘"的空间布局方式；另一种则是"看不见的规模化经营"，通过土地流转①的方式，将分散于各个农户手上的土地经营权、承包权和使用权分离出来，农户继续享有土地经营权，但将土地承包权和使用权转让出来，并集中至种田能手、种田大户或龙头企业手中，由种田大户或龙头企业承包土地使用权，实现规模化经营。现代农业生产方式下的土地规模化经营首先影响平原农业地区的经济模式改变，通过整合农业生产资源，打破传统的以单个家庭为主要生产单位的小农经济模式，解决土地产出率低下、劳动力使用效率不高等难题，进而解放农村劳动力，加快农业"去过密化"进程的重要途径。

笔者在江苏省溧水区东屏镇爱廉村实地调查的数据显示，全村共有村民1600户，其中劳动力约2200人。全村共有耕地约7118亩，户均耕地约4.4亩，劳均耕地仅约3.2亩，属于典型的小农经济模式下的农业生产型村庄，大量劳动力被锁定在低效的农业劳动生产中（图4-11、4-12）。随着该村农业现代化进程的加快，尤其是以家庭农场为主要形式的农业大户出现、以农机合作社为主要形式的合作经营模式出现，该村通过土地流转等政策的实施，将分散于农户手中的土地集中至村集体，再将集中的土地转包于农业大户，实现土地规模化经营。农业大户根据自身的能力、经济实力及资源条件，分别承

---

① 农村土地流转是指在农村土地所有权归属和农业用地性质不变的情况下，农民通过转包、出租、互换、转让、股份合作多种形式将土地使用权（经营权）从承包经营权中分离出来，转移给其他农民或经营者，发展多种形式的适度规模经营。同时还可以根据地方条件，发展专业种养殖大户、家庭农场、农民专业合作社等规模经营主体，实现规模经营的多样化。因此，土地流转是规模化经营的必要条件之一，也是农业现代化的一种外在表现形式。土地流转包括农用地之间的流转、农用地转为农村建设用地（农转非）和农村建设用地之间的流转和农村宅基地流转，其中农用地之间的流转是其最主要的形式。

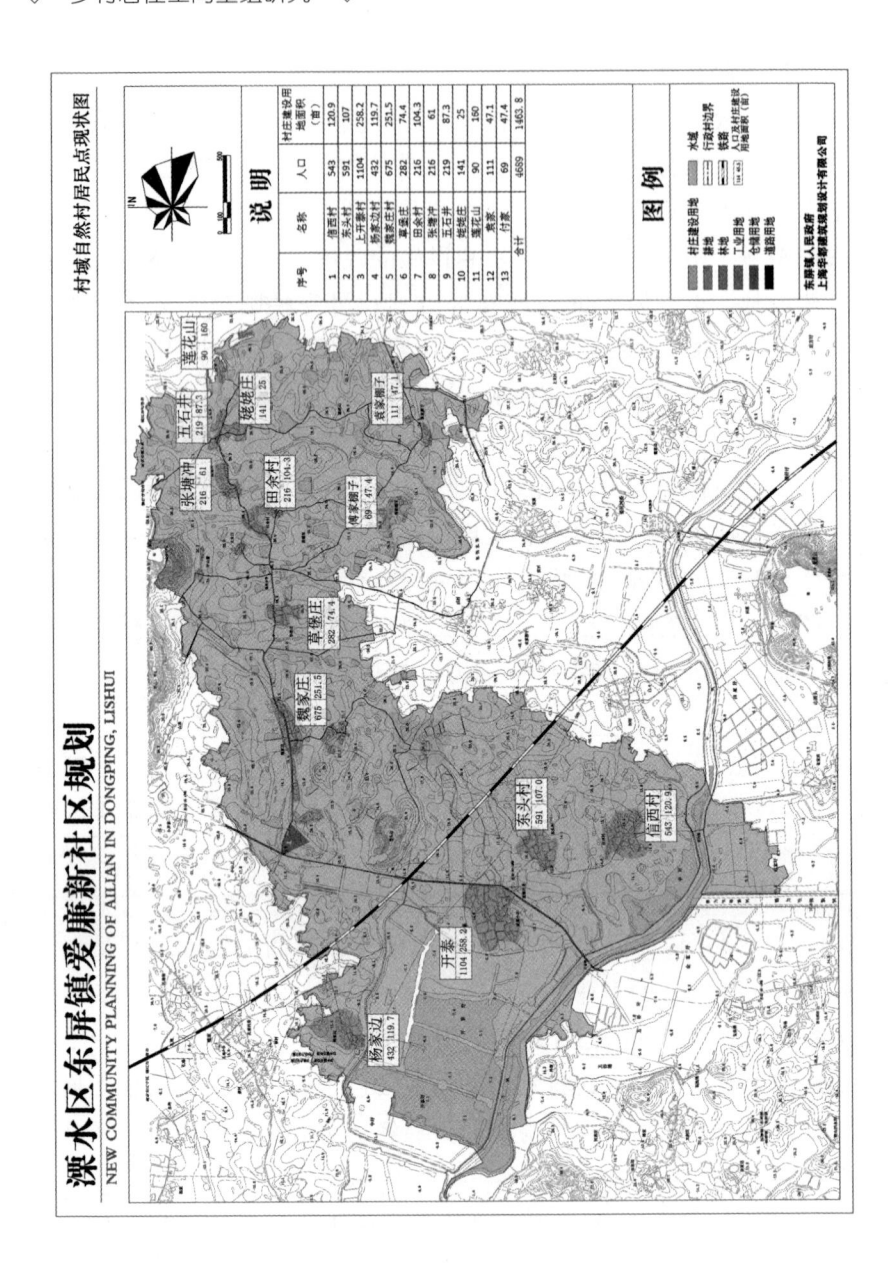

图 4-11 爱廉村人口分布现状

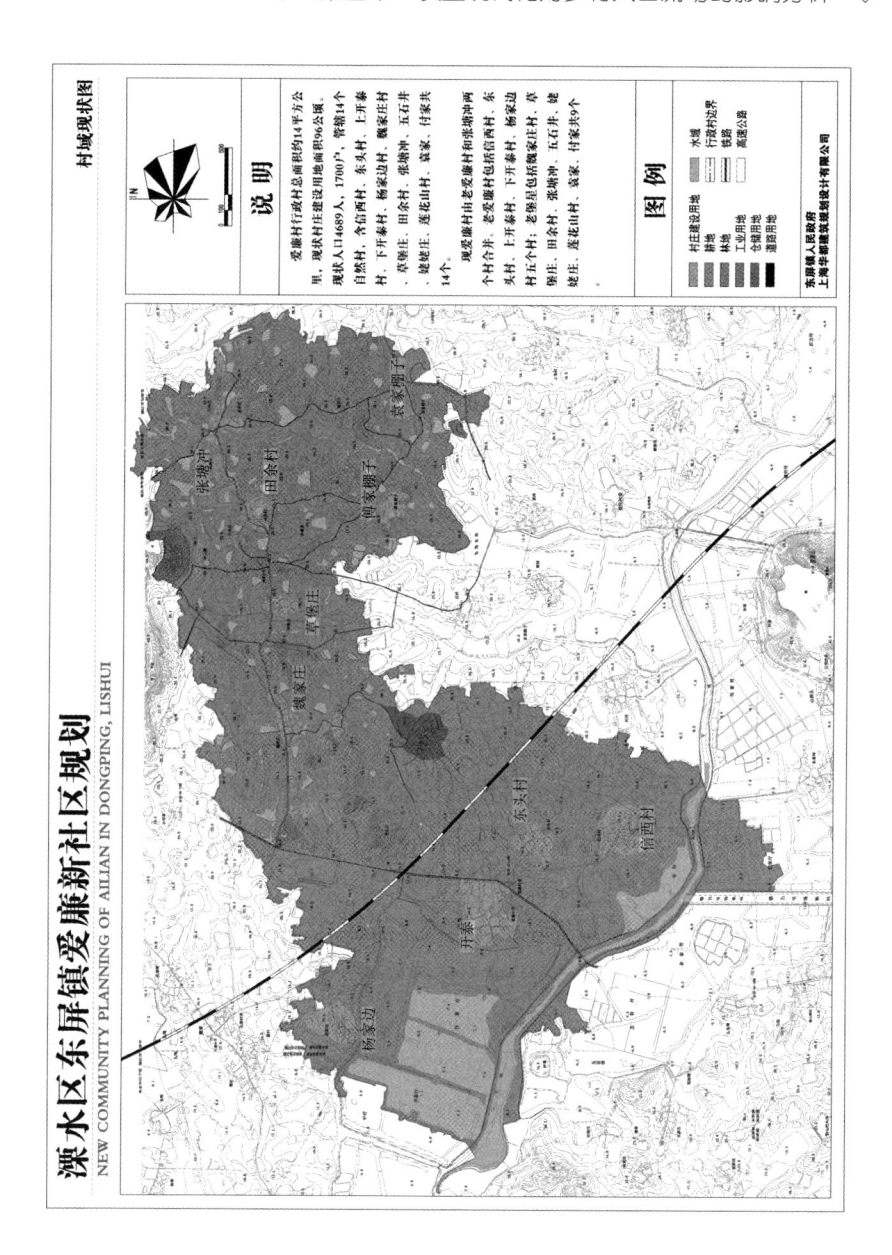

第四章 农业现代化对乡村人口流动的影响分析

图 4-12 爱廉村土地利用现状

资料来源：笔者自绘。

包100余亩到1000余亩面积不等的耕地。农业大户通过制定科学的种植计划、充分发挥农业机械作用，实现了在农业不减产的情况下对农村劳动力的有效释放。承包大户张某志，通过土地流转经营，将分散于几百户农民家的上千亩土地（包括水田、旱地和林地）集中经营，家中自备打田机、插秧机、收割机等大型机械，常年雇用8个劳动力，即可实现对近千亩农田的播、种、收以及农地、林地护养。原来分散于上百户农民手中的耕地不仅避免了分散经营带来的土地低效产出、农地抛荒现象，而且有效释放了附属于农地上的几百名农村劳动力。

农地的规模化经营，使得一个劳动力在借助机械化生产和科学管理的前提下，实现了劳均耕地面积从3.2亩到120余亩的跨越式提升。据此，按劳均耕地面积120亩计算，仅需60名劳动力即可完成全村7118亩农地的耕种。对比传统小农经济模式下，同等规模土地上依附的2200名劳动力而言，在现代农业生产条件推动的规模化经营方式下，将有2140名劳动力被释放，成为农业生产中零值劳动力的同时，使得这个劳动力群体不断向城镇空间梯度转移成为可能（表4-12）。

表4-12　　爱廉村规模化经营前后劳动力需求变化对比表

| | 耕地面积（亩） | 劳动力（人） | 劳均耕种面积（亩/人） | 节约劳动力（人） |
|---|---|---|---|---|
| 农户耕种 | 7118 | 2200 | 3.2 | 2140 |
| 规模化经营 | 7118 | 60 | 120 | |

资料来源：笔者自绘。

农业生产规模化，无论是实现机械化生产的土地规模化耕种手段，还是土地流转推动的土地规模化经营形式，其重点都是通过机械化生产和科学化管理，实现机械代替人工，技术农民工代替传统小农；其共同的目标指向是解放农村劳动力，降低单位土地面积上的劳动力投入，加快农村劳动力向城镇转移。总之，农地规模化经营切实助推了农村劳动力的流动和非农就业的增加，直接地抽离了农地的人口压力，加快了农业"去过密化"步伐（图4-13）。

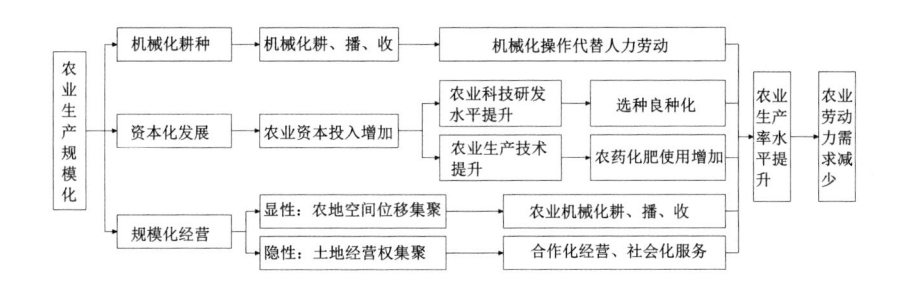

**图4-13 农业生产规模化与乡村劳动力需求关系演化分析**
图片来源：笔者自绘。

## 第三节 农业生产专业化对乡村劳动就业构成的影响

现代农业不像传统农业生产在家庭内部就可以完成，而是建立在高度分工基础上形成多个生产环节的密切联合和协作，是农业产业的序列化和有效重组（张红，2014）。农业分工是指农业领域内按生产劳动可以分为农业生产环节分工、农业产业分工和农产品种类分工（白积洋，2012）。农业专业化分工则属于农业生产环节分工的一种，指参与农业分工的主体专门从事农业领域内某种生产经营活动，通常从事该生产经营活动的效率比其他非专业生产者更高，典型的专业化生产如"一村一品"。随着农业现代化的发展，农村由专业户到专业村到专业市场的横向拓展，农村正在探索一条从分散经营的小生产模式走向专业化、社会化商品生产之路（图4-14）。

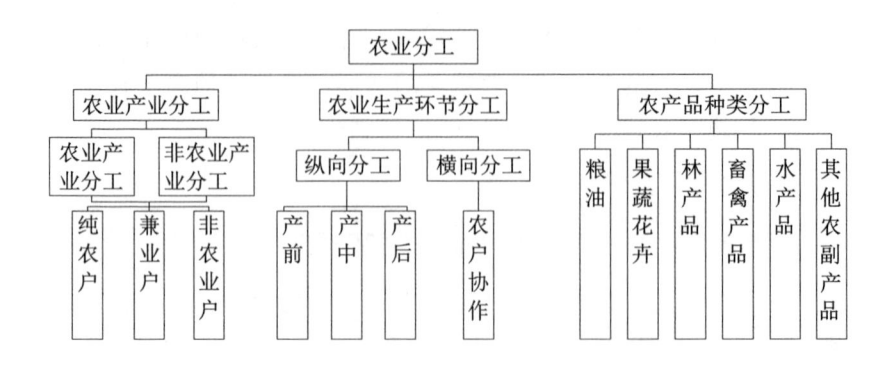

图 4-14 农业分工示意

图片来源：笔者自绘。

## 一 组织化生产促进农民职业分化（纵向生产环节专业化，农民就业多元）

农业生产组织化是机械化耕种、规模化经营基础上对现代农业生产过程进行分化，是根据市场需求，有计划、有步骤地组织起农业产前、产中、产后及农产品的产、供、销一条龙服务，是农业生产方式多元化的一种组织形态。从农业生产组织化程度划分，有家庭经营、国有农场、合作形式、公司制农业、外资农业等不同生产组织形式，这充分体现了农业发展的层次性，即不同农业生产层次的不同工作属性。而在不同的农业生产组织进程中，农民就业方式也随着农业生产层次的分化呈现就业层次的多元性。

1. 健全产业链，扩大农民非农就业面

传统的小农生产善于各自为战，但农业生产产前、产中、产后的纵向链条却在各自为战的生产关系中被打断，生产、流通、销售各环节相互脱节，农业比较利益低下，而且冗长的农业生产时间将农民牢牢地锁定在农业生产部门内部，丧失了农业劳动力在加工和流通环节的就业机会。

农业组织化生产是链接分散农户经营与销售市场的有效方式，通过农业大户、龙头企业将分散的农户与高开放度的大市场环境相联系，一端连接农业分散小生产；另一端连接农业销售大市场。通过组织化的生产与健全的产业链,把自耕农生产组织下断裂的产、贸、工重新整合链接,使得传统的小农经济与产业化经营模式下的社会化大生产有机衔接,农业生产要素在更广阔的市场空间内重新整合,如解放的农村剩余劳动力在通过一定的技术培训后,出现在农业产业化链条中的加工、运输和销售环节,打破农村劳动力局限在农业生产部门内部就业的樊篱,为农村劳动力创造新型就业空间。据熊会兵(2005)统计,世界发达国家农业产值与农产品加工产值之比约为1:3,而我国只有1:0.5。可见,我国农产品附加值存在极大的提升空间,加快农业组织化生产和经营、健全农业产业链,不仅有利于增加农民收入,同时也为农村劳动力开辟了新的就业渠道。

2. 社会专业分工取代家庭代际分工

农业专业化生产推动部分剩余劳动力从传统的农业生产中分化出来,专门从事农业生产资料供应、产品销售、运输、加工等产前、产中、产后服务,社会专业分工态势更加明显。如传统小农经济模式在农业生产专业化浪潮冲击下所呈现出的"老年农业"和"妇女农业"态势,其表象是农村强壮劳动力被城镇化和工业化的外部拉力抽离,但其内在逻辑是农业现代化发展下规模化经营和专业化分工的外显。随着农业生产组织化的深入开展,农业科技的推广有效地延伸了农业从业人员的劳动力生命周期[1],以家庭伦理关系为基础的"代际分工"将逐渐被社会"专业分工"替代。

笔者在爱廉村部分农户开展了问卷和入户访谈相结合的抽样社会调查,从受访的275户村民来看,共有981人,其中劳动力571人,占受访总人数的58.2%;儿童113人,占受访总人口11.5%;老人167人,占受访总人口17.0%(表4-13、图4-15)。从劳动力的构成情况来看,外出务工劳动力355人,约占样本劳动力总数的62%。其中,进城和在本镇内务工人员[2]分别为169人和186人,分别约占外出务工劳动力的48%和52%(图4-16)。在劳动力的年龄统计中

---

[1] 据调查,农业现代化条件下,沿海地区老年人的劳动生命周期普遍延长5—10年。
[2] 该镇务工人员包括进集镇从事服务业、在农村从事非农产业和在农村内从事与农业产业相关的涉农服务产业人员等。

有一个特别的现象，60岁以上的劳动人口有63人，占总劳动力总数的11.0%，即农村劳动力老龄化现象已较为普遍，老人农业不仅符合理论上的逻辑推演，在农业生产生活中也具有一定的现实基础。

表4-13　　　　爱廉村调研样本人群年龄构成一览表　　（单位：人;%）

|  | 劳动力 | 儿童 | 老人 | 其他 | 总人数 |
| --- | --- | --- | --- | --- | --- |
| 人数（人） | 571 | 113 | 167 | 30 | 981 |
| 占比（%） | 58.2 | 11.5 | 17.0 | 13.3 | 100 |

资料来源：笔者根据调研资料自绘。

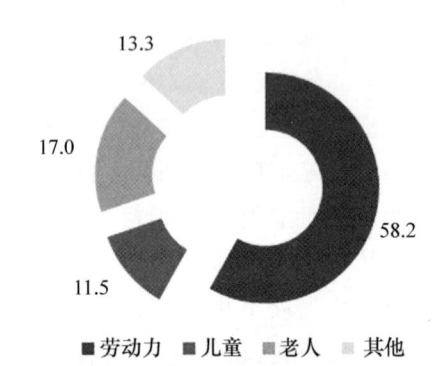

图4-15　爱廉村样本人群年龄构成（%）

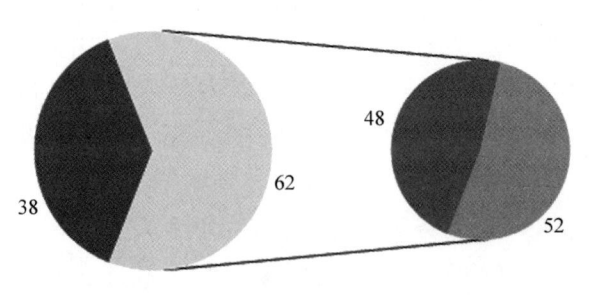

图4-16　爱廉村样本劳动力构成（%）

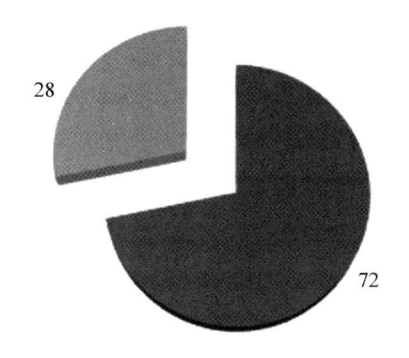

◆ 第四章 农业现代化对乡村人口流动的影响分析 ◆

■ 参与土地流转的耕地　■ 未参与土地流转的耕地

图4-17 爱廉村土地流转面积（%）

资料来源：笔者根据调研资料自绘。

随着村庄土地流转制度的深入推进，村民土地开始向少数承包大户手上集中。受访的275户农户共有耕地1458.4亩，而参与土地流转的耕地面积约为1046.3亩，约占总耕地面积的72%（图4-17）。而农业规模化种植的"孪生儿"则是农业专业化分工显著增强，农民开始出现职业分化，受访农户中专门从事农业生产的专业户有15户，占受访农户总数的5.5%；自耕农约为103户，占比约37.5%，自耕农中大部分又为兼业农户，约66户，占自耕农总数的64.0%，种田仅作为其副业，农业收成作为其口粮自用；剩余的157户农户的土地均已集中流转至农业大户，占比约为57.0%（表4-14、图4-18）。因此，从调研的275户村民的就业情况来看，完全从事农业生产的农户约为52户，完全脱农或兼业农户约为223户，分别占比约19%和81%（图4-19）。

从上述村庄调研的情况来看，农业规模化种植和组织化生产加快了农业专业化分工进程，农民职业分化在专业化分工中的体现更加显著。土地流转政策的实施，家庭农场、专业合作社的出现，使得农业生产专业化分工加强，机械化和规模化种植代替了传统的人工和小规模生产方式，大量农业劳动人口得以彻底解放，农民在城市或本镇从

◆ 乡村居住空间重组研究 ◆

表 4-14　　　　　　爱廉村农民就业情况一览表　　　　（单位：户;%）

| | 农业专业户 | 自耕农户 || 土地流转户 | 总户数 |
|---|---|---|---|---|---|
| | | 纯业户 | 兼农户 | | |
| 农户数量（户） | 15 | 37 | 66 | 157 | 275 |
| 占比（%） | 5.5 | 13.5 | 24.0 | 57.0 | 100 |

资料来源：笔者根据调研资料自绘。

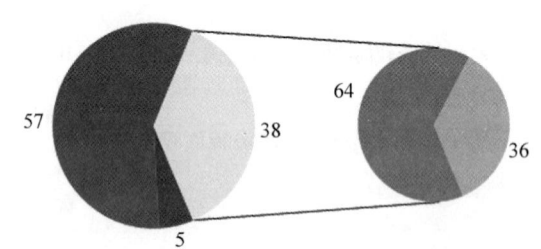

■ 农业生产专业户　■ 其他　■ 自耕农兼业农户　■ 自耕农非兼业农户

图 4-18　爱廉村农业专业化分工情况

■ 完全从事农业生产　■ 完全脱农或兼业农户

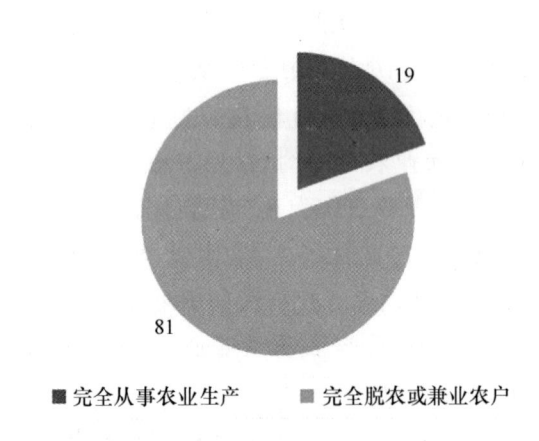

图 4-19　爱廉村农民就业情况

资料来源：笔者根据调研资料自绘。

事非农产业就业的劳动力数量大幅增加，统计显示近六成劳动力进城、进镇务工或从事涉农相关产业；去除兼业农户而专门依靠传统农业收入的自耕农仅占受访总数的13.5%，大量兼业农户、脱农农户的出现和老年劳动力劳动生命周期的延长，使得农民职业分化日趋明显。一方面，传统的"代际分工"基础正被社会化的"专业分工"所替代；另一方面，农村就业范围的扩大使得农民在乡村社会内部流动日益频繁。

3. 新型职业农民出现

组织化的农业生产不再依托传统的自耕农模式，而是走向市场依附为主的大农业生产模式，纵向生产环节专业化的现代农业生产特性及其组织方式需要农民的专业化分工与协作，农民在专业化生产中出现劳动分工和职业分化。郭庆海（2000）认为农民劳动对象和收入构成的变化是衡量农民职业分化的基础，职业农民是从以土地为主要生产资料的经营活动中分离出来，并且以非农就业的收入作为其收入的主要来源。李逸波（2013）从两个维度研究农民职业分化，从职业分化的彻底性，将农民分为专业务农、专职非农与兼业农民三类；从职业分化的城乡区域差异，将农民分为在城市就职、在小城镇就职与在农村地区就职三类。冯小（2015）则依据农业劳动收入、劳动时间及城乡流动频率等要素，将乡村人口分为纯农户、兼业户、不务农的在村户、半进城户和进城户等几个类型。[①] 无论从城乡区域差异还是从职业属性维度，农民的职业分化已成为农业现代化驱动下的一个态势。

张红（2013）研究指出，农业生产内部的劳动分工，使得农民实现职业分化和身份转化，成为新型职业农民，并根据农民在经济、政治、社会交往、思想观念及文化教育等诸多方面的变化，指出了传统小农与现代农业生产方式下新型职业农民的主体特征之别（表4-15）。

---

[①] 这些不同类型农民之间存在紧密相关的联系，纯农户是专门从事农业生产的农户；兼业户则是指除了从事农业生产外，还兼具经商或外出打工的农户；不务农的在村户则是脱离农业，依靠乡村的非农机会（运输、经商等）维持生计的农户；半进城户则是指因家庭生命周期特征而呈现暂时性全家外出打工、脱离农业，但并不能在城安居的农户，一旦遇到风险或者年老则会返回农村成为兼业户或纯农户；进城户则是已经通过务工、经商或者求学等方式在城安居乐业，成为市民的人。详见冯小《去小农化：国家主导发展下的农业转型》，中国农业大学，博士学位论文，2015年。

表4-15　　　　传统小农的瓦解与新型职业农民的新生

| 特征 | 传统小农 | 新型职业农民 |
| --- | --- | --- |
| 社会角色 | 一种身份和社会地位的象征,从事农业生产是一种"宿命" | 从事农业生产经营,可根据自己的知识、资金、经营管理水平等进行"选择" |
| 生产者来源 | 从土里生长出来的,具有超强的稳定性和封闭性 | 可以是本地农民,单项农民工,"两后生"或城镇居民,具有流动性和开放性 |
| 自身素养 | 从事农业生产主要依靠父辈的经验和自己对于土地的感情 | 需要具备较高的经营管理水平、科技知识和资金投入 |
| 生产目的 | 以"安全第一"作为维持生计的目标追求 | 充分利用市场机制获取报酬,其目标是追逐最大利润 |
| 生产关系 | 以粗放经营为主,生产规模较小,以血缘为纽带维持和调节生产者之间的关系 | 以集约经营为主,生产规模较大;以业缘为纽带维持和调节生产者之间的关系 |
| 生产方式 | 生产方式是"食于土",劳作方式是"日出而作、日落而息" | 采取机械化、生物化、化学化、标准化的农业生产方式 |
| 经营方式 | 以种植玉米小麦为主,自给自足,万事不求人;家庭收入主要来自外出务工 | 以特色农业为主,商品化和市场化水平高;家庭收入主要来自农业经营 |
| 社会行为 | 熟人社会的守望相助;差序格局的亲疏远近 | 熟人社会—半熟人社会;差序格局的理性化与工具化趋势 |
| 政治行为 | 皇权与神权结合下的"无为政治";极强的忍耐力 | 政治冷漠—积极参与;热心公共事务与公益事业 |
| 职业伦理 | 讲求节俭持家、勤劳踏实的素养;在精神与行动上依赖社会权威 | 讲求时间观、竞争观等职业素养;技术精英的社会影响逐渐提高 |

资料来源：张红：《农业现代化进程中的村落变迁研究》，中国农业出版社2014年版，第138页。

乡村生产组织形式的改变也重塑了乡村的生产体系和社会结构，以分散的小农为根基的农业生产体系和社会化分工被打破，构成小农体系基础的基层市场主体也因生产形式的转型而被瓦解，从而直接导致一个逻辑自洽、运行有效、提供丰富多样性生计的小农体系的自然消亡。以土地为劳动对象、以简单生产工具为手段的传统"农民"群体早已分化成资本、阶层地位悬殊的差异化群体，作为乡村主体的人也随着生产资料的集中和群体的分化而被迫离开自己的村庄，乡村将成为只有农场主而无农民的村庄。

## 二 新的农业功能载体优化农民就业结构（横向区域生产协作化，产品专业分工）

农业产业化是一种既能推动农业生产力发展，又有利调整改善农业生产关系的经营方式。农业产业化经营有市场带动、主导产业带动、骨干企业带动、中介组织带动以及商品基地带动等众多模式，但其运营核心离不开"市场载体，公司、基地和农户等主体，合作社和协会等客体"相互之间的链接。通常会以一个农业产业园区整体运作的形式，来体现产业化经营方式下农业现代化发展对农业全产业链的带动及相关就业结构的拓展。

农业产业化促进了农业生产主客体的互动，丰富了农业内涵由传统的单纯生产扩展到加工、销售、贸易等领域。这种交叉增多、综合性增强的农业市场化运作方式和全产业链的发展模式，不仅要求社会化服务水平和能力同步提高，同时也为农村劳动力提供了多元化的就业方向和途径。据统计，1998年，通过农业产业化经营，新增就业人数571.5万人。2000年年末，农业产业化组织总数比1996年增加4.6倍，加盟农户增加了2倍，加盟农户占全国农户总数的份额从10%增加到25%（牛若峰，2002）。2002年年底，全国各类产业化组织达94000个，比2000年增长41.6%（李大兴，2004）。

1. 乡村出现新的功能空间载体，吸引农村剩余劳动力就地转移与分化

随着农业产业化经营的扩大与深入，农业生产与销售市场的关系

进一步加强，农村产业结构需要进一步调整以实现资源的优化配置，小农经济模式下乡村单一的生产结构逐步改变，一方面规模化生产使多样化种植成为可能，经济作物、观光农业成为农业产业的发展方向；另一方面，产业结构的多元化，以观光农业、旅游休闲为主体的农业生产潜力得以挖潜，配套农家乐、农业观光园、农业采摘园等服务型和体验型的旅游项目及新的功能载体（图4-20）。

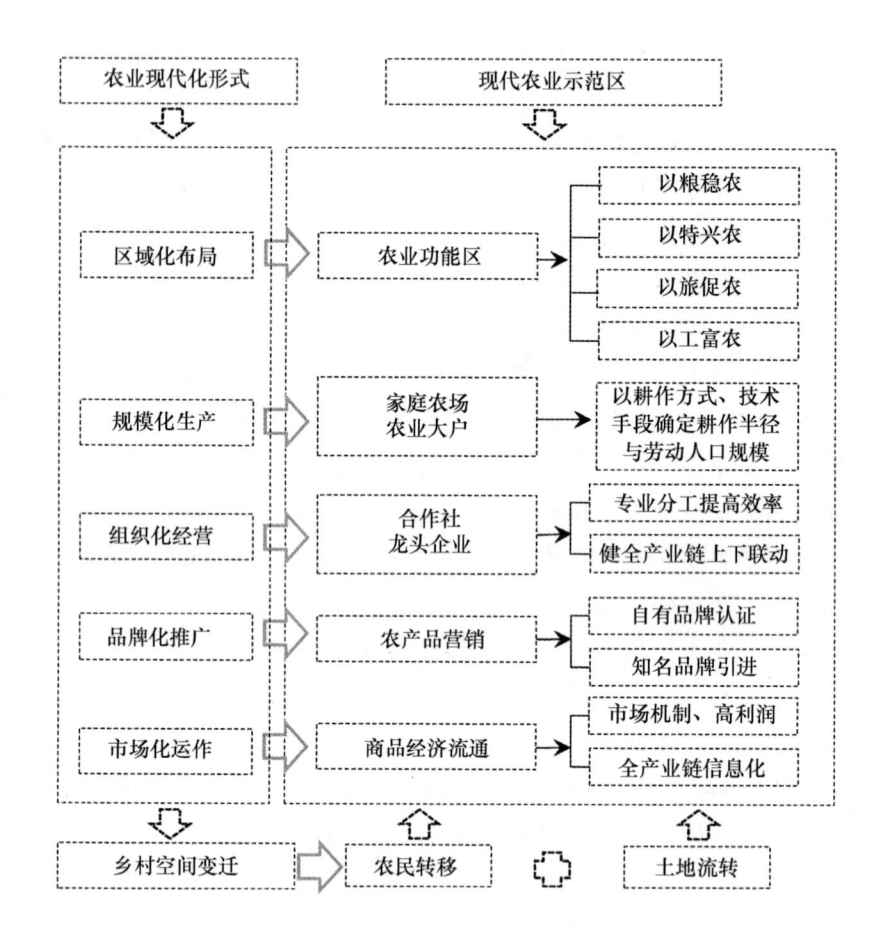

图4-20 农业现代化发展与农业园区的互动关系

资料来源：笔者自绘。

在比较利益的推动下，农民从传统的农业种植中脱离出来，向农业观光旅游服务、农副产品加工等涉农或非农产业就地转移，农村剩余劳动力就业随着产业结构的调整同步实现多元化。

2. 积累非农产业发展资本，完善农村就业结构

产业化经营紧密联系市场动态，按照有利于生产的专业化分工开展协作，结合有效的运行机制，紧跟市场农产品供求状况及价格波动信号，来确定科学的生产经营方式。这一方面能够提高农地生产率、劳动生产率，增加农民收入；另一方面，能够加快农业资金的原始积累，为农村非农产业发展提供必要的配套建设资金，从而为农村劳动力转移创造条件，提供更多的非农就业机会。如结合资源配置基础形成具有市场优势的农业生产基地、生产区和产业带；重组乡村生产生活空间，扶植一些具有较强经济实力和带动效应的龙头企业，发展农产品深加工及农业服务业，健全农业产业链；建设与农业产业化配套服务的农产品交易市场、农业技术服务站等，满足农业产业化产业链各环节的需求；等等。通过非农产业资本的发展，为农村提供了若干新的就业机会，农村劳动力可选择性地从事与农业事业相关的农业技术推广、农机维修服务等，亦可从事农产品加工、运输、销售等农业产业下游工作。

总之，新的农业功能载体出现为农民提供了更加广阔的就业选择空间，除了继续从事传统农业生产的专职小农外，还出现了多样化的农民就业方式："离土不离乡"的就业，即不再从事农业生产，转而进入城镇周边的工业企业从事非农就业，属于城镇空间内非正规就业群体。"扛起锄头是农民，放下锄头是工人"的身份交替变化，注定这部分非正规就业群体的根依然在农村，其家庭、生活依然围绕着农村。"涉农不脱农"的就业，即不直接从事农业生产，但从事与农业相关的产业，如农产品加工、农产品运输、农产品贸易等，但对居住没有要求，不一定居住在农村。"离土又离乡"的就业，则是既不再从事农业生产，也不从事与农业生产相关的就业，除继续保留了农村房产物权外，彻底离开了乡土社会（图4-21）。

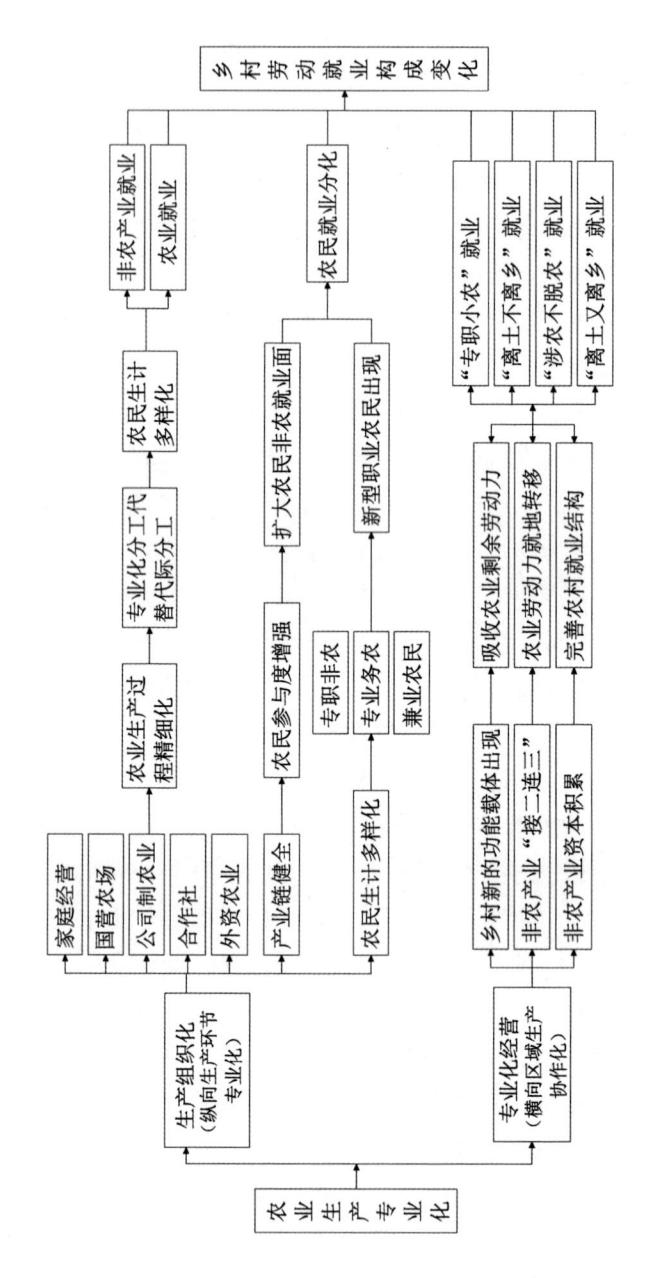

图 4-21 农业生产专业化分工与乡村人口就业关系演化分析

图片来源：笔者自绘。

## 三 农业现代化推动农民就业分化的定量验证

前文所及,乡村劳动力的非农就业比重随着农业机械化的发展呈现较显著的提高,即农业机械化作为衡量农业现代化水平的一个因素,其发展水平能够有效降低农业劳动人口的需求,推动农民非农就业比重的增加。但中国人口分布的区域差异较大,同时正处于工业化向后工业化转型、高速城市化过程所带来的城乡社会结构转换期,区域之间乡村社会的发展差异导致农民生产、就业方式等差异突出。农业现代化整体发展水平能否直接影响农业劳动人口需求的变化?农业现代化区域发展的不均衡性和差异性,为研究提供了样本检验的可能,笔者拟从面板或截面水平定量研究"农业现代化发展影响乡村居民就业的构成"命题是否成立。

作为系统阐释人口迁移的推—拉理论(Bogue,1959)对理解农民就业多样化具有一定的辅助作用。简单来讲,就是强调农业现代化水平提高对农业劳动力释放的推力作用,以及城镇化、工业化带来的较高工资率和多元化的就业岗位对农村劳动力非农就业的拉力作用(邵明伟,2015)。以此为基础构建经验模型,得出:在农业现代化水平较高的地方,农村中非农产业就业人口比重越大,从事农业劳动人口就越少的结论。

1. 研究对象

研究分别取江苏、湖北以及重庆三个省市的 30 个代表区县的农业现代化发展水平、劳动生产率、土地综合产出率以及乡村居民就业结构等作为研究对象。

东部江苏省的样本区县为:南京市的江宁区、溧水区和无锡市的江阴市、宜兴市等苏南地区的 4 个县市;扬州市的邗江区、高邮市等苏中地区的 2 个县市;盐城市的建湖县、亭湖区和徐州市的丰县、铜山区和睢宁县等苏北地区的 5 个县市区共 11 个县市。

中部湖北省的样本区县为:武汉市的黄陂县、江夏区等特大城市周边的 2 个区县;襄阳市的襄城区、襄州区、枣阳市和宜昌市的夷陵区、枝江市等大城市地区的 5 个区市;黄冈市的黄梅县、麻城市等 2

个山区县市；荆门市的沙洋县、钟祥市和荆州市的洪湖市、监利县等江汉平原地区的 4 个县市共 13 个县市区。

西部重庆市的样本区县为：万州区、江津区、合川区、綦江区、大足区和武隆县等 6 个区县。

2. 数据来源及研究方法

研究拟从计量分析、案例分析以及调查、统计描述等不同方法或手段，以农业现代化发展水平为基础，分别取 30 个样本县市区在 21 世纪以来，即 2000 年、2003 年、2006 年、2009 年及 2013 年这五个年度的农业机械化、农业电气化、农业水利化、农业规模化及农产品商品化等反映农业现代化水平的相关数据作为样本，建立固定效应面板模型，借助 stata 14.0 软件，对乡村居民就业结构与农业现代化发展水平相关性进行回归分析，逐步对假设命题进行定量检验。

其中，因变量为从事农业产业的人口数量与农村从业人口总数之比（NOAAEMPP），反映乡村居民就业结构变化（农业从业人员的相对数量）；解释变量主要为反映农业现代化水平的农业生产机械化程度（AMEC），通过农业劳动力人均农机动力取得；农业生产电气化程度（AELE），通过农业劳动力人均农村生产用电量取得；农业生产水利化程度（AIRR），通过农田旱涝保收率取得；农业生产规模化程度（ASCA），通过农业劳动力人均耕地面积计算；农业生产市场化程度（AMAR），通过农产品的商品化程度反映。控制变量主要包括：反映不同地区农业劳动力的人均农业增加值水平的农业劳动生产率（ALABP），反映不同地区农业播种面积与粮食产量水平的农业土地生产率（ALANP）。

研究数据主要来源于 2001 年、2004 年、2007 年、2010 年和 2014 年江苏省、湖北省农村统计年鉴及重庆市统计年鉴，其中重庆市部分残缺数据通过各区县相应年份统计公报或采取相应的方法简单计算后补齐。（各面板县市区的年度基础数据一览表，见附录 1）

3. 变量统计性描述

主要指标表示及分年度统计性描述见下表（表 4 - 16）。以 2013 年为例，乡村居民非农产业就业数量与农业产业就业数量之比，江苏省江阴市最高,达到了 5.91,即江阴市乡村从业人员中只有 14.5%的人员从事农业生产,绝大部分乡村人口已经脱离了农业生产产业,要么进城进镇居住,完全从事与农业无关的工商服务业;或者居住于乡村,从事涉农的销售、流通或服务行业。同时期,重庆市大足区乡村居民非农产业就业与农业产业就业数量之比最低仅为 0.27,两者相差了 20 余倍,即大足区从事农业产业的人员占乡村从业人员的比例达到 78.5%。其标准差约为 1.08,差异不是特别显著。对于反映两地农业现代化水平的农业电气化、农业规模化以及农业机械化水平分别约为 32.51、13.60、4.79 和 0.11、3.25、1.64,两者之间农业现代化水平的差距较为显著地反映了东部平原农业地区与中西部山区、丘陵地区乡村居民非农就业结构的差距。

其他年份不一一描述。

表 4 - 16    2013 年各变量统计性描述

| Variable | Obs | Mean | Std. Dev. | Min | Max |
| --- | --- | --- | --- | --- | --- |
| NOAAEMPP | 30 | 1.98716 | 1.077313 | 0.2741164 | 5.908289 |
| AMEC | 30 | 4.914018 | 2.936535 | 1.251829 | 11.15914 |
| AELE | 30 | 1.685628 | 6.056331 | 0.0312349 | 32.51103 |
| AIRR | 30 | 29.94081 | 16.56723 | 0.0976784 | 50.39568 |
| ASCA | 30 | 7.977918 | 3.714683 | 3.141438 | 16.60606 |

注:Variable 变量名,Obs 样本数量,Mean 均值,Std. Dev. 标准差,Min 最小值,Max 最大值(下同,不再一一注明)

综合 30 个样本区县城市的 2000 年至 2013 年五个年度 150 个变量汇总情况,乡村居民非农产业就业数量与农业产业就业数量之比最高的是 2009 年的江苏省邗江区,达到了 6.51,即该区当年乡村从业人员中只有 13.3% 的人员从事农业生产,绝大部分乡村人口已经脱离了农业生产,要么进城进镇居住,完全从事与农业无关的工商服务业;或者居住于乡村,从事涉农的销售、流通或服务行业。21 世纪以来,重庆市江津区乡村居民非农产业就业与农业产业就业数量之比最低仅为0.13,两者相差了足足50余倍,即江津区从事农业产业的人员占乡村从业人员的比例达到88.5%。其标准差为1.14,差异不是特别显著。

就农业机械化水平来讲,最高的是2013年荆门钟祥市的农业机械化水平达到了11.15,而2000年重庆市江津区的农业机械化利用水平最低,仅为0.26,两者相差同样达到43倍。其标准差为2.29,呈现一定的离散性;农业电气化水平最高的则是2013年江苏省无锡市的江阴市,达到了32.5,最低的则是2000年重庆市的万州区(县),仅为0.008。两者的标准差为3.4,相对离散性较大;农业水利化改造水平最高的是2000年江苏北部盐城市的亭湖区,为58.36%,最低的是2003年重庆市綦江区,为11.73%。标准差为13.3,呈现巨大的离散性;规模化种植水平最高的是2013年江苏省南京市溧水区,规模化种植程度达到了16.61,最低的则是2000年重庆市的万州区(县),为1.11。标准差为3.06,呈现较大的离散性。

表4-17　2000至2013年五个年度各变量汇总统计性描述

| Variable | Obs | Mean | Std. Dev. | Min | Max |
| --- | --- | --- | --- | --- | --- |
| NOAAEMPP | 150 | 1.332545 | 1.144857 | 0.126582 | 6.512987 |
| AMEC | 150 | 3.0339 | 2.285723 | 0.258732 | 11.15914 |
| AELE | 150 | 0.8306098 | 3.409409 | 0.0084693 | 32.51103 |
| AIRR | 150 | 31.53608 | 13.32247 | 11.72869 | 58.36139 |
| ASCA | 150 | 6.248748 | 3.061444 | 1.111048 | 16.60606 |

从表4-17各变量的综合表现来看,东部平原农业地区的农业现代化指数总体较高,除农业机械化水平最高值为湖北省钟祥市外(这与钟祥市地处湖北省中部江汉平原地区有关,农业机械化程度偏高),衡量农业现代化水平的水利化、电气化和规模化等主要指标最高值均出现在江苏省的区县;而相应的最低水平则多为西部地区的重庆市所

辖区县。这体现了农业现代化发展水平与地区经济发展水平具有较强的正相关性。

通过对各控制变量与因变量的相关性检验（表4-18），结果显示，农业现代化的众多要素均与农民的就业结构成正相关，平原农业地区两者的相关性更加显著。其中，农业规模化与乡村居民非农产业就业结构的相关系数最高，达到 0.6478；其次是农业电气化与乡村居民非农就业结构的相关系数为 0.6286；农业机械化与乡村居民非农就业结构的相关系数为 0.5755；农业水利化与乡村居民非农就业结构的相关系数为 0.3803。

表4-18　　　　　　　　　Person 相关性检验

| | NOAAEMPP | AMEC | AELE | AIRR | ASCA |
|---|---|---|---|---|---|
| NOAAEMPP | 1.0000 | | | | |
| AMEC | 0.5755 | 1.0000 | | | |
| AELE | 0.6286 | 0.1681 | 1.0000 | | |
| AIRR | 0.3803 | 0.3678 | 0.1948 | 1.0000 | |
| ASCA | 0.6478 | 0.7348 | 0.3103 | 0.3342 | 1.0000 |

4. 面板模型

基于此，构建关于各地区农民非农产业就业数量与农业产业就业数量之比的实证模型：

$$NOAAEMPP_{it} = \beta_0 + \beta_1 AMEC_{it} + \beta_2 AELE_{it} + \beta_3 AIRR_{i,t} + \beta_4 ASCA_{i,t} + \beta_5 X_{i,t} + \alpha_i + u_{i,t}$$

其中，$\alpha_i$ 表示地区的固定效应；$u_{i,t}$ 是误差项，i 表示不同地区的观测样本，t 表示时间年份。采用 stata14.0 软件，通过 Hausman 检验拒绝原假设，逐步进行固定效应模型估计，具体结果如下。

5. 回归结果

其中，Constant 是常数项，Fixed Effect 表示固定效应，Observations 是样本数量，Groups 是组数（地区数），R-squared 是模型的拟

合度，表示该模型能在74.1%程度上解释非农就业结构的变化，F-Statistics是对模型是否为真进行的检验，大于临界值就表明拒绝模型不为真的假设，p值是接受模型不为真的假设的概率，越小越好。

从回归结果来看（表4-19），模型（1）检验农业机械化、农业电气化、农业水利化和农业规模化对农民非农就业结构的影响，结果

表4-19　　　　　　FE模型逐步回归结果及其稳健性

| NOAAEMPP | （1） | （2） | （3） | （4） |
| --- | --- | --- | --- | --- |
| AMEC | 0.135 | 0.108*** | 0.126*** | 0.105*** |
|  | (0.0264) | (0.0299) | (0.0268) | (0.0299) |
| AELE | 0.0545*** | 0.0505*** | 0.0533*** | 0.0503*** |
|  | (0.0156) | (0.0156) | (0.0155) | (0.0156) |
| AIRR | 0.00793* | 0.00873** | 0.00872** | 0.00920** |
|  | (0.00434) | (0.00431) | (0.00433) | (0.00432) |
| ASCA | 0.167*** | 0.161*** | 0.168*** | 0.162*** |
|  | (0.0250) | (0.0249) | (0.0248) | (0.0249) |
| ALABP |  | 0.176* |  | 0.146 |
|  |  | (0.0944) |  | (0.0971) |
| ALANP |  |  | 0.00104 | 0.000802 |
|  |  |  | (0.000628) | (0.000644) |
| Constant | -0.418** | -0.454** | -0.843*** | -0.775** |
|  | (0.190) | (0.189) | (0.318) | (0.320) |
| Fixed Effect | Yes | Yes | Yes | Yes |
| Observations Groups | 150 30 | 150 30 | 150 30 | 150 30 |
| R-squared | 0.741 | 0.749 | 0.747 | 0.752 |
| F-Statistics p | 82.98 0.0000 | 68.50 0.0000 | 67.94 0.0000 | 57.61 0.0000 |

注：由Stata 14.0结果整理，括号里数字为标准误，*、**、***分别表示在10%、5%、1%的程度上显著。（下同）

表明农业机械化、农业电气化、农业水利化和农业规模化对农民非农就业结构都有正效应，并且显著，即农业机械化、农业电气化、农业水利化和农业规模化程度越高，农民非农就业比例越大。模型（2）加入了控制变量农业劳动生产率，对农民非农就业结构有正效应。模型（3）加入了控制变量土地综合生产率，对农民非农就业结构有正效应。模型（4）同时加入农业劳动生产率和土地综合生产率这两个控制变量，对农民非农就业结构仍然具有正效应。

从以上定量研究的结果来看，尽管不同区域由于经济社会发展水平的差异，导致农业现代化发展水平存在一定的差异，但在整体上，农业现代化发展与农民就业结构具有强烈的正相关性。具体到不同地区的不同农业现代化水平，其对农民就业结构的影响程度存在一定的差异性。结果显示，农业现代化水平越高，其农民的非农就业率就越高。从区域分布特征来看，东部平原农业地区的农业现代化发展对农民非农就业的影响更加显著。

## 第四节　农业运营市场化对乡村人际关系网络的影响

### 一　"社会化小农"松绑传统家族关系惯性

农业产业化运作推动传统农业生产向两端延伸，农业生产的产前、产中、产后各个环节与市场关系日益密切，传统的封闭式小农经济模式逐步走向衰落。农业现代化发展改变了乡村社会的局面，交通信息的发达、市场经济的渗透、高频率和跨区域的人口流动、教育的变迁以及国家赋予公民平等的权利……马克思笔下"使人的头脑局限在极小的范围内，成为迷信的驯服工具，成为传统规则的奴隶，表现不出任何伟大和任何历史首创精神"的小农经济局面彻底改变。

作为农业生产关系中的关键要素——农民，也随着小农经济模式的改变经历着身份的转变，他们不再是传统意义上"分散、孤立、封闭"的自耕农。在家庭联产承包责任制的框架体系下，虽然他们仍旧仅仅拥有"一亩三分地"的土地承包权和经营权，但是被农业现代化的洪流卷入一个开放的、动态的社会化体系中的他们，与既往传统的封闭小农经济形态相距甚远，生产方式、生活方式以及交往行为都进入了全新的"社会化小农阶段"（徐勇，2006）。

1. 生产条件外部化加快自耕农体系瓦解

农业生产条件外部化的程度越来越高，在现代化大生产框架下的"社会化小农"，在自由参与市场化的农业生产过程中，对以市场化方式进行的外部条件产生了极大的依存度。外部条件的市场性决定了农业生产资料的价格受市场机制和供需关系影响，农民相对弱小的购买力决定了其获得外部条件的购买能力有限。同时，农业生产相对低廉的回报率也推动着农业劳动力放弃传统的"自耕农"身份，转而走向城镇务工或参与合作化的现代农业生产组织方式。然而外部条件的现代化与农民自我生产能力未能实现同步增长，一方面，外出务工经商进一步使留守农民自我生产能力恶化；另一方面，外出务工经商回流的资金，受到农业生产回报率低下的影响，较少投入家庭农业再生产中，导致农业生产购买力进一步下降，乡村社会农民弃耕现象普遍发生。另一部分参与合作化经营的农民则逐渐成为乡村市场的主体，或以农业大户，或以成立农业公司，或以组建专业合作社等形式深度参与到社会交往中，在高度流动、开放及分化的社会体系中，这部分农民生产生活与大生产的乡村社会全方位接轨。在传统农业生产关系中维系并壮大的以血缘、亲缘为基础的家族关系在"脱农化"的社会化小农中逐渐松绑。

2. 交往范围扩大弱化乡土人情味

传统的小农经济社会，农民之间基于农业合作生产建立起较强的集体行动能力。现代化大生产推动农民交往方式社会化，社会化服务体系的建构打破了乡村社会原有的"文化边界""经济边界"，"陌生人社会"逐步代替了传统的"熟人社会"。维系农民社会关系的不再是传统的集市和庙会，市场法则成为农民交往的纽带；农产品是通过专业市场而不是乡村集市输出到更高层次的市场；农民生活不再日出而作、日落而息，向城市居民生活方式看齐的农民生活丰富多彩，多元而个性。乡村社会的"集仍赶，庙还在，只是朱颜改"，社会化小农通过自己的行动赋予传统的文化因素以现代性的实践和意义。徐勇（2006）等指出，农村不再以村落熟人社会中的"人情礼俗"等作为行动准则，被高度社会化、将货币收入最大化作为行为与动机的社会化小农，利益是他们社会关系行动的主要标准。再者，传统小农以获得食物产品为目的；而社会化小农则以现金收入为目的，后者的稳定性更弱，不确定因素更多，承受的社会风险更大。高风险带来高回报的同时，也让基于血缘、亲缘维系的农民关系日益松散而难以为继，农民在松散的社会关系网络中加速流动。

## 二 "陌生人社会"嵌入弱化农民故土情结

成熟的农村市场体系触角伸向了乡村社会的每一个角落。从市场结构看，传统的基层市场日渐萧条，农产品逐步纳入现代商品经济的流通轨道（张红，2014）；从市场性质看，基于邻里、地缘关系的交易对象被组织化的社会关系所取代，陌生人市场逐步取代熟人市场；从市场主体看，现代农业大生产方式要求农民要接受专业培训，向农业科技人员咨询，与技术能手交流经验，与运输销售分享利润溢出……这些现代化的发展方式促使乡村社会关系更加开放的同时，也将农民抛向了一个变幻莫测、风险不可预知的市场中。

1. "陌生人"构筑新的社会流动网络

乡村社会中初级血缘邻里互惠关系在利益的交往中日趋下降，而次级业缘互利关系的重要性显著提升。农民倾向于工具理性的"互利之交"来替代传统的以亲缘、人情为基础的、人伦价值理性的"礼仪之交"。这显现出乡村社会内部的交往在"家庭成员间—亲戚朋友间—与陌生人间"的演化趋势，农村社会由邻里亲朋关系维系的"熟人社会"向商品经济和科层制管理的"陌生人社会"转向。只是原有的"熟人社会不再熟悉"、原有的村落共同体边界被市场化的农业经营体系分化，外来的打工者、婚姻嫁娶的出入、科教兴农的志愿者、涉农产品的交易员成为村庄的常客，只是熟悉的村庄环境和面孔变得不再熟悉；"陌生人社会则不再生疏"，朋友圈和资源层因业缘关系而出现波动，农资服务者、推销员、农业雇工等以往村庄的过客，如同乡村社会的"快递员"穿梭于不同的乡村经济社会空间内，服务于农业生产和农民生活。对于现代农业生产影响下的乡村社会，他们不再是陌生人，而是与原住民一起共同营造了一个流动的网络边界。

社会服务体系下专业化劳动分工带动的乡村市场深层次影响着农民的阶层分化，这种流变的社会机制更加促使一个开放的社会结构和社会关系的出现，乡村社会原有的社会边界[①]逐渐溶解（李培林，2004），基于传统情感价值理性的家族社会关系在追逐利益的游戏中将逐步被以劳动分工、生产关系、阶层分化为机制，以工具理性为支撑的新型业缘关系所替代；乡村社会内传统的家族、地缘关系逐步被雇用、从属的社会关系所替代。

2. 市场导向的乡村社会关系形成

笔者在苏南某镇开展了基于农民生产生活中社会关系网络变迁的社会调查，发放了300份关于"生产生活中遇到困难的解决途径"问卷，收回有效问卷226份。通过调查农业现代化条件下，农民生产经营中遇到困难时的求助对象，来分析乡村社会关系网络的变迁（表4-20）。

数据分析显示：当村民生活中遇到困难时，以自己解决为主，找亲戚帮忙次之，邻里互助及朋友关系再次，找村组干部协调的人数最少。可见，在生活领域中，以"己"为中心的亲戚、邻里及外人为构架形成的传统"差序格局"依然清晰可见，由"自己人"为中心形成的圈层逐步向外推及的波纹并没有随着农业现代化的发展而消退，熟人社会关系的轮廓依然可见。

当农民生产用工遇到困难时，则主要是以出钱雇工解决为主，占到了近七成；自己解决和邻里互助次之，充分说明了基于传统乡土社会关系网络的换工互助逐渐式微，丧失了其存在的社会基础。如闫云

---

① 李培林将一个完整的村落共同体分为五个边界：行政边界，基于权利自治或国家权力下乡的管理体系；自然边界，基于土地权属的地域范围；社会边界，基于血缘、地缘关系的社会关系圈子；经济边界，基于经济活动和财产权利的网络和疆域；文化边界，基于共同价值体系的心理和社会认同。引自李培林《村落的终结：羊城村的故事》，商务印书馆2004年版，第39页。

翔（2000）所说："村民之间的生产交换以货币作为交换媒介时，所付出的物品或劳动就有了价格，即可以像商品的价值那样定量来判定。因此，村庄内部的生产交换在属性上讲就是市场交换，村民们交换的是商品，而不是义务或礼物。"

表4-20　　　　农民生产生活中遇到困难调查表　　　　（单位:%）

| 困难类型 | 生活困难 | | 用工困难 | | 技术/资金困难 | |
| --- | --- | --- | --- | --- | --- | --- |
| 求助对象 | 数量 | 百分比 | 数量 | 百分比 | 数量 | 百分比 |
| 自己解决 | 117 | 51.77 | 27 | 11.95 | 10 | 4.42 |
| 邻居互助 | 25 | 11.06 | 19 | 8.41 | 12 | 5.31 |
| 亲戚帮忙 | 53 | 23.45 | 12 | 5.31 | 21 | 9.29 |
| 村组干部协调 | 4 | 1.77 | 2 | 0.88 | 5 | 2.21 |
| 朋友关系 | 19 | 8.41 | 13 | 5.75 | 15 | 6.64 |
| 出钱雇工 | — | — | 153 | 67.70 | — | — |
| 请农业技术人员帮助 | — | — | — | — | 161 | 71.24 |
| 其他 | 8 | 3.54 | | | 2 | 0.89 |
| 合计 | 226 | 100 | 226 | 100 | 226 | 100 |

资料来源：笔者根据社会调查统计。

当遇到生产资金或技术方面的困难时，则会自觉地向农业技术人员寻求技术上的解决之道；资金上则以亲戚朋友的临时帮助为主，通常作为周转资金用途，很快就可以还上。在生产领域，除了当事人自己，作为技术人员的"陌生人"与作为亲戚朋友的"熟悉人"都发挥了重要的作用，可见，农业现代化发展逐渐打破了原有的社会关系格局，虽然熟人关系在生产领域中依然发挥着作用，但是以业缘关系为基础的社会关系正逐步由生产领域向乡村社会生活中嵌入。

同时，还有一个特别值得注意的事项，在三类调查中，作为曾经掌握乡村社会事务管理权和乡村居民生产生活资料统筹分配的"村组干部"集体失语,使这个群体在乡村社会关系网络中处于极其尴尬的地位,无论村民在生活领域,还是生产领域的用工、技术和资金遇到困难,都没有把当年的"救世主"作为首选对象,一方面体现了乡村社会管理组织的涣散,乡镇特别是村委会管理职能的缺位和失位,需要在新的社会生产关系中及时作出完善和调整;另一方面,也反映了在农业现代化推进下的乡村社会中,市场性正成为乡村社会交往的准则,乡村社会关系格局将重新洗牌,社会关系网络将面临重组。

以上调查数据说明,以现代农业生产为依托的乡村公共服务——合作组织和专业分工的发展,日益促使农村社会按照现代规则来运转(张红,2014):注重血缘、地缘关系的"差序格局"已经退缩到日常生活领域,业缘关系全面主导职业生活领域。而随着"社会化小农"自身发展的成熟,乡村居民日常生活中的相互交往也将呈现以利益支配为主导,乡村社会以血缘、亲缘和地缘关系构筑的亲属关系格局将进入扁平化重组,工具理性成为乡村居民生产、生活和日常交往的"主旋律"。

基于工具理性构建的新型乡村社会关系是以市场为导向,以提高劳动生产率为宗旨,以提高农民收入水平和改善乡村社会生态环境为目标,形成以雇用、从属的劳动关系为主导的乡村社会关系网络。这种新型的就业结构和社会关系网络将直接导致传统的以同宗同姓聚集的空间居住模式的解体,农民的乡村故土情结在工具理性主导的"陌生人社会"中难以维系,逐渐成为记忆中远去的"乡愁",也不再是乡村人口面临多元化的就业机会时自由迁徙的牵绊。

### 三 土地流转加速社会阶层断裂与失衡

在城镇化拉动和农业现代化推动下,农民家庭经营的格局在人口流动作用的波及下发生了结构性的变化,老人、妇女等留守人口成为农业生产的主要劳动力。这为农业实施规模化经营和产业化发展营造了现实语境,大面积连片经营的机械化雇工农场模式既可以有效解决"留守农业"生产效率低下问题,同时规模化、机械化农场经营又可以进一步释放劳动力、水利设施、农业机械等生产要素的效率,推动土地流转，以实现农业规模化和集约化经营。

1. 乡村中间群体断层

市场经济体制下的土地流转将农村的土地、劳动力以及社会关系全盘推向市场化方向发展，农场和农民家庭都深深地嵌入商品化关系之中，因而这种土地流转不再受到农民亲属的社会关系制约，而是作为一种生产要素的商品在政府干预下的农村市场中进行交易。因此，当以土地流转为契机的农业现代化体系再造了新型的农业生产形式时，之前逻辑自洽的小农体系解体，传统的小农自然过渡进入前文所说的社会化小农阶段。

而土地流转所推动的规模经营运动在助推了农业现代化发展水平的同时，也挤垮了农村内处于社会结构中间阶层的"中农"群体——依靠乡村传统社会关系获取土地的主要务农群体，由于农业规模经营而失去了围绕土地的生计来源。这个中间群体包括了部分兼业化农户的生计，如养鱼兼种地、种菜，或者小规模家禽养殖兼务农的农户；乡村里出卖"机械化"服务（替其他小农整田、收割）兼带种田的"农机手"，农业现代化后被以资本为主体的农机合作社所挤垮而失业。他们无论是从就业方式、经济收入，还是乡村的人情网络及社会资本来说，都属于乡村社会结构当中的"中间阶层"。

2. 基层市场主体消失

伴随乡村中间群体阶层消失的，还有大部分的为小农体系服务而活跃在基层市场中的"小商小贩"，也同样面临着被土地流转带来的"连带效应"所淘汰的命运。比如集市上为小农日常生活提供服务的诸多小商小贩，早餐摊、快餐店、日用品百货店、农资经销店以及农贸市场等，皆因为土地流转后，人口的大量外出，货币化压力下老年农民消费能力的降低而失去"生意"和"客户"，最终日渐衰落。乡村集市，即基层市场的个体户以及一些游走在乡村的小商小贩，本都属于小农体系范畴内的成员，依靠小农体系的运行谋得生计。但是随着土地流转，原本依靠小农的市场服务维生的基层市场主体，随着小农户一起消失，即依靠小农生产体系的农村基层市场随着现代农业生产体系的变革日渐消失。

土地流转直接推动乡村社会生产方式由传统的小农经济模式向现代化的规模化生产转变，其触动的根基则是由农业转型带来的整个乡村社会体系的变革——乡村"中间阶层"和基层市场主体的逐步消失带来了乡村社会结构的重塑，即传统自耕农体系的瓦解和乡村社会阶层的断裂，社会阶层的断裂又推动乡村人口进一步向更具活力、更加集聚的城镇空间转移，乡村也在这个流变的社会关系网络中变成了少数精英农场主和进城务工的"半无产化"农民阶层聚集地。（图4-22）

## 第五节　农民公共服务需求提升对乡村人口迁移的影响

农业现代化的发展推动乡村农业人口的就业分化，新型职业农民的出现和农民就业向非农产业的转移，极大地拓展了农民收入渠道。笔者在苏南某农业现代化水平较高的农村调查数据显示，在53户受访农户中，有30户家庭的收入主要来自于打工，农业收入在其家庭收入构成中的比例已微乎其微；8户农业大户承包了农村的大部分流转土地，他们的家庭收入以农业产业的规模化经营为主；另有不到1/3的农户以纯农业收入为主。

农民收入多元化发展有效推动了农民生活水平的提升。据笔者对苏南农业现代化水平较高的农村地区抽样调查，47.27%的农民家庭收入已在5万元以上（图4-23、表4-21）。在农村劳动力出现相对剩余的状况下，农民有了充足的闲暇来追求高品质的生活质量，农民对身心健康、教育和公共卫生、休闲娱乐等品质化的公共服务设施水平将更加重视，这就要求农村能够提供更高水平的基本公共服务来满足农民日益增长的公共服务需求。而乡村社会均质性的内在特质在提供基本公共服务均等化基础上，难以提供差异化、层次化和高品质化的公共服务，日益增长的物质文化需求与落后的公共服务水平供给矛盾，成为乡村人口迁移流动的内生动力。

第四章 农业现代化对乡村人口流动的影响分析

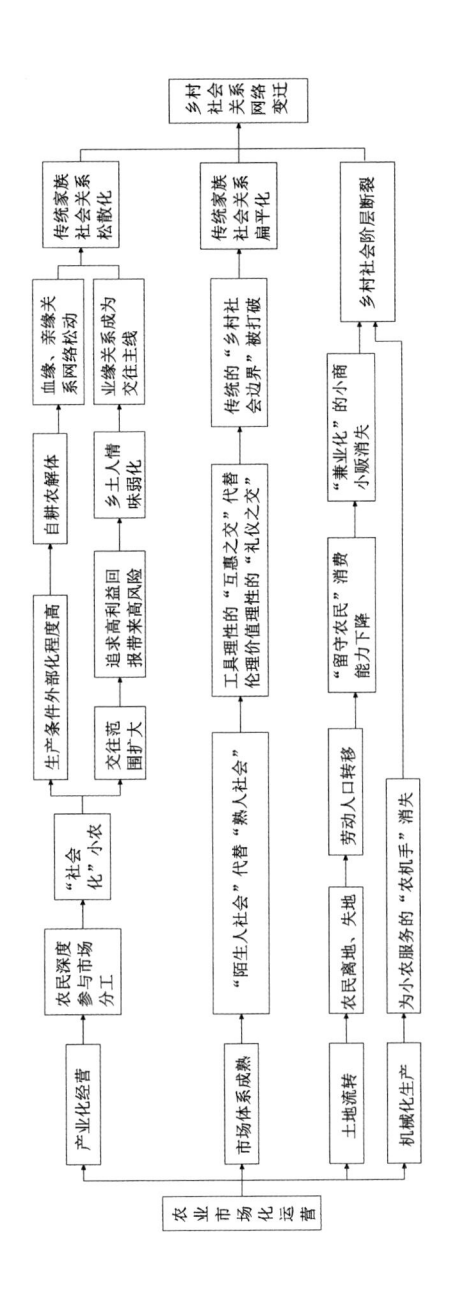

图 4-22 农业运营市场化与乡村居民人际关系影响的演化分析

图片来源：笔者自绘。

183

◆ 乡村居住空间重组研究 ◆

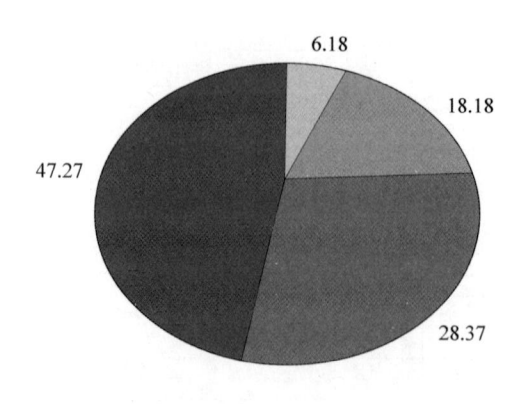

图 4-23　农民家庭收入基本情况分析（%）

图片来源：笔者自绘。

表 4-21　　　　农民家庭收入基本情况一览表　　（单位：元；%；户）

| 收入区间 | 低于1万 | 1万—3万 | 3万—5万 | 5万以上 | 总计 |
| --- | --- | --- | --- | --- | --- |
| 户数 | 17 | 50 | 78 | 130 | 275 |
| 占比 | 6.18 | 18.18 | 28.37 | 47.27 | 100 |

资料来源：笔者根据调研数据整理。

## 一　高质量的文化教育设施需求引导人口规模集中

从村庄社会调查的实践来看，农民进城落户的最大动力是生活质量的提升，而对子女教育的重视则排在了所有公共服务需求的首位。调查数据显示（图4-24、表4-22），当前村庄空心化、村落空洞化现象普遍出现，一方面是农业现代化发展提高农业劳动生产率，从而推动农村剩余劳动力向城镇空间就业转移；另一方面，则是由于实现就业转移的群体在收入水平提升的同时，将年轻的子女一并转移至城市，享受良好的教育和文化知识，使得村庄成为"老人"的村庄，从而丧失了村庄的活力。

第四章 农业现代化对乡村人口流动的影响分析

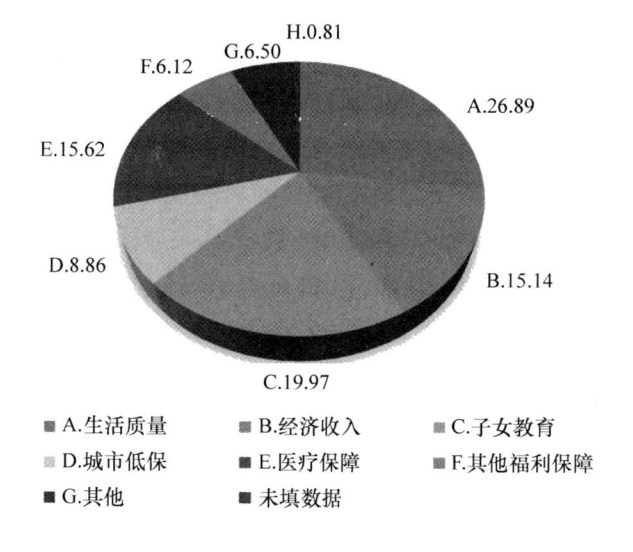

饼图数据：
- A.生活质量 26.89
- B.经济收入 15.14
- C.子女教育 19.97
- D.城市低保 8.86
- E.医疗保障 15.62
- F.其他福利保障 6.12
- G.其他 6.50
- H.未填数据 0.81

图4-24 农民进城落户动力分析（%）

表4-22　　　　　农民进城落户动力调查　　　　（单位：户；%）

| | A.生活质量 | B.经济收入 | C.子女教育 | D.城市低保 | E.医疗保障 | F.其他福利保障 | G.其他 | H.未填数据 | 总计 |
|---|---|---|---|---|---|---|---|---|---|
| 数量 | 167 | 94 | 124 | 55 | 97 | 38 | 41 | 5 | 621 |
| 占比 | 26.89 | 15.14 | 19.97 | 8.86 | 15.62 | 6.12 | 6.50 | 0.81 | 100.00 |

资料来源：笔者根据调研数据整理。

乡村文化设施建设的滞后性则加快了乡村衰败的步伐。调研数据显示，大部分村庄的文化设施是简陋的祠堂和土地庙，成为村民精神寄托的同时，也是举办公共活动的场所。而文化活动室、村民书屋、戏台等文化设施则是一些规模相对较大的村庄所独享的"奢侈品"。

正是进城农民意识到文化教育对下一代"跳出农门"的巨大作用和乡村文化设施的不足，使得乡村人口开始向拥有高质量文化教育设施的城镇空间规模化集中。而暂时留守的农民则根据文化服务及教育的需求，渐次向服务质量更高、设施配套更加健全完善的中心社区乃

185

至城镇集中。只有乡土情结浓厚而故土难离的老人们,选择坚守在原有村庄,简陋的祠堂和土地庙以及日渐衰败的乡村老屋成为留守的老一辈人的心中慰藉。

### 二 高水平的医疗卫生服务需求推动人口向心集聚

农民对公共服务需求的提升另一个重要体现在医疗卫生服务方面。针对目前农村公共服务水平的现状条件下,农村仍有哪些方面需要提升的访谈中(图4-25),90%的受访村民认为村内公共设施水平没能与农业生产条件同步提升,有待进一步优化。其中,有近50%的村民(25户)提出迫切需要完善村庄卫生服务中心设施建设,反映出农业现代化生产在改变乡村生产生活空间面貌的同时,其内在的医疗卫生等公共服务供给未能得到有效改善。而对于老龄化和空心化日趋严重的乡村社会,高水平的医疗卫生服务要求则成为留守农民首要解决的问题。

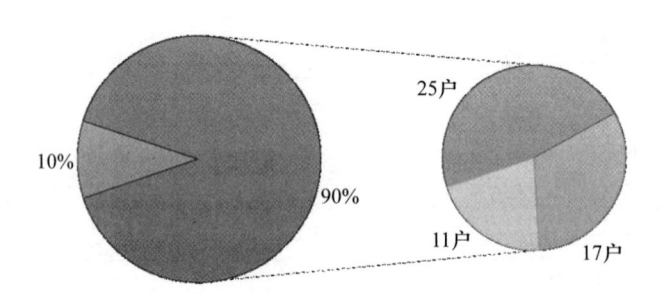

**图4-25 农民对公共服务供给的需求分析**

图片来源:笔者自绘。

一方面,留守农民对提升乡村地区医疗卫生服务水平的迫切需求,印证了乡村人口对高水平医疗服务的需求;另一方面,随着乡村劳动力就业的非农化转移,过去设置在行政村的诊所也随着日益空心化的乡村社会而逐渐退出乡村历史舞台。在需求旺盛的拉动和供给缺失的推动下,乡村人口向更高层级的居民点集中的趋势在所难免,一些高层级的中心社区、新市镇乃至城市成为乡村人口迁移的目的地，而农民经济水平及需求度的高低成为其流动目的地的主要外部因素。

在人口集聚达到一定规模的中心社区，通常设置有卫生服务站，为社区农民提供日常基本医疗和卫生服务需求；而在人口聚集密度相对较高的新市镇，则有卫生服务中心，为集镇及周边的居民提供应急性的医疗服务和基本的保健、卫生等服务功能，相对完备的医疗服务功能成为吸引乡村居民集中居住的重要条件；对于具有特殊医疗服务需求的群体，在便捷和特殊的医疗服务需求导向下，则多选择进入具有高水平医疗服务的城镇空间居住。不同需求的人群在差异化的选择需求导向下，呈现乡村中心社区、新市镇和城市向心集聚的态势。

### 三 多层次的休闲娱乐设施需求吸引人口差异化集中

范红忠（2014）指出城乡社会发展通常包含三个阶段，分别是产品质量提升阶段、人居环境改善阶段和闲暇增多阶段。对乡村社会空间而言，产品质量提升阶段中的"提升"，指的是农业生产规模化和科技化带来的农产品质量的提升，农民收入增加带来的生活质量的提升；而人居环境改善阶段，则是当前以乡村环境改造为主线、乡村特色产业打造的美丽乡村建设阶段；未来农业现代化发展推动农业生产效率大幅提升和农民收入增长，乡村居民将进入享受闲暇生活的品质全面提升阶段。

高层次的休闲娱乐设施需求是城乡居民生活的共同追求，乡村社会空间分散性的内在特质决定了难以形成休闲娱乐设施所必备的聚集规模效应，传统的娱乐休闲在分散化的乡村空间内难以找到生存的土壤，不同层次、不同等级的休闲娱乐服务成为不同人群追求的目标，在层次化的需求目标导向下，乡村人口开始呈现差异化集中流动。憧憬高档次娱乐休闲设施的人群将难以阻挡地向具备完善服务功能的城镇集中居住；追求一般娱乐休闲的人群则在城市边缘或城镇空间集中居住；农村新社区所提供的最基本的文娱服务则吸引乡村居民就近迁移居住。总体来讲，层次化的休闲娱乐服务需求吸引了乡村人口差异化集中。（图4-26）

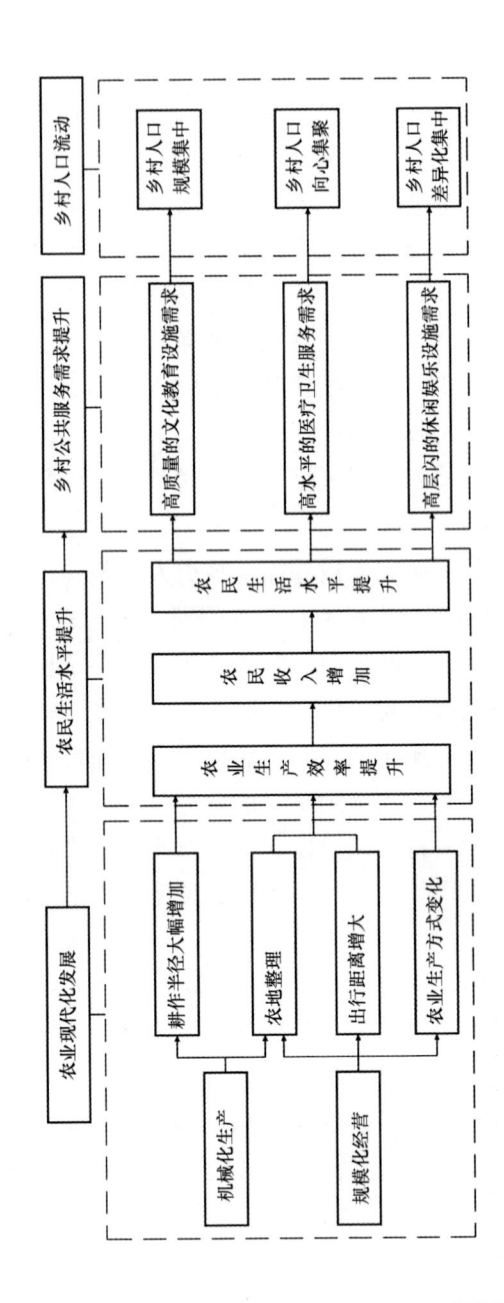

图 4-26 农民公共服务需求提升对乡村人口迁移的影响分析

图片来源：笔者自绘。

## 第六节　综合影响下的乡村人口迁移特征

根据城乡二元经济结构理论，农村剩余劳动力在城乡间自由流动，是农村人口增长率、农业技术进步率、工业部门资本存量的增长率等众多因素共轭的结果，而农业技术进步恰恰是农业现代化发展的最显著特征。因此，农业现代化发展是驱动乡村人口分化、乡村就业人口"农转非"的重要因素；反之，乡村人口的就业流动也是农业现代化发展在乡村社会内的空间映射。

### 一　乡村人口向城镇空间流动

1. 劳动力需求减少推动乡村人口梯度转移

随着农业生产技术的革新，农业生产率将不断提高，以持续释放农村剩余劳动力。农村劳动力需求的减少必然造成劳动力从农业部门向非农业部门转移，农民工作变化和劳动力的区域流动成为"不可克服的自然规律"。马克思认为，农业劳动力转移既是近代工业发展的前提条件，也是城镇化发展的人力资源保障。工业化与城镇化的发展又通过技术支持和资本输出的方式带动农业现代化发展，农业现代化发展又进一步释放农村劳动力，推动劳动力持续不断地向城镇空间转移。

农业生产规模化发展使得土地利用的集约化成为可能，劳动力和土地要素在现代化的生产方式中实现重新配置。劳动力在集约化和规模化的生产经营中，实现了与土地的分离，农业生产效率提升所"溢出"的农村剩余劳动力需要寻找新的就业机会和生存空间，从而推动农村富余劳动力向城镇空间梯度转移（图4-27）。

苏南某农业现代化水平较高的农村地区，在科学的土地政策和镇村两级有关机构的有效领导下，90%的村庄农业用地实现了流转。通常村委会在政府的指导下，以一定的价格（通常是每亩土地600元至700元）将分散在农户家中的土地统一集中至村集体。村集体再将集中的土地承包权统一"挂牌"，根据耕地的区位条件、土壤情况等资源禀赋差异,将耕地划分成面积不等的若干地块,以竞价的方式(通常起步价在750元左右)流转至农业承包大户,实现了农业规模化经营。村庄农业规模化经营的最显著成效是农村土地利用率和农地产出率的提升,农民收入得以大幅增长。一方面,农民可以拿到稻田租金;另一方面,部分年纪较大、技能较弱的农民可以继续帮助农业承包大户耕种农地,成为新的农业工人,领取劳动所得报酬,即工资。而规模化经营所配套的农业机械化生产,解放农村大量剩余劳动力,推动农村劳动力向城镇就业空间转移。在受访农民中,仍然从事农业耕种的农民仅占受访总数的13%,而75%的农民选择进城务工或进镇从事农资销售、农具维修、农产品运输和销售等与农业相关的非农产业。

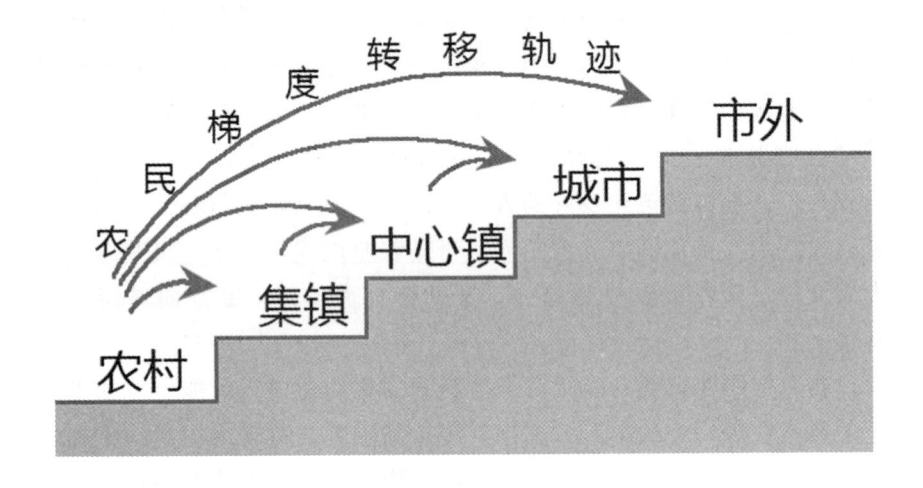

图4-27 乡村人口梯度转移的空间轨迹示意

图片来源:笔者自绘。

尽管这部分群体因非正规就业方式的不确定性和不可预知性,往往成为城乡间的流动大军。但乡村劳动力需求的减少,农民在寻求就业机会的过程中切实加剧了城乡间的人口流动,这也逐渐成为农业现代化发展下乡村社会发展中的常态化现象。

### 2. 公共服务品质化追求助推人口单向流动

农民生活水平提升改变农民生产方式和生活习惯的同时，也引导农民追求高水平、品质化的公共服务。从村庄的实际调研情况来看，60岁以上的农民更加关注农村养老、农村的医疗服务水平及孙辈的孩子上学问题；20—35岁的农民则更加关心农村教育文化设施水平，尤其是小学教育问题。数据显示，小孩上学距离的远近、教学质量的高低成为决定20—35岁年轻人就业、居住、生活空间选择的最主要因素，占到了所有因素的83%。同样，农村医疗水平、就医便捷度成为农民空间行为选择的第二重要因素，占比达64%。另外，家庭收入在5万元以上的农户家庭，在面临小孩上学、生病就医等公共服务设施配套水平需要作出空间选择的问题时，全都做出了需要改善农村的教育文化和医疗服务水平的选择，在条件允许的情况下，他们愿意向更高服务水平和更好设施配套的地区集中。

可见，在农民生活水平大幅提升后，对农村教育、文化、医疗等公共服务设施的多元化和高品质需求，既是农民关注的焦点，也是农民空间抉择的最重要因素。

### 3. 乡村人口季节性流动向常住性流动转变

农业规模化生产直接减少对农村劳动力的刚性需求，也间接推动农民向城镇空间转移。而随着农业现代化水平的提升，农业资本化发展逐渐深入农业生产环节，不仅加快推进乡村人口向城市流动的速度与进程，同时使得农村劳动力在城乡间流动呈现明显的特征性变化，即乡村人口城乡间季节性流动特征逐步消失。受访农民反映，进城务工农民通常都是年初出发、年终返乡的整年外出居多。调研显示，183名进城务工人员，前10个月因家事曾经一次或多次回家的农民仅有13名，占进城务工总数的7%。而这部分回家的农民没有一名是因为农忙而返乡，因为过去农忙期间的农活基本实现由机器替代，务工人员只需向家人汇寄机器务工的劳务费用，机器播种收割等工作只需个别老年人负责看管维护即可，同时考虑到城乡之间折返的交通成本与时间成本折算，农忙期间季节性的劳动力返乡现已基本消失。

可见，劳动力流动（带来的经济收入）支持家庭农业生产的资本化投入，农业资本化的投入又反过来推动非农就业和劳动力流动时间的增长。因此，非农就业支持小农家庭农业的资本化投入，资本化投入有效节约农业生产劳动力，推动农村劳动力持续进入非农领域就业，二者形成一种共赢的良性互动趋势。

非农就业或劳动力流动带来的农业资本化的快速发展也催生乡村社会内一场悄然的革命——农村紧张的人地关系开始出现转变。当然，由于户籍制度及农村土地产权等制度性问题，这种紧张的人地关系并未彻底改变，因为这些流动劳动力进城的非农就业与务工，大多数处于非正规部门（黄宗智，2009），难以享受城市市民的平等待遇，存在着极大的不确定性和不可预知性。

## 二 乡村人口在乡村内部流动

马克思指出，分工促进社会分化，也是劳动力转移的基础。农业生产行为的分化，推动职业不断分化的农民在区域间流动，这是乡村社会发展的自然规律现象。

1. 职业分化推动农民择业流动

生产专业化分工，使得乡村劳动力群体出现分化。在农业生产纵向生产环节专业化和横向区域生产协作化的分工影响下，农业生产条件外部化、生产过程合作化、产品销售网络化和信息化趋势日趋明显，这就需要乡村社会为农业生产的产前、产中、产后提供更加健全完善的服务。伴随新型职业农民出现的同时，部分剩余劳动力在"择业谋生"的驱动下，开始向产前的农资服务、产中的农机耕种收割等专业服务、产后的销售运输等专业化服务分化，乡村人口开始出现以择业为主导的目标性流动；另外，横向区域生产协作模式推动下的农业园区等新型功能载体的出现，进一步拓宽了农民向非农产业就近转移的就业面，乡村人口在乡村内部的流动性更加显著。

2. 业缘关系主导农民空间选择

农业生产专业化使得农业生产与大市场接轨的步伐加快，生产条件外部化推动自耕农身份的瓦解，社会化小农的出现是农民投身市场化大环境的产物。传统的亲缘和血缘为基础的乡村社会关系进一步弱化，农民的空间选择受市场化的影响和推动，呈现显著的"逐利远亲"特征，在利益的驱使下，固化的以血缘、地缘关系为纽带的空间就业选择取向开始松动，伴随而来的是市场化下业缘关系主导的农民择业空间的流动性增强，农民因职业分化和职业变动而在乡村社会间流动成为农业现代化发展下农村社会的一种新现象。

3. 乡土情结牵绊农民难离故土

农民择业空间扩大、择业范围变宽，使得农民在乡村空间的流动性显著增强，但快速发展的农业现代化显然难以彻底动摇上千年传承的农耕文化根基，中国农民的家园和乡土情结依然是其紧握在手中的"风筝线"，这种根深蒂固的"故土难离"思想，又在一定程度上限制了农民择业跨区域的流动和大规模的迁徙，使得乡村人口流动又具有明显的区域性特征。

调查数据显示，外出务工劳动力选择工作首要考虑的是工资水平，对距离的远近也非常重视，由于进入附近镇区或园区就业不仅可以减低生活成本，同时可以照顾到家庭，体会到家庭的温暖，因此选择进城务工的农民比例明显低于进镇就业的农民比例。而对居民住宅模式、居住地域的选择则更加显著地反映了农民对故土家园的眷恋。统计数据显示，在条件允许的情况下，35%的农民选择原址翻建住房，23%的农民选择距离宅基地不远的新社区集中居住，尽管调查人员一再强调城镇集中居住能够享受到更好的公共服务水平和更高的社会福利待遇，但他们依然选择了对故土的热爱。而对低层、多层住宅的钟爱，则充分体现了农民对土地的眷恋，"接地气""方便出门"是其选择低层、多层住宅的重要原因。

# 第七节 本章小结

本章在简要分析中国农业现代化发展阶段性问题和农业现代化对乡村人口流动影响的分析基础上指出：

中国农业现代化的内涵包含四个方面，即生产方式工业化、生产组织社会化、农业生产科技化和农业生产生态化。基于此，中国农业现代化的发展模式是：人地失衡背景下的农业产业化模式，即从高度紧张的人地关系格局出发，充分发挥人力资源优势，构筑"大国小农"的农业现代化模式。

农业现代化发展对乡村人口流动影响的领域主要体现在乡村劳动力需求、就业构成、乡村社会关系及公共服务需求这四个方面。农业生产规模化、组织化等方式的转变会减少乡村劳动力需求和乡村劳动就业构成，进而带动乡村社会关系网络分异；而农民生活水平提升对乡村公共服务需求的变化，则较好地体现了人民美好生活需要的日益增长。

农业现代化对乡村人口流动影响主要包含两个"流动性"，即乡村人口在城乡间流动、乡村人口在乡村社会内部流动。人口在城乡间流动的逻辑路径是：农业现代化发展加快了平原农业地区机械化生产代替人工劳作的过程，农业劳动力需求减少；而农业现代化发展在提升农民生活水平的同时，推动农民追求公共服务的品质化和多元化。乡村劳动力需求的减少和农民对公共服务品质化的追求所产生的联动效应是：推动乡村人口向城镇空间的梯度转移，乡村人口开始在城乡间流动。人口在乡村社会内部流动则体现在：农业生产专业化分工推动农民职业分化，新型职业农民出现；而技能水平的局限性又限制了农民的就业选择面，部分农民在乡村内部寻求非农就业机会，推动乡村人口在乡村社会内部流动。与此同时，由于传统社会关系的弱化，农民不再热衷于家族宗亲的聚居生活，但故土情结又使得他们难以远离乡村社会，进一步加剧了乡村人口就近、就地的内部流动性。

# 第五章　平原地区乡村居住空间演化及影响因子分析

　　前文分析了农业现代化作用下的乡村人口流动性显著增强，为乡村居住空间体系重组创造了前提条件；城乡社会的户籍、土地等政策制度的差异往往又限制了人口的自由流动，成为影响乡村居住空间体系能否实现重组的重要因素；而乡村社会关系网络的变迁则在乡村居住空间体系重组进程中发挥着两面性作用。那么这些农业现代化发展对乡村人口流动产生影响的因素，是否会进一步成为农业现代化背景下平原地区乡村居住空间重组的影响因素呢？

　　农业现代化发展影响乡村人口的流动性，主要体现在人口向城镇空间流动和乡村社会内部流动。这为研究乡村居住空间重组的机制分析提供了两个维度，即可以通过人口的两个流动性特征的分析，提炼并确定影响乡村居住空间重组的因素。本章将以农业现代化对平原地区"乡村人口两个流动性"的影响域为基础，以溧水区21世纪以来乡村居民点空间分布为对象，分析平原地区乡村居住空间体系的动态变迁及空间变化的内在机制，进一步提炼影响平原地区乡村居住空间重组的潜在因子。着力从理论与实证等不同角度对经济（农业现代化）发展水平、社会关系、政策制度等潜在因子进行定性定量研究，筛选并确定影响乡村居住空间体系重组的真正因子，尝试证明农业现代化发展对未来乡村居住空间体系的形态、布局等构成起着重要作用,并为动力框架模型的构建奠定数理基础。

## 第一节 2000年以来溧水乡村居住空间演化与格局特征

### 一 研究区概况

溧水区位于南京市南部,东接句容,北靠江宁,南接高淳,西南临石臼湖,与安徽省接壤。境内自然资源丰富、地形地貌较为单一,属于典型的江南平原地区。

1. 区位环境

溧水区位于南京都市圈紧密圈层范围内,是南京市"两带一轴"城镇结构中南北向发展轴上的重要节点。城区距南京市约50千米,距禄口国际机场约18千米,宁杭城际铁路,宁高、沿江(常合)、宁杭等高速及省道243、常溧公路等从境内穿过,奠定了其优越的区位条件和便利的交通条件。

2. 行政区划

2013年2月,经国务院、江苏省政府同意,溧水区撤县设区。[①]

溧水区现辖永阳、柘塘、东屏、白马、石湫、洪蓝、晶桥、和凤8个镇(街)。全区总面积1067.3平方千米,包括石臼湖水域面积约89平方千米。

3. 用地现状

2015年,溧水区建设用地总面积约178.5平方千米,占全区总用地的16.7%;其中城镇和独立企业用地共68.8平方千米,农村居民点用地57.0平方千米,交通及水利设施用地52.7平方千米。

---

[①] 2013年以前的研究数据为溧水县的统计数据,2013年后的为溧水区的统计数据。为行文方便,文中统一称为溧水区。

表 5-1　　　　　　　　　溧水区土地利用现状构成表

| 用地类型 | | 面积（平方千米） | 占总面积比例（%） |
|---|---|---|---|
| 农用地 | 耕地 | 438.4 | 41.1 |
| | 园地 | 29.3 | 2.7 |
| | 林地 | 135.0 | 12.7 |
| | 其他农用地 | 158.8 | 14.9 |
| | 总计 | 761.5 | 71.4 |
| 建设用地 | 城镇和独立企业用地 | 68.8 | 5.65 |
| | 农村居民点用地 | 57.0 | 5.3 |
| | 交通运输用地 | 10.1 | 0.9 |
| | 水利设施用地 | 42.6 | 4.0 |
| | 总计 | 178.5 | 16.7 |
| 水域和其他用地 | | 127.3 | 11.9 |
| 全区合计 | | 1067.3 | 100 |

资料来源：《溧水区城乡总体规划（2015—2030）》。

## 二　数据来源与研究方法

1. 数据来源

2000—2015 年溧水区土地利用类型矢量图。

利用 GIS 软件，提取全区历年乡村居民点信息，制作溧水区 2000 年、2002 年、2003 年、2005 年、2006 年、2007 年、2009 年、2011 年、2012 年、2013 年、2015 年这 11 个年份的乡村居民点分布矢量图。根据《南京市统计年鉴》《溧水区统计公报》整理相应年份的空间数据和属性数据信息，运用相关研究方法，对溧水区乡村居民点空间格局、分布形态、演化进程开展量化研究分析。

2. 研究方法

借助地理信息系统平台，运用空间关联分析、景观生态分析及

"圈层—象限"分析等定量研究方法研究溧水区 2000 年以来乡村居民点体系空间演化与格局特征。

景观生态学注重空间异质性以及空间格局的研究。运用景观分析软件 Fragstats，通过对研究对象的面积、规模、分布及形状等指标的定量研究分析，揭示对象的空间发展规律。本书利用景观生态学的相关方法，通过一系列的空间指标（表 5-2）来分析溧水区近 15 年来乡村居民点体系的数量、面积、空间形状及空间分布的变化情况，总结 21 世纪以来溧水区乡村居民点体系的演化过程、空间格局等发展规律。

表5-2　　　　　乡村居民点分布特征主要指标及含义

| 分布特征 | 指标类别 | 指标含义 |
| --- | --- | --- |
| 用地面积 | 斑块总面积（CA） | 反映乡村居民点斑块面积的总和 |
| 规模及密度大小 | 平均斑块面积（MPS） | 反映乡村居民点的平均面积 |
|  | 斑块数目（NP） |  |
|  | 斑块密度（PD） | 反映乡村居民点在空间上的分布状态，值越大，表示区域内居民点的空间分布越密集 |
| 差异性 | 斑块平均标准差（PSSD） | 反映乡村居民点分布规模间的大小差异程度 |
|  | 最大斑块指数（LPI） | 反映乡村居民点最大斑块面积占居民点总面积的比例，值越大，表示最大农村居民点的规模越大 |
| 形状 | 平均斑块形状指数（MSI） | 反映乡村居民点斑块的复杂程度，值越大表示乡村居民点形状越不规则，边界曲折度越大 |
|  | 面积加权平均斑块分维数（AWMPFD） |  |
| 邻近性 | 平均最临近距离（MNN） | 反映乡村居民点之间的邻近程度，值越小，表示乡村居民点之间的邻近距离越小 |
| 离散性 | 斑块分散度指数（SPLIT） | 反映乡村居民点斑块与其邻近斑块之间的集聚程度，值越小，表示乡村居民点的空间分布状态越集聚；反之值越大，表示分布状态越离散 |

资料来源：李君、李小建：《综合区域环境影响下的农村居民点空间分布变化及影响因素分析——以河南巩义市为例》，《资源科学》2009 年第 31 期。

"圈层—象限"分析法是将空间整体按照一定的条件细分为若干不同圈层和不同区位的空间单元,研究细分单元的空间特征,从而把握空间整体发展规律。利用"圈层—象限"分析方法研究溧水区乡村居民点体系空间分布特征、演化过程与城市空间单元发展的规律,可较好地总结该区乡村居民点的重组模式及空间格局。

### 三 居住空间演化过程

首先,利用地理信息系统技术和景观分析软件Fragstats对溧水区2000—2015年乡村居民点体系的数量、规模及空间分布的矢量数据进行统计分析,计算结果如表5-3所示。

表5-3　21世纪溧水区乡村居民点空间分布特征一览表

| | 斑块总面积 | 斑块数目 | 平均斑块面积 | 最大斑块指数 | 斑块平均标准差 | 斑块密度 | 平均最近临近距离 | 平均斑块形状指数 | 面积加权平均斑块分维数 | 斑块分散度指数 |
|---|---|---|---|---|---|---|---|---|---|---|
| LID | CA | NP | MPS | LPI | PSSD | PD | MNN | MSI | AWMPFD | SPLIT |
| 2000 | 3962.9188 | 1354 | 2.9268 | 1.3499 | 108.5836 | 34.1667 | 232.9772 | 1.7686 | 1.1161 | 667.75 |
| 2002 | 4405.3224 | 1620 | 2.7193 | 1.582 | 125.6882 | 36.7737 | 206.7484 | 1.8465 | 1.1249 | 626.64 |
| 2003 | 4348.4992 | 1598 | 2.7212 | 1.6027 | 126.248 | 36.7483 | 206.033 | 1.8463 | 1.1248 | 618.37 |
| 2005 | 4312.952 | 1584 | 2.7228 | 1.6159 | 126.5966 | 36.7266 | 206.1055 | 1.8473 | 1.125 | 603.15 |
| 2006 | 4240.8348 | 1565 | 2.7098 | 1.6434 | 127.4477 | 36.9031 | 205.9383 | 1.8464 | 1.1249 | 588.97 |
| 2007 | 4773.03 | 1542 | 3.0954 | 1.4601 | 121.1043 | 32.3065 | 214.2657 | 1.7793 | 1.1183 | 554.06 |
| 2009 | 4728.062 | 1524 | 3.1024 | 1.474 | 121.3034 | 32.2331 | 214.1834 | 1.7793 | 1.1184 | 546.35 |
| 2011 | 4666.7428 | 1497 | 3.1174 | 1.4934 | 121.3668 | 32.078 | 215.8184 | 1.7795 | 1.1184 | 544.34 |
| 2012 | 3731.3672 | 1407 | 2.652 | 1.8682 | 122.2471 | 32.0534 | 209.5971 | 1.8499 | 1.125 | 543.61 |
| 2013 | 3611.378 | 1373 | 2.6303 | 1.9295 | 122.0617 | 32.0187 | 211.0781 | 1.8501 | 1.1251 | 532.07 |
| 2015 | 3445.6444 | 1331 | 2.5888 | 0.7537 | 102.8575 | 31.6285 | 214.074 | 1.856 | 1.1238 | 521.43 |

资料来源:笔者根据溧水区近15年乡村居民点分布现状图统计分析。

依据统计分析的量化结果，对溧水区乡村居民点体系的面积、规模、分布及空间形态的演化过程进行解读，归纳乡村居民点体系演化规律。

1. 面积："倒U"形波动式变化

如图5-1所示，溧水区近15年来乡村居民点的面积呈现"倒U"形的波动式变化。其中，自2000年至2007年居民点面积呈现渐进式增加的态势，至2007年乡村居民点用地面积达到了峰值；2007年以后乡村居民点面积逐步减少，尤其是2011年以后的5年间，面积递减的态势尤为明显。

总体来讲，溧水区乡村居民点面积从2000年的3963公顷减少至2015年的3446公顷，净面积减少了517公顷，较2000年下降了13.05%。

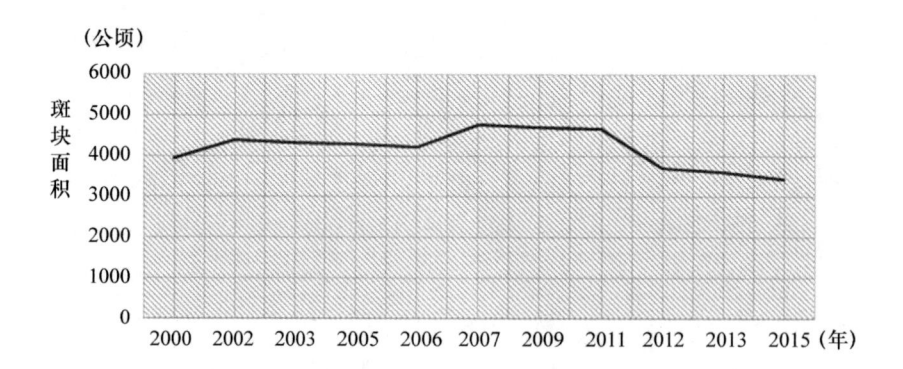

**图5-1 溧水区乡村居民点面积变化趋势**

资料来源：笔者根据溧水区近15年乡村居民点分布现状图统计分析。

2. 规模：总量减少、规模差距缩小

从乡村居民点的分布规模来看（图5-2），2000年至2015年，乡村居民点的斑块数量在2002年达到顶峰1620个，此后逐年减少，至2015年为1331个；平均斑块面积则由2000年的2.93公顷减少到2015年的2.59公顷，说明乡村居民点的平均规模总体上呈减小的趋势。

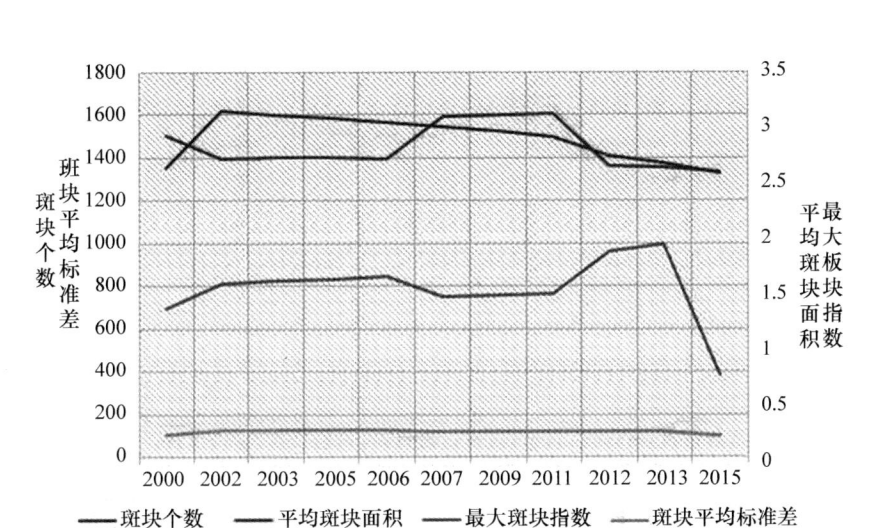

[图表：图5-2 相关数据曲线]

**图5-2 溧水区乡村居民点数量、平均斑块面积、最大斑块指数、斑块平均标准差变化趋势**

资料来源：笔者根据溧水区近15年乡村居民点分布现状图统计分析。

结合最大斑块指数分析居民点用地的实际规模变化情况。最大斑块指数从2000年的1.35减少到2015年的0.75，减少了近一半，说明2015年的最大乡村居民点规模远小于2000年的最大乡村居民点规模。同时，斑块平均标准差由2000年的108.58减少到2015年的102.86，总体变化趋势不大，但也显示了居民点规模与平均规模之间的差距在逐步减小。

总体而言，2000年至2015年，溧水区乡村居民点规模整体呈现在数量上逐渐减少，规模之间的差距缩减的态势。

3. 分布：趋于集中、村庄间距增大

从乡村居民点的分布上看，斑块密度反映了乡村居民点的空间分布，平均临近距离和平均临近指数反映了乡村居民点的临近程度。

如图所示（图5-3），斑块密度变化总体态势较平稳，但过程较为复杂。其中，2000—2006年由约34个/平方千米增至约37个/平方千米；2007年开始减少，至2011年约32个/平方千米；2011年后，斑块密度又逐渐增大，2015年的斑块密度为约39个/平方千米。平均临近距离的变化则波动明显，2006年之前呈较为明显的减少趋势，但 2006 年后逐渐增大，2012 年出现短暂的突降后，又开始缓慢提升。总体而言，去除前两年的突变下降外，近年来溧水区乡村居民点的平均临近距离是相对增加的。

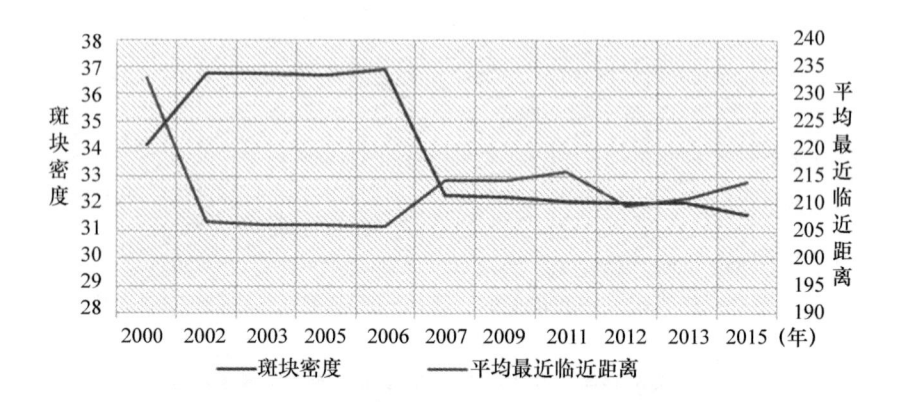

图 5-3　溧水区乡村居民点斑块密度、斑块平均临近距离变化趋势

资料来源：笔者根据溧水区近 15 年乡村居民点分布现状图统计分析。

斑块密度稳定下降，说明溧水区乡村居民点的布局总体上是相对集中、集聚的，斑块的平均最近距离渐进增加的态势则说明在乡村居民点重组格局之下，原本均质分散的乡村居民点开始向城镇和新社区集中集聚，造成了居民点间距离相应增大的状况。这种乡村居民点体系空间分布变化特征与溧水区乡村居民住房政策变化、农业生产方式变化呈现较为明显的正相关态势。2000 年至 2006 年，乡村建房政策尚处于较为宽松的状态，农业生产规模化、集约化等现代化的生产和经营方式正处于"起飞"前的准备期，该时期农民建房较多，因此乡村居民点斑块密度呈增加态势，"填缝式"的居民点斑块增长导致居民点之间的距离减小。随着乡村建房政策的收紧和城镇建设用地的外延扩张对乡村居民点空间的侵占，乡村居民点的斑块密度开始下降，而平均邻近距离则开始反向增加。2011 年后，乡村建房政策进一步趋紧，但农民对乡村住宅价值的认知开始转变，农民建房开始回潮，但多局限在原址翻建或新社区建设，所以此时段尽管存在部分农民建房现象，但乡村居民点斑块密度仍呈稳定下降趋势。同期，由于农业现代化进程的加快，农业规模化经营的步伐推动乡村居民点体系的空间重组，城乡基础设施建设对乡村居民点空间的挤压，又导致乡村居民点总体数量的减少，从而导致平均邻近距离的进一步增加。

4. 形状：突变起伏、村庄轮廓不规则

从乡村居民点的形状来看，平均斑块形状指数反映了乡村居民点斑块的复杂程度，指数越大居民点形状越不规则、边界曲折度越大；面积加权平均斑块分维数反映了乡村居民点的不规则程度和破碎程度，分维数越大形状越不规则、越破碎，不同时段的分维数则可以表征斑块在时间维上的空间变化。

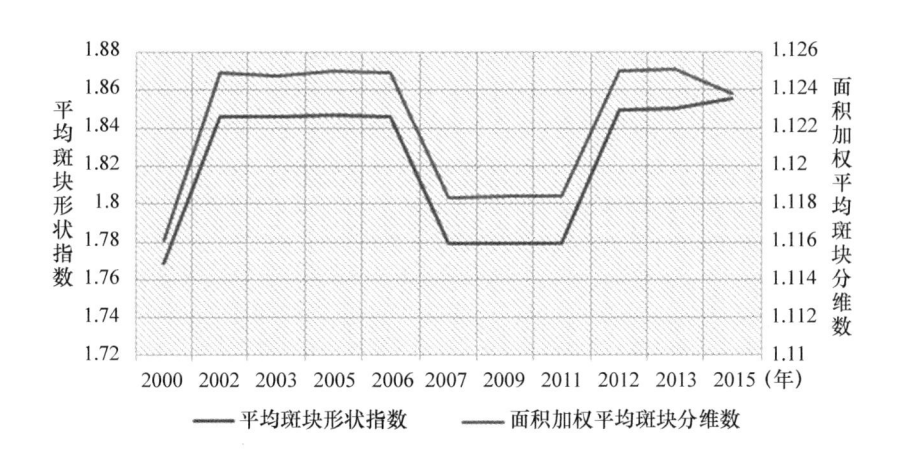

图 5-4 溧水区乡村居民点平均斑块形状指数、
面积加权平均斑块分维数变化趋势

资料来源：笔者根据溧水区近15年乡村居民点分布现状图统计分析。

从乡村居民点的形状看（图 5-4），这两个指标反映的规律基本相同，形状指数和分维数虽然整体变化不大，但过程变化较复杂，基本可分为三个发展阶段，2007 年与 2011 年均发生了两个突变，反映了这两年乡村居民点体系的形状变化较剧烈；而平均斑块分维数又均大于 1，呈现出形状的不规则发展状态，这说明了溧水区乡村居民点缺乏有效的引导和科学的规划，导致了乡村居民点发展的盲目性和随意性，乡村居民点在空间形状上表现为不规则性，规划引领下的乡村居民点体系重组需求的态势较为明显。

5. 集聚程度：乡村居住空间渐进式集聚

乡村居住空间集聚度是反映乡村居民点斑块与其邻近斑块之间的集聚程度，可以通过集聚度指数和分离度指数来反映。通常，分散度指数值越小，表示乡村居民点的空间分布状态越集聚；反之，分散度指数值越大，表示分布状态越离散。根据景观生态分析法计算的结果，溧水区乡村居民点2000年以来的分散度指数呈现较强的规律性，能够清晰地反映乡村居民点体系变迁的态势和特征。

如图所示（图5-5），21世纪以来，溧水区乡村居民点的分散度总体是呈下降态势的。这与前文分析的农业现代化水平的快速提升、乡村居民住房政策变化、农民对乡村住房的价值认知变化等多重因素叠加，加大了对乡村居民点体系空间分布的影响，推动了乡村居民点体系的空间重组，导致空间分散度总体呈下降的态势，即21世纪近15年来溧水区乡村居住空间总体呈现集中集聚的空间布局态势。

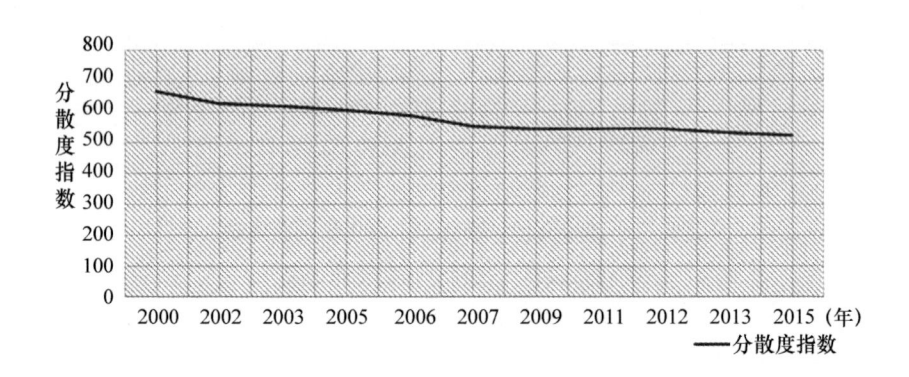

**图5-5　21世纪以来溧水区乡村居民点分散度指数变化趋势**

资料来源：笔者根据溧水区近15年乡村居民点分布现状图统计分析。

数据显示，近15年来，乡村人口就业向城镇空间的转移以及农村非农产业的就业分化，在推动乡村人口流动的同时，带动乡村居住空间的分异。

乡村居民点的总体面积呈现减少的态势，但下降的幅度和趋势较缓慢；乡村居民点的空间规模在缩小，体现在居民点总体数量减少和居住空间的集中态势，但由于乡村居民点空间集聚多表现为就近集中居住，导致乡村居民点空间集聚性特征被居民点之间规模差距减小而弱化，从而表现出乡村居民点平均规模在减小；乡村居民点的空间分布情况，说明了农民非农就业的增加带来居住空间的转换，乡村居民点之间距离增大，空间分布上集中集聚的态势明显增强；乡村居民点形态特征方面，突变起伏的状态和极不规则的村庄轮廓指数，说明需要加强规划对乡村居民点体系的合理引导和有效控制；直线变化的乡村集聚度指数，则充分表明乡村居民点集中集聚的总体趋势符合乡村经济社会发展的总体规律特征。

**四 居住空间缩减特征**

通过对溧水区乡村居住空间体系"渐进式集中"空间演化过程的解构，可以全面掌握全区乡村居住空间的整体变化态势。但 2000 年以来，乡村居住空间体系重组进程中撤并、集中安置的乡村居民点与城乡经济社会发展、城市整体空间框架格局有何相关性？对乡村居住空间体系重组的实践和趋势的准确把握，对未来农业现代化背景下乡村居住空间体系的重组将产生重要的指导价值和借鉴意义。为此，研究将视角进一步聚焦于全区撤并和集中重组的村庄，通过消失的村庄与城镇经济、社会、空间之间的互动关系解读，阐释乡村居住空间体系的缩减模式以及整体空间特征。

研究首先以溧水区中山路与珍珠路交叉口作为中心，按 5 千米等距分别向外扩展若干圈层（为增强研究的准确性和便捷性，在 5 千米以内的城市中心区增加 3 千米圈层）。从圈层范围与城镇建设空间的叠合关系来看，5 千米圈层基本覆盖了溧水城市集中建设地区；5—15 千米圈层为城镇建设缓冲区，既是城镇空间向外扩展的主要载体，也是农业集中生产片区；15—30 千米圈层主要为农业生产区。同时，以中心点为圆心，将全区分为四个象限（Ⅰ、Ⅱ、Ⅲ、Ⅳ）八个方位（A、B、C、D、E、F、G、H），便于居民点空间特征的阐述。

1. 轴向非均衡缩减

利用 15 年来溧水区乡村居住空间变化的矢量化数据计算，2000

年至2015年溧水区共撤并291个村庄居民点，总面积约928.97公顷。将15年间撤并的乡村居民点的矢量数据按"圈层—象限"划分进一步统计分析：

表5-4　　2000—2015年溧水区乡村居民点体系整体数量面积
　　　　　缩减象限分布表　　　（单位：个；%；公顷）

| 象限 | I | | II | | III | | IV | | 合计 |
|---|---|---|---|---|---|---|---|---|---|
| 方位 | A | B | C | D | E | F | G | H | |
| 居民点数量 | 19 | 20 | 92 | 31 | 13 | 38 | 37 | 41 | 291 |
| 占比 | 6.53 | 6.87 | 31.62 | 10.65 | 4.47 | 13.06 | 12.71 | 14.09 | 100 |
| 居民点面积 | 54.25 | 49.59 | 345.88 | 90.7 | 34.68 | 108.31 | 85.1 | 160.46 | 928.97 |
| 占比 | 5.84 | 5.34 | 37.24 | 9.76 | 3.73 | 11.66 | 9.16 | 17.27 | 100 |

资料来源：笔者根据溧水区各年份乡村居民点用地分布图绘制。

从空间分布来看，2000年以来溧水区乡村居民点撤并基本都沿着轴线进行空间重组，但各个轴线方向撤并的力度不等，其中沿第II象限西北向、第I象限东北向、第IV象限东南向这三个轴向村庄撤并最为显著，分别减少了92个、19个和41个村庄，分别占减少的村庄总数的31.62%、6.53%和14.09%，即超过了总数的一半以上；三个轴线方向撤并的居民点面积约占总面积的60%。除了第III象限西南方向由于石臼湖自然条件限制，乡村居民点分布较少而导致没有撤并的居民点分布外，其他撤并的村庄多沿轴线周边分布。当然每条轴线上撤并的村庄分布数量不等，前述三个轴向撤并村庄数量占了总数的近半数；而同一个轴向上撤并的村庄受众多外界因素的干扰也不是线性均质分布的。因此，"轴向非均衡缩减"是2000年以来溧水区乡村居民点撤并的主要特征之一。

2. 圈层跳跃式缩减

从乡村居民点缩减的圈层分布来看，主要集中在1—3千米城镇集中建设圈层和5—15千米圈层范围内，3—5千米圈层的城市集中建设地区内居民点缩减的数量与规模均小于其相邻圈层——居民点圈层跳跃式缩减现象较为明显。

表 5 – 5　　　　2000—2015 年溧水区乡村居民点体系整体数量

面积缩减圈层分布表（单位：千米；个；%；ha）

| 圈层 | 0—1 | 1—3 | 3—5 | 5—10 | 10—15 | 15—20 | 20—25 | 25—30 | 合计 |
|---|---|---|---|---|---|---|---|---|---|
| 居民点数量 | 0 | 27 | 10 | 73 | 89 | 54 | 20 | 18 | 291 |
| 占比 | — | 9.28 | 3.44 | 25.09 | 30.58 | 18.56 | 6.87 | 6.19 | 100 |
| 居民点面积 | 0 | 67.89 | 25.74 | 275.28 | 247.4 | 187.7 | 58.94 | 68.04 | 930.99 |
| 占比 | — | 7.29 | 2.76 | 29.57 | 26.57 | 20.16 | 6.33 | 7.31 | 100 |

资料来源：作者根据溧水区各年份乡村居民点用地分布图绘制。

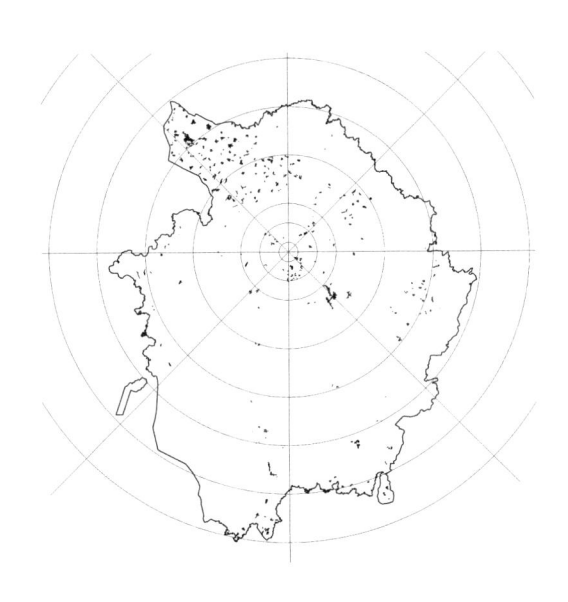

图 5 – 6　2000 年至 2015 年溧水区乡村居民点体系整体
缩减圈层—象限分布

资料来源：笔者根据溧水区各年份居民点用地分布图绘制。

◇ 乡村居住空间重组研究 ◇

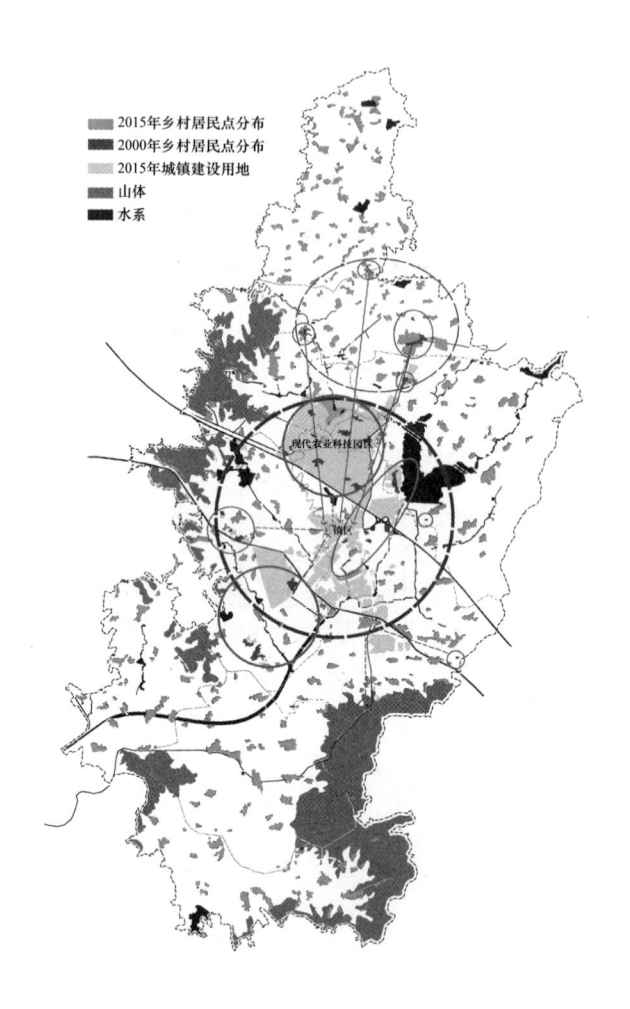

**图5-7 白马镇农业园区发展带动乡村居住空间体系重组**
资料来源：笔者自绘。

1—3千米圈层内乡村居民点数量减少的原因在于，随着城镇空间内涵提升和用地增效而开始的乡村建设空间的外迁；但同属于城镇建设空间的3—5千米圈层乡村居民点体系未出现较大规模的重组，说明尽管城镇发展对空间的影响有一定的时序性，但也体现了乡村居民点体系重组并不是完全受制于城镇空间发展的影响。如前文研究分析，乡村居住空间体系重组的功能组织、结构形式及发展时序受到经济力、社会力和政策力等多重作用的影响；5—15 千米圈层跳跃式缩减则是充分体现了新型功能载体建设——现代化园区发展对乡村空间的影响所在。东南轴向的国家级白马农业科技园（图 5 – 7）、东北轴向的东屏镇现代农业科技园的建设和发展对该区域内乡村居住空间体系重组产生了积极的推动作用（图 5 – 8）；而西北轴向的柘塘空港综合园区建设，带来居民点撤并更是占到全区乡村居民点撤并总数的 40% 左右（图 5 – 9）。

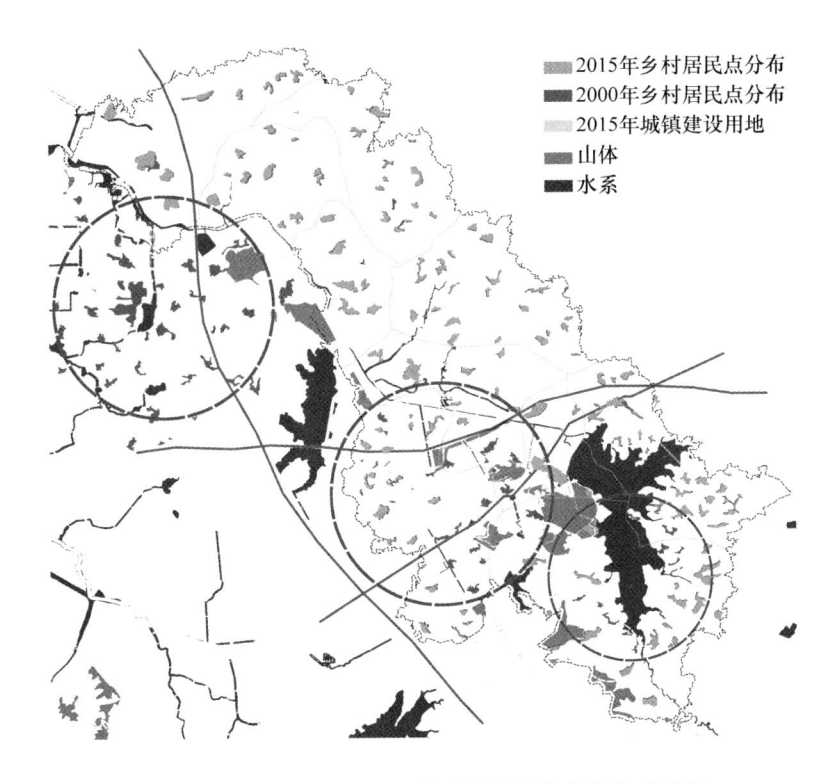

图 5 – 8　东屏镇园区发展带动乡村居住空间体系重组

因此，城镇空间外拓带来的内城空间重构与新型功能载体的出现带动乡村空间重组，是溧水乡村居民点体系"圈层跳跃式缩减"的另一个主要特征。

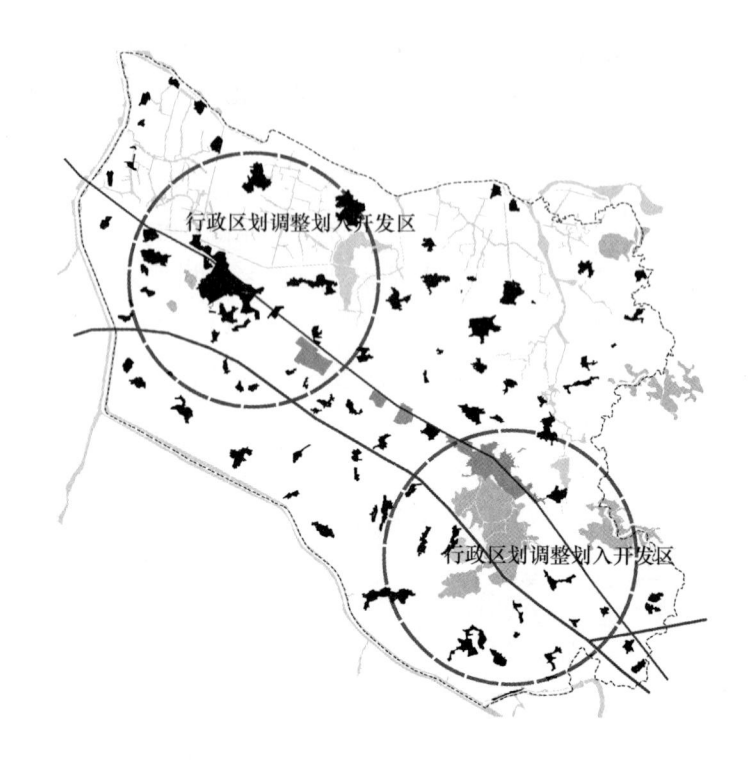

**图 5-9　柘塘镇园区发展带动乡村居住空间体系重组**
资料来源：笔者自绘。

3. 边缘缩减与中心重组并存

从乡村居民点撤并的总体空间分布来看，1—3 千米中心圈层的空间重组较显著。外围接近区界的边缘地带乡村居民点体系重组的态势同样明显，如 2000 年至 2015 年，南部边缘地区撤并了 24 个村庄、西部边缘地区撤并了 11 个村庄、西北部边缘则由于园区建设带动一个近 700 亩的大型农村居民点的整体搬迁。大规模的乡村边缘地区居住空间变迁与城区中心地带村庄撤并同步发生，造成了溧水区乡村居民点整体呈现"中心重组与边缘缩减"并存的发展态势。前文分析，城镇中心圈层的乡村居民点撤并是城镇化发展带动的城镇空间重组，而城市外围的边缘地区乡村居民点空间重组则显然是农业现代化发展推动的结果。一方面，农业生产方式工业化推动农业规模化经营，带动乡村边缘地区的生产、生活、生态空间重组；另一方面，生产组织社会化分化农民就业结构，乡村边缘地区的农民在新的职业驱动和高水平的社会服务设施吸引下，主动向城镇和乡村新型社区集中居住，从而造成乡村外围边缘地区的乡村居民点撤并步伐的加快。

4. 缩减的时空分异效应

从分时段的居民点撤并情况来看，前10年受城市空间框架拓展影响，柘塘空港新城建设带动第Ⅱ象限C、D方位的居民点撤并力度较大，其中2000年至2005年所撤并的村庄占期间全区撤并总数的70%，面积占比65%；2006年至2009年的两项数据分别为50%和64%。

分析数据显示（表5-6），在2006至2009年，第Ⅳ象限的H方位内村庄撤并较为明显，17个村庄占总数的15.32%、面积占比近10%；同期，第Ⅰ象限的两个扇面，撤并村庄数量分布较为密集，数量和面积分别占同期总数的15.3%和10.5%，这与南京市政府关于推进现代农业发展的政策措施紧密相关，期间白马国家级农业科技园在第Ⅳ象限的H方位全面建设、东屏镇现代农业科技园区建设则在第Ⅰ象限的A、B两个扇面如火如荼地推进。现代农业园区的建设是农业现代化发展的必然要求，它不仅在农业生产工具上实现了工业化，在生产组织方式上实现了社会化，同样还在乡村居民生活方式的转换上起到相当大的关联和推动作用。

经过21世纪前10年城镇空间快速建设拓展和农业现代化发展带来乡村居住空间体系剧烈重组后，在2010至2015年，乡村居民点撤并的力度明显趋缓（图5-10），5年间撤并的125个村庄占撤并总数的43%，面积占比也仅为44%。相对于城镇化快速发展、城镇空间重组步伐日益加快的这5年，乡村居民点体系撤并的力度显然已进入"冷思考"的阶段。从圈层分布来看，5年间，撤并的乡村居民点主要集中在城市中心区和边缘地带。一方面，集中分布在1—5千米圈层之间及其沿线，如2014年因城南新区建设而拆除的一个城市近郊边缘的乡村居民点面积就接近1000亩，约占总面积的17%；另一方面，撤并的居民点主要集中在20—30千米圈层的城市边缘的偏远

表5-6　2000年以来溧水区乡村居民点体系空间缩减数量、面积及比重"圈层—象限"分布表

（单位：个；%；公顷）

| 区位 | | 2000—2005年 | | | 2006—2009年 | | | 2010—2012年 | | | 2013—2015年 | | |
|---|---|---|---|---|---|---|---|---|---|---|---|---|---|
| | | 个数 | 面积 | 占比 | 个数 | 面积 | 占比 | 个数 | 面积 | 占比 | 个数 | 面积 | 占比 |
| 圈层 | 0—1 km | 0 | 0 | — | 0 | 0 | — | 0 | 0 | — | 0 | 0 | — |
| | 1—3 | 9 | 24.49 | 14.89 | 10 | 28.58 | 8.02 | 4 | 7.8 | 3.19 | 4 | 7.02 | 4.24 |
| | 3—5 | 4 | 12.46 | 7.58 | 3 | 3.96 | 1.11 | 2 | 8.31 | 3.40 | 1 | 1.01 | 0.61 |
| | 5—10 | 20 | 59.51 | 36.18 | 39 | 107.36 | 30.11 | 10 | 24.06 | 9.85 | 4 | 84.35 | 50.89 |
| | 10—15 | 19 | 65.03 | 39.54 | 42 | 113.13 | 31.73 | 25 | 66.32 | 25.16 | 3 | 2.92 | 1.76 |
| | 15—20 | 3 | 2.98 | 1.81 | 12 | 82.9 | 23.25 | 16 | 57.01 | 23.34 | 23 | 44.81 | 27.04 |
| | 20—25 | 0 | 0 | — | 0 | 0 | — | 13 | 33.31 | 13.64 | 7 | 25.63 | 15.46 |
| | 25—30 | 0 | 0 | — | 5 | 20.64 | 5.79 | 13 | 47.4 | 19.41 | 0 | 0 | — |
| | 合计 | 55 | 164.47 | 100 | 111 | 356.57 | 100 | 83 | 244.21 | 100 | 42 | 165.74 | 100 |
| 象限/方位 | Ⅰ A | 5 | 20.03 | 12.18 | 9 | 22.47 | 8.11 | 5 | 11.75 | 4.81 | 0 | 0 | — |
| | B | 9 | 31.23 | 18.99 | 8 | 15.31 | 7.21 | 1 | 1 | 0.41 | 2 | 2.05 | 1.24 |
| | Ⅱ C | 30 | 90.69 | 55.14 | 42 | 167.26 | 46.91 | 11 | 68.42 | 28.02 | 9 | 19.51 | 11.77 |
| | D | 8 | 16.53 | 10.05 | 14 | 61.48 | 17.24 | 4 | 3.22 | 1.32 | 5 | 9.47 | 5.71 |
| | Ⅲ E | 0 | 0 | — | 2 | 2.19 | 0.61 | 9 | 29.21 | 11.96 | 2 | 3.28 | 1.98 |
| | F | 0 | 0 | — | 13 | 35.26 | 9.89 | 22 | 59.32 | 24.29 | 3 | 13.73 | 8.28 |
| | Ⅳ G | 0 | 0 | — | 6 | 17.64 | 4.95 | 20 | 47.39 | 19.41 | 11 | 22.07 | 13.32 |
| | H | 3 | 5.98 | 3.64 | 17 | 34.96 | 9.80 | 11 | 23.9 | 9.79 | 10 | 95.62 | 57.69 |
| | 合计 | 55 | 164.47 | 100 | 111 | 356.57 | 100 | 83 | 244.21 | 100 | 42 | 165.74 | 100 |

资料来源：作者根据溧水区各年份居民点用地分布图绘制。

### 第五章 平原地区乡村居住空间演化及影响因子分析

2000—2005 年　　　　　　　2006—2009 年

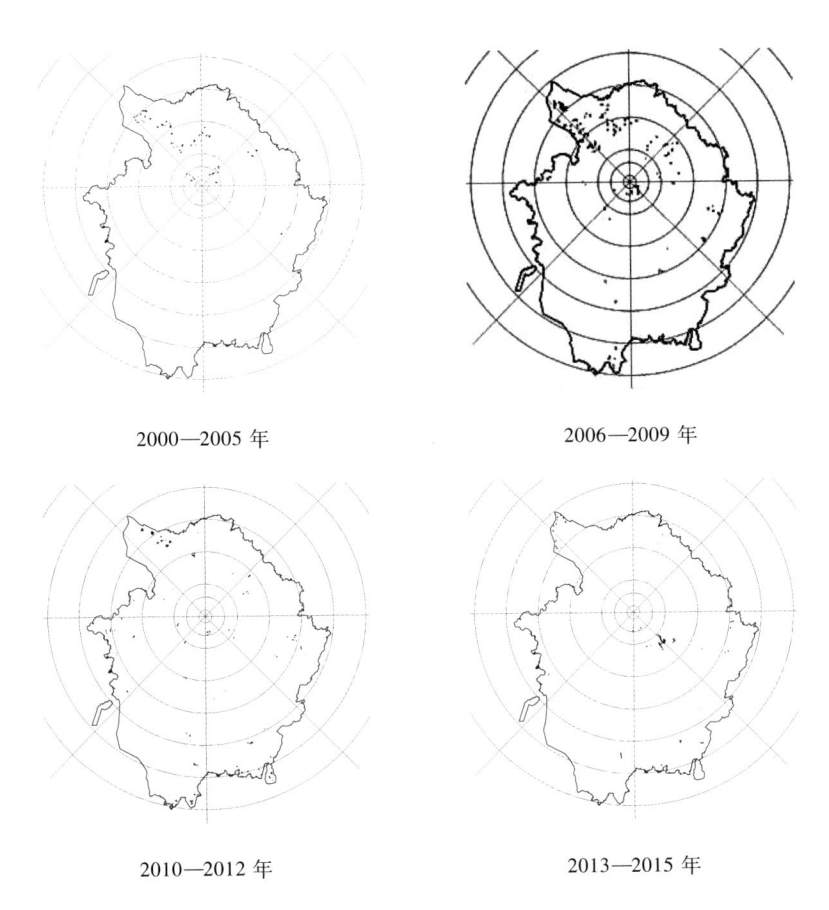

2010—2012 年　　　　　　　2013—2015 年

**图 5-10　2000 年以来溧水区乡村居民点缩减分年度圈层—象限分布**

资料来源：笔者根据溧水区各年份居民点用地分布图绘制。

村庄，如 5 年间南部边缘乡村撤并了 24 个村庄，这些撤并的村庄更多是由于新一轮新社区规划推动城乡基本公共服务均等化，带动边缘地区的居民向新型社区集中居住，以享受更优质的基本公共服务。

乡村居住空间体系重组所呈现的显著时空关系特征，是城乡经济社会发展互动的必然结果。究其原因，主要包括以下几个方面。

一是城镇空间发展注重提质增效，城乡建设用地指标的收紧和城乡生态环境的危机倒逼，使得城镇空间外延扩张的步伐得到有效遏制，城镇空间内部重组推动 5—10 千米圈层内"城中村"逐步消失。

二是农业园区建设由规模扩张走向内涵提升，园区建设初期的圈地冲动逐步走向理性，开使注重园区功能载体建设，直接影响乡村空间重组趋缓。

三是乡村居民点撤并是城乡发展政策的空间效应，前十年乡村居民点撤并速度快、力度大，离不开城乡发展政策的颁布和实施。如一方面城市总体规划确定的柘塘空港新城定位的影响、溧水经济开发园区建设带来的城乡建设用地增减挂钩政策的拉动影响；另一方面则是白马国家农业科技园、东屏现代农业产业示范园区建设推动的影响。后5年撤并速度放缓，是南京市颁布的《南京市农村地区基本公共服务设施配套标准规划指引》实施的结果，推动边缘地区乡村居民点向新社区集中，但由于强调城市低效用地再开发利用、农业生态开敞空间的保护和利用政策的颁布实施，注重空间内涵提升的政策反而影响了乡村居民点撤并的进程。

四是美丽乡村建设热潮，要求乡村成为记忆乡愁的家园，乡村地区建设注重空间的营造和产业功能强化，如溧水全区实施"空屋计划"，对美丽乡村规划中调查发现的具有一定文化底蕴、历史价值或环境优美地段的房屋、居民点乃至整个村庄，要通过产权回购、功能置换、空间复合、环境再造的手段，将村庄"活化"起来，不再一味强调"推倒重来""异地重建"的方式，侵占乡村建设用地指标，这是近年来乡村居住空间体系重组的步伐放缓的另一个重要原因。

## 第二节　潜在影响因子及分析模型拟选

### 一　居民点空间特征指标选取

龙花楼（2012）、任平（2014）、谭雪兰（2015）等人借助 GIS、RS 空间分析技术平台，运用景观生态分析法对不同地域的乡村居住空间分布特征及景观格局变化影响因素做出了详细的定量研究，指出景观格局指数及其包含的各项分指数都是客观反映乡村居民点结构组成及空间配置特征的量化指标。

为进一步分析乡村居住空间分布特征与农业现代化背景下经济社

会发展要素之间的关系，根据相关研究基础与结论，本书拟采用前文测算的溧水区乡村居民点空间分散度指数作为乡村居住空间分布特征的度量指标。前文分析，溧水区乡村居民点近年来的分离度指数总体呈现下降的趋势（表5-7），从2000年的667.75下降到2015年的521.43，15年间分散度指数下降了22%；从变化的过程来看，15年的指标变化呈规律性的直线下降趋势，中间未出现大规模的起伏和反弹，较为清晰地反映出乡村居民点体系变迁的态势和特征。

表5-7　溧水区2000—2015年乡村居民点体系分散度指标变化

| 年份 | 2000 | 2002 | 2003 | 2005 | 2006 | 2007 | 2009 | 2011 | 2012 | 2013 | 2015 |
| --- | --- | --- | --- | --- | --- | --- | --- | --- | --- | --- | --- |
| 分散度指数（SPLIT） | 667.75 | 626.64 | 618.37 | 603.15 | 588.97 | 554.06 | 546.35 | 544.34 | 543.61 | 532.07 | 521.43 |

资料来源：笔者根据溧水区乡村居民点体系变化统计分析。

15年来，溧水区乡村居民点体系的分散度指数值总体上是呈规律性下降态势的，客观地反映了乡村居住空间体系的集聚度明显提升，乡村居住空间总体呈现集中集聚的布局形态。那么乡村居民点体系集聚的态势，与同时段溧水区乡村社会的经济、社会发展水平及政策制度环境是否存在一定的相关性？抑或与该时期内农业现代化水平、社会关系网络及乡村的人口户籍制度环境等有明显的相关性呢？本书将以此变化指数为依据，作为乡村居民点体系重组的空间特征和演进规律，构建溧水区农业现代化发展等经济社会指标变化与乡村居民点体系空间变迁的函数关系，寻找相互作用关系及其内在的作用机制和规律所在。

## 二　影响因子假设

乡村居民点体系的空间演变受到社会、经济、制度等多方面因素的共同影响，是一个复杂的综合过程。根据相关文献研究成果（徐星明，2000；黄祖辉，2003；蒋和平，2006；耿明斋，2015；邵明伟，2015）和前文研究分析结果，研究首先假定影响乡村居住空间格局的若干影响因子，采用德尔菲法，邀请相关专家对影响乡村居住空间布局的众多因素进行打分、筛选,即初步剔除对居住空间布局影响不显著的因子。

研究认为,以农业现代化发展为代表的经济模式变化推动乡村人口流动性增强,影响乡村社会关系网络和乡村居民就业结构变化,从而带动乡村居民点体系空间变迁;而乡村户籍制度、房屋产权制度及农民收入、社会服务设施配套水平又是影响乡村社会空间布局不可或缺的因素。基于此,本书做出以下的理论假设:

经济因素:农业现代化水平(H1):农业现代化的发展代表了农业生产力水平的进步,而生产力的进步必然会带来人口、社会等多方面的变革。本书选取农业机械化(X1)、农业电气化(X2)、农业水利化(X3)、农业规模化(X4)、农业劳动生产率(X5)、土地综合生产率(X6)这六个指标代表农业现代化水平。

社会因素:乡村人口就业(H2):以就业为主要代表的乡村人口的流动会引起乡村人口对居住、工作、社会服务等各类生活条件的需求转变,研究选取乡村从业人员总数(X7)、农民非农产业就业数(X8)、农民农业产业就业数(X9)、农民非农就业结构(X10)四个衡量乡村人口流动的指标。乡村人口就业结构的变化反映了乡村人口的流动特征,表明了原有乡村空间的封闭性正逐渐被打破,原有的乡村居民点有了更多变化的可能。

制度因素:户籍制度(H3):乡村户籍制度制约乡村人口流动,对乡村居住空间格局产生深远影响,研究选取常住总人口(X11)、城镇人口(X12)、常住人口城镇化率(X13)、户籍总人口(X14)、乡村人口(X15)、户籍人口城镇化率(X16)。

社会因素:社会服务水平(H4):良好的公共服务水平和基础设施网络是推动乡村居民点体系空间演变的外部条件。研究选取居住消费支出(X17)、医疗保健消费支出(X18)、交通通信消费支出(X19)、文教娱乐用品及服务消费支出(X20)。

经济因素:经济发展水平(H5):农民经济收入水平是乡村居民点体系变迁的必备基础和首要条件,研究选取 GDP(X21)、一产增加值(X22)、农民工资性收入(X23)、家庭经营收入(X24)。其中，农民工资性收入，由在非企业组织中的劳动所得、在本地企业中劳动所得和常住人口外出从业所得几部分构成，是体现农民非农产业收入比重的重要因子；家庭经营收入，则由农民从事农林牧副渔等农业产业收入构成，是反映农民通过农业劳动收入的因子。

### 三 分析模型构建

层次分析法（Analytic Hierarchy Process，简称 AHP）。为了更好地对影响分离度 SPLIT 指数的因素进行评价，本书依据层次分析法构建评价模型。层次分析法是一种定性与定量分析相结合的多准则决策方法。该方法首先根据科学性、全面性和可操作性的原则，结合各元素指标属性特征，对各元素进行分类、归组，形成递阶层次结构，进而构建不同层次和属性的指标体系，将复杂的问题简洁化、层次化。

通过层次分析法，构建五大类指标的判别矩阵，分别计算各指标的影响权重。运用 SPSS 软件将原始数据统一标准化，结合各指标的权重计算相应的分指数，将其作为自变量，与溧水区乡村居民点的分散度指数（SPLIT）这个因变量进行回归分析，分析乡村居民点体系的分散度指数与预设的经济因素、社会因素及政策因素指标的相互作用关系，并构建回归模型对结果进行检验。

## 第三节 分析过程及结果评估

### 一 原始数据搜集

为了更为科学准确地对溧水区乡村居民点空间演变的动力机制进行综合分析，本书选取来自于《江苏省农村统计年鉴》《南京统计年鉴》以及溧水区统计资料的相关经济社会数据（详见附录 2），并经过适当计算得到乡村居住空间演变的各项相关指标数据。

### 二 数据处理及分析过程

1. 构建层级指标

为了更好地对影响分离度 SPLIT 指数的因素进行评价，根据层次分析法，首先构建评价模型，形成层次结构指标体系（表5-8）。

表5-8　　　　　　　　　　层次结构指标体系表

| 一级指标代码 | 一级指标 | 二级指标代码 | 二级指标 |
| --- | --- | --- | --- |
| H1 | 经济因素：农业现代化水平 | X1 | 农业机械化 |
| | | X2 | 农业电气化 |
| | | X3 | 农业水利化 |
| | | X4 | 农业规模化 |
| | | X5 | 农业劳动生产率 |
| | | X6 | 土地综合生产率 |
| H2 | 社会因素：乡村人口就业 | X7 | 乡村从业人员总数 |
| | | X8 | 农民非农产业就业数 |
| | | X9 | 农民农业产业就业数 |
| | | X10 | 农民非农就业结构 |
| H3 | 制度因素：户籍制度 | X11 | 常住总人口 |
| | | X12 | 城镇人口 |
| | | X13 | 常住人口城镇化率 |
| | | X14 | 户籍总人口 |
| | | X15 | 乡村人口 |
| | | X16 | 户籍人口城镇化率 |
| H4 | 社会因素：社会服务水平 | X17 | 居住消费支出 |
| | | X18 | 医疗保健消费支出 |
| | | X19 | 交通通信消费支出 |
| | | X20 | 文教娱乐用品及服务消费支出 |
| H5 | 经济因素：经济发展水平 | X21 | GDP |
| | | X22 | 一产增加值 |
| | | X23 | 农民工资性收入 |
| | | X24 | 家庭经营收入 |

资料来源：笔者根据前文分析结果，结合德尔菲法的专家打分进行筛选绘制

## 第五章 平原地区乡村居住空间演化及影响因子分析

**2. 构建判别矩阵**

利用 satty 标度法,请相关专家对指标进行逐一比较,并用 1—9 及其倒数作为标度进行赋值,以判断两个要素重要性区别,通过赋值将定性判断定量化。其中,1 表示相等、2 表示较强、3 表示强、4 表示很强、5 表示绝对强。对专家咨询结果进行整理、判别和归纳,得到如下判别矩阵 M1—M5(表 5 - 9、表 5 - 10、表 5 - 11、表 5 - 12、表 5 - 13):

表 5 - 9　　　　　　　农业现代化水平指标矩阵 M1

| 经济因素:<br>农业现代化水平 H1 | X1 | X2 | X3 | X4 | X5 | X6 |
|---|---|---|---|---|---|---|
| X1 | 1 | 2 | 3 | 4 | 5 | 5 |
| X2 | 1/2 | 1 | 2 | 3 | 3 | 4 |
| X3 | 1/3 | 1/2 | 1 | 2 | 3 | 2 |
| X4 | 1/4 | 1/3 | 1/2 | 1 | 2 | 1 |
| X5 | 1/5 | 1/3 | 1/3 | 1/2 | 1 | 2 |
| X6 | 1/5 | 1/4 | 1/2 | 1 | 1/2 | 1 |

资料来源:笔者根据标度法统计分析。

表 5 - 10　　　　　　　乡村人口就业指标矩阵 M2

| 社会因素:<br>乡村人口就业指标 H2 | X7 | X8 | X9 | X10 |
|---|---|---|---|---|
| X7 | 1 | 3 | 2 | 1 |
| X8 | 1/3 | 1 | 2 | 1 |
| X9 | 1/2 | 1/2 | 1 | 1 |
| X10 | 1 | 1 | 1 | 1 |

资料来源:笔者根据标度法统计分析。

表 5 – 11　　　　　　　　户籍制度指标矩阵 M3

| 社会因素：<br>户籍制度指标 H3 | X11 | X12 | X13 | X14 | X15 | X16 |
|---|---|---|---|---|---|---|
| X11 | 1 | 2 | 3 | 2 | 1/9 | 2 |
| X12 | 1/2 | 1 | 2 | 3 | 1/9 | 3 |
| X13 | 1/3 | 1/2 | 1 | 2 | 1/8 | 2 |
| X14 | 1/2 | 1/3 | 1/2 | 1 | 1/9 | 1 |
| X15 | 9 | 9 | 8 | 9 | 1 | 9 |
| X16 | 1/2 | 1/3 | 1/2 | 1 | 1/9 | 1 |

资料来源：笔者根据标度法统计分析。

表 5 – 12　　　　　　　　社会服务水平指标矩阵 M4

| 社会因素：<br>社会服务水平 H4 | X17 | X18 | X19 | X20 |
|---|---|---|---|---|
| X17 | 1 | 2 | 3 | 2 |
| X18 | 1/2 | 1 | 2 | 3 |
| X19 | 1/3 | 1/2 | 1 | 2 |
| X20 | 1/2 | 1/3 | 1/2 | 1 |

资料来源：笔者根据标度法统计分析。

表 5 – 13　　　　　　　　经济发展水平指标矩阵 M5

| 经济因素：<br>经济发展水平 H5 | X21 | X22 | X23 | X24 |
|---|---|---|---|---|
| X21 | 1 | 2 | 3 | 2 |
| X22 | 1/2 | 1 | 2 | 1 |
| X23 | 1/3 | 1/2 | 1 | 2 |
| X24 | 1/2 | 1 | 1/2 | 1 |

资料来源：笔者根据标度法统计分析。

## 3. 计算权重

对专家填写的判断矩阵进行层次排序，即利用特征根法计算权量向量，将每一个因素按照对准则的重要性进行排序。具体计算过程如下。

首先，计算判断矩阵每一行元素的乘积

$$M_i = \prod_{j=1}^{n} a_{ij} \tag{5-1}$$

式中：$M_i$ 为第 i 行各元素的乘积；$a_{ij}$ 为第 i 个元素与第 j 个元素的关系比值

其次，计算 $M_i$ 的 n 次方根

$$W_i = \sqrt[n]{M_i} \tag{5-2}$$

式中：$W_i$ 为第 i 行各元素的乘积的 n 次方根；$M_i$ 为第 i 行各元素的乘积

再次，对向量正规化（归一化处理）

$$\vec{W_i} = \frac{W_i}{\sum_{i=1}^{n} W_i} \tag{5-3}$$

式中：$\vec{W_i}$ 为特征向量；$W_i$ 为第 i 行各元素的乘积的 n 次方根

复次，计算判断矩阵的特征根

$$\lambda_i = \sum_{j=1}^{n} a_{ij} \vec{W_j} \tag{5-4}$$

式中：$\lambda_i$ 为第 i 个特征根；$a_{ij}$ 为第 i 个元素与第 j 个元素的关系比值；$W_j$ 为第 j 个特征向量

最后，计算判断矩阵的最大特征根和权重

$$\lambda_{max} = \sum_{i=1}^{n} \frac{\lambda_i}{n \times \vec{W_i}} \tag{5-5}$$

式中：$\lambda_{max}$ 为最大特征根；$\lambda_i$ 为特征根；$n$ 为判断矩阵的阶数；$W$ 为特征向量

利用 MCE① 软件来实现判别矩阵的计算（图 5-11）。

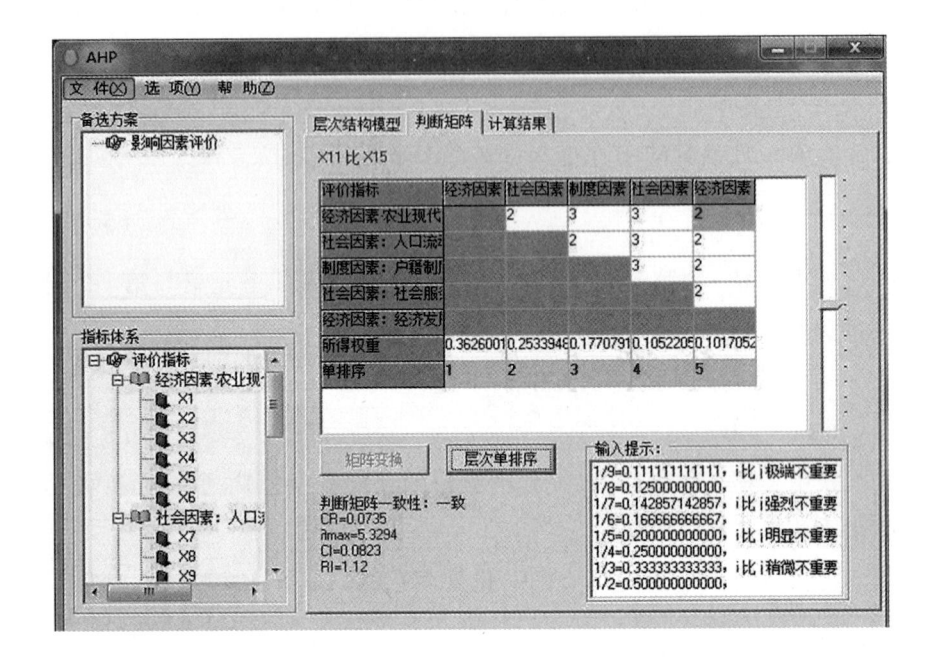

图 5-11 软件计算界面

资料来源：笔者根据计算机界面采集。

依据上述计算过程，计算权重如下表（表 5-14、表 5-15、表 5-16、表 5-17、表 5-18），为了节省篇幅，每个判别矩阵的单层权重直接放在判别矩阵的最下面一行。

4. 一致性检验

为了判断上述权重计算结果是否科学，还必须进行一致性检验，即判断一致性比率 CR 值是否小于 0.1。当 CR 小于 0.1 时，该矩阵的计算结果通过一致性检验，权重计算结果可靠；反之，权重计算结果不可靠。

---

① MCE（Modern Comprehensive Evaluation）是一个用来处理较复杂综合评价问题的软件。MCE 提供了现代被广泛运用的 AHP（层次分析法），Fuzzy（模糊综合评价法）和 Gray（灰色综合评价法）三种综合评价方法。本书的相关设置以河海大学商学院（常州校区）杜栋教授等编著的《现代综合评价方法与案例精选》为蓝本。

## 第五章 平原地区乡村居住空间演化及影响因子分析

表 5 – 14　　　　　农业现代化水平指标矩阵单层权重

| 经济因素：<br>农业现代化水平指标 H1 | X1 | X2 | X3 | X4 | X5 | X6 |
|---|---|---|---|---|---|---|
| X1 | 1 | 2 | 3 | 4 | 5 | 5 |
| X2 | 1/2 | 1 | 2 | 3 | 3 | 4 |
| X3 | 1/3 | 1/2 | 1 | 2 | 3 | 2 |
| X4 | 1/4 | 1/3 | 1/2 | 1 | 2 | 1 |
| X5 | 1/5 | 1/3 | 1/3 | 1/2 | 1 | 2 |
| X6 | 1/5 | 1/4 | 1/2 | 1 | 1/2 | 1 |
| 单层权重 | 0.3864 | 0.2417 | 0.1493 | 0.0879 | 0.0705 | 0.0641 |

注：lmax = 6.1779；CI = 0.0356；RI = 1.24；CR = 0.0287

资料来源：笔者绘制。

表 5 – 15　　　　　乡村人口就业指标矩阵单层权重

| 社会因素：<br>乡村人口就业指标 H2 | X7 | X8 | X9 | X10 |
|---|---|---|---|---|
| X7 | 1 | 3 | 2 | 1 |
| X8 | 1/3 | 1 | 2 | 1 |
| X9 | 1/2 | 1/2 | 1 | 1 |
| X10 | 1 | 1 | 1 | 1 |
| 单层权重 | 0.3748 | 0.2164 | 0.1693 | 0.2395 |

注：lmax = 4.2148；CI = 0.0716；RI = 0.9；CR = 0.0796

资料来源：笔者绘制。

表 5 – 16　　　　　户籍制度指标矩阵单层权重

| 社会因素：<br>户籍制度指标 H3 | X11 | X12 | X13 | X14 | X15 | X16 |
|---|---|---|---|---|---|---|
| X11 | 1 | 2 | 3 | 2 | 1/9 | 2 |
| X12 | 1/2 | 1 | 2 | 3 | 1/9 | 3 |

续表

| 社会因素：<br>户籍制度指标 H3 | X11 | X12 | X13 | X14 | X15 | X16 |
|---|---|---|---|---|---|---|
| X13 | 1/3 | 1/2 | 1 | 2 | 1/8 | 2 |
| X14 | 1/2 | 1/3 | 1/2 | 1 | 1/9 | 1 |
| X15 | 9 | 9 | 8 | 9 | 1 | 9 |
| X16 | 1/2 | 1/3 | 1/2 | 1 | 1/9 | 1 |
| 单层权重 | 0.1193 | 0.1013 | 0.0669 | 0.0464 | 0.6197 | 0.0464 |

注：lmax = 6.3311；CI = 0.0662；RI = 1.24；CR = 0.0534

资料来源：笔者绘制。

表 5-17　　社会服务水平指标矩阵单层权重

| 社会因素：<br>社会服务水平 H4 | X17 | X18 | X19 | X20 |
|---|---|---|---|---|
| X17 | 1 | 2 | 3 | 2 |
| X18 | 1/2 | 1 | 2 | 3 |
| X19 | 1/3 | 1/2 | 1 | 2 |
| X20 | 1/2 | 1/3 | 1/2 | 1 |
| 单层权重 | 0.4160 | 0.2941 | 0.1698 | 0.1201 |

注：lmax = 4.1638；CI = 0.0546；RI = 0.9；CR = 0.0607

资料来源：笔者绘制。

表 5-18　　经济发展水平指标矩阵单层权重

| 经济因素：<br>经济发展水平 H5 | X21 | X22 | X23 | X24 |
|---|---|---|---|---|
| X21 | 1 | 2 | 3 | 2 |
| X22 | 1/2 | 1 | 2 | 1 |
| X23 | 1/3 | 1/2 | 1 | 2 |

续表

| 经济因素：<br>经济发展水平 H5 | X21 | X22 | X23 | X24 |
|---|---|---|---|---|
| X24 | 1/2 | 1 | 1/2 | 1 |
| 单层权重 | 0.4300 | 0.2310 | 0.1756 | 0.1634 |

注：lmax = 4.2050；CI = 0.0683；RI = 0.9；CR = 0.0759

资料来源：笔者绘制。

一致性检验的计算公式为：

$$CR = \frac{CI}{RI}$$

以矩阵 M1 为例，由计算可知：

$CI = 0.0356$；$RI = 1.24$；$CR = 0.0287 < 0.10$，故该判别矩阵通过了一致性检验。

同理，对其他四个矩阵开展一致性检验，检验结果见表 5-19，所有判别矩阵的 CR < 0.1，因此各准则层的判定均具有一致性，通过一致性检验，计算结果科学有效。

表 5-19　　　　　　　　一致性检验结果

| 判别矩阵 | CR 值 | 是否 < 0.1 | 一致性检验结果 |
|---|---|---|---|
| M1 | CR = 0.0287 | 是 | √ |
| M2 | CR = 0.0796 | 是 | √ |
| M3 | CR = 0.0534 | 是 | √ |
| M4 | CR = 0.0607 | 是 | √ |
| M5 | CR = 0.0759 | 是 | √ |

资料来源：笔者统计绘制。

5. 数据标准化

根据研究需要，本书收集及选取原始数据时，侧重于对乡村居民点空间布局有显著影响的农业现代化水平、乡村人口就业、经济发展水平及户籍制度等多元化的指标进行分析,但各原始数据单位的多样化为后期统计分析带来不便,故在因子分析前,先对原始数据进行批量的标准化处理,实现同口径下的数据特征。

数据标准化后所得结果如表5-20所示。

表5-20 数据标准化表(一)

| 年份 | 经济因素:农业现代化水平 | | | | | 社会因素:乡村人口就业 | | | | |
|---|---|---|---|---|---|---|---|---|---|---|
| | X1 | X2 | X3 | X4 | X5 | X6 | X7 | X8 | X9 | X10 |
| | 万千瓦/人 | 万千瓦时/人 | % | 亩/人 | 万元/人 | kg/亩 | 万人 | 万人 | 万人 | % |
| | 农业机械化 | 农业电气化 | 农业水利化 | 农业规模化 | 农业劳动生产率 | 土地综合生产率 | 乡村从业人员总数 | 农民非农业就业数 | 农民农业产业就业数 | 农民非农就业结构 |
| 2000 | 0.00000 | 0.00000 | 0.00000 | 0.00000 | 0.00000 | 0.65298 | 0.26693 | 0.00000 | 1.00000 | 0.00000 |
| 2002 | 0.11560 | 0.05642 | 0.15262 | 0.09322 | 0.04572 | 0.87901 | 0.00000 | 0.10542 | 0.72144 | 0.09019 |
| 2003 | 0.19568 | 0.10489 | 0.25386 | 0.16162 | 0.06777 | 0.98136 | 0.13546 | 0.30015 | 0.52305 | 0.22201 |
| 2005 | 0.47467 | 0.32778 | 0.25593 | 0.38282 | 0.13136 | 0.79066 | 0.22709 | 0.43338 | 0.38677 | 0.33800 |
| 2006 | 0.59709 | 0.44465 | 0.26712 | 0.50942 | 0.16516 | 0.66912 | 0.42231 | 0.62958 | 0.21643 | 0.54133 |
| 2007 | 0.63209 | 0.52513 | 0.27785 | 0.56797 | 0.19865 | 0.44722 | 0.56175 | 0.75988 | 0.10822 | 0.71346 |
| 2009 | 0.68255 | 0.61627 | 0.29918 | 0.71278 | 0.25901 | 0.00000 | 0.60159 | 0.78038 | 0.10020 | 0.73379 |
| 2011 | 0.81251 | 0.75948 | 0.62170 | 0.82434 | 0.54733 | 0.34425 | 0.79283 | 0.89019 | 0.04609 | 0.86455 |
| 2012 | 0.88857 | 0.83965 | 0.71928 | 0.88012 | 0.68802 | 0.53183 | 0.86454 | 0.93265 | 0.02405 | 0.92143 |
| 2013 | 0.96116 | 0.91776 | 0.95758 | 0.94731 | 0.83400 | 0.76198 | 0.94422 | 0.97950 | 0.00000 | 0.98741 |
| 2015 | 1.00000 | 1.00000 | 1.00000 | 1.00000 | 1.00000 | 1.00000 | 1.00000 | 1.00000 | 0.00000 | 1.00000 |

资料来源:笔者统计绘制。

续表 5-20　　　　　　　　　　数据标准化表（二）

|  | 制度因素：户籍制度 |  |  |  |  | 社会因素：社会服务水平 |  |  |  |  |
|---|---|---|---|---|---|---|---|---|---|---|
|  | X11 | X12 | X13 | X14 | X15 | X16 | X17 | X18 | X19 | X20 |
|  | 万人 | 万人 | % | 万人 | 万人 | % | 元/人 | 元/人 | 元/人 | 元/人 |
| 年份 | 常住总人口 | 城镇人口 | 常住人口城镇化率 | 户籍总人口 | 乡村人口 | 户籍人口城镇化率 | 居住消费支出 | 医疗保健消费支出 | 交通通信消费支出 | 文教娱乐用品及服务消费支出 |
| 2000 | 0.00000 | 0.00000 | 0.00000 | 0.29185 | 1.00000 | 0.00000 | 0.02211 | 0.00000 | 0.00000 | 0.00000 |
| 2002 | 0.16461 | 0.12647 | 0.12643 | 0.00858 | 0.66784 | 0.18195 | 0.00000 | 0.03101 | 0.06397 | 0.03701 |
| 2003 | 0.21399 | 0.14863 | 0.14468 | 0.00429 | 0.59011 | 0.27632 | 0.03653 | 0.13002 | 0.13700 | 0.09839 |
| 2005 | 0.30041 | 0.28683 | 0.29665 | 0.00000 | 0.31449 | 0.62001 | 0.12349 | 0.27786 | 0.20937 | 0.23663 |
| 2006 | 0.39506 | 0.37158 | 0.38113 | 0.09442 | 0.30035 | 0.71273 | 0.17799 | 0.35667 | 0.29276 | 0.32313 |
| 2007 | 0.46091 | 0.41591 | 0.42181 | 0.15021 | 0.28975 | 0.72131 | 0.20812 | 0.41561 | 0.36378 | 0.39384 |
| 2009 | 0.72016 | 0.49413 | 0.46526 | 0.29185 | 0.24735 | 0.93244 | 0.34804 | 0.54971 | 0.54248 | 0.52347 |
| 2011 | 0.91770 | 0.54889 | 0.49074 | 0.57511 | 0.17668 | 1.00000 | 0.40594 | 0.62446 | 0.61803 | 0.62695 |
| 2012 | 0.92181 | 0.58670 | 0.53530 | 0.64807 | 0.10601 | 0.89587 | 0.48881 | 0.71014 | 0.64262 | 0.73851 |
| 2013 | 0.95885 | 0.91525 | 0.91088 | 0.84120 | 0.03534 | 0.91270 | 0.52426 | 0.78671 | 0.69119 | 1.00000 |
| 2015 | 1.00000 | 1.00000 | 1.00000 | 1.00000 | 0.00000 | 0.89121 | 1.00000 | 1.00000 | 1.00000 | 0.70267 |

资料来源：笔者统计绘制。

续表 5-20　　　　　　　　　　数据标准化表（三）

|  | 经济因素：农民经济收入 |  |  |  |
|---|---|---|---|---|
|  | X21 | X22 | X23 | X24 |
|  | 亿元 | 亿元 | 元 | 元 |
| 年份 | GDP | 一产增加值 | 农民工资性收入 | 家庭经营收入 |
| 2000 | 0.00000 | 0.00000 | 0.00000 | 0.01935 |

227

续表

| | 经济因素：农民经济收入 | | | |
|---|---|---|---|---|
| | X21 | X22 | X23 | X24 |
| | 亿元 | 亿元 | 元 | 元 |
| 年份 | GDP | 一产增加值 | 农民工资性收入 | 家庭经营收入 |
| 2002 | 0.02388 | 0.03529 | 0.05844 | 0.00000 |
| 2003 | 0.04816 | 0.05136 | 0.10998 | 0.00822 |
| 2005 | 0.09377 | 0.13452 | 0.21146 | 0.37938 |
| 2006 | 0.13456 | 0.16527 | 0.27792 | 0.37686 |
| 2007 | 0.18916 | 0.19951 | 0.34339 | 1.00000 |
| 2009 | 0.33750 | 0.26974 | 0.48341 | 0.73233 |
| 2011 | 0.53638 | 0.66632 | 0.54525 | 0.79234 |
| 2012 | 0.68659 | 0.78232 | 0.64849 | 0.83808 |
| 2013 | 0.82570 | 0.89727 | 0.77119 | 0.86619 |
| 2015 | 1.00000 | 1.00000 | 1.00000 | 0.18848 |

资料来源：笔者统计绘制。

同样，对分离度指数进行标准化处理，见表5-21所示。

表5-21　　　　分离度指数及数据标准化处理表

| 年份（年） | 分离度指数SPLIT | 标准化处理Y |
|---|---|---|
| 2000 | 667.75 | 1.00000 |
| 2002 | 626.64 | 0.71904 |
| 2003 | 618.37 | 0.66252 |
| 2005 | 603.15 | 0.55850 |
| 2006 | 588.97 | 0.46159 |
| 2007 | 554.06 | 0.22300 |

续表

| 年份（年） | 分离度指数 SPLIT | 标准化处理 Y |
|---|---|---|
| 2009 | 546.35 | 0.17031 |
| 2011 | 544.34 | 0.15657 |
| 2012 | 543.61 | 0.15159 |
| 2013 | 532.07 | 0.07272 |
| 2015 | 521.43 | 0.00000 |

资料来源：作者绘制。

6. 分指数的加权计算

结合前文计算的权重结果和标准化数据，根据公式：

$X_{ij} = X_{ij} \times W_i$

计算各个指标的加权数据如表5-22。

表5-22　　　　　　　各指标权重计算一览表（一）

| X1 | X2 | X3 | X4 | X5 | X6 | X7 | X8 | X9 | X10 |
|---|---|---|---|---|---|---|---|---|---|
| 0.0000 | 0.0000 | 0.0000 | 0.0000 | 0.0000 | 0.0419 | 0.1000 | 0.0000 | 0.1693 | 0.0000 |
| 0.0447 | 0.0136 | 0.0228 | 0.0082 | 0.0032 | 0.0563 | 0.0000 | 0.0228 | 0.1221 | 0.0216 |
| 0.0756 | 0.0254 | 0.0379 | 0.0142 | 0.0048 | 0.0629 | 0.0508 | 0.0650 | 0.0886 | 0.0532 |
| 0.1834 | 0.0792 | 0.0382 | 0.0336 | 0.0093 | 0.0507 | 0.0851 | 0.0938 | 0.0655 | 0.0810 |
| 0.2307 | 0.1075 | 0.0399 | 0.0448 | 0.0116 | 0.0429 | 0.1583 | 0.1362 | 0.0366 | 0.1296 |
| 0.2442 | 0.1269 | 0.0415 | 0.0499 | 0.0140 | 0.0284 | 0.2105 | 0.1644 | 0.0183 | 0.1709 |
| 0.2637 | 0.1490 | 0.0447 | 0.0627 | 0.0183 | 0.0000 | 0.2255 | 0.1689 | 0.0170 | 0.1757 |
| 0.3140 | 0.1836 | 0.0928 | 0.0725 | 0.0386 | 0.0221 | 0.2972 | 0.1926 | 0.0078 | 0.2071 |
| 0.3433 | 0.2029 | 0.1074 | 0.0774 | 0.0485 | 0.0341 | 0.3240 | 0.2018 | 0.0041 | 0.2207 |
| 0.3714 | 0.2218 | 0.1430 | 0.0833 | 0.0588 | 0.0488 | 0.3539 | 0.2120 | 0.0000 | 0.2365 |
| 0.3864 | 0.2417 | 0.1493 | 0.0879 | 0.0705 | 0.0641 | 0.3748 | 0.2164 | 0.0000 | 0.2395 |

资料来源：笔者统计分析。

续表 5-22　　　　　各指标权重计算一览表（二）

| X11 | X12 | X13 | X14 | X15 | X16 | X17 | X18 | X19 | X20 |
|---|---|---|---|---|---|---|---|---|---|
| 0.0000 | 0.0000 | 0.0000 | 0.0135 | 0.6197 | 0.0000 | 0.0092 | 0.0000 | 0.0000 | 0.0000 |
| 0.0196 | 0.0128 | 0.0085 | 0.0004 | 0.4139 | 0.0084 | 0.0000 | 0.0091 | 0.0109 | 0.0044 |
| 0.0255 | 0.0151 | 0.0097 | 0.0002 | 0.3657 | 0.0128 | 0.0152 | 0.0382 | 0.0233 | 0.0118 |
| 0.0358 | 0.0291 | 0.0198 | 0.0000 | 0.1949 | 0.0288 | 0.0514 | 0.0817 | 0.0356 | 0.0284 |
| 0.0471 | 0.0376 | 0.0255 | 0.0044 | 0.1861 | 0.0331 | 0.0740 | 0.1049 | 0.0497 | 0.0388 |
| 0.0550 | 0.0421 | 0.0282 | 0.0070 | 0.1796 | 0.0335 | 0.0866 | 0.1222 | 0.0618 | 0.0473 |
| 0.0859 | 0.0501 | 0.0311 | 0.0135 | 0.1533 | 0.0433 | 0.1448 | 0.1617 | 0.0921 | 0.0629 |
| 0.1095 | 0.0556 | 0.0328 | 0.0267 | 0.1095 | 0.0464 | 0.1689 | 0.1837 | 0.1049 | 0.0753 |
| 0.1100 | 0.0594 | 0.0358 | 0.0301 | 0.0657 | 0.0416 | 0.2033 | 0.2089 | 0.1091 | 0.0887 |
| 0.1144 | 0.0927 | 0.0609 | 0.0390 | 0.0219 | 0.0423 | 0.2181 | 0.2314 | 0.1174 | 0.1201 |
| 0.1193 | 0.1013 | 0.0669 | 0.0464 | 0.0000 | 0.0414 | 0.4160 | 0.2941 | 0.1698 | 0.0844 |

资料来源：笔者绘制。

续表 5-22　　　　　各指标权重计算一览表（三）

| X21 | X22 | X23 | X24 |
|---|---|---|---|
| 0.0000 | 0.0000 | 0.0000 | 0.0032 |
| 0.0103 | 0.0082 | 0.0103 | 0.0000 |
| 0.0207 | 0.0119 | 0.0193 | 0.0013 |
| 0.0403 | 0.0311 | 0.0371 | 0.0620 |
| 0.0579 | 0.0382 | 0.0488 | 0.0616 |
| 0.0813 | 0.0461 | 0.0603 | 0.1634 |
| 0.1451 | 0.0623 | 0.0849 | 0.1197 |
| 0.2306 | 0.1539 | 0.0957 | 0.1295 |
| 0.2952 | 0.1807 | 0.1139 | 0.1369 |
| 0.3550 | 0.2073 | 0.1354 | 0.1415 |
| 0.4300 | 0.2310 | 0.1756 | 0.0308 |

资料来源：笔者统计分析。

定义各项分指数为 Hj，则 Hj 的计算公式为：

$$H_j = \sum_{i=1}^{n} X_{ij}$$

计算结果见表 5 – 23。

表 5 – 23　　　　　　　　分指数加权统计分析

| 年份（年） | H1 | H2 | H3 | H4 | H5 |
| --- | --- | --- | --- | --- | --- |
| 2000 | 0.04186 | 0.26935 | 0.63324 | 0.00920 | 0.00316 |
| 2002 | 0.14885 | 0.16655 | 0.46361 | 0.02443 | 0.02868 |
| 2003 | 0.22075 | 0.25744 | 0.42897 | 0.08851 | 0.05323 |
| 2005 | 0.39444 | 0.32533 | 0.30840 | 0.19706 | 0.17052 |
| 2006 | 0.47738 | 0.46081 | 0.33385 | 0.26746 | 0.20642 |
| 2007 | 0.50499 | 0.56418 | 0.34534 | 0.31788 | 0.35112 |
| 2009 | 0.53827 | 0.58706 | 0.37719 | 0.46144 | 0.41199 |
| 2011 | 0.72345 | 0.70465 | 0.38049 | 0.53277 | 0.60978 |
| 2012 | 0.81363 | 0.75061 | 0.34255 | 0.61001 | 0.72677 |
| 2013 | 0.92709 | 0.80234 | 0.37132 | 0.68693 | 0.83928 |
| 2015 | 0.99990 | 0.83070 | 0.37525 | 0.96429 | 0.86740 |

资料来源：笔者统计分析。

## 三　结果分析：分指数与分离度指数的关系分析

1. 分指数与分离度指数之间的变化方向

结合前文计算的溧水区经济因素、社会因素及政策因素的分指数 Bj 的分年度结果及其变化特征，分别寻找其与分离度指数 Y 的变化关系，通过两者相关性的分析，论证 21 世纪近 15 年来，溧水区乡村地区经济因子、社会因子及政策因子这三类因子的变化特征及其与乡村居民点分离度指数的作用关系。

◆ 乡村居住空间重组研究 ◆

首先，根据层次分析法及权重计算的结果，对溧水区 15 年来农业现代化水平为代表的经济因素（H1）、乡村人口就业指标为代表的社会因素（H2）、户籍制度为代表的制度因素（H3）、社会服务水平为代表的社会因素（H4），以及经济发展水平为代表的经济因素（H5）这五项分指数计算结果，分别绘制各自的变化趋势图。

另外，根据前文分析的溧水区乡村居民点离散度指数变化趋势图，结合经济因素、社会因素及政策因素中五项因子的分指数变化趋势图，分别绘制 H1、H2、H3、H4 和 H5 这 5 个分指数与乡村居民点分离度指数 Y 之间的变化关系图（图 5-12、图 5-13、图 5-14、图 5-15、图 5-16）。如图所示，五幅函数关系图较为清晰地反映了：H1、H2、H4 和 H5 这四个指数与 Y 之间呈现反向的变化关系；而图 5-16 反映了户籍及城镇化率等政策制度分指数 H3 与乡村居民点分离度指数 Y 之间呈现正向的变化关系。

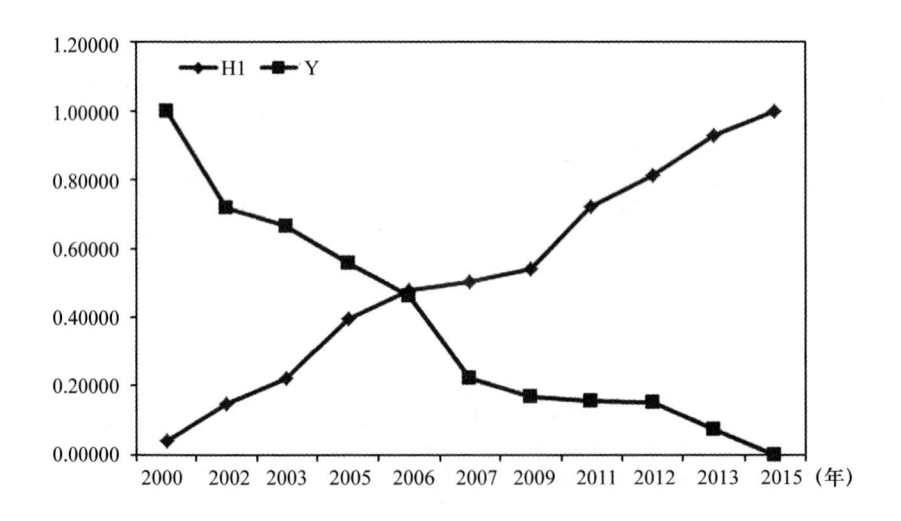

图 5-12 农业现代化水平指数 H1 与乡村居民点离散度指数 Y 函数关系

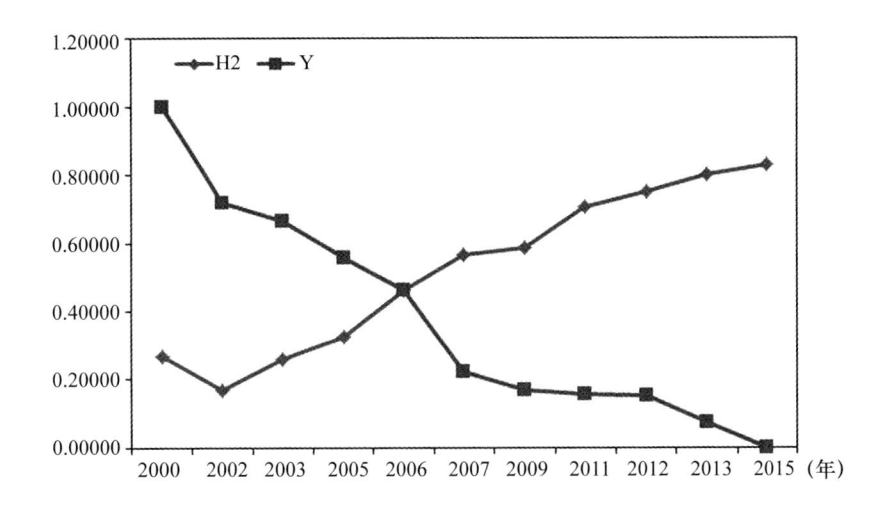

图 5-13 人口流动水平指数 H2 与乡村居民点离散度指数 Y 函数关系

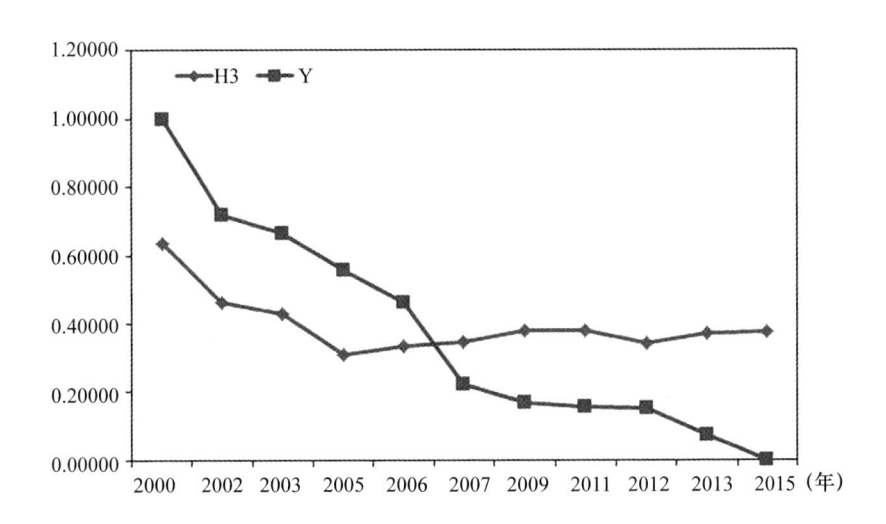

图 5-14 户籍制度指数 H3 与乡村居民点离散度指数 Y 函数关系

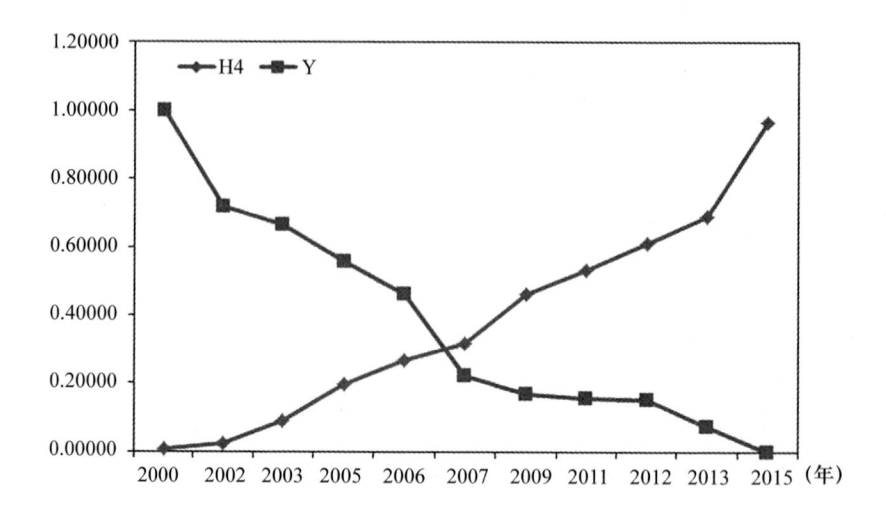

图 5-15 社会服务水平指数 H4 与乡村居民点离散度指数 Y 函数关系

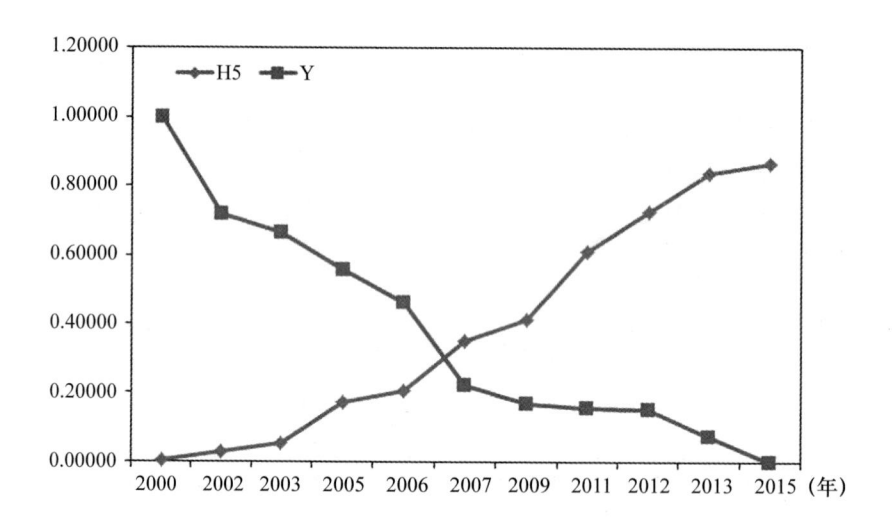

图 5-16 经济发展水平指数 H5 与乡村居民点离散度指数 Y 函数关系
来源：笔者统计分析。

## 2. 分指数与分离度指数之间的相关系数

为了进一步检验上述变化关系是否具有统计学意义，利用 SPSS 软件对其进行相关分析，结果发现相关系数如表 5-24 所示。

表 5-24　　乡村社会发展各分指数与乡村居民点分离度指数相关系数分析

| 分指数 | H1 | H2 | H3 | H4 | H5 |
| --- | --- | --- | --- | --- | --- |
| 相关系数 R | -0.94272 | -0.92781 | 0.701137 | -0.91168 | -0.91201 |

资料来源：笔者统计分析。

对其进行检验可知，所有指标的相关系数均通过了 P=0.05 的置信度检验。这说明上述相关系数是可信的，统计结果科学可靠。

## 3. 结论

根据上述定量分析结果，可以判断：

第一，经济因素之农业现代化水平 H1 以及经济因素之经济发展水平 H5、社会因素之乡村人口就业 H2 和社会因素之社会服务水平 H4 对乡村居民点分离度指数 Y 有负相关作用。政策制度因素之户籍制度 H3 与乡村居民点分离度指数 Y 有正相关作用，即经济因素和社会因素作用力越大，乡村居民点分离度指数就越小，乡村居民点空间就越集中集聚；户籍等制度因素作用力越大，乡村居民点分离度指数就越大，乡村居民点空间就越分散。

第二，从分指数与分离度指数的相关系数值来看，农业现代化水平 H1 为代表的经济因素对乡村居民点的离散度影响最大，以乡村人口就业指标 H2 为代表的社会因素对乡村居民点离散度的影响次之，以经济发展水平为代表的经济因素 H5 和社会服务水平为代表的社会因素 H4 的影响力则基本持平，即经济力是乡村居民点体系重组的主要推动力，农业现代化发展带来的乡村人口就业是乡村居民点体系重组的直接推动力；社会力和农民经济发展水平的高低则是乡村居民点体系重组的辅助推动力。

第三，乡村人口数、常住总人口数及城镇化率为代表的乡村户籍制度等政策制度因素分指数 H3 与乡村离散度指数 Y 的正相关性，表明了乡村户籍制度是影响乡村居民点分散布局的一项重要因素，即户籍制度为代表的政策力是乡村居民点体系重组的制约力。

## 第四节　本章小结

本章以 2000 年至 2015 年溧水区乡村居住空间格局演化特征为例，结合人口流动的影响因素分析，从定性、定量两个维度提取影响乡村居住空间重组的真正因子。研究形成如下结论。

乡村居住空间体系整体呈渐进式集聚的态势，空间缩减具有四方面特征。21 世纪以来，溧水区乡村居民点体系整体呈渐进式集聚发展，其中面积呈"倒 U"形变化，村庄总数在减少，分布趋于集中，形状变化较大，总体呈现不规则的变化态势，同时也显示了村庄居民点空间分布呈集中集聚的发展态势。在对减少的乡村居民点进一步深入分析的基础上，得出溧水区居民点空间缩减的四个主要特征：轴向非均衡缩减、圈层跳跃式缩减、边缘缩减与中心重组并存、缩减的时空分异效应显著。

乡村居住空间离散度与农业现代化水平及政策制度等若干因素相关。结合第四章的相关研究，利用德尔菲法、层次分析法及主成分分析法等技术手段，确定农业现代化水平、乡村人口就业、户籍制度、社会服务水平及经济发展水平五大类指标作为影响乡村居住空间重组的主成分，通过与乡村居民点分散度指数的相关性定量分析得出：农业现代化水平、乡村人口就业指标、社会服务水平及经济发展水平与乡村居民点离散度呈明显的负相关；而户籍制度则与乡村居民点离散度呈较强的正相关性，即二元化的户籍制度是导致乡村居民点分散布局的一个重要原因；而农业现代化、乡村人口就业、社会服务及经济发展的水平越高，乡村居民点分散度指数越低，即空间分布越集聚。同时函数关系显示，农业现代化水平所代表的经济因素是所有负相关的因子中与乡村居民点离散度的作用关系最显著的因子，即农业现代化发展水平是众多影响因素中对乡村居住空间体系集聚影响和作用最大的因素。

# 第六章　平原地区乡村居住空间重组的动力机制

　　快速发展的工业化和城镇化对乡村社会人力资源、生态资源的汲取和技术要素、资金要素的嵌入有着重要作用，农业现代化发展也推动农业生产技术革新、农业生产条件剧变、农业社会化服务体系重构，为全面实施乡村振兴战略提供了动力之源。乡村居住空间体系作为乡村人口生产、生活的空间载体，在农业现代化发展、社会关系网络重组和政策制度变迁的总体背景下，将如何适应全面实施乡村振兴的战略格局？本章将以溧水区的具体村庄为例，从农业经济模式、社会关系发展及政策制度变迁等多维度视角解析农业现代化平原地区乡村居住空间重组的动力机制，构建平原地区乡村居住空间重组的动力框架模型。并以此为基础，通过三个动力因子相互关系的变化分析，对不同时代背景下乡村居住空间重组的动力作用（转换）做出解释，提出动力嬗变的解释框架和运行机制。

　　村庄是观察中国乡村社会的最重要窗口之一。为使研究成果更加具有现实价值，更加准确地把握乡村人口流动的时空规律和分布特征，在对溧水区农村居民点的整体分布特征分析的基础上，本书还以该区一个农业产业为主要特征的村庄为对象开展相关的调查分析，透过一个村庄几百个各不相同的农户家庭和近千个劳动力生产、生活特征的把握，总结农业现代化作用下乡村人口的流动特征及居住空间重组的影响因素。

　　爱廉村位于南京市溧水区东屏镇的最北端，西侧紧邻溧水经济开发区，南侧与该镇的爱民村、和平村毗邻。全村现有土地 7119 亩，农户1600户，人口4700余人，共有44个村民小组，人均可耕种土地面积仅1.51亩，劳动力平均耕地面积约3.24亩。该村耕地以水田和旱地为主，少量丘陵地段为林地，位于村内西部的开泰圩生态农业示范区是南京市溧水区的四大高标准良田示范区之一。总体来讲，爱廉村是典型的农业村，水稻种植在该村的农业种植中占压倒性地位。尽管是全区高标准良田农业示范区，但政府政策扶持等诸多方面都不比邻近的村庄更为突出，农民的农业生产更多依靠长期的耕作经验积累和自身的摸索。

笔者根据研究的导向性需求，从村民的家庭人口、土地、经济产业等基本情况和居住意愿、公共服务需求等意向性需求情况等几个方面设计了村民调查问卷（问卷见附录）。在全村范围内，共发放了300份问卷，占全村总户数的18.9%，同时辅助村民随机访谈、入户调查等方法，共回收问卷287份，其中有效问卷275份，问卷回收率达到95.67%，回收问卷的有效率高达95.82%（图6-1）。

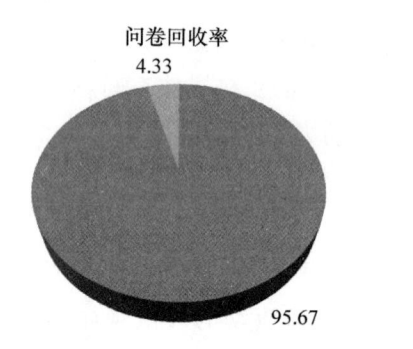

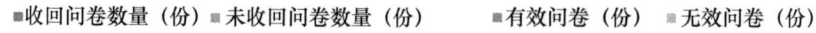

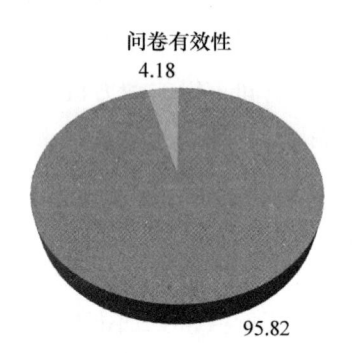

图6-1 爱廉村社会调查问卷回收率及问卷有效性统计分析（%）
资料来源：笔者自绘

## 第一节 农业经济模式变化的推动力

以农业现代化发展为表现形式的农业经济模式变化在促进农村人

口流动性增强、农民对土地依赖性降低的同时，其受耕作半径的束缚性也同步降低，这两点共同作用于乡村居民点选址要求变化，向农村社区集中和城镇空间转移成为新的农业经济模式下农民居住空间新的意向，乡村居住空间具备了重组的外部条件。

## 一 农业经济模式变化作用下人口空间特征：流动性增强

"工业化生产模式、商业化购销路径、劳动力职业分化、现代家庭农场、专业化分工、机械化耕作、规模化经营、市场化运行"（S. Dasgupta）是现代农业发展进程的核心。因此，现代农业发展的实质是自给自足的传统小农经济向以市场为目的的现代化大生产演化，其内在核心是乡村社会生产力与生产关系的变革，其最直接的表现则是乡村经济发展模式的变化。

W. 舒尔茨认为，现代农业是促进经济成长的重要推手，农业现代化发展首先改变的是推动传统的小农经济发展模式向现代化的规模化生产经营转变。传统的小农经济模式在市场经济的冲击下，自给自足的分散化小规模家庭生产模式难以为继，一方面，农业生产方式的变革极大地提高劳动生产效率，剩余劳动力开始近地小范围流动；另一方面，城镇化和工业化发展所带来的高劳动回报吸引着农民向工业生产转移，农村开始出现一种过渡形式的以"父耕子工"为典型代表的家庭经济模式。当然这种建立在代际分工基础上的"半工半耕"经济模式，仍是以农户为单位的自给自足的生产或部分的商品生产为主导，并没有实现真正意义上的"去农化"。而伴随着"留守农业"和流动经济相互支持完成的农村家庭社会再生产模式出现的是乡村社会人口的流动性特征开始逐渐活跃；而科学技术的快速发展引领农业生产技术不断变革创新，推动乡村劳动力的进一步解放和人口流动的频繁增加，小规模人口流动下的过渡型"父耕子工"家庭经济模式最终向现代化的机械大生产经济模式转变（表6-1）。因此，以农业现代化发展为主题的农业经济模式的变化，推动着乡村人口流动性显著增强。

表6-1　　　　乡村社会经济发展模式与人口空间特征变化

|  | 过去（农耕文明时期） | 过渡（工业化初期） | 未来（农业现代化时期） |
| --- | --- | --- | --- |
| 经济模式 | 传统的小农经济模式 | 父耕子工的家庭经济模式 | 现代化的机械大生产经济模式 |
| 劳动方法 | 铁犁牛耕的人力、畜力劳动为主 | 人力、半机械化劳动为主 | 机械化、规模化生产为主 |
| 生产形式 | 男耕女织的单家独户经营方式 | 家庭承包经营为主、统分结合的双层经营体制 | 规模化、专业化的家庭农场经营方式 |
| 农民就业 | 小农、自耕农 | 离土不离乡的兼业模式与离土又离乡的务工模式并存 | "不离城、不返乡、不种地"的新生代农民工 |
| 人口空间特征 | 村落是整个世界，农民固化在居民点内部 | 城乡社会、经济边界模糊，乡村人口流动初现 | 城乡边界、职业樊篱打破，城乡人口流动自由 |

注：劳动方法和生产形式合称为生产方式，其中前者属于生产力范畴；后者则属于生产关系范畴

资料来源：笔者自绘

从本书调研的275户样本的年龄构成来看，35岁以下的受访农民占比仅一成左右，50岁以上农民占比超过了55%，这也反映农村从事农业生产的多为中老年人，"老年农业"依然是乡村社会农业生产的主要形态。（图6-2）

从调研情况来看，随着农业现代化进程的加快和农业现代化向纵深推进，机械化生产逐步取代人工劳动，农村劳动力需求呈大幅下降趋势，原来从事农业生产的大量劳动力得以解放，农民进城、进镇务工已成为农民就业的主要方向，农村的耕地多留给劳动力衰退的老年人或女性劳动力照应；与此同时，一部分农民则选择进镇打工或农工兼业，从而催生农民在乡村内部分化，兼业农民、新型职业农民开始出现，留守农村纯务农的壮年劳动力基本消失了。在农村分散的小规模农业生产日渐式微而呈现"老年农业"和"妇女农业"的发展态势的同时，农村劳动力在城乡之间、乡村内部的流动性明显增强。

◆ 第六章 平原地区乡村居住空间重组的动力机制 ◆

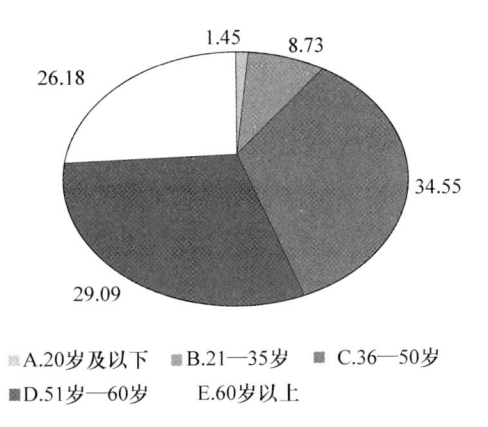

```
          1.45   8.73
    26.18

                        34.55

        29.09
```

▨ A.20岁及以下   ▨ B.21—35岁   ■ C.36—50岁
■ D.51岁—60岁      E.60岁以上

图6-2 爱廉村受访农民年龄结构分析（%）

```
  37.80                    52.10


         62.20           47.90
```

■ 外出劳动力 ■ 未外出劳动力      ■ 进城劳动力 ■ 直镇劳动力
    外出劳动力分析              进城进镇劳动力分析

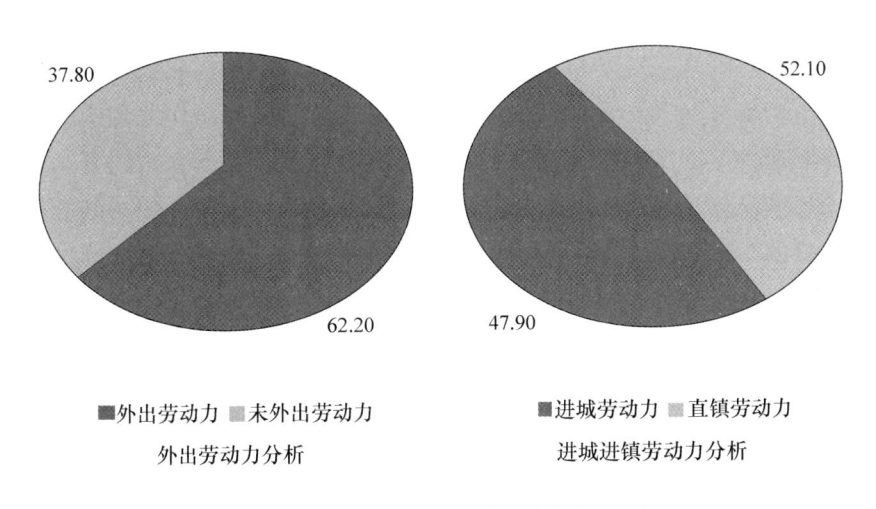

**图6-3 爱廉村劳动力构成分析（%）**

资料来源：笔者根据调查数据整理。

以农业现代化发展为标志的新经济模式打破了传统乡村社会的自然边界和社会边界，改变了乡村社会的时空关系，乡村人口在农业现代化发展的助推下向城镇空间梯度转移，在乡村社会自由流动，村落不再是他们的整个世界。

## 二 人口在城乡之间流动：居住空间城镇集聚化

经济发展模式改变带来劳动需求和就业方式的改变，加快了乡村人口的自由流动。农民对土地的依赖性下降，在传统小农经济模式下，一小块土地搭配一个家庭的乡村聚落模式已不再适应频繁流动的乡村人口的需求，新的就业方式和社会交往关系取代农业生产便利成为他们择居选址的要素。因此，这种乡村经济发展模式变革下的人口大规模流动和迁徙使乡村居住空间体系存在重组成为可能。

### 1. 情景：乡村人口在城乡间流动，农民城乡两栖

爱廉村的耕地流转率达到了40%，农业大户或农业公司承包的农田数量从最多的1000余亩到较少的100余亩不等，农业生产播、种、收的机械化水平接近100%，总体来讲，该村农业现代化发展已迈上一个台阶，并拥有一个持续健康发展的势头。农业现代化发展极大地解放了农村劳动力，更好的公共服务需求和更体面的工作成为吸引新一代农民外出务工的最大动力。在受访的农户中，进城、进镇务工的农民比例高达62.20%，早出晚归的进镇务工人员比例更是达到总流动人口的52.10%（表6-2，图6-3）。乡村人口在城乡间的梯度转移正成为乡村社会一道新的风景线。

表6-2　　　　　　　　劳动力流动情况一览表

| 序号 | 劳动力情况（人） | | 人数（人） | 比例（％） | |
|---|---|---|---|---|---|
| 1 | 劳动力 | | 574 | 100 | |
| 2 | 其中 | 外出劳动力 | 357 | 100 | 62.20 |
| | | 进城劳动力 | 171 | 47.90 | |
| | | 进镇劳动力 | 186 | 52.10 | |
| 3 | 未外出劳动力 | | 217 | | 37.80 |

资料来源：笔者根据调查数据整理。

城乡社会边界不断模糊，城镇生活在开阔了农民眼界的同时，多

元化选择也为农民带来了实实在在的实惠。在比较利益驱动下,即使农业生产需要劳动力,大部分青壮年劳动力也不愿意留守乡村务农,进而选择在城区或镇区买房作为临时落脚之处。调研数据显示,约有超过一半的受访农民在城区、镇区或相邻的开发区购买了商品房,其中有9.3%的农户在东屏镇购买了商品房,有13.6%在邻近的开发区集中安置区购买了住房,而在溧水城区购买商品房的农户达到了28.3%。这些在城镇购买了新房的农户都有共同特征:父辈都生活在农村,城市、镇区或开发区的住房,要么是为子女购买来成家的新房,要么是为子女上学购买的学区房,只有极少数的农户是用于自住的。即使是用于自住的农户,他们在农村依然保留了自己的宅基地和房产,虽然他们已经实现"离土又离乡"的生活,但是他们仍旧把持着农村旧有的故土,作为其返乡回流的居所。

这一现象说明了,在农业现代化发展水平较高的苏南平原地区,伴随着城乡社会边界的模糊和人口在城乡间流动,农民对土地的依赖程度也在减低,农民居住空间呈现向城市和集镇转移的倾向,原有的乡村居住空间体系随着人口在城乡间的流动开始出现松散化。

2. 动因:乡村劳动力需求减少

大规模的劳动力在城乡间流动,说明农业现代化发展对乡村经济发展模式的改变,传统农业生产中劳动力需求关系面临新的变化。

承包大户张某志承包了1300多亩地,其中耕地约1000亩,林地、水塘约300亩。张某志承包的农地都是机械化生产的,机械化生产减少了大量的人工劳动,常年固定用工7—8人,除了开机器的2—3个年轻人需要懂一点技术外,其余配套的劳力都是50—60岁了。这些常年帮忙干活的人,年轻人按每个工每天200元算,年纪大点的一天150元。虽然这些帮工工作并不繁重,但是农民普遍不愿意干农活,特别是青壮年劳动力。农忙的时候,还要花钱临时找人帮忙,在最忙的收割季节,还需要再雇十二三人,以免错过农作物的最佳收获期。而另一个承包200多亩地的大户俞某明则不用常年工,农闲的时候,老两口基本就可以照应过来,没有必要请人帮忙;农忙的时候,家里有收割机,只请临工帮忙,成本可以节约很多。

从承包不同规模的农田大户反映的用工情况来看,农业机械化和工厂化生产后,1000多亩地日常只需要七八人,这其中还有一部分是非壮年劳动力;而规模较小的100多亩地的农业生产,只需要两个老年人就够了。农业生产中的劳动力需求大幅减少,直接推动了乡村剩余劳动力向城镇空间的梯度转移。

3. 内在逻辑:规模化经营为代表的农业经济模式改变

一是农地规模化经营打破传统的以单个家庭为主要生产单位的小农经济模式,直接推动乡村居住空间体系重组。农业规模化经营的核心是通过农业现代化的技术手段,如机械化耕种、收割,完善的社会化服务,专业化配送,市场化的运营和销售,辅以一系列的专业合作社来实现农业生产和服务等一条龙的专业化服务,实现农业生产的效益最大化。因此,农地规模化经营是基于农业人口的分化,解放农业劳动力的农业现代化发展模式。土地的空间集聚与田间道路的建设、河道水网环境的整治以及村庄的搬迁是相辅相成的,一方面,成网成方的道路、水系有利于农业机械的操作,大型农机的实施将有效解放农业劳动力;另一方面,伴随着农田整治的村庄空间集并,也将引导农村居住空间重组。如重庆市将全市土地整理后的田间道路划分为田间道、生产大路和生产路这三种类型。田间道(机耕道)是联系居民点和耕地间的道路,主要为货物运输、机械转移及生产服务的道路,宽度一般为4米;生产大路则是连接居民点到田间、田间道与田间的通道,主要为生产物资、货物运输及小型机械通向田间的道路,宽度通常为1.5—2.5米;生产路则是联系田块之间的道路,主要为人工田间作业和收获农产品服务,宽度为0.6—1.5米。[①] 田地方格化、田间道路规整化、堰塘灌溉标准化,特别是大面积的地块划分和现代化的农田水利灌溉、排涝设施,将细碎化、分散的小农耕作方式彻底改变,将直接动摇原

---

[①] 参见《重庆市土地开发整理工程建设标准(试行)》。

有分散化的居住空间模式的根基。

二是农业产业化运营促进农民的非农就业率和土地流转进程，间接推动乡村居住空间重构。由于历史原因形成的工农业剪刀差和小农松散化的经营方式，造成农产品的初始价格偏低，而产业化的加工和市场化的流通则有效提升农产品的附加值。在市场经济条件下，农户作为松散的农业产业化组织中一员，生产的初级农产品及原料在进行初次交易后，不再加入加工、营销等经营过程之中，也不存在任何产权联系，理论上也无权要求分享产业化组织中所产生的高额附加利润。规模化经营释放的部分从事农产品贸易和流通的"不脱农"农民或职业商人则获取了农产品产业化组织中衍生的丰厚利润。这在一定程度上打消了小农从事农业生产的积极性，推动农业人口转向非农生产部门就业的同时，又反过来加快了农村的土地流转进程，促进了乡村居住空间的重构。

因此，乡村人口向城镇空间流动性的增强，在减少农村人口总数的同时，也提高了留守农民的劳均耕作面积，进一步加快了农村土地的规模化、集约化经营；土地规模化经营对乡村空间利用提出新的重组要求，这又为留守农民提供了更广阔的居住空间选择，农民居住空间可选择的弹性显著提高。

### 三 人口在乡村内部流动：居住空间农村社区集中化

1. 情境：乡村内部的人口流动，居住社区化初显

调查显示，有 8.36% 的农民从事其他工作（表 6-3，图 6-4）。进一步细分这类群体的共同特征是不再受缚于耕作半径的限制、依然从事与农业生产相关的工作，属于"离土不离乡"的群体。这部分群体与仍然留守农村从事农业生产的农民相加，仍然占到受访总户数的 45.5%，即仍有接近一半的农民在农村。可见，农业现代化发展进程的加快，不仅推动劳动力在城乡间纵向梯度转移，乡村劳动力也会随着乡村社会内部结构的分异而出现横向的流动。

表6-3　　　　　农民工作类型分类统计一览表　　　（单位：户；%）

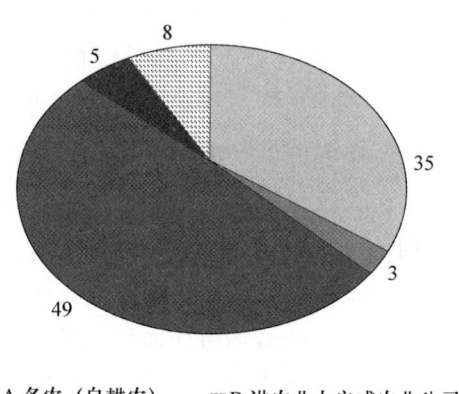

| 类型 | 务农（自耕农） | 进农业大户或农业公司务农 | 进厂打工 | 进城开店做生意 | 其他工作 ||| 总计 |
| --- | --- | --- | --- | --- | --- | --- | --- | --- |
|  |  |  |  |  | 农资服务 | 农产品销售 | 乡镇运输 |  |
| 数量 | 95 | 7 | 135 | 15 | 8 | 5 | 10 | 275 |
| 占比 | 34.55 | 2.55 | 49.09 | 5.45 | 2.90 | 1.82 | 3.64 | 100 |

资料来源：笔者根据调查数据整理。

图6-4　农民工作类型分类统计（%）

资料来源：笔者根据调查数据整理。

从乡村社会内部人口流动的空间居住特征来看，所从事的就业类型与其居住地点、居住模式等具有较强的相关性。除了34.55%的自耕农依然居住在自家的农院外，进农业公司打工的农户不再受传统的耕作半径限制，选择了设施配套及服务水平更好的集中安置区居住；进厂打工和进城开店的农户中有35户选择进驻集中社区居住，占其总户数的54.54%；从事农资服务、乡镇运输及农产品销售的农户进城镇居住的有3户，另有13户考虑到其工作的涉农特性，仍然选择位于农村地区的集中社区居住，仅有12户农户仍然居住在原来的村庄中。进入农村社区集中居住的农户占总受访农户的17.45%,农民居住空间开始伴随就业类型的差异而产生分化,初步呈现社区集中化倾向。

农业现代化推动农村人口流动具有两重性,既有城乡之间的流动,同时也有乡村社会内部的横向流动。而人口横向流动呈现就业依附型特征,部分不再受耕作半径束缚的农民,以及"脱农仍涉农"的农民的居住空间选择逐步向设施配套更加完善、功能布局更加合理的农村集中社区倾斜。

2. 动因:农村就业结构多元化

从劳动力空间流动特征及劳动力的劳动变化来看,推动劳动力在乡村内部横向流动的动因是农村就业结构的多元化。农业现代化生产解放了农村富余劳动力,推动一部分青壮年劳动力和有一定技术能力的劳动力向更高层次的城镇转移就业;对于其他剩余的农村劳动力而言,土地流转经营使得他们失去"以地为生"的途径,农业生产专业化分工和规模化经营对乡村社会的分工提出了客观需求,为这部分群体提供了新的就业机会,乡村社会的就业结构开始多元化。农资销售、种子培育等农业生产上游产业,农产品加工、运输、销售等下游产业随着多元化的产业分工应运而生。即使一些毫无技术能力的专门从事农业生产的老年劳动力,在现代化生产方式的助力下,也延长了其劳动寿命——他们进入农业公司或农业大户打工,成为新型职业农民。而农村生产设施和道路系统的完善,则彻底解放了耕作半径的束缚,农民骑车去种田,不再过分考虑居住地点与耕种土地之间的距离,吸引他们就业方向和就业形式更多的是自身的劳动能力和生产经验。

乔家君(2011)等人研究指出,农民非农就业比例的增加直接导致了乡村居住空间重组。他结合对中部某县村庄的实地考察,通过SPSS模拟发现,非农就业收入占总收入比重的差距与农户新建住宅年限之间表现出近似线性相关的趋势,即非农收入在总收入中占比越大,农户新建房的趋势就越明显。而新建住房中有76%的农户选择了向集中社区(47%)或交通便捷的村庄边缘搬迁(29%),仅有不到两成的村民选择老宅重建,就业分化推动乡村居民居住空间呈显著的社区集中化。

### 3. 内在逻辑：生产专业化分工为代表的农业经济模式的变化

一是农业生产专业化分工推动农民职业分化，乡村居住空间具备重组的条件。职业分化带来的乡村人口流动，使得农民居住的目标导向性更强，居住与就业关联性显著提升。（1）离土不离乡的农民。这个群体通常早出晚归，其居住地选择在农村，就业在离家不远的城镇边缘，用工之余还会协助留守家人干些简单的农活。他们对居住空间区位要求不高，一般选择继续留守故土，或根据经济条件和土地流转政策选择集中居住。（2）涉农不脱农的农民。这部分群体不直接从事农业生产，但从事农产品加工、运输、贸易等与农业相关的产业，通常会根据其所从事的职业进行居住地的选择，如从事农产品运输的，其居所选择首先考虑便捷的交通，既要靠近农副产品交易集散地，同时又不能离农副产品生产基地太远，以节约运输成本；从事农产品交易的，则更加考虑对市场信息的捕捉，所以倾向于到信息网络服务较好、市场成熟度更高的城镇居住。（3）离土又离乡的进城农民或不在村农户。他们不再从事农业生产，也不从事与农业生产相关的就业，通常选择进城成进镇居住，享受更好的公共服务。由于农民房屋产权关系等制度性问题，他们依旧将农村房产作为其"解甲归田"的最后保障，只是乡村老宅已失去其最基本的居住生活功能。因此，农民职业的分化使得"便于从事工作"成为农民选择居住空间的首选条件，乡村居住空间具备了重组的内在动力。

二是农民出行条件的改善，为人口流动和居住空间重组创造了条件。首先，机械化耕种对乡村道路交通环境提出了硬性要求，必须对原有的道路系统进行整治和修缮，以满足大中型机械的通行与操作。其次，农地的规模经营组织方式，要求对既有农田空间做出相应的整治，这对农业生产空间内部的交通环境也会带来较大变化；最后，农业现代化生产带来乡村经济发展条件及水平的提升，乡村基础设施配套水平也会随之得以改善。乡村道路系统条件的改善及农民出行需求的变化是农业现代化生产对农民出行方式产生的直接影响，徒步出行将不再成为现代化生产条件下农民出行的瓶颈，多样化的交通出行成为可能，农民的居住地会选择设施条件更为完善的集中社区。

◆ 第六章 平原地区乡村居住空间重组的动力机制 ◆

三是农民脱离耕作半径束缚,居住空间具备重组的基础。陈威(2007)指出,生产方式及其产业发展在极大程度上决定着乡村聚落的基本格局,对于以农业生产为主的乡村聚落,耕作制度和耕作方式是影响乡村聚落规模和布局的主要因素。

小农经济模式下乡村居民点的空间规模、人口数量以及农民出行等一切活动都与农业生产的耕作半径密切相关。以乡村居民点的规模为例,传统的农业生产耕作半径直接决定了乡村居民点的规模(胡怡婷,2011)。高尚德(1982)研究指出,在传统的小农经济模式和相对落后的生产力水平下,从居民点到最远的田间进行生产的下地时间以不超过30分钟为宜;以步行计算,从居民点到田间的最大空间距离一般可在2千米左右,最远不超过2.5千米。当乡村居民点规模增大到超出耕作半径范围时,农民田间生产劳作就会产生极大的不便,相应的生产成本就会增加,农业生产效率就会下降。此时既有耕作半径之内农田的供养能力就难以满足居民点内的人口规模,居民点的人口就会适时地外迁,在合适的耕作半径条件下,寻找新的集聚点,以建构与耕地规模相适应的村庄居民点规模和布局,从而实现劳动生产率最大化。在特定生产模式驱动下,居住空间不断向外围跳跃式扩张,造就了小农经济模式下乡村居住空间体系呈现一种典型的"匀质分散型"的布局模式。

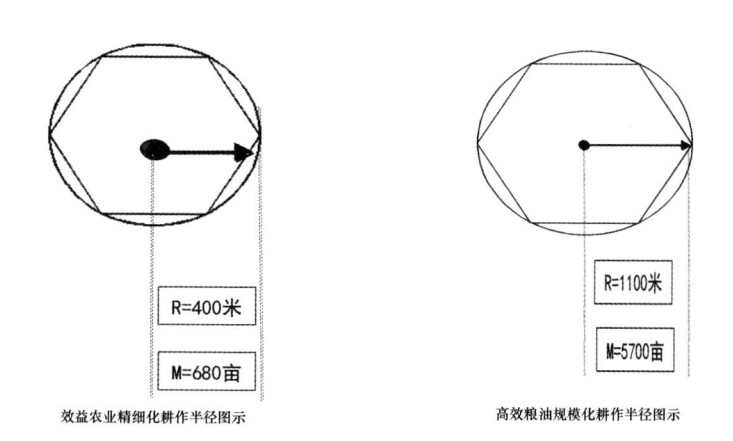

效益农业精细化耕作半径图示　　　　R=400米　　M=680亩

高效粮油规模化耕作半径图示　　　　R=1100米　　M=5700亩

图6-5 精细化农业与规模化农业耕作半径图示

资料来源:笔者自绘。

农业现代化的发展促使农民逐渐摆脱了对传统耕作半径的依赖。尤其是家庭农场经济模式的出现，其生产经营规模较大，平均经营规模达到200.2亩，平均每个家庭农场有劳动力6.01人，其中家庭成员4.33人，长期雇工1.68人[①]，各种资源配置效率得到极大的提升，农业生产的耕作半径发生相应的改变，如效益农业精细化耕作模式，按耕作半径约400米联建作业点，户均30—60亩，农机交通时间5分钟左右，农村社区与作业点距离在1000米以内，非机动车交通时间5分钟左右。高效粮油规模化耕作模式，按耕作半径约1100米建设作业点，户均150—300亩，农机交通时间10分钟左右，农村社区与作业点距离2000米以内，非机动车交通时间10分钟左右（图6-5）。

农民脱离耕作半径束缚，居住地与田地之间的距离不再成为农民择居选址的限制条件，农民进入集中社区居住成为可能。农民居住地与耕地紧密联系的居住模式，不再是乡村居民点固有的空间形态。以家庭农场为主体的"人地业"复合发展模式，推动了乡村空间格局的重构，有效改善了传统耕作模式下均质、分散化的居住空间格局。

在现代化大生产的农业经济模式下，受不同区域位置、资源禀赋、交通条件、就业机会和经济发展阶段的影响，乡村人口内部流动性显著增强，而在经济逐利、从业趋同和空间趋聚等本能引导下的人口流动必然带来乡村空间的非均质化分布。因此，无论是职业分化带来的农民居住空间依附就业类型而重组，还是脱离工作半径束缚而突破传统的均质分散化的居住模式，以生产专业化分工为核心的农业经济模式变化导致的人口在乡村社会内部的流动，都将对乡村居住空间重组产生剧烈的影响。而农民追求生产的便捷性以及涉农不脱农职业的专业性都决定了乡村居住空间对农村的依附性，设施完备、服务健全的农村居住空间社区集中化发展成为不可避免的趋势。

---

① 参见《中国家庭农场2012年现状发展报告》。

## 四 经济模式变化下乡村居住空间体系演化特征

1. 要素：由"小规模分散化"向"大规模组团化"集聚

农业现代化发展充分释放乡村劳动人口，减少农村劳动力的需求，推动乡村人口向城镇空间转移的同时，也迅速降低了乡村人口规模，促进乡村居民点空间由"小规模分散化"的居住人口分布转向"大规模组团化"的居住空间集聚。（图6-6）

一是人口规模减少推动乡村居住空间集聚。田光进（2001）等人指出，中国农村居民点分布与人口规模和空间分布呈较强的相关性，即人口密度越高，乡村居民点分布越密集；人口密度越低，乡村居民点分布越稀疏。笔者以溧水区白马镇为对象，以乡村人口规模、乡村居民点密度及乡村建设用地之间的关系，分析农业现代化发展带来乡村人口规模变化对乡村居民点分布的影响。从该镇各行政村现状人口规模与乡村居民点密度分布来看，两者呈完全正相关性，即人口规模大的村庄，居民点分布密度越高。受耕作半径的影响，乡村居民点的空间分布呈现明显的小规模和分散性特征；人口较少的村庄，其乡村居民点分布密度较低，即其居民点总个数较少，而其建设用地密度却并不低，反映了该村居民点的规模相对较大，而空间分布则相对集中。

随着农业现代化水平的提升，乡村劳动人口向城镇空间的梯度转移加快，人口规模和居民点数量将进一步减少，乡村居民点的空间特征将随着单位面积土地上乡村居民点的数量减少而呈集中集约化发展。另外，乡村居民点的数量随着人口规模的减少而降低，原有"小规模、均质化"的空间分布格局将解体，机械化生产、规模化经营及资本化运作，推动乡村居住空间集聚发展，居民点的规模随之增大，而居民点孔隙度指数的差异化也在增大。

二是农民公共服务需求的增长带动居民点集约化发展。农业资本化发展在提升农业生产技术的同时，实现了农民增收的根本目的。收入水平提升的农民有了追求高水平公共服务的主观需求，这在客观上也引导乡村居住空间集聚，以发挥公共服务效益的最大化，从而进一步加快乡村居住空间集中、集约化发展进程。

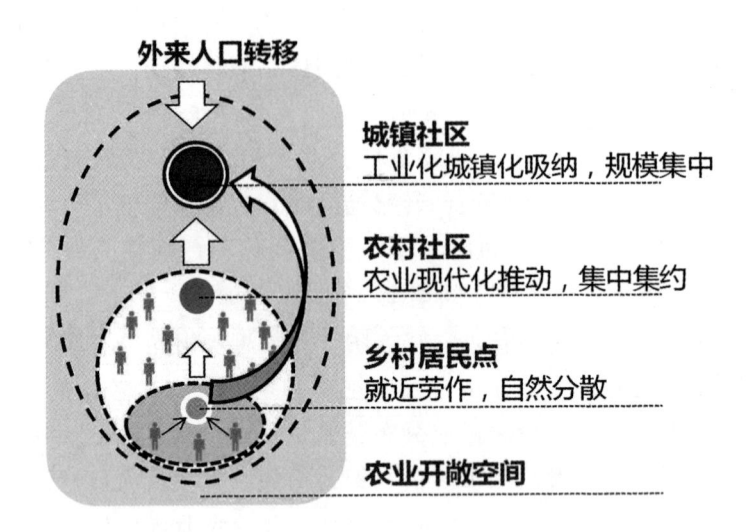

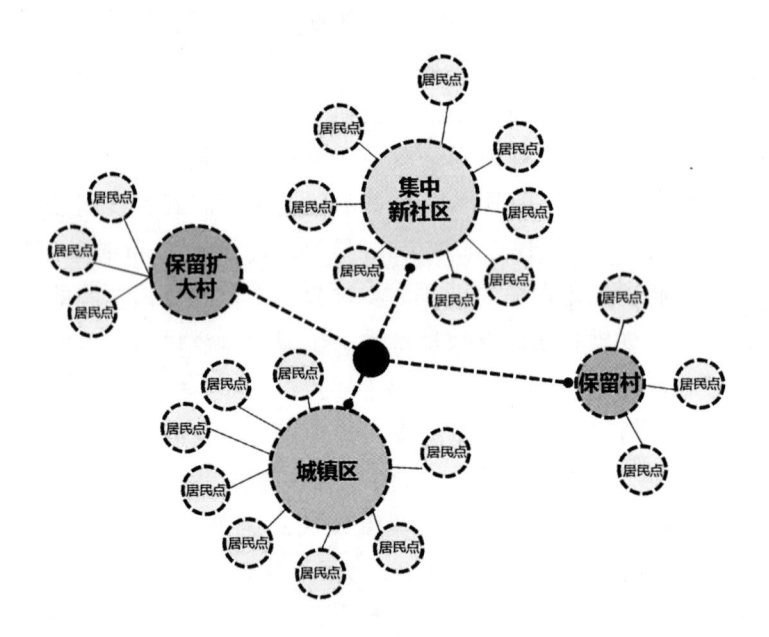

图6-6 乡村人口规模减少及居住空间演变示意

资料来源：笔者自绘。

第六章 平原地区乡村居住空间重组的动力机制

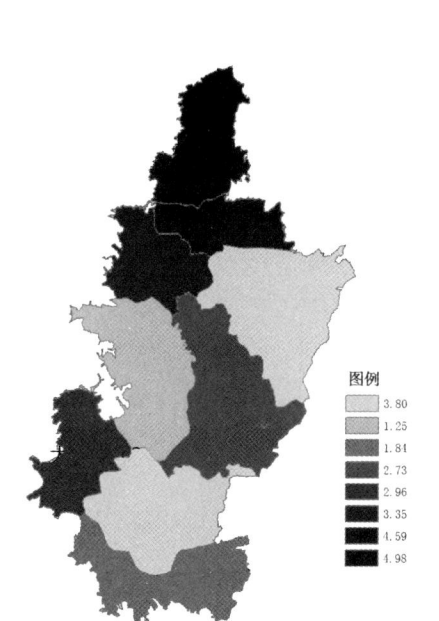

图 6-7 人口规模分布

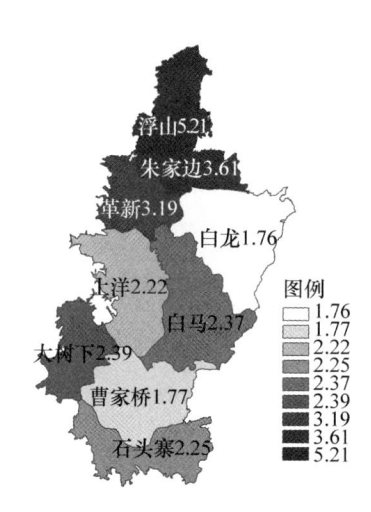

图 6-8 居民点分布密度

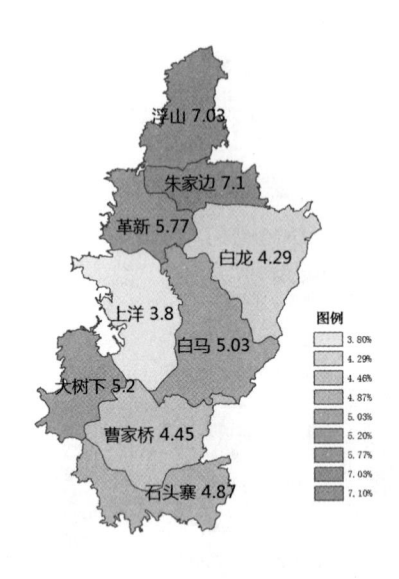

图 6-9 居民点建设用地密度

资料来源：笔者自绘。

**2. 结构：由"外扩内空的均质化"向"集中集约的差异化"发展**

农业现代化水平的提升，加快了乡村劳动力就业分化，推动乡村劳动力的空间转移和乡村空间的空心化发展。乡村劳动人口的流失与转移降低了分散化的乡村居住空间的持续活力与旺盛的生命力，推动乡村居住空间由"外扩内空的均质化"转向"集中集约的差异化"发展。

乡村人口职业分化使得乡村常住人口逐渐减少，而农民收入水平的提升又加剧了农村建设用地增长需求，乡村居民点出现"外扩内空"现象，促使乡村居住空间布局面临重大变化。农村劳动力的转移减少与乡村居民点用地面积缩减无关，出现农村人均居住用地不断增加，"建新不拆旧"、城乡"两栖"占地、乡村居民点空间"外扩内空的均质化蔓延"开始涌现（刘彦随，2010）。农业就业人口的非农化转移，导致分散的乡村居民点体系缺乏基础维系的动力，进而推动乡村居民点走上"空心—衰败—撤并—重生"的差异化重组之路。

溧水区白马镇乡村劳动人口就业分化与乡村居住空间分布变化的趋势较好地印证了居住空间结构均质化向差异化发展的规律。2000 年以来，该镇依托多个农业科研院所成立了国家级农业科技产业园区，农业产业化的推进及规模化的经营，极大地提升了农业现代化发展水平，也同步推动了乡村居住空间的重组。从 2000 年与 2015 年两个年度的居住空间分布情况来看，一是农业科技产业园区内的乡村居民点基本实现了搬迁与撤并，二是镇区附近的乡村居民点的分布也出现了较大的分化，三是北侧距离镇区较远的乡村也有少量居民点出现了搬迁和撤并。可见，农业现代化推动下的农业科技园区发展成为乡村居民点搬迁和撤并的重要推动力，集镇周边则成为居民搬迁集中居住的首要目的地；距离镇区较远的村庄撤并，则多倾向于就近搬迁至保留扩大村内，以期在农业生产与农村公共服务之间实现平衡（图 6-10）。

从农民就业结构变化与村民搬迁的互动关系来看，农业园区的空间拓展与规模化经营的需求，使得农民被动搬迁；另外，部分距离镇区较远的农民进城、进镇及进入农业园区从事非农就业，为享受更好的公共服务及提高劳动生产率，农民开始向城镇及新社区集中居住。而居民点空间分布没有出现跳跃式的变迁，则主要是有两方面的原因，一是职业分化推动农民就业与居住空间的转移，但是建新与拆旧未能同步实现，由于村民宅基地的集体所有性质限定，难以进入土地市场交易，农民保留了原有的宅基地，导致居民点结构的空心化，在空间上没有出现较明显的差异；二是乡村的村民自治管理制度难以通过法律的途径对村民宅基地进行统一征收管理，农民进城的"非正规就业"与乡村社会宅基地的"非正规管理"达成了一种默契，这种逻辑自洽的乡村社会管理制度为农民的"退守"保留了回旋余地，使得乡村成为农业现代化主战场的同时，也成为农民"归巢"的稳定舱。总体来讲，该镇乡村居住空间体系在农业现代化发展的带动下，逐步由均质化的分散布局向差异化的集中布局转变。

图6–10　15年间白马镇乡村居民点空间演变分析

资料来源：笔者自绘。

3. 功能：由"小而全的多元综合"向"广而专的生活家居"转变

传统耕作方式的农业生产，农民增加土地产出和劳动产出的主要途径是增加劳动强度和劳动时间，为保证足够的劳动时间，缩小耕作半径是唯一的选择，这推动了"规模小、密度大"的密集型乡村居民点模式的形成；而传统的乡村居民点既是农民日常起居生活的场所，又是农民家庭作坊式的生产经营空间，在客观上造就了居民点"小而全"的功能特征。农业现代化发展改变了农民的生活行为方式，农民工作、生活、出行等基本生活行为都受到强烈冲击，这也推动乡村居民点由"小而全的多元综合"功能向"广而专的生活家居"功能转变。

一是要满足土地规模化经营的需求。现代化的农业生产摆脱小规模的耕作半径的困扰，新的耕作半径范围内的土地生产资料需要做出相应的整理，土地的分块需要更加规整，田间水利灌溉分布要求疏通且更加均质，耕地排涝工程要结合地形地貌进行整治，以满足大型机械的操作和规模化经营的需求。二是要满足生产方式的革新需求。用于现代化大生产的农业机械进入专业化生产的家庭农场，使得传统农户家庭集"生产、生活、生态"于一体的空间配置方式难以再适应现代化大生产的需求，这就需要乡村居民点有新的空间功能及载体来适应。三是要满足交通出行及静态停车等功能需求。机动化交通向乡村触及与延伸，改变了乡村道路交通环境，农民出行距离不断增加，尤其是村村通公路的实现，使得现代化的交通工具进入农民家庭，这需要乡村居民点的空间功能做出相应的调整。四是土地流转、农地整理带来居住环境的最直接变化，这也推动了乡村居民点体系的空间集聚和功能重组。乡村居民点由生产、生活、生态"复合化"的组合功能向以生活服务、公共产品供给为主导的社区化功能转变，传统的乡村生产功能逐渐由家庭农场及农村专业合作社等专门从事现代农业生产的劳动者所承担。乡村居住空间体系布局、功能形态及结构体系等都将面临结构性重组。

随着农地流转制度的规范化和科学化，乡村居住空间将伴随着生产、生活空间的重组出现新一轮的居住分异,在美丽乡村建设政策的指引下,无论是规模化经营引导下的农民集中居住模式,还是山水相间条件下的适度分散居住形态,都已摆脱耕作半径的依赖,跨越徒步出行瓶颈的农民,在赋予新的功能特色的乡村居住空间中回归美丽的"田园乡村之梦"将不再遥远。

## 第二节　农村制度环境的制约力

乡村人口流动性增强是乡村居住重组的必要条件,而非充要条件,因为没有城乡户籍制度、土地利用制度及住房制度等相应的制度保障,乡村居住空间体系重组也难以实现。托达罗(1997)认为任何影响城乡实际收入的社会经济政策,都会影响人口流动。而有效的制度安排则能够促进资源的最佳配置和使用,在土地分配和管理制度的制定与实施上尤其明显。"空心化"村庄的出现,虽然是农民故土难离的表现形式,但同样也是集体土地使用制度和农村房产政策弊端的空间彰显。李立(2007)、王跃生(1999)、李屏(2001)、刘森林(2003)、潘莹(2006)、王鲁民(1998)等人从不同维度研究指出,土地制度、户籍制度、身份制度以及生产和社会保障制度等一系列相关制度深刻影响着乡村居住空间的演变,并且日益成为乡村居住空间体系变迁的决定性因素。

### 一　城乡二元政策制度关联下人口空间特征:流动性受阻

中国传统的社会体制一直以来都是采取最严格的政策制度来限制人口的流动,如将户籍制度与土地直接联系,以家庭为本位进行人口管理,通过稽查户口、征收赋税、调派徭役等派生制度来维护统治秩序,其目的就是通过人口与土地的捆绑,以从"家庭"这一最原始的"细胞"上保证皇权对社会的绝对统治。当然,旧社会人口流动受阻的原因一方面是统治阶级为了维护社会稳定采取的主观控制;另一方面则是小农经济模式下,落后的生产力与生产关系所束缚的乡村人口难以实现自由流动,但不可否认的是,严苛的政策控制则是人口

### 第六章 平原地区乡村居住空间重组的动力机制

流动受阻的重要外部控制力。这种限制人口自由流动的政策并没有随着社会体制的改变而发生根本性改变,中华人民共和国成立初期,政府通过"以农补工"的特殊工业化战略,竭力要在最短的时间内实现工业化国家构想,从而在城市居民和农村居民之间设置制度隔绝和身份隔绝(户口制度和户口身份)来强力阻止城乡移民潮流。因此,在小农经济模式引导下的政策和制度设计,在根源上就形成了乡村人口自由流动的桎梏。

改革开放后,户籍管理制度有所松动,但长期形成的有关人口户籍身份、土地使用制度等城乡二元结构的思维固化,仍然使得城乡人口自由流动处于一种较为尴尬的境地:一方面是城乡经济互动频繁,城市大量的就业机会和资金要素需要强烈的输出渠道,乡村人口拥有急切的外流欲望;另一方面,城乡二元制度上的樊篱限制农民真正的自由流动,特别是在农业经济模式变化释放大量剩余农村劳动力的大环境下,乡村人口流动的主观需求更加迫切和旺盛,经历了由"盲流""民工潮"到"农民工"的变化,这些称谓的变化切实地反映出城乡二元政策制度关联下乡村人口流动的特殊历程。总体来讲,在城乡二元制度的束缚下,人口流动性受阻现象极为突出。

### 二 户籍身份和社会保障制度差异:居住空间碎片化

李翠霞(2010)认为,户籍管理制度的核心是对人口自由流动的限制,城镇户籍制度的锁定,使得流向城镇的农村人口难以从依附走向融合;农村社会保障制度的不健全,又将"老有所依"寄托于村庄不动产,导致乡村居住空间碎片化。

*1. 户籍身份制度*

我国的户籍制度由来已久,从最早的商代"登人"到汉代的"编户齐民",再到宋代的"保甲制",都是我国户籍制度演进和完善的表现形式。它是随着国家的产生而形成的一种社会制度,根据地域和家庭成员关系将户籍属性划分为农业户口和非农业户口。来自农村的流动劳动力或流动人口之所以难以在城市定居下来,不仅仅由于控制城乡人口流动的国家政策,其深层原因是,这些政策措施衍生的制度安排，形成了一道无形的社会隔绝壁垒，把农村移民排斥于城市正常的生活领域之外。

1958年颁布的《户口登记条例》规定公民由农村迁往城市，必须持有相关证明，还要向原常住地户口登记机关申请办理迁出手续（刘涛，2009），其实质是对农民流动的限制，农民由一种"职业"演变为一种"身份象征"。城乡二元的身份制度，限制了人口的自由流动，更加难以对进城的农民形成有效的权益保障。在就业领域和劳动力市场，农村移民的身份缺陷更加明显。李春玲（2002）指出，来自农村的流动劳动力通常难以进入正规经济部门和一级劳动力市场，他们往往通过亲友、老乡介绍进入收入水平低、环境恶劣、工作不稳、保障缺乏的非正规就业部门和次级劳动力市场，从事体力性劳作，如建筑工、搬运工、清洁工、保姆和收废品垃圾等。由于政策阻碍和体制排斥，尤其是部分地方城市政府规定在某些行业或单位对雇用劳动力设置准入门槛，造成一定程度的就业歧视，乡村劳动力向正规部门和劳动力市场过渡也变得更加困难。

户籍身份的限制导致农民难以在就业领域及劳动力市场真正立足，游离于城乡之间的农民，带动了结构性的二元化向乡村居住空间延伸。一方面，进城务工农民在身份缺陷的驱使下向城市边缘集聚，形成城市贫民窟；另一方面，农民在农村的宅基地长期空关，在财力及宅基地使用制度框架的限制下，难以重塑新的村庄活力，导致村庄居住活力丧失，村庄生活、社会关系网络日渐碎片化。

2. 社会保障制度

与就业挂钩的社会保障制度，是基于城镇户口建立起来的城镇居民"凌驾"于流动人口的另一项幸福指数，也成为限制乡村人口流动的重要瓶颈。乡村流动人口即使在同一单位务工一定年限，也难以享受城镇居民所拥有的"五险一金"等社会保障制度。这种状况极大地阻碍了乡村人口向城镇空间的就业转移。调查数据显示，农民不愿进城落户首要考虑的问题是城市生活消费太高，占到总受访农户的三成，没有经济来源和保障成为农民向城镇空间转移和流动的最大障碍，7.33%的农民担心无法享受城镇居民的社会保障待遇而不愿进城生活（表6-4）。农民担心在失去农村宅基地后，彻底失去回家的退路。同时，城市的户口政策没有对农民彻底放开，农民也难以顺利进城落户享受均等化的社会服务和就业机会，从而带来不可预知的困难。

表6-4　　　　　　　农民不愿进城落户原因统计一览表

| | 城市生活消费太高 | 在城镇没有住房 | 不愿放弃农村土地权益 | 在城市中没有生活来源 | 不习惯城镇生活 | 无法享有城镇社会保障 | 不愿放弃农村集体收益分配 | 其他原因 | 未填数据 | 总计 |
|---|---|---|---|---|---|---|---|---|---|---|
| 数量（户） | 168 | 86 | 81 | 76 | 44 | 41 | 32 | 30 | 1 | 559 |
| 占比（%） | 30.05 | 15.38 | 14.49 | 13.60 | 7.87 | 7.33 | 5.73 | 5.37 | 0.18 | 100 |

注：城镇社会保障包含通常所讲的"五险一金"，即养老、医疗、失业、工伤、生育五项保险和住房公积金。

资料来源：笔者根据调查实践统计。

一是城市内部新型二元结构延缓了乡村居住空间重组的步伐。由于就业领域、制度身份和社会生活保障等方面的隔绝，乡村人口进城务工实际上在城市中形成了两个相互分离的社会生活空间，造就了一种"城市社会内部新型的二元社会"。进入城市就业的流动劳动力构成正呈现个体向核心家庭转变的趋势，即个人在城市打工，季节性往返向家庭核心成员往城市转移，但农村住宅仍旧保留（包括住房和责任田）。他们的"根"依然在农村的家，人生中生老病死等重大事件都要回到乡村的家。因此，制度设计形成的无形壁垒、城市社会生活的高成本与乡村人口流动性的固有特征，决定了乡村人口难以真正在城市落脚，而由于劳动生命周期的轮回，部分劳动力在失去谋生能力后会返回农村原来的居所，乡村仍然是这批流动人口最后的归宿。另外，进城务工所产生的社会资本随着人口的流动一起回流乡村社会，流动人口在自己的家园开始新一轮的居住条件改善，以自我完善的方法来提高自身的社会保障。一方面是农民不断回乡改建自住的房屋，翻新扩建成为主要改造手段，农村居住空间长期形成的机理遭到碾压式的破坏；另一方面是村庄空间的外延和扩张，居住空间碎片化现象频繁发生。碎片化的居住空间蔓延与提高乡村土地集中、集约利用的总体目标显然是背道而驰的，极大地延缓了乡村居住空间体系重组的步伐。

二是社会保障的缺失，增加了农民城乡居住空间并存的可能。对于部分特殊区位条件（如城郊村）和非农产业发展特定阶段（如发展刚起步）的村庄，由于非农产业发展处于初期，规模较小，以家庭院落式的小微企业居多，农民庭院就可以完成生产、生活功能的兼顾。快速增长的收入刺激和增强了农民追求生活环境的改善和便利性的动机（追求是一种引致性需求），而特殊的地理位置则可以将这种动机转化为现实：城里买房，农村院落生产生活依然不放弃，汽车下乡和公路村村通两项工程完美结合，使农民找到了"享受城市生活"与"居住田园美景"的诺亚方舟。而城镇化发展带动特殊地段的土地价格升值较快，以家庭院落为基础的小微企业进一步拓展了宅基地的用途，增加了农民城乡居住空间并存的可能。

尽管这种"产村融合"的空间发展方式在短期内改善了农民的生产生活条件，也为村庄注入了新的活力避免了村庄空心化发展，但从乡村社会空间集中、集约的战略眼光来看，这种生活方式改变带来居住条件改变，而居住形式并未改变的现象，属于典型的农村集体土地使用制度改革未及时而产生的空间"寻租"，由于其特殊的区位条件和发展方式，不仅容易滋生新的社会问题，而且也为乡村居住空间重组的进程带来了极大的不利性。前文溧水区乡村居民点体系变迁的定量研究结果充分证实了，基于常住人口、乡村人口、城镇化率等归纳提取的主成分——户籍制度，与乡村居民点体系的离散度具有显著的正相关（图6-11），两者函数关系走向的一致性也验证了户籍制度是造成乡村居民点体系离散度居高不下的重要原因。

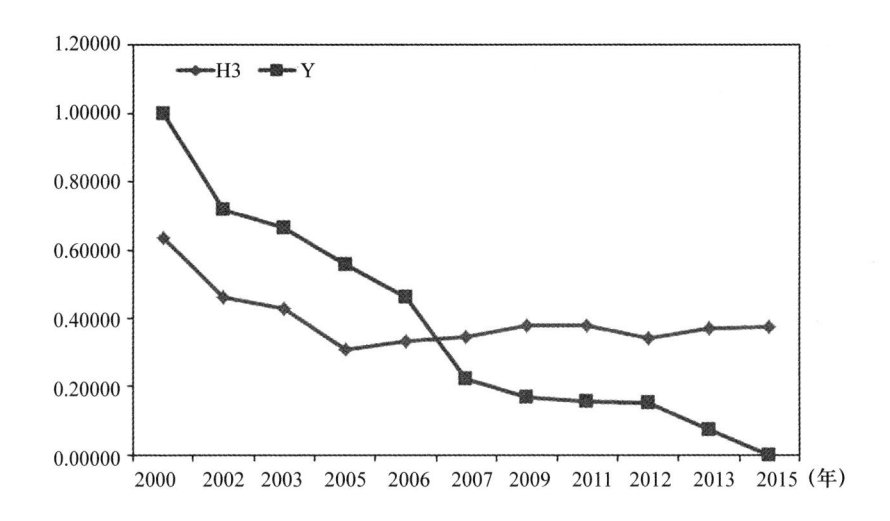

图6-11 溧水区21世纪15年来乡村居民点离散度与户籍制度关系分析
资料来源：笔者自绘。

## 三 土地制度及房产政策特殊性：居住空间空心化

1. 土地集体所有制度

我国实行的城乡产权分离的二元土地制度，即包括国家土地所有权和集体土地所有权，两者的主体地位在理论上是平等的、独立的，对各自所有的土地享有占有、使用、收益和处分的权利。而在生产实践中，国家对集体土地用途、流转和处置的严格控制，造成集体土地所有权的权能难以得到实际上的彰显。一是"集体"概念的模糊，难以独立发挥应有的权利。集体土地所有权的最终处置权在于国家，当国家建设需要使用集体土地时，只需按照规定征用即可，无须通过市场行为走"招拍挂"程序出让，具有强制性特征。二是集体代替"个体行动者"，弱化了权益主体的能动性。集体土地所有权缺乏明确的权益主体，也就缺乏相应的主体能动性，相应的土地集体所有权也是国家所有权能的构成，国家只是对土地做出一定的补偿，并妥善安排集体土地附属物的生产和生活。

集体土地使用权能的受限，最突出的表现是集体建设用地的核心——农民宅基地的使用上。宅基地是农村集体经济组织成员依法无偿、无期限获得建造居住房的一种集体土地使用权。看似为农民创造无限福利的"无偿、无期限",却在相关配套政策[①]解读中为宅基地的转让和抵押扣上了难以脱下的"紧箍咒"。一是房屋与宅基地捆绑和不可流动性特征,使得限制宅基地使用权流转的规定直接剥离了宅基地及其附作物的市场交易可能性。农民住房与土地捆绑的特征,造就了房屋作为资产的不可移动特性。当农民因职业需求或居住空间变化而涉及房屋买卖时,由于宅基地使用权流转只限于集体经济组织内部,即只限在农村内部,而难以通过市场进行房屋买卖交易。而农民房屋的区位特征、建设质量及周边环境、设施配套水平等决定了其相对低廉的价格,这显然难以对农民日常生活产生变革性的影响,尤其是相对于城市高额的住房价格来讲,想通过农村住房的买卖为城镇住房购买贴现,是难以寄望的。二是产权不明晰,农村集体土地"征用"制度的特殊性使其不具备国有土地上市交易的特性,使得宅基地及其附作物(房屋)难以通过市场定价。房屋作为土地的附属物,其不可移动的特点,使得农民一旦选择出售住房,就必须连同宅基地一起转让。而农民财产的70%—80%是以土地形式存在的隐形资产,尤其是宅基地(赵燕菁,2001)。宅基地集体土地性质又难以享受城市土地同等的市场价格;如果仅仅通过附作物的交易,那么由于其区位、配套设施的影响,又无形中降低了农民房产的内在价值,给农民造成巨大的资产流失,种种因素杂糅在一起,造成了农村房屋交易市场的相对低迷,农民宁愿选择将房屋出租甚至空关,也不愿意以低廉的价格将其毕生的心血"贱卖"。

此外,城市户籍制度的高门槛使得农民难以真正进城落脚,流动的打工生活带来农民归属感的丧失,加剧了农民对乡村故里的眷恋;而乡村土地使用政策、房屋产权制度等相关制度的频繁变动,给长期处于流动中的农民增添了不安定感,农民给自己留一条后路的意识逐渐增强,不再寻求自身房屋的买卖。空心化的村庄便应运而生,乡村

---

① 《关于加强农村宅基地管理的意见》(国土资发〔2004〕234号)规定:"严禁城镇居民在农村购置宅基地,严禁为城镇居民在农村购买和违法建造的住宅发放土地使用证。"《中华人民共和国担保法》第37条第2款、《中华人民共和国物权法》第184条(二)明确规定农村宅基地禁止抵押。

居住空间碎片化在所难免。

2. 宅基地为载体的农村房屋产权制度

长期以来，政府对于农村宅基地的合理流转、闲置和抛荒等缺乏明确的制度和政策引导，在一定程度上也刺激了农村居民点的扩张（张保华，2002）。笔者从实地走访的几个村庄情况来看，村庄的实体空间范围没有明显的变化，房屋依然在村庄里面，但是村庄内部极为萧条，人去楼空的"空心化"现象相当普遍，很多房子都是"铁将军"把门，门锁甚至已经盖了一层厚厚的铁锈。笔者随机走访了两个村庄（图6-12，图6-13），发现两个村庄的实际常年居住户数占村庄总户数的比例分别在51%和47%，即村庄的空心化达到了49%和53%（表6-5）。根据村庄房屋空置的时间进行分类统计，对村庄空心化的情况进一步分析发现，两个村庄房屋的半年空置率[①]相对较高，分别为31%和35%，常年空置率相对较低，仅为7%和4%。

图6-12 芦塘村实际居住空间分布图

---

① 笔者根据房屋空置的时间，对半年内没有居住过、半年至一年内没有居住过和一年以上没有居住过的房屋进一步细分，测算乡村房屋的空心化率的具体情况。半年空置率即为半年内没有居住过的房屋；一年空置率即为半年至一年没有居住过的房屋；常年空置率即为一年以上没有居住过的房屋。

◈ 乡村居住空间重组研究 ◈

**图 6-13　沙岗村实际居住空间分布**

资料来源：笔者根据现场调查数据绘制。

表 6-5　　　　　　　　　两个村庄居住情况调查表　　　　　　（单位：户；%）

| 村名 | 总户数 | 实际居住的住宅建筑 | 实际常住率 | 空置半年的住宅 | 半年空心化率 | 置一年的住宅 | 一年空心化率 | 常年空置的住宅 | 常年空心化率 |
|---|---|---|---|---|---|---|---|---|---|
| 芦塘村 | 65 | 33 | 51 | 20 | 31 | 7 | 11 | 5 | 7 |
| 沙岗村 | 54 | 25 | 47 | 19 | 35 | 8 | 14 | 2 | 4 |

资料来源：笔者根据现场调研数据统计分析。

　　农业经济模式变化推动下的人口流动性与农村集体土地使用制度在和房产政策相碰撞时，村庄"空心化"不可避免地在乡村地区蔓延。付标（2004）研究指出，仅河南省 2010 年空心村的闲置面积就达到了 250 万亩。刘彦随（2009）等对山东禹城 48 个典型村庄调查结果显示，宅基地废弃率平均为8.4%，最大值为25%；宅基地空闲率平均为10%，最大值为18.7%。空心化的乡村随着人口的流失而丧失传统乡村的活力，乡村居民点将迅速步入衰退期，要求乡村居住空间体系的结构重组和生态重建；而集体土地制度和农村房屋管理政策的绑定又双重制约着乡村空间的重组，造成乡村空间碎片化与空心化的交错蔓延。

3. 农村土地流转制度

制度环境对乡村居住空间体系重组的影响不仅体现在农村宅基地政策及房屋产权政策方面，也体现在农村耕地的流转制度方面。农村土地流转制度能够有效地提高农村土地产出率和劳动生产率，是衡量农业现代化发展水平的重要指标。通过土地使用权的转让，重整农业生产空间，有利于农业机械化耕作和规模化经营，有助于推动乡村剩余劳动力的流动，进而实现乡村居住空间体系的重组。但通常顶层设计的政策制度难以在层层下达的路径中得以全面贯彻执行，土地转让的价格标准往往成为双刃剑，左右着土地流转制度的顺利实施。

土地流转的价格政策设定影响乡村空间体系格局。同一地区的土地转让价格差异往往较大，去除耕地的区位条件和资源禀赋等客观因素，地方政府部门人为设定的政策门槛往往造成了同等地力和同一区位条件的土地出让价格大相径庭，进而直接影响着地区的乡村空间体系格局。调研数据显示，溧水区东屏镇A村每亩土地流转价格普遍在700元至800元，B村每亩土地流转价格为400元，C村每亩土地流转价格为300元，三个村庄的时间距离不超过5分钟，但土地流转的价格却相差较大（表6-6），相应地造成了乡村居住空间格局的差异。A村居民享受到了良好的土地流转价格补偿，所以该村土地流转进程较快，相应的该村农民大多不再继续从事农业生产，而选择进城、进镇务工，或从事涉农相关的农副产品销售等商品流通业，其对居住空间的选择更加灵活。加之土地流转后规模化经营的需要，农地整理工作持续推进，使得该村居民点拆迁安置工作顺利推进，目前该村庄居民点仅剩不足30%的农户，大部分农户实现了搬迁。而邻近的 B、C 两个村庄,由于土地流转价格的差异,在每年土地流转协议签订时,都会遇到重重困难,土地流转总体进程较慢,相应地,其村庄居住空间格局长期固化在一个不变的状态,除了少数几户农民因子女进城工作而搬至城镇居住外,大部分农民依旧固守在家园。即使跟随子女搬迁至城镇居住的几户农民,也保留着农村中的住宅,等待着村庄整体拆迁带来的利益博弈。因此,该村空间格局多年来并未有太大的变化,只是村庄的活力随着人口流动的增加而逐渐消失,空心化现象更加明显。

表6-6　　　　　　　东屏镇农村耕地流转价格调查

| 承包户姓名 | 张某志 | 章某某 | 杨某成 | 俞某明 | 谢某香 | 某村支书 |
|---|---|---|---|---|---|---|
| 承包土地规模(亩) | 1300 | 480 | 500 | 240 | 170 | — |
| 承包土地价格(元/亩) | 750—800 | 700 | 750 | 400 | 300 | 700 |

资料来源:笔者根据现场调研数据统计分析。

## 四 制度环境作用下的乡村居住空间体系演化特征

户籍制度将城乡居民从身份的源头上进行了锁定,其延伸的社会保障制度、购房制度等进一步将乡村居民牢牢地限定在"城市朋友圈"之外。乡村人口"显性"的流动性不断增强,然而这种候鸟式的迁徙、长时段钟摆式的流动,除了人为加大城乡间的"交通流"和社会不稳定,对城乡社会空间的可持续发展难以形成稳定性的输出与贡献。另外,乡村房屋的不可移动性、房屋产权的不可交易性以及农村宅基地制度的不可交易流转等制度的约束,使得乡村居民点长期孤独地矗立在广阔的田野上,而传统村落的勃勃生机和文化传承则随着流动的人口和不归的青年慢慢消逝在"摆渡人"的奔波路程中,"小桥流水人家"则在流失的光阴中蜕变成冷冰冰的房屋和不会言语的混凝土路面,最终乡村居住空间进一步空心化和碎片化。

农业经济模式变革下的乡村人口流动性日益显著,而城乡二元的政策制度框架和乡村相关政策制度的不健全又在城乡之间设置了一道"无形"的壁垒和门槛，阻碍着城乡人口流动。一方面，农村宅基地制度是农民身份的最后归宿，在乡村土地集体所有制概念没有进一步明确的情况下，农民不敢贸然退出宅基地以换取城镇住房；另一方面，城镇户口高门槛的准入制度，使得农民难以通过户口的变化，实现身份的转变，进而享受城镇的社会保障。乡村人口的流动、农村户口的锁定、乡村生活的凋零、农村房屋的固化……是农村户籍、房屋、社会保障制度的外在显现；而透过这些显性影响的背后，"空心化的村落格局和空洞化的村庄生活"则是农村制度环境对乡村居住空间体系影响的外在表现和内在特征的写照。

近年来，成都市、重庆市在城乡户籍制度改革的道路上积极探索创新之举，通过"穿衣脱衣"同步进行的政策，为农民进城打开"绿灯"，即拥有城镇户口和社会保障的同时，必须同时放弃农村户口与农村宅基地的权益，为乡村居住空间体系重组开拓了示范性道路。但自给自足的小农经济模式之所以能够历经漫长的封建社会洗礼而没有发生根本性的改变，其根源是乡土社会能够为农民提供吃饱穿暖所必需的生产生活用品和生存的基本空间。农业现代化发展下的规模化生产经营模式显然触动了小农经济模式的根基，农民难以适应快速发展的经济社会变迁，但在面临巨大变革时，又习惯性地选择退缩，这正是小农天生与生俱来的"劣根性"。尤其是新农业经济模式，可能会带来种种不确定性，如社会保障制度的不健全、住房保障的不确定都使得农民在快速变动的经济社会发展面前惯性地选择"保守"。乡村居住空间体系重组还有很长的路需要去探索。

## 第三节　乡村社会关系网络变化的双重作用力

乡村社会关系网络是乡村居民点产生、发展壮大乃至消亡的重要纽带，必然要显现出其对乡村居住空间体系构建的影响（刘志玲，2006）。李立（2007）、骆中钊（2007）、陈威（2007）、娄永琪

（2005）等学者研究认为，乡村居民点的形态是农民在一定社会文化背景下社会关系网络、价值观和生活行为准则的具体体现，而构成农民生活世界的社会关系网络和制度环境等，在传统到现代的社会变迁中已经发生了很大的变化。农业现代化的发展推动乡村社会关系网络由小农经济模式下以亲缘、血缘、地缘关系为纽带的关系网，向现代化大生产经济模式下以业缘、学缘关系为纽带的社会关系转变。乡村社会关系网络的变迁影响着乡村人口的流动，对乡村居住空间的规模结构、形态特征等也产生了重要影响。

### 一　多元社会关系网络影响下人口空间特征：流动性变异

传统的乡村社会关系网络是农民以"亲缘、地缘"关系为基础构造交往与互动的"差序格局"，这种亲缘与地缘关系所形成的朴素道义和情感义务，支撑着乡土文化和社会的持续。这种建立于传统文化脉络和宗族姻亲关系纽带上的乡土文化之所以能够经久不衰，显然与其"乡土"的特性不可分割。费孝通（1998）认为，从基层上看，中国社会是乡土性的。从最表层的含义上理解，"乡土性"是指乡村社会中以农业为主的一种生产方式；而从更深层的意义上看，它则代表了一种社会结构的属性特征（刘晓峰，2014）。对于传统乡村社会中的人而言，"世代定居是常态，迁移则是变态"，他们就像"从树上被风吹出去的种子，找到合适的土地就会定居下来，很快就会开辟出一个新的家族殖民地"。从根本上说，也正是这种人与土地的"乡土性"关系决定了一种适应土地、面对土地的特殊文化形态，即乡土文化。同时，传统小农经济模式的特性，导致农业生产没有分工的要求，简单重复化的生产模式使得每家每户都能够独立地完成农活，不需要大规模、社区化的分工协作，因此农民长期聚居的感情基础除了血缘和亲缘关系，也就没有"聚住在一起的需要了"。各村庄之间也因无须沟通而变得孤立和相对隔绝起来，所剩的只是人们乡土情结的牵绊而产生的故土难离的情结。

随着以农业现代化为主的现代农业经济模式在乡土社会的嵌入，

基于亲缘、地缘构建的传统乡村社会关系网络又逐步衰弱，一种以工作交往为纽带的业缘合作关系网络渐次形成，加快乡村人口的导向性流动。在市场经济向乡村社会不断深入发展的形势下，以人情往来为基础的互惠关系难以承受市场经济以效率和利益为主导的经济关系的冲击，传统的乡村社会关系网络开始瓦解，农民在适应市场经济关系及其发展模式的探索中，开始建立起一种以业务往来、合作互利的新型社会关系。在利益的驱使下，人口流动不再局限于传统的以耕作半径为范围的农业生产合作，精细化的商业行为模式、市场化的分工合作模式成为农民追逐利益和日常交往的主线，人口流动的导向性和目的性显著增强。

现代化的农业经济模式引导下的新型业缘社会关系网络所带来的乡村人口流动，与传统乡土文化脉络演进下乡土情结牵绊和故土难离锁定的人口固化相交错的时空特征，造就了乡村人口流动的变异性，为乡村居住空间体系的重组带来了极大的不确定性。

## 二 业缘关系网络的引导：居住空间选择趋利化

农业现代化发展加快了城乡要素的流动，以人口流动为核心的要素流动带来乡村社会结构和功能的变革。乡村社会不再是传统小农社会中以自耕农为单位的独立的细胞，随着城市技术、资金，特别是开放的思想观念向乡村空间的嵌入，一种以相互协作为主的、新的生产关系成为乡村社会空间结构构建的基础，而乡村社会结构的主体也由传统的自耕农形式向"社会化小农"转变。要素、结构和功能是一个系统保持良好运转不可或缺的三项指标，乡村社会作为一个复杂的系统，在要素流动加快和结构体系变迁的背景下，必将带动乡村社会功能的多元化重组，最显著的变化则是，乡村居住空间不再是传统生产关系主导下的生产、生活大一统的功能复合体，生产、生活功能的分化是乡村居住空间功能重组的最重要的特征之一。

乡村居民点的农业生产功能在社会结构变迁和要素流动的进程中逐渐淡化，乡村居民点成为乡村人口生活、交往、休闲以及为生产服务的功能空间单元。业缘关系网络成为新兴社会结构的主线，尤其是社会化小农的出现，打破了传统乡村居民点以亲缘、血缘为纽带的地缘格局，亲缘、地缘关系的"差序格局"在社会化小农的行为方式影响下逐步退缩到日常生活领域；业缘关系全面主导职业生活领域。"社会化小农"自身发展的成熟推动乡村社会以血缘、亲缘和地缘关系构筑的亲属关系格局将进入扁平化重组，小农经济模式下农民的"互惠合作"走向"分工互利"的共赢模式，工具理性成为乡村社会生产生活和日常交往的主线。在趋利原则的主导下，农民关系居住空间的选择更加理性，因此，乡村居民点功能重组和社会关系网络变迁在乡村居住空间上最直接的映射是传统小农经济模式下同宗同族聚居格局的瓦解。

经过笔者实地调研，张某边村现有农户73户，其中张姓人口在该村一直占据主要地位，村干部长期从张姓人家选出，村口建有张姓祠堂。大约30年前，该村的100多户人家中，九成住户姓张，后来部分张姓人家由于种种原因开始逐步外迁，慢慢发展到如今仅剩31户人家。尽管该村目前张姓人家仍占总户数的一半有余，但随着该村土地流转进程的加快和农业经济模式的变革，该村乡村社会关系网络发生了巨大变化，不再是张姓人家一家独大，除了村口祠堂仍然向来往的人群昭示张姓人家曾经兴旺的历史，但是张家其他的痕迹已随着岁月的流逝而慢慢消退。此消彼长，其他"陌生"姓氏的农户开始向该村嵌入，一个相对均衡的陌生人社会逐步形成（表6-7）。在现代农业生产方式的冲击下，现时的张某边村不仅在总体规模上从100多户缩小近一半至70余户，其内在的乡村社会关系网络结构也发生了巨大变化，由一个宗姓的村庄演变为多元姓氏共同组成的村庄；而村庄空间形态也随着总户数的减少和内部构成的变化发生了较大变化，由同宗同族围绕着祠堂向心式集聚，逐步演变为多元姓氏沿村庄环路渐次蔓延展开。

表6-7  张某边村村民姓氏统计

| 姓氏 | 合计 | 张 | 陈 | 经 | 徐 | 章 | 吕 | 万 | 杨 | 其他 戴 | 俞 | 孙 | 周 |
|---|---|---|---|---|---|---|---|---|---|---|---|---|---|
| 户数（户） | 73 | 31 | 15 | 10 | 4 | 3 | 2 | 2 | 2 | 1 | 1 | 1 | 1 |
| 占比（%） | 100 | 42.47 | 20.55 | 13.70 | 5.48 | 4.11 | 2.74 | 2.74 | 2.74 | 1.37 | 1.37 | 1.37 | 1.37 |

资料来源：笔者根据现场调研数据整理。

从张姓家族短短的几十年兴衰历程可以看出，在现代农业经济模式引领下的农业大生产不再需要传统的邻里乡亲的互帮互助，甚至建立在血缘、亲缘基础上的家族社会关系网络也面临着强烈的冲击，尤其是在经济快速发展的社会背景下，乡村社会关系更多地需要经济利益来维系，从而主导着乡村居住空间体系的格局变化。彼此带来利益或者实现利益共同增长的群体开始聚集在一起，而介于专业化的农业生产和分工的需要，仍以农业生产为主或以涉农产业为主的农民群体，依然不能完全远离生产空间而远走他乡，在趋利原则主导下的乡村居住空间有意识地走向集中。

此外，传统乡村社会依靠亲缘、血缘关系相互帮助寻找就业机会的模式在调查中基本没有被农民提及，可见在乡村社会经济边界、社会边界逐步解体的态势下，传统乡村社会所特有的文化边界也在现代农业文明的冲击下逐渐模糊，血缘、地缘关系网络逐渐弱化。随着市场经济体系在农村社会进一步全面展开，农村就业结构更加丰富多元，以业缘、学缘为主导的农村就业模式将占据农村社会关系网络的主体地位，这种新型的社会关系网络在信息化的社会交往中所产生的联动效应和扩张效应显然要远胜于以亲缘、血缘为基础的关系网络所能够带来的经济效益。因此，随着新型社会关系网络的构建和日趋稳固，空间趋利的特性必将从根本上推动乡村居住空间体系格局的重组。

### 三 良好的公共服务需求：居住空间格局集中化

农民生活水平提升对公共服务提出了品质化的需求。在全力推进城乡基本公共服务均等化的政策背景下，农村的基本公共服务水平得到一定程度的提升。但总体来讲，与城镇的基本公共服务供给水平仍有较大差距，尤其是人均服务水平指标值方面的差距明显。而日益增长的农民生活水平又不断对公共服务提出新的要求，需求的强烈上升和供给的缓慢增长造成了乡村社会新的生产关系和生产力发展的矛盾。

针对目前农村仍有哪些方面服务需要提升的访谈中，90%的受访村民认为村内公共设施水平没有能够与农业生产条件同步提升，有待进一步优化。在迫切需要建设的设施中，村民反映主要需要卫生服务中心、文化活动中心及休闲广场、老年活动中心等设施的建设。而一些年轻的受访村民则更加直接地指出农村生活水平总体较差，文化教育、医疗服务、道路交通等各方面均与他们的需求存在较大差距。在农业现代化水平提升较快的当下，他们仍然会选择进城、进镇居住。调查数据显示，医疗条件优、子女教育质量高是吸引他们进城、进镇居住的最主要原因，其次是工作机会多、设施完善、生活便利（表6-8）。这充分说明，农民对良好的公共服务需求是其向城镇空间转移的推动力。在经济条件允许的情况下，农民会在城镇买房定居，从而脱离农业生产和农村生活。由于农村宅基地政策、社会保障制度等方面的原因，农村的住房仍然会保留，但更多是其身份的象征或根之所在，农村逐渐成为失去活力的空心村。刘彦随（2010）对山东一村庄住户调查显示，2008年该村人口数量为1000人，宅基地387块，其中19.9%为废弃、10.1%为空置，合计占比30%。

农民为追求更高水平的公共设施服务而向城镇空间转移，在宅基地不能随房屋整体上市交易的政策背景下，在农民物权意识逐渐强化的形势下，农村空关房逐渐增多，原有的农村居民点逐步"空心化"。因此，乡村空间发展面临的现实是：一方面，农村人居环境水平差的现状，难以留住早已适应城镇信息和网络化时代下快节奏生活的青年一代；另一方面，农民意识到农村土地资源的价值在上升，又

## 第六章 平原地区乡村居住空间重组的动力机制

不愿意退出宅基地进城、进镇居住，即使有经济能力在城镇购房，也要将农村的住所保留。于是，农村里空荡的老宅成为年轻一代"把根留住"的唯一寄托，农村逐渐退变为记忆乡愁之所，不再是理想的居住之地。常住人口的减少，推动着大规模传统意义上的村庄逐步向"鬼村"迈进，只是追求良好公共服务的内在动机引发居住空间集中化是乡村社会空间发展不可逆转的总体态势。

表6-8　　　　　村民进城进镇集中居住原因分析一览表

| | 工作机会多 | 子女教育质量高 | 医疗条件优 | 卫生环境好 | 设施完善、生活便利 | 政府优惠政策 | 农村收入太少 | 其他 | 合计 |
|---|---|---|---|---|---|---|---|---|---|
| 数量（户） | 63 | 94 | 96 | 31 | 69 | 14 | 25 | 1 | 393 |
| 占比（%） | 16.03 | 23.92 | 24.43 | 7.89 | 17.56 | 3.56 | 6.36 | 0.25 | 100 |

资料来源：笔者根据现场调研数据统计分析。

也有学者认为，农民分散式的居住方式也在一定程度上给农民享受高水平的公共服务形成了障碍。邵明伟（2007）从对比城乡居民人均消费构成关系分析，由于农村居住分散、基础设施供给不足，农民住房改善并没有带来消费结构提升，相反却与当前居住方式相互作用而陷入低水平均衡的陷阱，抑制了农民在公共服务上消费的需求（表6-9）。

表6-9　　　　　2012年城乡居民人均消费构成对比　　　　（单位：%）

| 项目 | 食品 | 衣着 | 居住 | 家庭设备用品 | 交通通信 | 文教娱乐 | 医疗保健 | 其他 |
|---|---|---|---|---|---|---|---|---|
| 农村居民人均消费构成 | 39.33 | 6.71 | 18.39 | 5.78 | 11.05 | 7.54 | 8.70 | 2.50 |
| 城镇居民人均消费构成 | 36.23 | 10.94 | 8.90 | 6.69 | 14.73 | 12.20 | 6.38 | 3.94 |

资料来源：转引自邵明伟《中国农民居住和生活方式转换机制：理论和实证》。

### 四 乡土情结和故土难离：居住空间环境衰败化

乡村社会关系网络变迁是因为现代化的生活方式和农业经济模式向乡村社会不断嵌入而呈现的一个渐变过程。这个过程对新一代的农民工产生的影响是立竿见影的，他们甚至未曾从事过农业生产，不再寄托于田间的土地；但对于长期乃至一辈子都生活在农村，除了种田以外再也没有任何技能的农民而言，无论从劳动谋生还是从生活情感方面，都不会轻易地离开农村。调查显示，随着农村人口出生率的下降，学龄儿童大幅减少，农村居住的更多是老人，他们不愿进城或集中社区居住的原因有二：一是对乡村生活的眷恋，故土难离；二是年龄增大，对农村事业的热爱，而且没有其他技能，难以生存。

中老年人的故土难离。农村里依然有一部分"麦田守望者"，他们坚定不移地守着生活了一辈子的农村。他们多属于中老年人，纯粹依靠农业收入为生。虽然年收入较低，但是限于生存技能、活动空间、交往范围等众多因素，他们对从土地中的索取并没有太高的奢望，更多的是对于生活了一辈子的农村情怀的眷恋。他们完全可以向年轻的后辈们投靠，在子女的供养中安享晚年，但这种故土难离的乡土情结成为他们向高品质生活空间流动的主要牵绊。

调查数据显示，在占总户数23.3%的家庭收入以农业收入为主的71户受访农户中，有92%的农户年龄在50岁以上，其中60岁以上的农户约占61%。而对照家庭年均收入构成来看，77户家庭收入在3万元以下的群体，占总户数的28%。两组看似复杂的数据关系背后暗含了一个现象，这两组数据的群体具有高度的重叠性，即50岁以上的中老年农户构成了相对低收入（家庭年收入低于3万元）的群体（表6-10）。

表6-10　　　　　农民家庭年收入统计一览表　　（单位：元；户；%）

| 收入区间 | 低于1万 | 1万—3万 | 3万—5万 | 5万以上 | 总计 |
| --- | --- | --- | --- | --- | --- |
| 户数 | 17 | 60 | 68 | 130 | 275 |
| 占比 | 6.18 | 21.82 | 24.73 | 47.27 | 100 |

资料来源：笔者根据调查实践统计。

尽管农业收入较低，但是仍然难以成为他们进城、进镇谋求高工资、高待遇的动力，因为他们对自己的年龄有着强烈的预感，难以适应城镇生活，更加难以谋求一份稳定的工作以维系自己的生活，农业收入即使再低，依然可以在乡村过着吃穿不愁的、自给自足的生活。更为重要的是，他们对生活了一辈子的故土拥有难以名状的情结。

部分种田大户的"乡土事业"情结。笔者在调查中还发现一个现象，农村社会中还有一个群体对于乡土社会拥有难以割舍的情结，他们不像中老年人对既往农村生活的留恋和对故土的眷恋，而是对于自己在农村闯荡的事业难以放弃，他们是自视为有"理想抱负"的农业大户。

农业大户杨某成是市劳动模范、区政协委员，他承包了500多亩地，将种田当成自己的职业，思考如何提高粮食产量和附加值，如何开展多种化经营，如何尽可能地缩短粮食买卖的流通过程，减少中间商赚差价，如何通过自己农民委员的身份为农民和农业争取政策支持，等等。在访谈中可以感受他对土地的热爱，希望可以做一番事业。从乡村人口流动的逻辑基础来分析，他是难以从热爱的"乡土事业"中轻易撤离的。乡土情结的牵绊和乡村事业的追求在一定程度上限制了乡村人口的流动，农民"故土难离"制约着乡村居住空间体系的重组。村庄在乡土情结的捆绑之下，逐渐成为老年人盘踞的故土，村庄活力将随着时光列车的来回穿梭而日渐衰减。

总体来讲，乡村社会关系网络变迁对乡村居住空间体系产生的影响是双重的，业缘关系网络主导着居住空间趋利化集中发展，良好的公共服务需求导向又引导着农民向城镇和农村社区集中；而乡土情结的牵绊又阻碍了乡村人口的自由流动，只能通过时间来实现村庄的自然衰减，从而延缓了乡村居住空间体系重组的步伐。

**五　社会关系变迁下的乡村居住空间体系演化特征**

1. 同宗同姓聚集的"簇群式"居住向资源信息共享的"互联式"居住转变

在传统的乡土社会中，绝大多数村落基本上是以家庭、家族为单位聚居的，聚族而居是乡土社会中单个家庭生产关系扩大化的最有效途径，家庭自身和家庭之间所具有的血缘亲情关系也成为生产中的主要人际关系。同宗同姓的家族成员因人情往来、生产互助等形成形形色色的共同事业、共同利益，从而具有亲密的关系与情感，也促成了互信互守的行为规范、道德礼仪，在社会关系上形成一个或数个"族群"，在空间组织上形成了一组组"簇群"。

"社会化小农"基于利益关系构建新型松散化的社会秩序，改变了乡村社会关系格局，也直接影响着乡村居住空间格局的分异。原有的以血缘、亲缘为基础的家族聚居模式逐渐松动，以经济回报、利益分成链接起来的社会关系成为主导居住空间分异的重要影响因素。农民对居住空间的选择不再依托于传统的族群关系，信息资源共享、交通便捷通畅、业务往来互惠成为联系新型农民的纽带，因为这条纽带的一端连着居住空间；另一端则联系着广阔的市场和巨大的利益诱惑，簇群式的居住模式在社会关系网络重构的进程中开始瓦解，同姓同宗的家族成员因市场关系选择了其他社会成员进行合作，在就业方式发生分化的同时，居住空间的选择开始逐步转移和分化，资源互补、联系便捷、信息共享的"互联式"农民居住模式，逐步成为乡村居住空间体系新的组织方式。

2. "封闭内聚式"的居民点结构向"开放弹性式"的居民点结构转变

在乡村居住模式发生变化的同时，乡村居民点的组织结构也随着社会关系网络的更替而同步发生改变。传统家族社会关系主导下的乡村居民所有的生产、生活都能够在以同姓家族为核心的固定圈子内部解决，长期的亲缘、地缘观念将居民点固化为一个封闭而内聚的圈层结构，以血缘为基础的差序格局始终是居民点构建和发展壮大的基础；以业缘关系主导的新型乡村社会关系网络将固化的乡村社会边界打破，乡村劳动力的外迁、外部人口的内嵌，使得乡村社会的自然边界、经济边界、社会边界都在市场化的社会交往中重新建构，乡村社会的居住模式以互联互通为基础，乡村居民点的组织结构也随着乡村社会边界的弱化而走向开放，从而更具弹性和张力。

## 第四节 乡村居住空间重组的动力框架模型

### 一 动力框架模型

乡村居住空间体系结构与功能是乡村要素在社会内部、外部各种力量相互作用的物质空间映射和各种力量的合力物化，体现为乡村居住空间体系重组和功能重构。在城镇化、工业化等外部拉力的作用下，乡村社会内部没有单一的力量可以完全决定乡村居住空间体系的重组。在以农业现代化为主要表现形式的新的经济模式作用下，某一种力会在诸多力量之中脱颖而出成为主导的合力，影响着乡村居住空间体系结构的变化，乡村居民点各项要素组合及功能变化则是乡村居住空间体系重组的外在显现。

前文通过定量研究分析及对运行机制的解析，归纳总结出影响乡村居住空间体系重组的动力作用要素主要包括经济模式变迁、社会关系网络重构和政策制度环境锁定。在乡村居住空间体系重组的过程中，经济模式变迁作用力是主动力，主导着居住空间体系重组的方向和格局，但由于另外两组力的存在，使得重组受到约束而不得不做出适当调整。为了适应农业经济模式变迁带来的农业生产方式变化以及人口流动性的增强，乡村居住空间体系重组的总体方向是不会改变的，但在重组的具体方式和时间进程等方面，需要顾及社会关系网络重构、政策制度环境锁定等作用力的要求。基于此，以三种类型的作用要素对乡村居住空间体系格局的作用关系为基础，构建乡村居住空间体系重组的动力框架模型（图6-14）。

即在农业现代化背景下，平原地区乡村居住空间体系重组受到农业经济模式变迁形成的经济力主导作用的同时，还要受到以户籍制度为核心的政策力制约，而社会关系网络变迁形成的社会力则在多维合力作用下演变为一支乡村社会内生的可变要素，即以农业现代化发展为代表的经济模式变化（经济力）是推动乡村居住空间体系重组的主动力；以户籍制度及农村住房产权制度为主体的乡村政策制度锁定（政策力）是影响乡村居住空间体系重组的制约力；以乡村社会服务水平、乡村文化传承、乡土情结为代表的乡村社会关系网络重构（社会力）则是影响乡村居住空间体系重组的双重、可变力（不可预知力）。

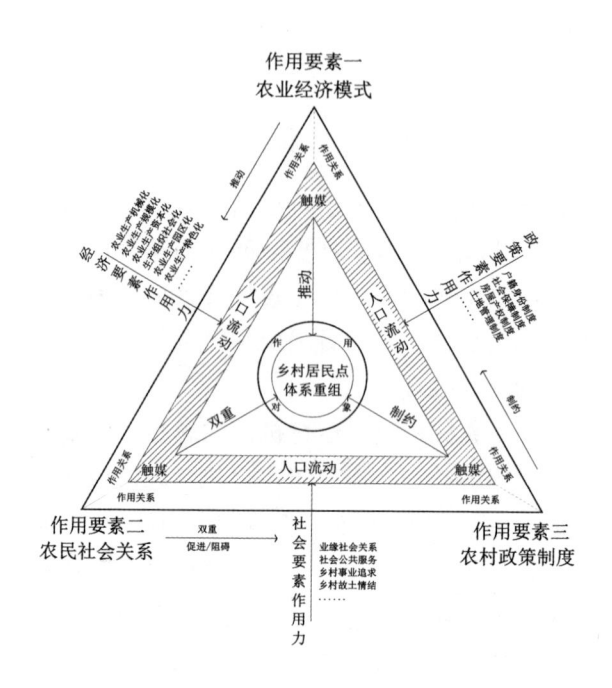

**图 6-14　农业现代化背景下乡村居民点空间重组的动力框架模型**
资料来源：笔者自绘。

## 二　促进性动力要素：经济力

为了适应农业经济模式变迁带来的农业生产方式变革，农业生产空间需要通过土地整理来重新适应规模化生产，通过改善农业生产基础设施和道路交通条件来适应机械化耕种，从而推动乡村生产空间的重组；现代化的农业生产方式解放了乡村劳动力，加快了乡村人口流动，又带动了乡村居民生活空间重组。乡村人口在城乡间流动和乡村社会内部流动的双重影响下，乡村人口规模减少，同时，乡村居民在耕作半径及就业的影响下，向新型乡村社区集中，乡村居住空间体系也在不断的重组过程中，向专业化的生活功能分化，其分离出的传统农业生产功能则逐步由新型的农业功能载体——现代化的农业园区所承担。因此，乡村居住空间在以农业现代化为表现形式的经济力作用下，呈现"规模化、集中化、专业化"的集中布局。而农业生产经营方式的改变，又带动乡村人口就业多元化发展，业缘关系带动就业性质相近、互补的新型农民集中居住，逐步形成固定的"朋友圈"，业务需求推动过去同宗同姓聚集而居的"簇群式"居住模式向资源信息共享的互联式居住模式转变。

### 三 制约性动力要素：政策力

制度是影响城市发展及其空间结构演化的一个重要变量（张京祥，2008；赵燕菁，2009）。制度是反映政府对于社会发展的基本导向，如通过户籍制度、社会保障制度的壁垒设计，限制乡村人口盲目地向城市流动，避免有限的城市公共服务能力难以承受大规模外嵌人口所带来的"城市病"发生；同时，通过房屋产权制度的不可交易性的制度设计，避免乡村人口在失去城市生存能力返回乡村后进一步失去基本生活能力的"社会病"发生。这种城乡二元制度环境，在特定的时代背景下，维护了城乡社会的稳定发展。但不可否认的是，在工业化、城镇化带动下的"四化同步"发展，城乡二元的制度结构设计，既约束了城乡居民的自由流动和空间选择权，又使得乡村居民难以真正享受同等市民待遇、乡村房屋及其宅基地难以与城市住宅一样进行上市交易，导致尽管乡村人口流动在加快，但乡村居民点作为农民守望的家园却慢慢地失去既往的生机和活力。这种二元的户籍、房屋产权及社会保障制度"政策力"成为影响乡村居住空间体系重组的制约力。

### 四 双重性动力要素：社会力

乡村社会关系网络变迁在乡村居住空间重组进程中起着双重动力作用。一方面，新型业缘关系和陌生人的嵌入，导致血缘、亲缘社会关系和熟人社会的瓦解，以职业关系和利益往来形成的生活空间网络，主导着乡村居民的居住空间选择，以此社会关系网络形成的作用力推动乡村居民点形成资源信息共享式的组团居住模式;另一方面,乡土情结浓烈而故土难离的老人以及以乡土事业为重的专门化农民,则在原有的乡土社会关系网络下,坚守着日渐衰败的乡村聚落。这些日渐空心化的村落与因浓郁的乡土情结而留守的老一辈农民共同组成了"空心化的村落和空洞化的村庄",又进一步强化了乡村"单一固化"的社会结构。此种社会关系网络最终形成了一种阻碍乡村居住空间重组的作用力,制约乡村居民点空间的重组。因此,两种不同的社会群体形成了两种截然相反的作用力,在乡村居住空间体系重组的进程中,体现出以社会关系网络为基础的双重性动力。

**五 主动力变化特征:社会力向经济力嬗变**

农业现代化背景下,一方面,生产方式多元化、劳动就业多样化,极大地解放了乡村劳动人口,推动乡村人口在城乡间和乡村内部流动,进而带动乡村居住空间重组,使得农业经济模式变迁成为乡村居住空间重组的最主要力量;另一方面,隐含在人口流动和经济模式转变之中的是农村信息技术的发展和社会服务的多元化,这两点则成为乡村居住空间重组的辅助推动力。因此,在农业现代化发展的背景下,为适应现代化的机械化耕作方式、规模化经营方式和市场化运营方式的变化,乡村居住空间体系正从"大分散、小集中"的居住模式,向"集中集聚、规模组团和弹性专业"的居住模式转变。在乡村居住空间体系由分散走向集聚的重组进程中,"经济力"成为乡村居住空间重组的内生动力之源,正在全力改变乡村社会文化景观(图6-15)。

从经济模式变迁的历史维度来看,乡村居住空间演化进程也是体系重组主动力转化的图谱——从以家族、血缘为纽带凝聚而成的社会力维系乡村居民点"集中式分散",走向以农业生产方式为主导的经济力推动乡村居民点"分散式集中"。

◆ 第六章 平原地区乡村居住空间重组的动力机制 ◆

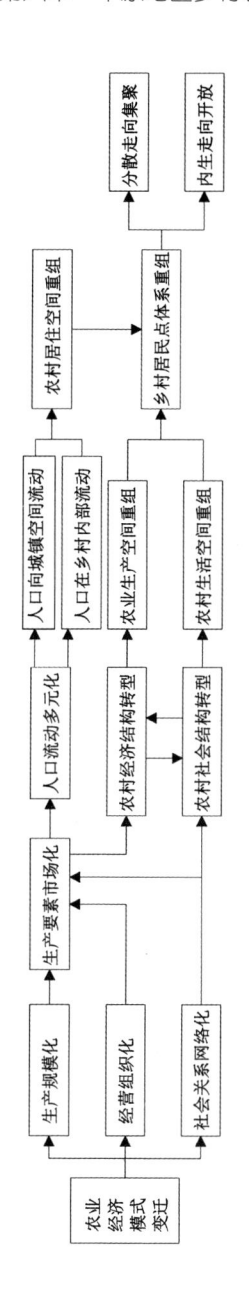

图 6-15 农业现代化背景下乡村居住空间重组的主动力运行机制
资料来源：笔者自绘。

283

在传统农业经济模式下，小农生产方式限制了农业规模化生产经营的可能，落后的道路交通和市政设施体系限制了农业耕作半径的延伸，尤其是以家族血缘为纽带的社会关系网络则基本扼杀了农民扩大社会交往、革新农业生产经营方式的途径。因此，在传统农业经济模式下，以家族血缘关系为纽带的"社会力"主导了乡村居住空间体系"大分散、小集中"的空间结构形态。

在农业现代化背景下，乡村居住空间体系外在由"大分散、小集中"逐步向"集中集聚、规模组团和弹性专业"的空间形态和功能结构转变，而主导这一体系结构转变的内在机制则是传统的家族血缘关系维系的社会关系主导向农业生产方式变迁的经济模式主导转变，即乡村居住空间体系形态和功能结构转变伴随着其内在的动力嬗变过程——由传统农业经济模式下的社会力主导，向农业现代化背景下的经济力主导转变。

## 第五节　本章小结

基于农业现代化对乡村居住空间重组的影响因素分析，本章从定性、定量两个维度解析影响因子对乡村居住空间重组的动力机制，最后根据动力因子判别，构建影响乡村居住空间重组的动力框架模型和在不同时代背景下主动力转换的运行机制。

乡村居住空间体系在经济模式变迁、制度环境变化及社会关系网络变迁等综合作用下呈现出不同的空间特征。通过溧水区乡村居民点体系的实践调查解析，指出在农现代化背景下，乡村居住空间整体呈现集中集聚发展的态势，其中要素由"小规模、分散化"向"大规模组团化"集聚、结构由"外扩内空的均质化"向"集中集约的差异化"发展；功能由"小而全的多元综合"向"广而专的生活家居"转变。而由农业现代化发展带来的乡村社会关系网络变迁，一方面带动了乡村居住空间体系由同宗同姓聚集的"簇群式"居住向资源信息共享的"互联式"居住转变，由"封闭内聚式"的居民点结构向"开放弹性式"的居民点结构转变；另一方面，户籍制度、房屋产权制度的滞后及故土难离的家乡情结又进一步固化了"乡村社会结构单一、村落空心化、村庄空洞化"的特征。

在现代农业生产方式中,平原地区乡村居住空间重组的"三力作用模型",即经济力、政策力和制度力共同作用下推动乡村居住空间重构。其中,农业经济模式变迁诱发的经济力是居住空间体系重组的主动力,户籍及房产制度滞后所产生的政策力是居住空间体系重组的制约力,而由业缘关系主导的乡村社会关系网络重构形成的社会力则是居住空间体系重组的双重可变力。最后,乡村居住空间体系随着农业经济模式发生转变,由此所呈现的"大分散、小集中"向"集中集聚、弹性专业"转变的空间形态及格局特征,表明乡村居住空间体系空间格局转变的内在机制是由家族血缘关系主导的社会力,向现代农业生产方式主导的经济力转变的空间映射。

# 第七章 平原地区乡村居住空间组织的理论模式

当我们已经明确了农业现代化平原地区乡村居住空间重组在各个维度的影响因子,并就各因子对乡村居住空间体系重组的作用力进行量化分析后,结合当前乡村空间发展的现实需求,必须有一个适应时代发展的乡村居住空间重组的理论建构,这既需要对当前乡村居住空间体系发展实践进行总结与反思,也需要对指导乡村社会空间发展的城镇化、城乡一体化发展的理论与认知模式进行反思,进而创造适应农业经济模式变革和乡村振兴战略总体要求的乡村居住空间重组的理论模式。因此,本章基于上文的分析及结论(农业现代化平原地区乡村居住空间重组的影响因子及动力框架模型),从思想基础、理论模式构建及空间模型等几个方面解读平原地区乡村居住空间体系重组的适应条件和相关特征。

## 第一节 思想基础

### 一 "聚集经济理论"的乡村演绎

农业现代化是生产方式范畴,可视之为生产领域;乡村居住空间体系作为生活方式的范畴,可以归结为消费领域;而农民就业方式则是中间环节,就业将劳动力转换为商品,获取资源进行再分配,与交换和分配领域基本契合,这也基本符合经济学领域的"四分法"逻辑。城市作为目前最典型的居住和生活方式,是较为成熟运转的功能体;而农村与城市一样,也拥有自己居住和生活方式,以及相应的生产和就业方式。城市聚集经济理论可以较好地解释城市经济现象,从跳出"三农"看"三农"的角度来讲,城市聚集经济理论对农村社会经济现象的解释也有相应的借鉴和启发(邵明伟,2015)。

聚集经济理论是围绕城市产生及其演化问题而展开的(徐承红,2010),是分析城市产生及其空间演化过程及动力机制的基础理论。新经济地理学理论认为,聚集经济的发生,是某一区域的自然禀赋优势或者某一历史事件的偶然作用下获得比较优势,通过循环累计因果机制的自我强化,在向心力(聚集效应)与离心力(扩散效应)共同作用下的动态演化,而城市正是聚集经济作用下的空间聚集的动态演化和表现形式。那么村庄居民点体系的产生及演化进程,是否也是乡村经济社会空间在聚集经济理论作用下的产物呢?

1. 乡村居民点体系形成的经济学解释

从农业生产的天然分散特征来看,土地均质分布的特性与小农经济模式是难以推动村庄产生的。因此,在缺乏劳动分工合作、以采集狩猎为生的原始社会,在"散兵游勇"式的生产方式下,人类居住方式多是树居、穴居或巢居,注定难以产生"村庄"。

当人类学会了制造并使用简单的生产工具,开始有了初步的分工协作后,群居生活才开始在原始社会末期出现,这也为村庄的形成创造了条件。可见,村庄不是一个独立的个体,其本身也是一个另类的聚集体。其产生的学理解释是,在铁犁牛耕、分工协作等特定的农业生产方式下,由于"第一天性"(first–nature inequalities)(Combes and Mayer etc.,2008)差异,部分人群在权衡农业生产、就业空间便利性和生活便利性而在某一地方定居。定居伊始,人们选择住所首先考虑的是便于从事农业生产,最短的工作半径是选择住所的首要条件,此时生产便利性大于生活便利性,当这种生产便利性引起循环因果累积机制,人口聚集效应渐趋明显,从而形成乡村居民点。在乡村居民点总的便利性增加的同时,农业生产便利性不断减小而生活便利性逐渐增加,当这种"增加"与"衰减"达到某一平衡点后,农业生产空间的不便性便彻底抵消了生活便利性的增加,即经济学中边际效益(生活空间便利性)和边际成本(生产空间不便性)之和趋向于零，乡村居民点就不会继续增长了。但人类追逐农业生产空间便利性和生活便利性的天性是不会停止的，一个新的村庄便在人们对新的生产、生活空间便利性的追逐过程中产生了。在人们不断的"追逐"中，众多的乡村居民点便形成特定的村庄聚落，覆盖所有的适于耕作和生活的土地空间，进而形成乡村居民点体系。

因此，从经济学的角度解释，村庄（乡村居民点）的产生是农业生产空间便利性与生活的安全便利性等相互作用的结果，既适应了农业生产的均质性，也体现了农民生活聚集性特征，体现了农民生产、生活空间的一致性。乡村居民点的空间表征体现为农民生活聚集体，内在机制的运行又离不开特定农业生产方式的决定作用。

2. 乡村居民点体系演化的逻辑推演

乡村居民点体系的形成在经济学上是各项资源要素聚集并追求便利性的空间表现形式，那么乡村居民点体系如何在千百年来的农耕文明生活中不断演化并适应社会的发展呢？

最初，农村人口的增加推动乡村居民点体系规模的不断扩大，人均可耕种面积随之减少，人们被迫向更大的区域开垦新的土地，以满足人口规模增长的空间需求和生存需求。在空间不断外延扩张的同时，乡村居民点的数量和单个乡村居民点的规模都随之不断增大，乡村居民点体系的结构不断趋向合理，功能不断完善。在乡村居民点体系内部，群居的生产、生活方式便于人们生产经验的交流和积累、生产工具的改进和模仿。随着乡村居民点体系规模的增大，人们的需求呈现多样性变化，市场规模亦刺激着分工和交易。最终，伴随着乡村居民点体系的外延空间不断扩大，其农业生产方式也不断改进，交通设施不断发展，乡村居民点体系内部也实现了结构和功能重组。农业生产方式的变化，在提高劳动效率的同时，减少了农业劳动时间和劳动强度，农业劳动力的分化促进了新的劳动分工和生产就业方式，一部分人群开始摆脱乡村和农业生产地之间的距离约束，城市和集镇开始出现，非农生产和生活便利性在城镇出现最优化集聚，而城镇强大的向心力作用在快速化的生产生活节奏中不断循环因果累积。同时，城镇中发达的技术、充足的资金和人力资源不断向乡村辐射，原有乡村居民点体系结构将发生重大变化,部分农民出于对非农就业和生活便利性生活的追求与向往,向城镇空间转移,原有的乡村居民点便日益萎缩,直至消亡;部分农民则眷恋乡土生活,选择对原有农业生产方式进行改造,推动乡村居民点体系会出现沿道路、沿水系、沿山脚、沿大城市周边等空间布局现象;部分农业生产方式改进充分而彻底,推动农村居民点的大规模集并,为农业生产规模化创造空间便利性,最终出现乡村居民点结构性重组。当然,也会因为农业生产方式和非农生产方式改进不彻底,乡村社会的强烈锁定效应的内部吸引力和城市外部向心力不足等问题,出现农民非农就业和农村生活空间分离——"离土不离乡"的现象。

总之,乡村居民点体系的构成是特定生产方式的产物,从最初的逐水而居的分散式布局,到血缘关系主导下的小规模群居生活,再到农业机械化生产下的空间集聚等,这些都是特定生产方式下农民生活方式追求便利性的空间表现形式。当生产方式改进,累积的向心力不足以抵消路径依赖性的时候,农业生产方式与乡村居民生活也会呈现一定的差异性。这也印证了基于现代城市聚集经济理论的农业生产方式决定了农民就业方式,进而影响农民生活方式,即乡村居民点体系的体系构成和空间布局。

未来农业现代化作用下的乡村社会聚集经济会更加明显,将推动乡村居民点体系的结构变迁更加迅猛。这也验证了前文所述,以农业现代化为表征的经济模式变迁是未来乡村居民点体系重组的主动力。

## 二 "中心地理论"的现实延伸

20世纪30年代,德国地理学家克里斯泰勒提出"中心地"理论,将中心地(Central Place)描述为向居住在它周围地域(尤指农村地域)的居民提供各种货物和服务的地方。这种职能分化、层级鲜明的理论模式对乡村居住空间体系重构具有重要的指导意义和参考价值。

1. 中心集聚与紧凑集约形态的嫁接

克里斯泰勒认为,"中心地"是具有等级的,不同等级的中心地与中心职能相对应。通常，低级中心地的特点是量大面广，服务范围小，提供的商品和服务档次低、种类少；高级中心地的特点是量少质高，服务范围广，提供的商品和服务种类多；在高、低二级中心地之间还存在一些中级中心地。中心地按照一定的规则分布，数量呈几何级数变化。根据不同规模等级的中心地之间的分布秩序和空间结构规律，克里斯泰勒提出了在农村市场服务中心演化基础上发展起来的聚落体系的特征，即基于市场、交通和行政原则的"六边形"网络模式（图7-1）。

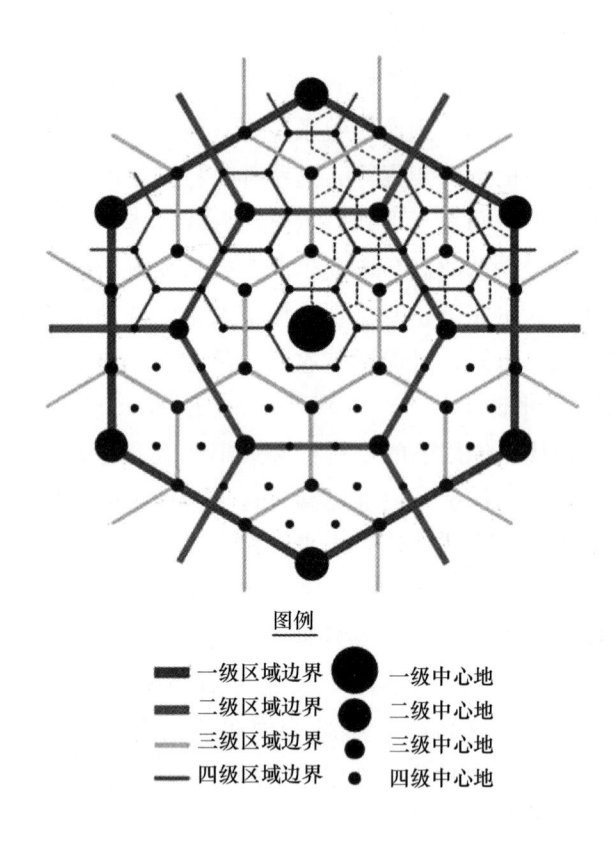

图7-1 "中心地"理论六边形网络模型

资料来源：克里斯泰勒的"中心地"理论。

◆ 第七章 平原地区乡村居住空间组织的理论模式 ◆

"中心地"理论是居民日常零售业与服务业选址的重要依据,从城市居民点的交通运输、物品供应、行政管理等主要职能出发,论述了居民点的结构及居民点中心地的形成过程。克氏对于"中心地"理论在农村经济社会中演变,则主要浓缩为三个阶段:第一阶段是乡村居民点发展的起点。由于居民点尚处于萌芽期,其较小的规模和较为单一的功能,只能是一些提供最基本服务的最小中心地。第二阶段是中心地的自发演化阶段。随着乡村居民点规模增大、数量增加,乡村居民点体系开始初步形成,其中少数居民点得益于优越的地理位置和便利的交通条件,不断发展壮大成为较大的村庄和聚落;伴随着其功能的完善和居民点体系的健全,服务范围随着村庄规模的增大而不断扩大,这些较大的村落自发成为居民点体系中"极核"。第三阶段是完善阶段。伴随着村落的进一步增大,辐射和带动能力的增强,乡村居民点自发的和政府主导的推动发展形成功能更加完善、结构更加均衡的大村落,形成较大的"中心地"服务中心,这是农村中心地发展的第三阶段,也是多种功能设施和乡村社区与原有乡村聚落网络叠加的结果(谢晓鸣,2007)。

*2. 扁平合作与功能差序的现实修正*

多层级的中心地服务中心是克里斯泰勒基于农村市场、交通和行政原则构建的农村中心地的核心思想,通过六边形网络对一定区域内城镇等级、规模、职能之间的关系及其空间结构的规律性进行大胆的设想和较为科学的阐释。但过于关注结构的均衡性特征,使得"中心地"理论忽视了规模经济和聚集经济效益,而聚集经济理论指出,不同等级、不同功能等多样化的设施集中布局在一起会产生显著的聚集经济效益。而克里斯泰勒的"中心地"理论只重视各等级中心设施的出现,对设施的规模、功能则重视度不够。特别是在快速发展的城镇化进程中,随着农村地区基本公共服务设施均等化的推行,农村地区的中心设施将实现基本全覆盖,此时"中心地"理论过度关注均衡性的弊端将会显现,因为以农业规模化经营为主要特征的农业现代化生产模式的快速推进,会使得乡村居民点体系格局更加依赖于公共设施的规模大小、功能特征,从此来形成多层级的"中心地"服务中心。

需要说明的是，克里斯泰勒的"中心地"理论有一个理想的前提，就是假设生产者和消费者都属于经济行为合理的人的概念，认为消费者首先是利用离自己最近的中心地。但随着信息化社会和网络时代的降临，现实生活中的社会更加扁平化，便捷的交通设施条件和发达的信息网络渠道，为消费者提供了更加广阔的消费目标市场，消费者行为更加多元，更倾向于"货比三家"，甚至"舍近求远"，选择高级中心地进行经济社会活动。

因此，在农业经济模式变迁的现代语境下，"中心地"理论既是乡村空间体系结构形成和发展的理论基石，同时我们也要注重理论的现实延伸和补充，以更加开放、更具弹性的结构体系实现对乡村地区空间结构，特别是乡村居民点体系格局形成和重构的科学指引。

### 三 "市场区位论"的理念创新

"市场区位论"是以市场需求作为空间变量来研究区位，并对市场区位体系进行的解释。廖什在"中心地"理论的基础上，把市场需求作为空间变量，将空间均衡的思想引入区位分析，研究了市场规模和市场需求结构对区位选择和产业配置的影响，形成了"市场区位论"。在农业农村现代化发展的大背景下，市场经济理念日渐随着现代农业生产方式的发展而嵌入乡村社会内部，引导乡村空间直接或间接参与城乡经济社会的分工，进而影响着乡村空间的发展，也依稀可以看到"市场区位论"在乡村空间重组进程中的动力作用与时代演进。

1. 核心边缘和区域弹性理念的原形再现

"市场区位论"指出，大多数工业区位选择在能够获取最大利润的市场地域，区位的最终目标是寻取最大利润地点。最佳区位不是费用最小点，也不是收入最大点，而是收入和费用差的最大点，即利润最大点。最终这些工业企业依据市场需求及利润最大化的原则，分布在大城市的周围地区，形成"大城市居中，若干工业企业围绕大城市边缘"布局、疏密相间的中心地分布格局的经济景观。

"市场区位论"中对均质平原地区的前提条件设定，农业人口生产、消费等行为相同的假设,都与克里斯泰勒的"中心地"理论的核心思想一脉相承。而市场需求的引进,则是对"中心地"理论的进一步深化与细化,将利润最大化原则与产品销售范围联系在一起,指出经济个体的区位选择不仅受其他个体的影响,同时也受消费者和供给者的影响,空间范围达到最佳值时,则工业企业的空间区位实现均衡。当然,在真实的城乡空间景观中,很少会达到理想的均衡格局,其形状的变化,反映了道路网、资源赋存、劳动力以及市场等区域资源要素的弹性变化。

而假设消费者不均匀地分散在腹地内,通过区位条件的差异来平衡运输成本的高低,形成若干个"经济区",实现经济总体上的平衡和理论的最大化,则是中心地理论的适时延伸,使其更具普遍意义。

2. 特色田园乡村和多元网络的时代补充

建立于市场化和工业企业区位选择基础上的"市场区位论",重在指导城市区域内工业企业在市场经济条件下,做出科学合理、理论最大化的区位选择,对强调农业现代化和市场化发展的乡村地区,则难免出现不调和之处。基于当时时代背景提出的"在整个平原中居民都具有相同的技术知识,所有的农民都可能得到生产机会;在平原中均等地分布着农业人口,最初他们的生产是自给自足,且消费者的行为相同"等假设条件,已难以适应当下现代化大生产的组织方式和农业生产条件。因此,其时代局限性降低了其理论之乡村地区空间组织的弹性指引价值。

新时代美丽乡村建设的新要求,传统的以道路网、资源赋存以及基础设施条件作为衡量区位优劣标准的要素,显然难以适应当下及农业现代化背景下乡村空间发展的需求。依托乡村空间特色资源,发展特色产业,打造特色田园乡村是美丽乡村建设的总体要求,以经济区位、特色资源、劳动力作为衡量区位发展条件的补充要素,结合特色资源要素,打造差异化的功能空间节点,是构筑乡村地区多元网络化的空间是特色田园乡村的核心要义。这既是适应农业现代化发展条件下乡村空间重组的时代需求,也是对传统"市场区位论"核心思想和主要内容的一种时代补充。

## 四 "耗散结构"理论的运行保障

### 1. 开放的经济环境格局维持体系稳定

从一栋民居到一组院落、从一个村庄到一组聚落体系，乡村居住空间体系的形成、壮大到重组、再生，其体系的内部组织到外部环境格局都经历着无数变化。犹如一个人体成长的每一步都离不开环境的推动和自身肌体组织为适应环境变化做出的重组和完善。乡村居住空间体系要在变幻莫测的环境体系中生存并发展，只有时刻保持着与周边区域环境的互动和相互作用，并不断调整自身的机能和结构，做出自我完善和创新。人体和乡村居住空间体系两个系统发生进化的原理是一致的——都要从外界持续不断地吸收物质、能量和信息流，以保持体系结构的健康和稳定。这组"流"就是系统发生进化的原因、动力源泉，而系统自身内部物质—能量—信息流动的路径、规则和方式就是系统得以维持的动力学机制。

系统只有保持开放性，确保物质—能量—信息的输入能够维持其现有结构形式正常运转，才能保有持续发展的动力。因此，开放性是系统实现自维持、自发展的首要条件和必要条件。乡村居住空间体系要实现维持壮大，就必须保持自身的开放性。乡村居住空间体系的开放性包含两个层面：一个是向自然界开放，是乡村居住空间体系不断从自然界吸收物质、能量和信息要素，转化为乡村居民点发展进化的动力。物质和能量要素所产生的结果就是生产资料的获得、物质财富的集聚，而信息要素所产生的结果就是生产经验、技术手段的改善。一个是向其他的社会共同体开放，即向城镇空间的开放。从历史的经验看，仅向自然的开放，即实现生产力的解放，而没有社会共同体之间的相互开放和交往，那么它只能维持现状的存在和经济生活的繁荣，而难以实现社会组织形式的创新（孙志海，2004）。比如一个人的思想观念要想不断发展，就必须保持多元的开放状态，能够从多个角度、多种渠道不断接受新的经验和新的思想观念，使其和整个社会的经验系统和观念系统保持不断的交流。社会共同体之间的交往也是以物质—能量—信息的流动为载体的。乡村居住空间体系向城镇空间体系开放，在物质—能量—信息流动与各要素的互动过程中，维持两者发展的平衡。

从系统的开放性分析来看，一切系统进化的实质都可以归结为物质—能量—信息流动方式的变化，每一次流动方式的变化都必然引起社会结构的重大变化。就乡村居住空间体系而言，每一次体系的重组都是在原有体系上的涅槃。新的体系不能离开旧的体系而单独存在，只能改变旧体系的组织方式、空间框架以适应自己。新的体系形成了新的物质—能量—信息的流动方式，极大地改造了旧的体系格局，而通常伴随着乡村居住空间体系重组的脚步，也会导致乡村社会系统从低级结构形态向高级结构形态的转型，在转型过程中，也在潜移默化中实现了社会结构层次、社会制度的传承和变迁。

因此，从系统思维来讲，乡村居住空间重组就是乡村居民点体系这个复杂系统在面对各种瞬变或渐变的区域环境时，与外部共同体进行物质交换、能量循环和信息流动的同时，内部组织物质—能量—信息流动路径发生重组的空间映射，是一个旧层次向新层次跃迁的动力学过程。

*2. 涨落及关联放大的社会关系远离动态平衡*

乡村居民点体系的组成要素在特定而稳定的路径下有序运行，这个稳定的路径是系统运行过程中内部自发形成的，而不是外力强加于这个体系的。如乡村居民点体系在形成之初，由于缺乏一个稳定的结构，各个要素在开放的环境中各行其是，合作微乎其微，难以形成维护乡村体系正常运转的健康环境，于是乡村内部出现邻里不和、私搭乱建、污水乱排、垃圾乱扔、宗族纠纷、庄家田地之争等种种不和谐现象。当这种不和谐现象趋于临界时，村民之间、村庄之间、聚落之间就会形成关联，形成合作社会关系网络，协同行动，从而一个新的结构就会出现，系统学中称之为"序参量"，比如村规民约。村规民约是超越任何一个个人或村庄个体而凌驾于聚落体系之上的宏观性和整体性的行为。它产生后就成为一个序参量，逐渐主宰了乡村居民点体系的演化。村规民约的诞生，使得村民之间能够形成合理的分工，乡村居民点体系的功能由此才能分化；村规民约的存在，使得村庄与村庄之间形成一种潜移默化的协同，乡村居民点体系的结构由此才能形成；村规民约的建立，使得村民在村庄内的生产和生活得以一定的约束，乡村居民点体系的形态由此才能不断完善和稳定。这三者是同步发展的，是村民、村庄和聚落之间协同作用导致乡村居民点体系新的自组织行为产生的典型表现，这其中关键是村规民约这一制度的产生。所以，村规民约就是决定这个体系进化的动力学机制，也就是乡村居民点体系内"流"要素动的方式和路径。

涨落及关联放大是系统序参量形成和有序化的必经阶段。任何一个系统都存在涨落。普里戈金（I. llyaPrigogine）指出，"自组织机制就是通过涨落的有序"。从系统的存在状态来看，涨落是对系统稳定的、平均的状态的偏离。那些在平衡态附近的小涨落，对系统只能起到修正和干扰作用；只有当系统远离平衡态时，小的涨落才可能被放大成巨涨落，系统也就有了发生分叉的可能，进而促使新的序参量形成。乡村居民点体系构建就是一个新的自组织过程，它从一个单体建筑的布局开始，向建筑群、建筑聚落延伸，引起局部的巨涨落。随着人口的集聚、生产方式的改进，生产空间、生态空间随同生活空间一起形成一个巨大的社会关系网络，这个巨涨落像水纹一样向外扩散，然后引起其他地方的生产者效仿，新的涨落相应地产生，最后引起更大范围的巨涨落、协同作用，使广域的乡村地区建设都按照这个模式开始形成，从而形成一个完善的乡村居民点体系。

涨落对系统的作用具有双重性，一方面破坏了系统的稳定性；另一方面推动系统失稳并获得新的稳定性。随机涨落驱动着系统中的子系统在获得物质—能量—信息时的非平衡过程，并产生若干个影响系统进化的变量。根据时间变化快慢分为快变量和慢变量。乡村居民点体系内社会、文化（制度）要素的形成需要经过漫长的积淀，在发挥功效时往往会起到决定性作用。这些慢变量的功效不会随着时间的变化而快速的衰减，相反地会随着体系的变化彰显一定的弹性和适应性，这也与漫长的农耕文明时期社会、文化等因素对乡村居民点体系的稳定起着重要作用的现实是一致的；而经济要素快变量的特征决定了其功效会随着时间的变化以指数形式衰减，但却能够在短时间内对居民点体系的构建形成较大的甚至是决定性的影响。

3. 非线性的城乡文化网络助力空间重构

开放的环境、涨落的不稳定性导致非平衡态的结构是乡村居住空间体系维持复杂系统的基础。但系统要实现升级转型，必须通过社会、经济、文化要素之间的相互作用，实现内在组织机理的改变，而不仅仅是物质性功能或空间性结构的转变。犹如一个婴儿与一个巨人都是同样的系统，尽管他们的空间大小和物质含量不是一个量级水平，但其组织性的人体结构及人体系统运行的内在逻辑是相同的，因而并不妨碍他们都是同一个系统之下的"自然人"。

乡村居住空间体系的自组织结构进化的实质是新的物质—能量—信息流动方式的形成，这种流动方式每一次的形成在组织结构上就标志着一个新的层次的产生。这个新的层次是在两种作用下产生的：一个是乡村居民点体系与外部环境（经济、社会）之间的相互作用；另一个则是乡村居民点体系内部组成要素（文化）之间的相互作用。乡村居住空间体系首先在与外界环境的相互作用下积累体系运转的技术、资金、劳动力、资源等，通过先进的技术引进和服务网络的组织，使乡村居住空间体系的构成要素在技术集成创新作用力的影响下，实现涨落和关联放大，产生主宰体系发展方向的序参量。在新的序参量的作用下，居民点体系内部文化积淀推动物质—能量—信息的流动路径发生改变，形成新的物质—能量—信息框架，至此，新的乡村居住空间结构形成。在各要素相互作用的过程中，生产技术的升级、生产手段的更新、服务网络的组织与技术集成创新不是简单的一蹴而就，也没有固定的模式和路径可寻，只是城乡文化之间的非线性的相互作用成为新系统产生的重要支撑，是新的乡村居住空间体系构成的基础。

因此，乡村居住空间体系重组过程是一个自组织和他组织共同作用的结果，通过乡村居住空间体系各组成要素非线性作用下的"涨落"运动促进新的结构有序形成，当"涨落"不断增强，超过某个临界值时，组成系统的要素状态就会发生改变，而当系统最终达到"巨涨落"状态，原有的居住空间体系秩序就会逐步瓦解，新的有序结构渐进生成，乡村居住空间体系重组完成一个阶段演化（图7-2）。

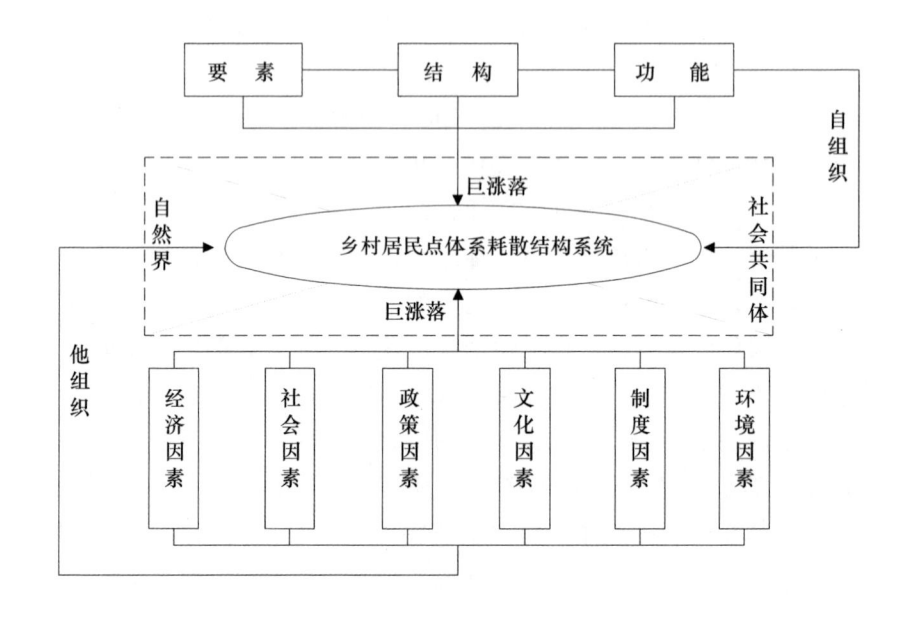

图7-2 乡村居民点体系耗散结构组织

资料来源：笔者自绘。

## 第二节 乡村次区域自平衡模式

所谓"次区域自平衡模式"，是基于现代农业生产方式变革的乡村人口在乡镇范围内一定的农业空间内部流动形成的人口数量、农民生活空间和农业生产空间规模的相对平衡，以及由此延伸的就业岗位、公共服务设施等相对平衡的居民点组织模式。研究将从模式产生的背景原因及适用条件做出理论阐释，同时总结该模式的主体特征，并依据模式特征构筑理想的空间模型。

### 一 理论解释

农业现代化背景下的平原地区乡村居住空间重组，为什么会形成次区域自平衡的重组模式？它产生的背景条件是什么？这是研究需要做出理论解释的内容。

1. *产生背景*

一是镇域经济基础好的地区。乡镇经济基础通常是建立在特定的区位条件和良好的产业基础之上的。因此，一个经济基础好的乡镇，其镇域第二、三产业通常占比也较高，多元化的第二、三产业基础能够为乡村地区提供大量的就业机会，吸引农民从农业生产向附加值更高、工作时效更高的第二、三产业转移，同时，农业生产的长时段性特征，也在一定程度上使得农民在"下班"后能够兼顾农业生产。因此，镇域经济基础好，能够为农民创造大量的就业机会，一方面，使得农民在乡村内部实现就业的转移和升级；另一方面，使得一定的乡村次区域空间内能够实现就业和人口的相对平衡状态。

二是乡村人口密度低的地区。乡村人口密度高低是乡村人口流动的基础条件。对于人口密度低的乡镇地区，农业现代化发展对乡村人口的释放作用极为明显，如农业生产组织化发展带来农民职业分化。由于人口密度总体较低，由专业分工产生职业分化的农民在乡村社会内部即可吸收，在不断延展的农业产业链上实现就业的分化，从而实现乡村人口的内部转移；而人口密度低，相应的人均耕地面积则较大，当农业规模化发展水平较高时，在乡村地区维系农业生产基本需求的背景下，人口密度较低的乡村地区，其人口流动在多元化的基础上，总体也会以乡村社会内部流动为主。

三是农业生产组织化程度高的地区。农业生产组织化程度较高的乡村地区，农业生产专业化分工和社会化服务水平较高，带动农民职业分化。从事传统农业生产的农民，由于生产和居住生活空间都离不开农村；专业化分工体系下产生的离地农民，除了彻底离开农村的农民外，对于继续围绕农业产业链延展而工作的农民，则从事多元化的乡村服务行业，如依托乡村自然资源、特色农业资源而兴起的乡村旅游服务业，这部分群体不需要耕作土地，但又离不开乡村空间，因而会在一定的次区域空间内集聚形成新的"中心社区"或搬迁到原来面积较大的居民点，享受更好的公共服务；对于新型职业农民，由于他们不再受传统的耕作半径限制，但也属于离不开农村的新型农民群体,因此他们更多地选择进入规模较大的居民点或"中心社区"集中居住。这在一定程度上加剧了农村空心化现象的发生,但也加快了乡村次区域空间的形成。

四是乡村居民点均质化分布的地区。平原地区的地形地貌特征以及农耕文明的长期沐浴,决定了乡村空间均质化分布的空间格局特征。但农业现代化背景下的乡村社会则在区位、经济、社会条件的推动下,容易出现空间和职能分异。乡村居民点作为乡村经济社会的空间映射,其空间形态、规模大小、村庄功能,在农业现代化发展影响下,也都有可能呈现一定程度的分异。而对于"次区域自平衡"模式下的乡村居住空间体系而言,则在乡村居民点职能和空间相对均质分布的平原地区更加容易形成。乡村居住空间分布相对均质、职能相似,乡村居民生活方式相似,乡村居民收入、需求、消费方式相同,从而更加有利于构筑相对平衡的"次区域"空间。

五是乡村居民点面积标准差大的地区。乡村居民点面积标准差是衡量镇域乡村居民点面积与居民点平均面积之间的差值。当乡镇第二、三产经济基础条件好,乡村人口密度较低,农业生产组织化程度又较高时,乡村人口就具备了内部流动的条件,乡村居民点也具备了重组的基础。而乡村居民点之间面积规模差距则成为形成乡村地区次区域的重要要素,面积较大的乡村居民点就容易成为吸引乡村人口流动、集聚的空间载体,并随着乡村人口集聚而不断完善居民点的服务设施水平,从而在乡村地区形成一定的次区域——"中心社区",同时保证了该次区域内实现人口和基本公共服务的平衡。

六是发展潜力多元化的地区。发展潜力多元化主要是指该地区具备培育乡村次区域发展的多元化的区位、自然资源、人文资源及经济社会发展条件等的总称。次区域功能体系构建和空间结构塑造是"次区域自平衡"模式的核心所在,良好的区位条件能够强化乡村地区与外部的联系,进而增强该地区的资源流动性,提升地区农业现代化发展的水平;优质的自然资源和人文资源条件,则有助于乡村旅游的快速发展,引导地区农民职业分化,推动乡村人口近地集聚;经济社会发展条件好的地区,则有助于乡村地区就业岗位的增加和乡村地区公共服务水平的提升，从而有利于乡村次区域空间的人口、服务和就业的自平衡。因此，发展潜力多元化的地区，既是乡村居住空间体系重组"次区域自平衡"模式产生的众多原因和适应条件之一，也是对众多产生背景的综述。

2. 理论阐释

"次区域自平衡"的乡村居住空间重组理论模式，是"中心地理论"在指导乡村地域空间重组实践基础上的一种理论延伸。克里斯泰勒在德国南部地区的城市和农村调研基础上提出了"中心地理论"，论述了一定地域范围内，城镇等级、规模、职能之间的关系及其空间结构的规律特征，并借助空间模型对城镇等级和规模关系加以概括。其中心思想是指位于一定区域的中心地向居住在其周围地区内的居民提供各种货物与服务，中心地提供的商品和服务有种类和高低等级之分，中心地的等级决定了其数量、分布及其服务范围。

"次区域自平衡"是一个中心社区所覆盖的农村地区实现人口、服务和就业的自平衡。这个"中心社区"就是农村地区理想的"中心地"，在"中心地"所服务的范围内每个乡村居民点均有享受中心社区提供基本公共服务的均等机会。而从"均衡"的角度出发，为了维持这种"均衡"并享受中心社区提供的均等化服务和就业机会，每个乡村居民点与中心社区之间保持最合适的距离，各乡村居民点之间的距离则满足各自基本的生产生活服务需求，如耕作半径的最大距离等。

乡村"中心地"有等级和职能之分。在这个相对平衡的"次区域"中，围绕中心社区的若干乡村居民点是次区域中最底端的单元，由若干个家庭构成；"中心社区"作为次区域的高级中心地，则为周边农村地区的乡村居民点提供乡村居民日常生活和就业工作的基本公共服务，如小商品、小百货、菜市场、小游园、文化书屋、休闲茶座等设施；而一些高等级的金融、行政及文化精神服务则由更大区域、更高级的"中心地"来提供，如新市镇、城镇等。若干个等级相同、功能相似、自平衡发展的乡村次区域共同围绕更高级的中心地——"新市镇"，形成新的次区域自平衡的居住空间体系。

因此,"次区域自平衡"的乡村居住空间重组模式是"中心地"理论在乡村地区的延伸与拓展,也是农业现代化背景下,乡村地区构筑理想居住空间结构体系的一种高度提炼与概括。

## 二 模式特征

理想的"次区域自平衡"的乡村居住空间重组模式,是镇域空间内若干个中心社区领衔构成的体系完备、功能完善的空间单元。具有以下主要特征。

1. 中心社区强化

中心社区强化包括社区的规模合理、功能完善、社区产业与社区建设融合发展,强化中心社区作为"中心地"的对外辐射职能,保证中心社区对乡村居住空间体系格局的引领和带动作用。

中心社区是次区域自平衡居民点组织模式中承接上层级功能转移、提供下层级公共服务的重要枢纽,同时也是乡村人口内部流动集聚的空间载体、乡村地区产业集聚的空间载体、乡村地区提供基本公共服务功能的空间载体。中心社区的强大是对居民点体系格局稳定有序发展的一种维系和保护,中心社区所服务的范围通常正是次区域空间所覆盖的范围,只有中心社区足够强大、稳定和有序发展,才能形成不断产生吸纳和回波效应的良性循环,来适应在农业经济模式转变下,规模化农业生产所推动的乡村居住空间格局重组。

因此,次区域自平衡模式的居住空间体系格局内中心社区的地位和能级确定是重组的核心。中心社区一方面要通过空间的外延以承载集聚的居住人口;另一方面,应当通过产业功能的完善,适当提高就业人口密度。社区业态控制应注重与"社区中心地职能强化"相匹配的产业,强化离地农民的再就业职能、农副产品深加工以及文化休闲娱乐配套服务产业。总之,只有明确中心社区的职能、定位,围绕中心社区的中心地职能培育社区能级、实现产村融合发展,才能增加中心社区活力,稳定中心社区服务的次区域乡村居住空间体系的健康有序发展。

2. 功能完善

"次区域自平衡"的乡村居住空间体系功能完善是指各层级的居民点及组成居民点体系的道路交通网络、生态体系框架、农业生产本底等都应具有相应的职能,并在体系的运行和发展中相互协调、不断完善。

中心社区作为这类居民点组织模式的核心,其功能完善尤为重要。农业生产组织化引导农民就业分化而出现居民点的空间重组,中心社区在新的居民点体系结构中形成与发展是留住乡村流动人口、重塑居民点体系格局的重要前提。因而,中心社区的功能完善,除了满足乡村居民点体系适度的空间发展规模,确保乡村农业生产、农民生活能够获得最大规模效应和集聚效益,同时要注重基本公共服务设施服务体系的构建,为次区域的居民提供基本的日常生产生活服务;另外,则应以乡村人、地等资源要素的合理布局、体系结构的优化和可持续发展为前提,通过优化乡村居民点的布局、农业生产的规模化与组织化运营、乡村基础设施和公共服务设施的均等化布置、生态空间的开放可达来不断提高乡村土地及空间资源利用率,实现乡村空间的经济效益、社会效益、生态效益和资源效益的最大化。

完善乡村居住空间体系的生产、生活及生态功能,为乡村居住空间体系提供维系的基本物质和能量循环,这是保证乡村居住空间体系运行和发展的基础。因此,不断完善与强化"中心地"功能的中心社区、特色塑造与功能培育的外围节点村庄,通过多元化的道路交通网络和生态基质良好的河网水系、生产条件置换与升级的农业用地支撑与缓冲,各功能要素以高度集聚和有机分散相结合的方式共同组成了乡村居民点体系的空间形态。

3. 动态平衡

次区域自平衡的居民点组织模式是以中心社区为核心的一定农村地域空间内农业生产、农民生活及农村生态功能的动态平衡。从更加生动具体的要素来讲,是次区域内人口的自平衡、就业的自平衡、基本公共服务的自平衡以及生态环境的自平衡。

人口的自平衡,是农业现代化背景下乡村人口在乡村社会一定区域内流动并集聚形成一个相对稳定的规模,即农业生产组织化推动农民在职业分化的导向下，从分散的村庄居民点渐次向中心社区集中，进而重组次区域空间内的人口分布状态，实现与现代农业生产方式相匹配的中心社区与外围村庄人口分布格局。就业的自平衡，则是指在流动人口集聚的次区域内，不仅要保证一定的人口集聚规模，同样也要为集聚的人口提供相应的就业岗位，以满足职业分化导向下流动人口就业的需求。伴随农业现代化发展的农村，第二、三产业发展是留住乡村人口、维系乡村活力的重要内生力，农业产业链延伸而产生的农产品加工、乡村旅游、休闲服务等就业岗位是实现次区域就业自平衡的载体。基本公共服务的自平衡，是人口向中心社区流动并集聚而产生的基本公共服务需求，需要中心社区不断强化自身的公共服务职能，一方面，承接城镇公共服务功能的转移和外溢；另一方面，中心社区自身应结合社区人口规模和等级，依据相应的标准配套基本公共服务设施，不断完善中心社区的基本公共服务职能。

4. 层级协作

次区域自平衡模式的乡村居住空间重组，是一个多层级、多元化、多样性的系统动态演进过程。乡村居住空间各要素之间以及其作为一个整体则更侧重体系整体功能的外溢，强化要素间的多元协作功能。在主导功能上，中心社区对上承接城镇的人口回流、产业疏解和多元化的商务服务职能外溢，不断完善并强化其在乡村居住空间体系中"高级中心地"职能，从而对下输出相应的服务职能，为其所在的乡村居住空间体系承担综合服务，通过外溢其居住、文化休闲、商贸服务、技能培训、产品推广销售等系列的"中心地"职能，发挥其在结构体系中的顶端优势；基层社区则明确其在体系中的定位，更加强化其居住生活等专业性的功能，承担其"次级中心地"所应有的职能，但不强调其功能的综合、服务的全面、体系的完整；外围的特色村落，侧重其自身文化、风貌、产业等既有特色的塑造，以丰富体系的结构层次和整体特色。

通过乡村居住空间体系各层级要素职能分工的明确，在体系运行中加强要素之间的协作、要素与体系间的协作、体系与外部环境间的协作等多元化的协作，推动体系在健康的轨道上良性运转。

## 三 空间模型

平原地区乡村居民点体系演化进程奠定了居住空间就近生产空间的基本模式，耕作半径及土地产出率是农民在亲缘、血缘关系主导下选址择居最主要的考虑因素。随着工业化进程加快，农业机械化生产打破了耕作半径对农民生产生活方式的限制，居民点人口规模的增大和亲缘差序格局的外延，乡村居民点出现"飞地式"蔓延扩张态势，逐步形成"宅基地—自然村—行政村—集镇"的居民点体系格局（图7-3）。因此，这种多层级的居民点组合是平原地区乡村居民点体系最为普遍的空间组合形式。

那么未来随着农业现代化发展水平的提高，乡村内部人口流动规模的加大，乡村居住空间格局会发生怎样的变化？随着乡村人口内部流动性的增加，在现代农业生产方式推动的农业机械化生产和规模化经营下，均质化的农业地区传统的大规模分散式居住方式难以为继。除了受制于乡土情结牵绊的老年人继续守望在原有的村落中，部分地缘关系相近、生活功能互补的自然村落将渐次自发撤并集中，组成服务功能完善、居住环境优美的"中心社区"。当流动人口向中心社区集聚至一定规模，实现中心社区产业功能完善、就业结构优化，以达到人口、就业和服务的平衡，则一定区域内自平衡的乡村居住空间体系结构就在中心社区与周边基层社区的共同作用下得以形成。

因此，乡村社会在保持原有的空间序列基础上，将侧重于空间的集聚、功能完善与结构的均衡，以在乡村社会内部实现以中心社区为核心的次区域自平衡的居住空间体系结构，空间上则主要呈现为"新市镇—中心社区—基层社区"三层级的、"多级舒展型"乡村居住空间结构形态（图7-4）。

概括来讲，这种乡村人口内部流动主导的"次区域自平衡"模式下形成的"多级舒展型"的乡村居住空间结构形态主要有以下几项鲜明的空间特征。

◆ 乡村居住空间重组研究 ◆

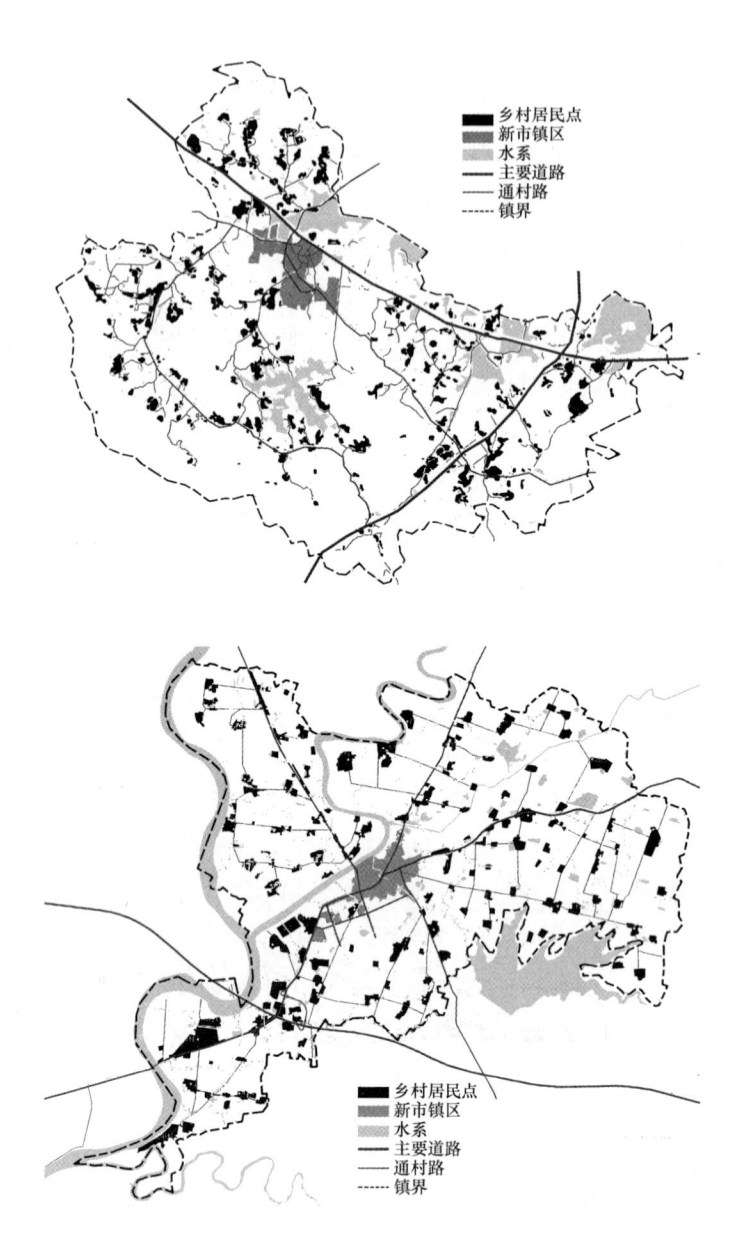

图 7-3 平原地区乡村居民点体系现状空间格局

资料来源：笔者自绘。

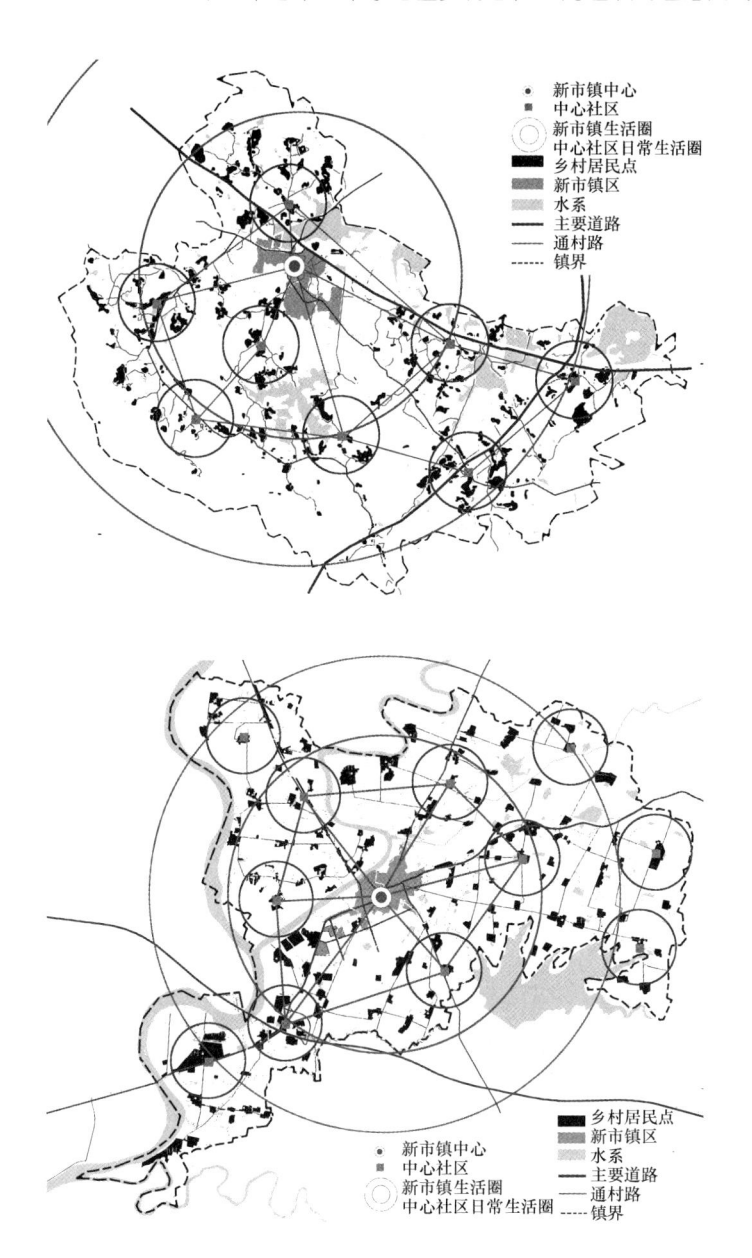

◆ 第七章 平原地区乡村居住空间组织的理论模式 ◆

图7-4 平原地区某镇乡村居民点体系结构

资料来源：笔者自绘。

1. 乡村内部人口流动主导

"多级舒展型"的乡村居住空间重组最主要的特征是乡村人口在乡村社会内部流动，实现乡村居民点的就地、就近转移集中。这类居民点重组模型主要发生在均质化的农业地区，城镇化辐射带动能力有限，同时又缺乏乡村社会内部的动力主体推动，因而农业生产工业化和规模化发展在释放农业劳动力的基础上，通过社会化服务的农业组织联动，延展农业产业链，在乡村次区域范围内拓展农民就业渠道，丰富农民就业方式，以吸引劳动人口在乡村社会内部流动、集聚到一定的规模，实现一定地域范围内的人口流动平衡，从而实现次区域空间内乡村居住空间的集中、集约化重组。

2. 自然村集并主导构建中心社区

正是乡村内部人口流动性增强，推动乡村居住空间集中集约化发展，规模小、人口少的乡村居民点就地、就近集并至服务条件好、设施配套水平高的村庄（图7-5）。即距离相近、地缘关系紧密的小型自然村在高等级的公共服务需求、共同生活习惯的吸引下，就地、就

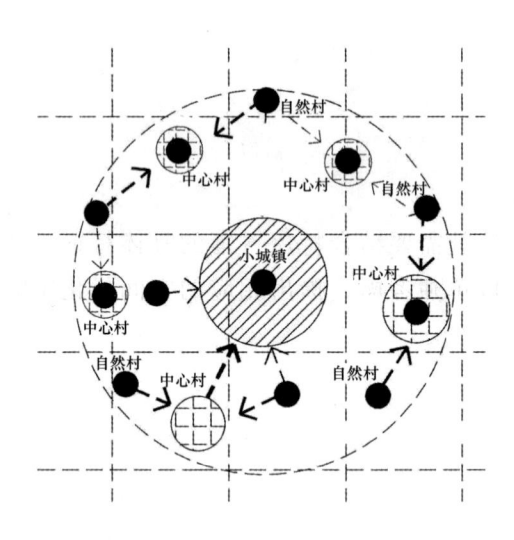

图7-5 分散的乡村居民点向中心社区集中

资料来源：笔者自绘。

近集并重组至一个规模较大的村庄中,形成次地域空间内的"中心社区"。因此,这种居住空间结构模型是基于乡村内部人口流动、乡村空间内自然村自发集并重组形成的。

需要注意的是,从乡村居住空间重组的实践来看,这种通过自然村对周边村庄吸附的集聚,再发展壮大来构建"中心社区"的情况相对较少,一方面是乡村人口在乡村内部流动的总量较少;另一方面是因为乡村居住空间传统的封闭性特征对乡村地域内部跨区域迁移集并仍具有天然的排斥性。通常来讲,地域关系的亲近性是这类集并重组的基础,而跨行政村的集并在没有外力的强势推动和组织的情况下,是难以发生的。

3. 特色村落空间形态稳定

值得一提的是,在这个"新市镇"领衔、中心社区支撑、基层社区和特色村落为基础构成的乡村居住空间体系中,具有文化底蕴或历史风貌的特色村落是相对独立的功能单元,在乡村居住空间重组的过程中,因为其自身的属性特征而始终保持相对稳定的空间形态。一方面,其独特的功能属性使得它不同于一般的村庄在居住空间体系重组进程中被撤并或迁移,从而丰富了乡村居住空间体系的文化特色和空间层次,激发了乡村居住空间体系的内生活力;另一方面,其空间布局的不可迁移性和随机性,又在一定程度上阻碍了现代农业生产方式主导的规模化经营,从而限制了乡村居住空间体系结构的优化,这就需要结合特色村落的具体特征,在乡村居住空间体系规划中予以单独考虑,提出相应的空间优化策略。而与之相对应的一般村庄,则在适应现代农业生产方式的乡村居住空间体系重组进程中,顺利实现"中心社区化"或"基层社区化"。因此,多级舒展型的乡村居住空间体系格局具有一个显著的特征,即以新市镇为核心的"高级中心地"服务区域内,通常以规划保留的、具有一定文化特色或建筑风貌特色等村落为主,一般的基层社区则由于现代农业生产经营方式的规模化、机械化需求,难以形成空间的集聚和拓展。

4. 整体呈分散性的集聚模式

由于这种空间结构模式主要是通过基层村对分散的居民点吸引集聚为主，而基层村相对薄弱的公共服务能力、传统的地缘差序格局对外来人口的排斥性等固有特征，决定了基层村吸附能力相对有限，是一种小范围、小规模的集聚，因此，对全镇域空间而言，由乡村内部人口流动迁移主导的乡村居住空间重组依然是一种"大分散、小集中"的分散性集聚模式。

依据"中心地"原理，乡村居民点体系主要围绕新市镇展开空间功能拓展。新市镇中心在乡村居住空间体系中发挥着"高级中心地"职能，若干个中心社区围绕新市镇均衡布局，以享受高级中心地辐射的各种服务和功能外溢，同时，其自身又是这个体系中的"次级中心地"，为外围基层社区、特色村落提供相应的功能服务，多层级的"中心地"职能共同构成内聚外松、相对扁平、开放弹性的乡村居住空间体系格局。"内聚外松"，是指中心社区紧密团结在新市镇中心，强大的新市镇中心通过"高级中心地"职能将中心社区凝聚成一个完整的居住空间体系，而侧重居住生活职能的基层社区则以中心社区为核心，由中心社区的"次级中心地"向基层社区的居民提供基本的日常生活服务，若干个分布在中心社区周围的基层社区由便捷的生活性道路网络与中心社区相连，广域的农业规模化生产空间则为乡村居民点体系提供生态保育和生产服务功能。多层次、便捷的道路体系和网络化农业生产、生态空间将基层社区和特色村落联系成一个有机的整体，围绕着提供这个体系日常运转的中心社区，形成一个相对独立，又与外部环境开放互联的"日常生活圈"。若干个这样的日常生活圈又通过多元开放的道路交通体系和生态网络框架相连，从而形成一个"多级舒展型"的网络化布局的乡村居住空间体系格局（图7-6）。

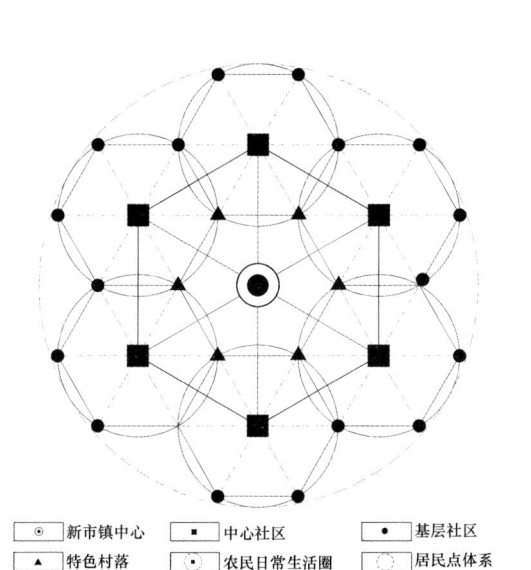

图 7-6　多级舒展型的乡村居民点体系空间模型

资料来源：笔者自绘。

## 第三节　乡村全网络多节点模式

所谓全网络多节点模式，是基于农业现代化发展的乡村人口在城镇与乡村间的流动，进而在乡镇全域空间内形成若干个功能分化的居民点与农业生产空间基底共同围绕镇区、城区形成的网络化的居民点组织模式。

### 一　理论解释

"全网络多节点"的乡村居住空间重组模式形成也需要在特定的乡村地域条件之下，结合农业现代化发展不断成熟与稳定。

1. 产生背景

一是特色资源条件好的地区。自然资源禀赋高，特色资源条件好的乡村地区，利于开展特色农业生产经营。这类地区发展通常强化特色资源的挖潜并积极发展特色产业，相应的乡村居民点则作为该地区特色产业发展和农民生活的空间载体，具备相应的保留价值。如山水资源条件好的发展乡村旅游产业；特色农业资源条件好的发展特色茶文化村、茶种植、采集、炒制及茶叶的销售等，这些也是茶文化村庄保留并发展的基础。尽管这类乡村规模不大，但特色鲜明的资源条件，使其具备了生存的价值和旺盛的生命力，同时其生产的特色农副产品能够直接参与城镇等外部市场的分工，而不仅仅是为本地服务。因此，这类地区的乡村居住空间重组往往缺乏近地向心集聚的动能与基础。而若干个各具特色的乡村居民点通过无形的市场网络相连，一方面可以壮大自身，抵抗不可预知的市场风险；另一方面，则在参与市场竞争的过程中，形成网络节点化的居民点组织模式。

二是农业生产规模化程度高的地区。一方面，农业生产规模化经营，对乡村生产生活空间提出整合要求，利于推动乡村空间重组进程；另一方面，农业规模化经营，最直接的表现是机械生产代替人工劳动，降低了乡村劳动力需求，同时，机械化生产也影响了乡村地区劳动就业岗位的供给，进而推动乡村人口向城镇空间的纵向迁移流动。人口的纵向跃迁和乡村地区就业岗位的减少，导致乡村地区缺乏人口近地集聚的动力，难以在乡村地区形成次区域的中心地——中心社区，因此，这类乡村地区居住空间重组往往形成层级跃迁分异的空间格局。

三是乡村人口密度较高的地区。乡村人口密度较高的地区，人均耕地面积则相对较低，一方面，在农业规模化经营背景下，难以吸纳或承载乡村人口的近地集聚，从而推动乡村人口的外溢，乡村居民点则面临空心化；另一方面，农业生产规模化经营，对农村空间提出整合要求，大规模的土地整理使得空心化村庄难以为继，在乡村居住空间重组的进程中，剩下的是具有特色资源、特色产业等功能化的村落，形成若干相互联动的网络化村庄节点。

四是乡村市场化程度高的地区。一方面，市场化程度较高的乡村地区，不仅能够较好地承接城市人口、资金、技术等资源的嵌入，更加重要的是，乡村地区市场意识的提升，有利于乡村特色资源、特色产业深度参与市场分工，带动乡村人口、乡村特色产业、特色农副产品直接与城镇市场交流，从而降低了乡村人口内部流动集聚的可行性；另一方面，市场化发展与地区基础设施建设、信息网络体系构建密不可分，基础设施建设和信息网络体系的构建在改变乡村基础设施水平和乡村面貌的同时，也加快了乡村地区人口、资源等农副产品的输出条件和路径，又进一步促进乡村市场化的发展。

五是乡村居民点职能分异较大的地区。乡村居民点职能分异主要体现在特色化发展方面，即乡村居民点不断强化和完善自身基本生产居住生活职能的同时，还依托乡村地域资源禀赋和区位条件，发展自身独特的产业功能。并结合农业现代化发展，提升特色产业的能效，从而形成具有品牌效应和地域特色"节点村落"，如乡村地区的花卉专业村、蔬菜专业村、特色水果专业村等，这些多样化的特色村落，直接服务于城镇并参与城镇空间的市场分工，但空间载体则依然保留在乡村地区，这不仅完善了乡村居民点体系的功能结构，同时，也能够丰富乡村居住空间重组的特色内涵。

2. 理论阐释

"全网络多节点"的乡村居住空间重组理论模式，是"市场区位论"在指导乡村地域空间重组实践基础上的一种理论演绎与补充，研究借助"市场区位论"的主体思想对"全网络多节点"的乡村居住空间重组模式做出理论阐释。

在"全网络多节点"居住空间体系模式中，每一个保留的特色村落，都有一个类似于"市场区位论"中的"乡村经济区"。这些乡村经济区以特色村落为中心周围，在特色农产品的市场规模趋势下边界不断扩大，而在销售成本控制的导向下又力求边界的最小化，以确保村落的特色经济理论最大化，两者相平衡的空间范围，即为理想化的乡村市场经济区规模，也是特色村落节点在镇域居民点网络体系结构中的理想区位。而在现实的乡村居住空间重组过程中，由于特色村落节点的选取不仅受到道路网等基础设施和资源赋存、乡村劳动力等硬要素的影响，同时还要受到乡村市场化程度、农业现代化水平等众多软要素的共同影响，因而难以形成理想化的"六边形"均衡布局的乡村居民点结构，更多的是特色村落节点间不规则的网络化空间布局。这既是对市场区位论的借鉴，同时也是结合乡村实际情况对该理论做出的修正和补充。

乡村居民点之所以能够保留并壮大以形成乡村经济区，都存在一个最低的门槛——产业特色，能够为城镇市场提供某种可供销售的商品或服务。这个门槛越高，即特色功能越强，越能够吸引外部要素的投入来壮大村落自身，同时鲜明的功能与特色化产业，也有助于居民点进一步参与城镇市场分工，从而形成良性的互动。这一门槛值取决于该居民点的特色性能及其特色产品的类型。人们为得到这一特色产品而加大与该居民点的联系，则以该居民点为核心的经济区就越大，居民点保留与壮大的可能性就越高。

乡村资源同质性特征决定了乡村居民点体系规模，特色产业错位联动发展构筑全网络的乡村居住空间格局。一方面，乡村居民点特色功能及特色产业塑造难以一蹴而就，需要长时间的文化积淀、资源挖潜和品牌塑造，而乡村空间的同质性和均质化特征，又极易造成乡村居民一定功能和产业的雷同化，出现同质竞争而缩小各自乡村经济区的规模和空间范围。产业趋同化发展给乡村居民点可持续发展带来不可忽视的压力，寻求村落功能及特色的错位发展是该模式下乡村居住空间格局维系的主要途径。另一方面，乡村经济体抵抗市场风险的弱质性特征，需要各乡村居民点间的特色产业能够形成一定的依赖性以抵御市场风险，这又促使这些特色乡村居民点在镇域空间内相互联动发展，进而形成"全网络多节点"的乡村居住空间组织模式。这是对"市场区位论"强调"企业的自由进入使竞争者增多，并使市场区的规模缩小；产业间的依赖性以及利润最大化原则造成了补充性或非竞争性行业的集中"的理论基础的传承与创新。

因此，"全网络多节点"模式是"市场区位论"在乡村社会的运用和创新，是以乡村经济区的规模与特色化为基础，乡村居民点（特色产业与乡村人口的集聚地）形成若干个不同职能的节点，围绕镇中心成网络化的形态分布在镇域空间内。需要强调的是，城镇中心仅提供乡村居民所必须的基本公共服务，而特色乡村居民点的经济活动，完全交由市场主体决定。

## 二　模式特征

1. 特色村落培育

特色村落是在农业现代化发展引导乡村人口向城镇流动背景下，

"全网络多节点"的居民点组织模式中最基本的组成要素,通常指一些具有文化特色、建筑风貌特色、自然地形特色或产业发展特色的乡村居民点。

村庄在现代农业生产方式和现代化的居民生活需求中逐渐呈现特色化、专业化发展趋势。这些专业、特色的村落在乡村居住空间体系网络中深度参与市场分工,直接面向城市、镇区等现代化的城镇空间,此时,农村仅仅是其农业生产空间的载体和农民生活的居住地,而不再是农副产品市场的目的地。因而特色村落在专业化的细分下,人口流动、产品销售、市场动态等更加注重与城镇空间单元的互动与联系,并不断演化为乡镇全域空间网络的若干个节点。尽管从现代农业生产方式的视角来看,这些规模不大、相对分散的特色村落需要纳入空间重组的范畴,但其拥有的自然资源特色、文化特色、风貌特色以及空间格局等却是乡村空间不可或缺的资源,也是彰显乡村空间特色、丰富村庄聚落体系内涵的重要支撑。

特色村落是维系乡村地域空间安全和丰富乡村地区多样性的重要组成要素。农业规模化生产、组织化经营对农村空间的最大冲击是传统作坊式的生产方式的衰退,规模经济取代小农经济生产,农民在土地中谋取的经济效益及土地产生的附加外部效应难以维系农民日益增长的物质文化生活需求和对美好生活的向往,最直接的空间反映就是乡村居民点在乡村人口流动的推动下实现空间重构。但乡村空间上千年自发形成的天然分散特征及其对小农经济模式——松散式生产关系的维护,又要求在一定乡村空间范围内保持一定数量的乡村居民点,以满足农业生产及相应的日常生活需求和维护一定区域范围内的生产安全。这些保留的村落成为乡村居住空间体系中"末端",同时也是部分眷恋乡土文化、故土难离的农民留守故乡的家园。

因此,节点村庄的培育,主要是指乡村居住空间体系格局中以居住生活职能为主的基层社区以及保留下来的特色村落的特色空间营造和功能完善,在健全完善乡村聚落体系格局的同时,打造乡村居住空间体系中的专业特色示范村落。

2. 功能专业分化

在农业现代化发展推动及制度政策约束的合力作用下,"全网络多节点"组织模式的乡村居民点体系各单元主体都在体系中寻求适合自身发展的功能定位,居民点体系开始彰显其结构内在的弹性张力。为了适应体系格局的变化,体系内每一个结构单元的功能要在涨落中不断调试自身的功能,从单一走向复杂,从复杂走向分化,最终构成多元化的乡村居住空间体系结构功能。

特色村落功能专业化、差异化发展。农耕文明下的乡村居民点受限于落后的经济模式和社会关系的锁定,居民点以纯农业为主要结构形式,属于同质同构型村庄,基本没有差异化;工业化初期的乡村在工业化的带动和城镇化的波及作用下,村庄功能开始复杂化,部分村庄开始出现功能多样化发展,甚至出现了集工业、商业、农业于一身的混合型村庄;在农业现代化驱动下的乡村空间更加多元,居民点体系面临快速发展的经济形势和乡村社会的快速变迁双重冲击,传统的小而全的综合功能开始逐步差异化发展。部分规模小、特色不明显的村落开始衰退或向特色村落转型,如旅游村、文化村、历史建筑村、产业村等,这类村庄专业职能更加分化、特色更加鲜明,成为居民点体系规模多样性、职能多样性的重要组成部分;部分基层社区通过强化其既有功能成为居民点体系内次级"中心地",并进一步彰显其"中心地"的内在特色和功能特长,引领并维持体系健康有序发展,居民点体系整体由全面综合走向功能的专业分化。

农民生活专门化导向下的基层社区、文化保护与生态旅游导向下的特色村落及维系乡村居民生活的农业生产空间等各要素由快速交通路网和保障乡村环境的自然山体水系、生态廊道、绿色斑块构成的日常生活圈环网相连,极大地破解乡村地区职住失衡、服务功能空间错配等的系列问题。经过重组后乡村居住空间体系由专而精、专而特的多元化、多层级的社区和村落组成,多元化的居住空间体系功能结构,促进乡村空间高效利用的同时,也极大提升了乡村空间的活力。

3. 网络开放互联

特色村落参与市场分工需要开放的乡村市场和设施网络支撑。农业经济模式变迁，既是现代农业生产方式在乡村生产空间的普及和发展，也是现代经营组织方式和理念在农业生产全产业链的推广和运用，如农副产品的加工、运输、销售，龙头企业与农场基地、农户的合作，或者农村专业合作社将前端的农业公司与后端的农户联系起来，特色专业村落的农副产品与城镇市场的对接等都是现代农业经济模式引领全网络多节点的居民点布局模式中特色村落深度参与市场竞争并产生相应作用的具体表现形式。因此，在现代农业经济模式变迁推动农业生产发展、生产技术不断升级的背景下，在强化特色村落专业细分和特色塑造的同时，需要通过乡村交通市政基础设施的快速接驳、自然生态开敞空间的廊道相连、农业生产基质空间和斑块的有机衔接，推进乡村居住空间结构体系和网络的开放互联，并积极参与乡村区域融合与网络化建设。在区域融合发展环境下，人口流动多样性的增加、中心地服务功能的完善提升、农业生产空间规模效应的凸显，又进一步促使"全网络多节点"组织模式的乡村居住空间体系整体结构更加开放包容、互联互通，走向更高层次的有序。

### 三 空间模型

前文分析，农业现代化发展推动乡村人口在乡村内部流动的同时，乡村人口向城市、城镇跃迁式转移的步伐也同步进行，尤其是在现代化水平较高的农村地区。如农业生产工业化减少乡村劳动力需求、农业生产规模化经营加快乡村人口"去过密化"步伐，都为乡村人口流动创造了条件；而农业资本化发展助力农业生产技术的创新，提高农业生产效率的同时，也极大地提升了农民收入，乡村人口在高品质的公共服务需求驱动下，其流动特征逐渐由过去的"季节性流动"转向"常住性流动"，乡村人口由村进城、由村进镇的跃迁式流动成为可能。因此，一方面农业现代化发展减少乡村劳动力需求，推动乡村人口向城镇空间转移，村庄空心化成为乡村社会空间的常态化；另一方面规模化的家庭农场经营方式的推广，农业生产效率的提升，要求散落的乡村居民点在适应工业化的生产方式下进行空间重组（图7-7）。

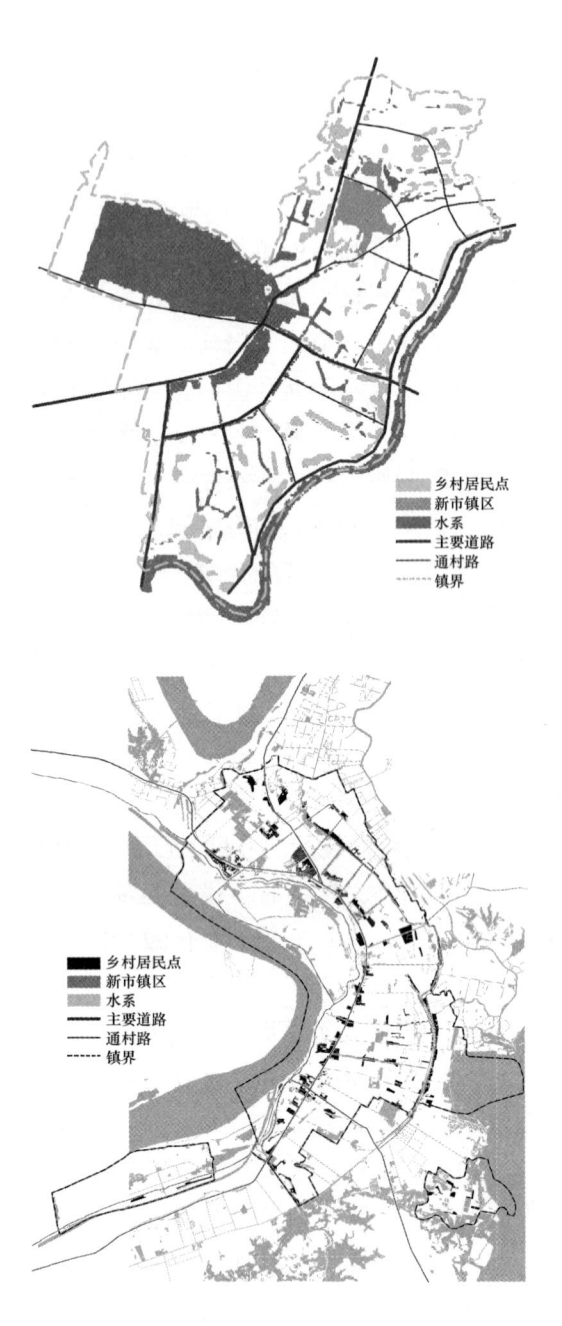

图7-7 平原地区某镇乡村居民点体系现状

资料来源：笔者自绘。

## 第七章 平原地区乡村居住空间组织的理论模式

需要说明的是，这种乡村人口向城镇空间单向抽离式、跃迁性的梯度转移，极大地降低了乡村人口的内聚可能性，在人口规模和服务需求上弱化了"中心社区"存在的必要性；而农业园区化发展对土地规模化整理的推进，在空间上降低了规模化的"中心社区"存在的可能性。部分特色村落中留守农民，也从事直接面向城镇空间服务的特色产业，或面向城镇群体的乡村特色旅游服务等职业，这些特色村落相互间因产业联动而形成城镇外围的居民点网络体系。特色村落之所以能够在新的居住空间体系中维系，是因为这些特色村落独具的产业特色或资源特色能够深入参与市场分工，缺乏在乡村地区内部集聚成"中心社区"的动力与基础。乡村人口在"乡—城"间跃迁转移推动乡村居住空间体系重组方式的进一步简化，在乡镇空间内形成以镇区为中心、若干特色村落节点联动的"全网络多节点"的居住空间体系结构，空间上则更加彰显因地制宜，更加注重与现有村庄聚落体系融合，呈现为"新市镇—基层社区（或特色村落）"两层级的、"单核收敛型"乡村居住空间结构形态（图7-8）。

同样，这类乡村人口在乡—城间梯度转移主导的"全网络多节点"模式下形成的"单核收敛型"的乡村居住空间结构形态也有显著特征。

1. "村—镇、村—城"人口跃迁流动主导

两层级的"单核收敛型"空间结构最显著的特征是人口向城镇空间转移，从而简化了"中心社区"层级，农民乡村—城镇间跃迁式转移带来的乡村人口流动多属于向城镇空间的定向流动。乡村剩余劳动力在城镇化的拉动下，进入效益更高的城镇务工；而农业园区、家庭农场等新型农业功能载体的出现，在提高农业生产创新能力的同时，抬高了现代农业工人的门槛，拥有一定农业技术的新型职业农民才能继续留在农业园区成为农业工人，在加剧乡村人口职业分化的同时，也无形中推动乡村人口向城市和城镇空间流动，从而弱化了乡村"中心社区"集聚生成的可能。因此，正是这种乡村人口向城镇、城市跃迁式的流动形成了"单核收敛型"的乡村居住空间结构类型。

◆ 乡村居住空间重组研究 ◆

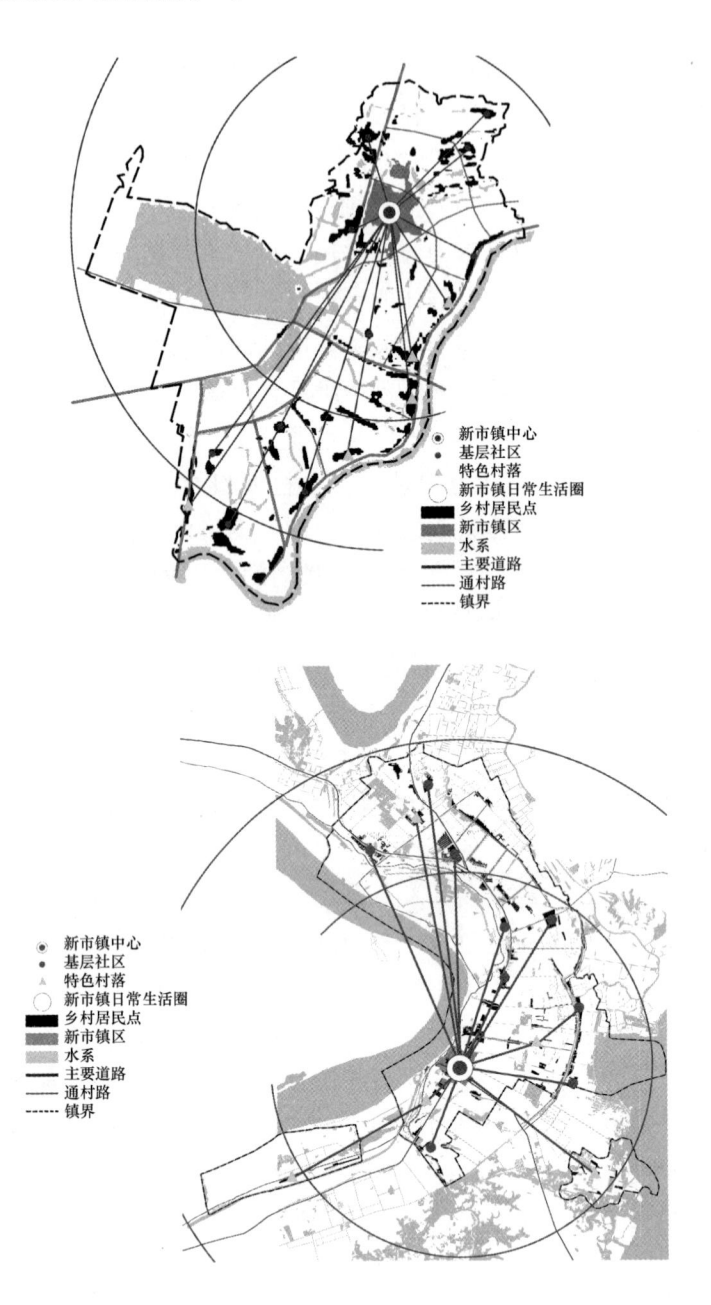

图7-8 平原地区某镇乡村居民点体系空间结构

资料来源：笔者自绘。

### 2. 新型农业功能载体助推

农业现代化水平较高的平原农业地区，农业资本化发展助推农业园区、家庭农场等新型农业功能载体出现，对"单核收敛型"的乡村居住空间结构形成有着较强的助推作用。机械化、规模化生产和组织化服务、市场化运营成为农业园区生产、销售、服务等全产业链的重要特征，空间规模化和生产技术化对乡村人口的"挤出效应"显著增强。在这种"挤出效应"的影响下，乡村地区无论是人口规模的集聚，还是生活居住空间的集聚都失去了生存的土壤。

### 3. 特色村落功能专业分化

"多级舒展型"的乡村居住空间形态，由于中心社区能够为其所占据的中心地提供一些基本的服务功能，所以特色村落除了基本的居住职能外，主要是彰显村落空间或风貌特色，以提升乡村空间的整体品质。不同于这种单一性特色村落的是，"单核收敛型"的居住空间形态下特色村落功能更加专业分化，即在展现村落特色风貌、承担"基层社区中心地"的服务职能基础上，细分村落特色以强化村落特色产业职能。这个"基层社区中心地"的服务职能通常包括了居住职能以及基本的日常公共服务职能，以维系乡村地区的日常生活圈网络系统；而在一个开放的乡村居住结构体系中，特色村落更重要的职能是依据自身的产业特色或资源特色，延展特色产业链，参与市场竞争，以提升村落在"全网络"中的节点地位和作用，如"一村一品"特色产业、乡村旅游职能、乡居主题酒店职能以及多样性的乡村旅游服务延伸的配套功能等。

### 4. 整体呈跨越式的集聚模式

这种居民点空间组织模型在乡村居民点大幅衰减的空间重构，一方面是新兴农业功能载体需要对农业生产空间进行整合，产生的挤出效应，使得自然村难以在一定空间内形成内聚；另一方面，新市镇完善的公共服务功能发挥的强核效应以及开发区经济作用发挥的吸附效应对乡村居民点形成了外在拉力，使得乡村地区内自然村集并的生存空间极度缩小，因此，对全镇域而言，这是一种自然村大幅衰减的、跨越式的集聚模式。

"单核收敛型"的乡村居住空间体系模式,首先是由一个单核作为居民点体系的中心,外围若干个规模不等、职能多样的居民点组合而成,各居民点在结构体系中承担着不同的角色和职能,形成结构弹性开放、功能专业分化、空间集中集约的收敛型空间模式。在相对扁平化发展的村庄居民点体系中,基层社区强化了与新市镇中心的联系,通过新市镇较为完善的中心服务功能,获取市场信息以合理组织农业生产,从而有效减少了中心社区这个过渡环节,提升服务能级的同时,增强了信息通达的速度和准度。在新市镇与基层社区的互动中,进一步强化了乡村居住空间的向心式集中集聚发展。均质化的外围基层社区和特色村落结合其内在特色形成相对固定的日常生活圈,这个生活圈的半径就是其中心地职能所能企及的区域。若干个不同尺度、不同内容、不同职能的日常生活圈,通过多样化、多层次的道路交通体系、开放互联的农业生产空间和绿色生态空间网络相连,构成层级差异显著、内涵丰富多样、网络节点联动的乡村居住空间体系。

市场经济区的规模决定了"单核"作为高级中心地的职能类型及空间规模。"单核收敛型"的乡村居住空间体系格局中,不是乡村人口向城镇定向转移的空间特征决定了乡村中心社区层级的弱化,而是由市场经济区的大小决定了一个强大的"高级中心地"为该体系提供相应的公共服务和生产服务职能,其空间发展的重要特征是若干个基层社区或特色村落围绕体系的高级中心地内聚式紧凑收敛发展。这个"高级中心地"通常是以新市镇为载体的"单核",由它来发挥居民点体系所必备的"高级中心地"职能。其中,城乡居民一体化的生产服务职能、市场集聚于新市镇中心,而城乡居民基本的生活服务职能则围绕"强核"中心分散式集中。作为农业地区的"高级中心地",农业生产上游的农资经营服务、农业生产过程中的农业技术服务、农业生产下游的农产品加工、销售等服务职能,都应在强核的职能中得以体现。至于服务与农业生产全程的农业生产组织化的机构设施,一方面是新市镇不可缺少的功能配套,这些农业生产服务设施既不能远离农业生产空间,又不能过于分散于强核边缘,故而围绕核心外围模块化组团分散布局;另一方面,"高级中心地"不仅因完备的生产服务职能而服务于周边的农业生产,

第七章 平原地区乡村居住空间组织的理论模式

其相对完善的生活服务体系，也成为吸引农村居民集中居住的重要条件。在强核的服务引力作用下，原本人口密度较低的农村地区在居住空间体系重组进程中，进一步简化体系的结构层次，承载农业地区基本服务的中心社区自然难以为继；保留的特色村落又通过特色产业与特色资源的作用深度参与城镇空间的联动发展，从而形成了"新市镇—基层社区（特色村落）"的强核收敛型的均质化居住空间体系结构（图7-9）

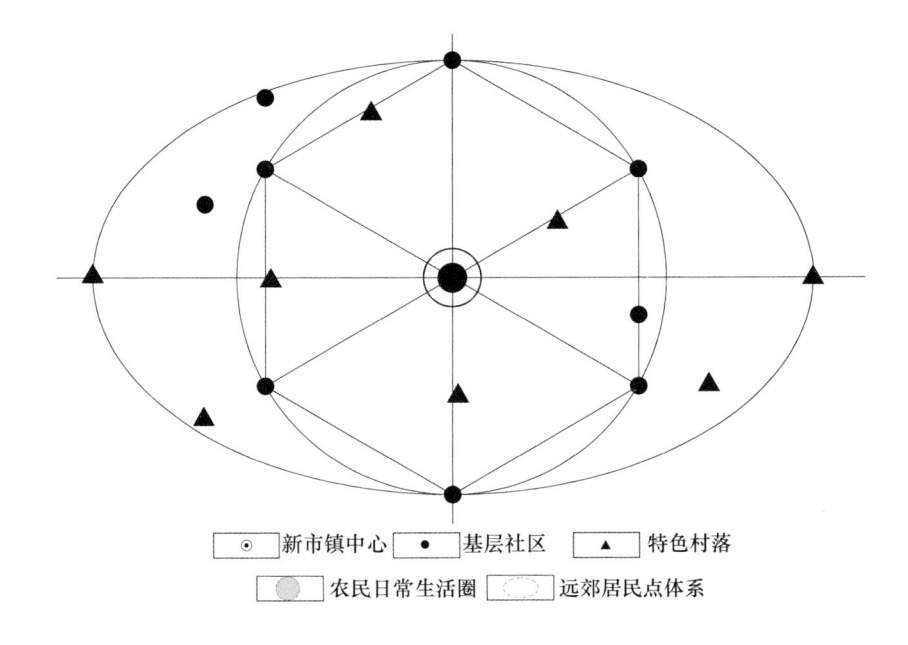

图 7-9 "单核收敛型"的乡村居民点体系空间模型
资料来源：笔者自绘。

## 第四节 不同背景下乡村居住空间组织模式比较

### 一 模式特征比较

为强化农业现代化背景下乡村居住空间重组理论模式的创新性，本书进一步采用对比分析的研究方法，将基于农业现代化的平原地区乡村居住空间重组理论模式与历时态下乡村居住空间组织模式进行对比分析，从乡村居住空间体系的人口要素、空间结构及居民点功能等

323

几个维度来阐述新型理论模式的内在特征（表7-1）。

表7-1　不同背景条件下乡村居住空间组织模式特征比较

| 时期划分 | 农耕文明时期 | 工业化时期 | 农业现代化时期 | |
|---|---|---|---|---|
| 模式特征 | 近地延展模式 | 飞地无序模式 | 次区域自平衡模式 | 全网络多节点模式 |
| 人口要素 | 流动性低、以家族血缘关系维系 | 渐次流动、家族血缘关系松动、业缘关系发展 | 乡村社会内部流动为主 | 乡村向城市、城镇流动为主 |
| 空间结构 | 分散性主导的"大分散、小集中" | 分散型主导的"渐进性集中" | 集中导向下层次有序的均衡分布 | 集中导向下层级分异的差异化布局 |
|  |  |  | 多元、动态平衡 | 开放、联动发展 |
| 居民点功能 | 生产生活功能混杂 | 生产生活功能出现分化 | 生产生活功能分化 | 村庄功能专业细分 |
|  | 村庄基本无服务功能 | 村庄服务设施水平低下 | 中心社区功能强化、基层社区居住属性化 | 特色村落间相对独立、整体网络化发展 |
|  | 就业以纯农业生产为主 | 就业以纯农业生产为主 | 次区域就业、服务、居住等综合功能突出 | 全网络产业特色、自然景观特色、建筑风貌等特色功能彰显 |

资料来源：笔者自绘。

1. 经济模式变迁下的人口流动性增强

乡村居住空间组织模式变化的最主要动力来自农业经济模式变迁下的乡村人口流动性增强，进而带动居住空间组织模式的变化。因此，从农耕文明时期发展到农业现代化时期，乡村居住空间组织模式变化的核心是基于乡村人口流动性增强带来居民点人口要素的结构性变化。农耕文明时期的乡村人口以家族血缘关系为纽带，人口流动性极低，乡村居民点组织也依托属地特征极强的家族血缘关系展开，形成以"近地延展"为主的居民点组织模式；工业化时期，随着农业生产方式的变化，家族血缘关系出现松动，人口开始渐次流动，也推动着乡村居民点发展呈现"飞地"扩张与"近地"蔓延并存的无序组织模式；农业现代化时期，乡村人口流动性增强，且出现乡村社会内部流动与向城镇空间梯度转移两种不同的流动方式，当人口在乡村社会内部流动显著时，通过人口近地集聚，强化中心社区对次区域空间人口、就业等职能的引领，形成"次区域自平衡"的组织模式；当乡村人口向城镇空间梯度转移为主时，则通过特色村落的功能强化，以增强与城市和镇区空间的联动，形成"全网络多节点"的组织模式。

2. 社会关系弱化下的居民点结构开放

农业经济模式变化打破了乡村以血缘关系为基础的社会关系网络结构，带动农民以职业和就业为导向的空间差异化重组，从"大分散、小集中""渐进式集中"走向"集中导向下的更具弹性、更加开放的层级化空间分布"模式。血缘关系为纽带的乡村社会关系在陌生人不断嵌入的业缘关系影响下逐渐解体，新型职业关系在就业结构的导向下推动乡村居民点空间走向开放和多元，相应的居民点空间结构则在层级分化的总体特征下，呈现"层级有序的均衡分布"和"层级分异的差异化布局"这两种不同的具体表现形式。

3. 乡土文化复苏下的居民点功能强化

传统农耕文明时期的乡村居民点是集农业生产、农民生活及农村生态环境维系于一体的功能混杂的复合空间，这是小农经济模式下生产方式及耕作半径等因素共同决定的，深层次根源在于传统的"家族"文化特征要求农户自我封闭式发展造成的，居民点有限的服务功能就是为纯农业生产提供最基本的简单服务。工业化时期，城乡文化走向融合，乡村居民点的生产、生活功能开始出现一定的分化，一些简单的服务功能在部分村庄中呈现，但总体水平较为低下；农业现代化发展加剧了乡村人口的流动性，村庄活力提升的内在要求，推动乡村社会开展特色资源挖潜、特色空间塑造及特色产业发展，在不断强化村庄特色的同时，也恢复了乡村活力、复苏了乡土文化。乡土文化的复苏一方面促进了中心社区功能的完善和提升；另一方面则进一步细分了村庄的功能，一些产业特色、资源特色、建筑风貌特色和文化特色显著的村庄功能得以不断强化，从而成为农业现代化时期两种不同乡村居民点组织模式下的重要支撑。

## 二 空间模型比较

1. 农耕文明和工业化初期乡村居住空间模型格局

农耕文明时期的"大分散、小集中""匀质分散型"的空间形态到工业化初期的"多元混杂型"的空间形态，是乡村居民点在漫长的农工时代下，农业生产方式变革、乡村社会关系网络变迁等多重因素影响形成的一种相对稳定的空间形态。

农耕文明时期典型的"匀质分散型"居住空间格局是：①一个或多个以家族血缘关系为纽带的村民住宅或同姓村落；②围绕村民住宅或村落，且与小农经济模式下农民耕作半径相适应而均匀分布的农田；③联系农民住宅与耕地的田埂道以及利于农业生产灌溉的沟渠；④利于血缘关系主导的诸子均分户析产所需的空间储备等。

工业化初期典型的"多元混杂型"居住空间格局是：①若干个分散的村民住宅和空心化村落；②一个或多个集聚成长的乡村社区；③不断蔓延拓展成规模化的农业生产空间；④一定弹性的乡村基础设施和生态空间网络。

2. 农业现代化背景下乡村居住空间模型格局

农业现代化背景下的乡村人口流动性增强，推动经济力、社会力和政策力共同作用于乡村居住空间组织，必须要用系统的思维引导乡村居住空间重组，以匹配新型劳动生产关系、适应城乡二元政策和制度环境差异以及乡村社会关系网络变迁。基于此，形成了不同人口流动路径主导的"次区域自平衡"模式下的"多级舒展型"居住空间模型和"全网络多节点"模式下的"单核收敛型"居住空间模型。概括来讲，两者都有一个较为"理想"的乡村居住空间格局，其中：

"多级舒展型"的理想格局应该是：①一个或多个职住相对平衡、能够提供一定公共服务和就业岗位的次区域，即中心社区；②若干个规模适中、农民生活居住的集聚点（基层社区和特色村落）和若干农业生产配套设施点；③一个生产性道路和生活性道路有机相连又相互独立的交通网络系统;④一定规模的农业生产空间作为乡村居民点体系的生态基底和产业基地。

"单核收敛型"的理想格局应该是:①若干个产业特色鲜明或资源特色、风貌特色显著、专业功能突出的特色村落;②一个利于特色村落充分参与城镇市场空间竞争的有机网络系统;③一定规模的农业生产空间作为乡村居民点体系的生态基底和产业基地。

3. 农工时期与农业现代化时期乡村居住空间模型的特征差异

一是空间形态方面,农工时期乡村居住空间主要呈现"大分散、小集中"的形态,尽管工业化初期乡村居住空间已经出现集中重组的态势,但多以"多元混杂"的空间形态为主,在人口流动受限的背景下,乡村居民点仍以"大分散、小集中"的空间格局为主;而在农业现代化背景下,现代农业生产方式变革促进乡村人口流动性增强,也直接推动乡村居住空间呈现"集中、集聚"发展的态势。乡村人口流动路径的差异,也在乡村居住空间组织上呈现出"多级舒展型"和"全网络多节点"的两种不同空间模型。

二是空间结构方面,农工时期乡村居民点之间的联系是以小农生产关系为基础的,仅有的联系是建立在家族血缘关系上的农业生产关系,这种居民点体系的空间结构是固化的,这种空间结构甚至能够在代际间实现传递。但也正是这种固化的代际传承结构,使得这种空间结构又局限在有限的空间范围内,难以实现居民点体系的外延联动发展。同时,小农"天生利己和自私"的本性往往又决定了这种关系一定程度的脆弱性。在农业现代化背景下,人口流动性增强,乡村社会关系网络的"去亲情化"和"重业缘"关系的特性,注定了乡村居住空间体系结构富有极大的弹性和张力。一方面,"次区域自平衡"模式下构建的"多级舒展型"居住空间形态是在一定乡村地域范围内,农民职业分化后自由流动形成的空间集聚,业缘关系奠定了居民点体系结构的原生性;另一方面,"全网络多节点"模式下构建的"单核收敛型"居住空间形态形成的前提和基础,是乡村地区的特色村落直接面向城镇空间的市场、服务而构建的全域范围的特色村落体系。若干个特色村落在城乡市场竞争中形成了各具特色、职能分异的功能节点，各节点间相互联动继而形成乡镇全域范围内的"网络体系"。

三是功能组织方面，农工时期乡村居住空间主要以居住生活功能为主，简单的农业生产作为村庄的附属功能存在，总体来讲，乡村居民点功能较为单一，农业现代化背景下，一方面，乡村居住空间形态上趋于集中、集约发展，带动中心社区功能成综合化发展态势，人口集聚、就业多元和服务综合化成为中心社区功能的集中体现；另一方面，在深度参与城镇市场分工的趋利态势下，一些特色村落功能更加专业细化，直接面向城镇市场空间的特色村落产业功能得以完善和强化（表7-2）。

表7-2　　　　不同背景条件下乡村居民点空间模型比较

| 农耕文明时期 | 工业化初期 | 农业现代化时期 | |
|---|---|---|---|
| 匀质分散型 | 多元混杂型 | 多级舒展型 | 单核收敛型 |
| 一个或多个以家族血缘关系为纽带的村民住宅或同姓村落 | 若干个分散的村民住宅和空心化村落 | 一个或多个职住相对平衡、能够提供一定公共服务和就业岗位的次区域，即中心社区 | 若干个产业特色鲜明或资源特色、风貌特色显著、专业功能突出的特色村落 |
| 围绕村民住宅或村落，且与小农经济模式下农民耕作半径相适应而均匀分布的农田 | 一个或多个渐进集聚成长的乡村社区 | 若干个规模适中、农民生活居住的集聚点（基层社区和特色村落）和若干农业生产配套设施点 | 一个利于特色村落充分参与城镇市场空间竞争的有机网络系统 |
| 联系农民住宅与耕地的田埂道以及利于农业生产灌溉的沟渠 | 不断蔓延拓展成规模化的农业生产空间 | 一个生产性道路和生活性道路有机相连又相互独立的交通网络系统 | 一定规模的农业生产空间作为乡村居民点体系的生态基底和产业基地 |
| 利于血缘关系主导的诸子均分户析产所需的空间储备 | 一定弹性的乡村基础设施和生态空间网络 | 一定规模的农业生产空间作为乡村居民点体系的生态基底和产业基地 | |

资料来源：笔者自绘。

## 第七章　平原地区乡村居住空间组织的理论模式

## 第五节　本章小结

本章基于前述章节中农业现代化对乡村居住空间重组的影响分析及平原地区乡村居住空间重组的动力机制研究，力求构建乡村居住空间体系重组的理论模式及空间模型。但是在快速发展的经济社会环境及复杂多变的状态下，想用一种固定的模式或公式去量化乡村居住空间重组的过程及发展规律是极其困难的。研究形成如下结论。

乡村居住空间重组的理论模式构建应汲取成熟规划理论的思想基础。研究梳理了理论模式诞生的思想基础，汲取了"聚集经济理论"的空间是经济聚集作用下的产物的思想，"中心地理论"中心辐射、紧凑节约的思想，"市场区位论"市场经济区的思想，强调乡村居住空间体系重组应与乡村社会经济发展的时序相匹配，注重社会、经济、文化的协调，以系统的思维来指导乡村居住空间体系的重组。

平原地区乡村居住空间重组有两种理论模式，对应两种空间模型。借助于经典理论的思想溯源和时代传承，结合现代农业生产方式变革下的人口流动特征，构建基于农业现代化的"次区域自平衡"与"全网络多节点"的两种乡村居住空间重组理论模式。同时从居民点的人口、功能、结构等层面分别总结两种理论模式的空间特征，以及该模式与农耕文明时期、工业化时期乡村居民点组织模式的特征差异。基于乡村居住空间重组的两种模式呈现两种不同的乡村居民点空间模型：乡村内部人口流动主导的"次区域自平衡"模式下"多级舒展型"乡村居住空间结构模型、乡村—城镇人口迁移主导的"全网络多节点"模式下"单核收敛型"乡村居住空间结构模型。同时，简要总结了农工时期与农业现代化背景下乡村居住空间模型的主要特征与差异。

表 7-3　　不同背景条件下乡村居民点体系主要特征

| 时期划分 | 乡村社会特征 | | 乡村人口分布特征 | 乡村居民点组织模式 | 乡村居住空间模型 |
|---|---|---|---|---|---|
| 农耕文明时期 | 小农经济 | 家族血缘关系维系的社会关系主导 | 静态分布 | 近地延展 | 匀质分散型 |
| | 家族血缘关系 | | | | |
| | 山水文化 | | | | |
| | 社会动荡 | | | | |
| 工业化时期 | 机械化生产发展 | 社会关系维系向经济关系主导过渡 | 渐进流动 | 飞地无序 | 多元混杂型 |
| | 业缘关系发展 | | | | |
| | 城乡文化融合 | | | | |
| 农业现代化时期 | 现代农业经济模式变迁 | 农业现代化发展的经济模式主导 | 乡村社会内部流动 | 次区域自平衡 | 多级舒展型 |
| | 业缘关系网络成熟 | | 乡村—城镇间流动 | 全网络多节点 | 单核收敛型 |
| | 乡土文化特色重塑 | | | | |

资料来源：笔者自绘。

# 第八章　平原地区乡村居民点体系重组的空间策略

"四化同步"发展和乡村振兴战略引领下的乡村地域空间重组，在依托于城镇化等外力作用的同时，同样依赖于农业现代化等乡村内部要素的组织优化与发展推动。在诠释了农业现代化平原地区乡村居住空间重组的动力机制，构建了乡村居住空间重组理论模式后，乡村居民点体系将如何优化重组和布局，来适应农业现代化作用下的乡村社会发展需求？本章将以南京市为例，以溧水区全域及各镇乡村居民点体系的演化趋势及空间特征为基础，测度识别乡村居民点体系的现状空间格局特征，依据农业现代化平原地区乡村居住空间重组的理论模式，提出未来平原地区乡村居民点体系空间组织优化策略。

## 第一节　测度识别乡村居民点体系的现状空间格局

乡村居民点现状空间格局测度与识别是乡村居住空间重组优化的前提和基础。前文以2000年至2015年溧水区全域乡村居民点体系空间格局变化为对象，从乡村居住空间体系整体演化进程到居民点缩减的空间特征进行了详细的定量分析，指出15年间溧水区全域乡村居民点体系的总体数量和面积呈下降的趋势，这既反映了溧水区域乡村居民点体系的整体空间特征与城乡经济社会发展的总体进程和步调是一脉相承的，也为客观识别溧水区乡村居民点现状空间格局奠定了基础。

## 一 外部作用下的村庄空间分布不均衡性

研究显示，2000年至2015年间溧水区全域乡村居民点缩减具有较为显著的空间特征，且沿"柘塘—永阳—白马"形成了一条较规律的空间分隔线，东北侧的柘塘镇、永阳镇、东屏镇、白马镇四镇的乡村居民点缩减较为显著，西南侧的石湫、和凤、晶桥和洪蓝四镇乡村居民点缩减趋势则较为缓慢，片区之间乡村居民点撤并的不均衡性极为显著。

东北片区的柘塘镇乡村居民点撤并速度较快、重组力度较大的根本原因在于柘塘镇紧邻南京市禄口国际机场，优越的区位条件和交通体系使得柘塘镇既是溧水区对接主城的先行区，同时也是承接南京主城区产业转移的重要空间载体。新一轮南京城市总体规划依托禄口街道、柘塘镇划定了新的城镇空间单元——空港新城，这个强大的外力推动是柘塘镇城乡空间整合和重组的先决条件。白马镇、东屏镇乡村居民点体系重组态势明显则是得益于国家级农业科技园区的设立，以农业现代化生产和组织方式为基础的新型空间载体，对农业生产空间进行整合和重组，以适应农业现代化的整体发展需求。因此，东北四镇村庄撤并态势明显，既与城市总体发展战略、城乡统筹发展的实施时序和实施策略等密切相关，也与该地区现代农业生产组织方式发展对乡村空间发展提出新的要求密不可分。

研究以此为基础，根据溧水区全域乡村居住空间演进的总体特征，将全域八个镇分为两个片区，即石湫、洪蓝、和凤和晶桥等居民点重组进程不显著的西南片区四镇；柘塘、永阳、东屏和白马等居民点重组较为显著的东北片区四镇。为进一步解析各镇乡村居民点分布态势，研究以各镇行政村为研究对象，借助GIS软件平台，通过各行政村内村庄居民点的密度测算和对比来反映各镇的村庄空间分布态势。

1. 西南片区四镇村庄空间分布差异显著

结果显示，西南四镇各镇行政村内居民点密度差异都较为显著。其中：晶桥镇仙坛村居民点密度最低仅为0.59个/平方千米，最高的芮家村庄居民点密度则达到了1.88个/平方千米,两者之间的极差比为3.2(图8-1)。洪蓝镇最低的仓口村居民点密度仅有0.52个/平方千米,而西旺村的居民点密度则达到了2.39个/平方千米,镇域行政村居民点密度极差比为4.6(图8-2)。石湫镇居民点密度最低与最高的分别为横山村的0.75个/平方千米与光明村的1.98个/平方千米,两者间极差比为2.64(图8-3)。和凤镇村庄居民点密度最低与最高的行政村分别为张家和沈家山,0.55个/平方千米与2.04个/平方千米的密度极差比达到了3.7(图8-4、表8-1)。

表8-1　　西南片区四镇各行政村村庄居民点密度极值比较一览表　　(单位:个/平方千米)

| | 晶桥镇 | | | | 洪蓝镇 | | | | 石湫镇 | | | | 和凤镇 | | | |
|---|---|---|---|---|---|---|---|---|---|---|---|---|---|---|---|---|
| | 最高 | 最低 | 绝对差值 | 极差比 | 最高 | 最低 | 绝对差值 | 极差比 | 最高 | 最低 | 绝对差值 | 极差比 | 最高 | 最低 | 绝对差值 | 极差比 |
| 行政村名称 | 芮家村 | 仙坛村 | — | — | 西旺村 | 仓口村 | — | — | 光明村 | 横山村 | — | — | 沈家山村 | 张家村 | — | — |
| 村庄居民点密度 | 1.88 | 0.59 | 1.29 | 3.2 | 2.39 | 0.52 | 1.87 | 4.6 | 1.98 | 0.75 | 1.23 | 2.64 | 2.04 | 0.55 | 1.99 | 3.70 |

资料来源:笔者根据溧水区各镇村庄居民点密度计算绘制。

可见,无论是各镇内村庄居民点密度之间的绝对差值,还是各行政村居民点密度值之间的极差比,该片区各镇镇域内村庄居民点分布都呈现了极不均衡的状态。从西南片区四镇的乡村居民点整体空间分布来看,极差比最高达4.6,最低则为2.64,显示了片区内村庄居民点也呈现一种不均衡的空间分布态势。

◆ 乡村居住空间重组研究 ◆

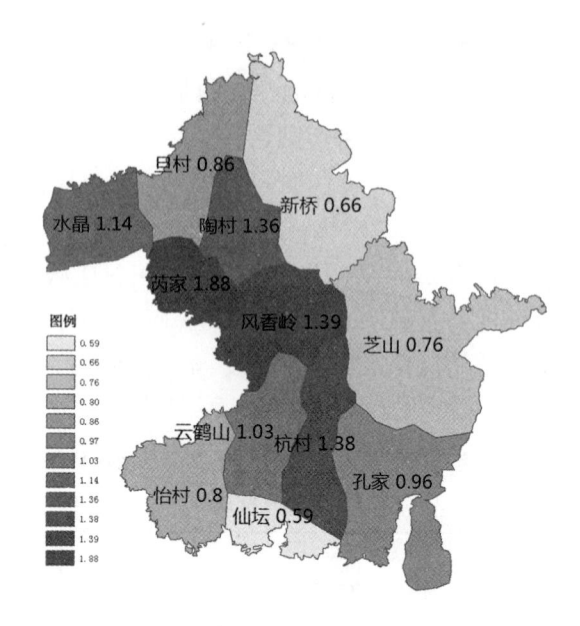

**图 8-1 晶桥镇乡村居民点密度分布**

资料来源：笔者绘制。

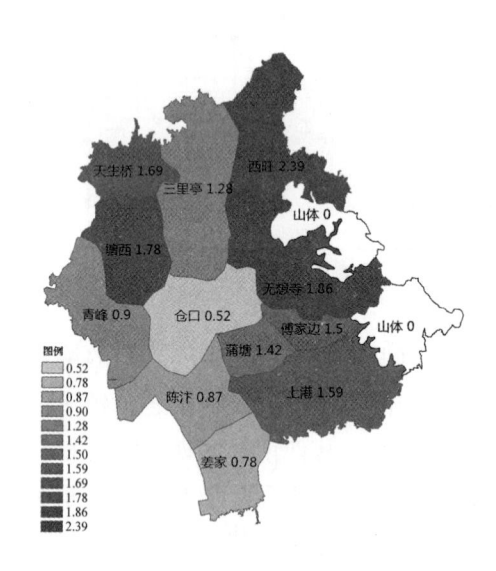

**图 8-2 洪蓝镇乡村居民点密度分布**

资料来源：笔者绘制。

# 第八章　平原地区乡村居民点体系重组的空间策略

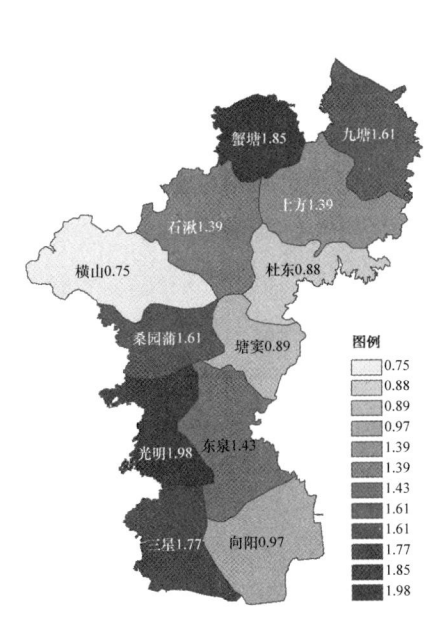

**图 8-3　石湫镇乡村居民点密度分布**

资料来源：笔者绘制。

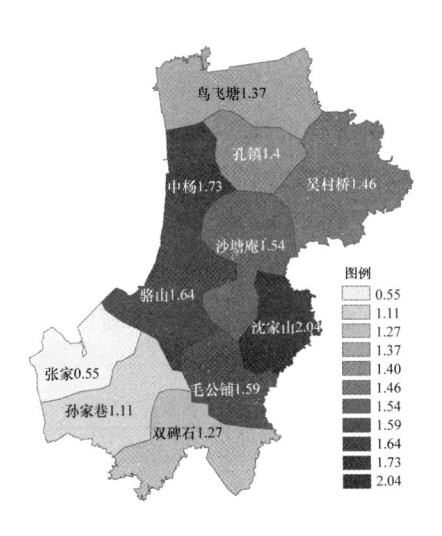

**图 8-4　和凤镇乡村居民点密度分布**

资料来源：笔者绘制。

## 2. 东北片区两镇村庄空间分布相对均衡[①]

相对于西南片区四镇村庄居民点密度差异较大，空间分布不均衡的态势而言，东北片区东屏、白马两镇村庄居民点空间分布则要相对均衡。东屏镇域内村庄居民点密度最高的白鹿村为2.14个/平方千米，最低的爱廉村为0.75个/平方千米，两者极差比约为2.85（图8-5）；白马镇居民点密度最高的浮山村为5.21个/平方千米，最低的白龙村也达到了1.76个/平方千米，两者极差比约为2.90（图8-6）。在国家级农业园区嵌入发展的影响下，两镇各行政村居民点密度相差仍较大，但两镇村庄居民点密度极差比分别为2.85和2.90，体现了两镇村庄居民点整体空间分布态势趋于一种相对均衡的态势。

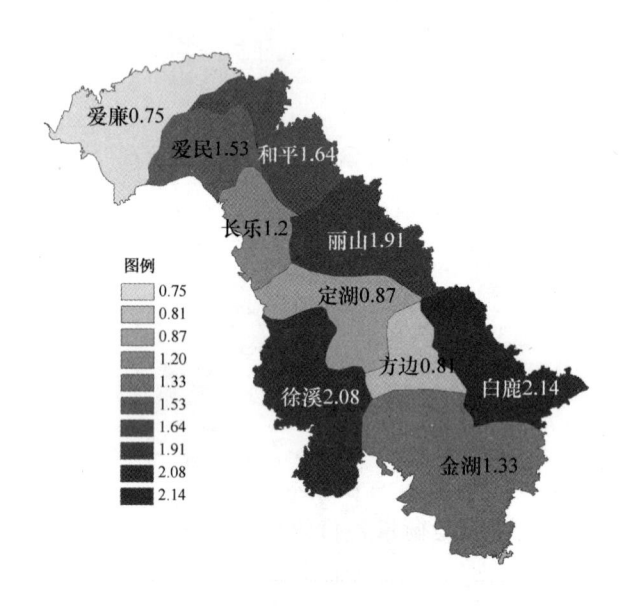

图8-5　东屏镇乡村居民点密度分布

资料来源：笔者绘制。

---

[①] 东北片区的柘塘和永阳两镇，在城镇化及工业化的主动力影响下，乡村地区将进入全面城镇化模式，相应的乡村居民点已开始走向撤并进城的发展阶段，不再保留乡村居民点的空间形态。故研究不再单独描述两镇乡村居民点空间格局特征及空间重组提出相应的引导策略。

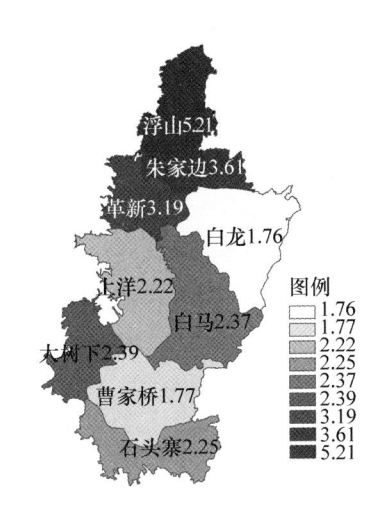

**图8-6 白马镇乡村居民点密度分布**

资料来源：笔者绘制。

## 二 区位条件影响的村庄集聚态势差异化

研究显示，溧水区域乡村居民点呈现轴向非均衡缩减、圈层跳跃缩减、边缘缩减与中心重组并存、居民点缩减时空分异效应显著的总体特征，反映了农业现代化作用下各镇乡村居住空间重组由分散走向集中，但在村庄集中化发展的总体背景下，由于发展条件的迥异，各镇村庄居民点的集聚态势又呈现出一定的差异化。

### 1. 西南片区四镇村庄离心化集聚

村庄建设用地密度是衡量各行政村内乡村居民点总体建设规模的指标。在公共服务设施和道路交通等基础设施相对低水平均衡的农业生产空间内，不同建设用地密度的村庄居民点与中心镇区之间的距离通常会客观反映各乡村居民点与中心镇区间空间联系度。研究拟从各镇内村庄建设用地密度较高的行政村与镇区的空间关系，定量分析该片区村庄集聚的态势。

从各村庄建设用地密度分布看，西南片区各镇行政村内建设用地密度差异较大，洪蓝镇蒲塘村建设用地密度高达15.79公顷/平方千米，而最低的西旺村建设用地密度仅为3.98公顷/平方千米，前者约为后者的 4 倍之多（图 8-7）；和凤镇的孔镇村与双牌石村村庄建设用地密度分别为 7.43 公顷/平方千米和 1.77 公顷/平方千米，两者之间同样相差了 4 倍有余（图 8-8），这都在一定程度上反映出西南片区乡村居民点分布总体不均衡的空间格局。

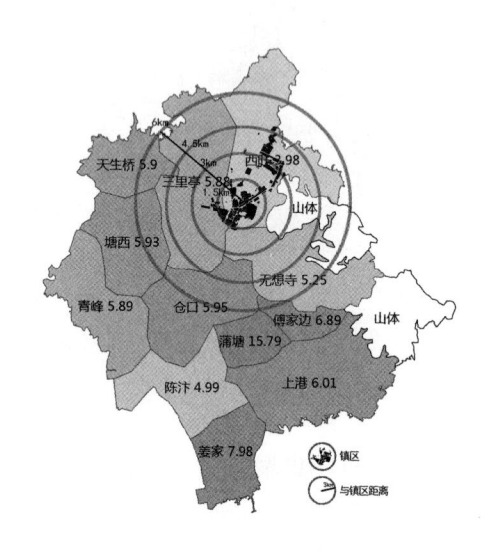

**图 8-7　洪蓝镇村庄建设用地密度分布**

资料来源：笔者绘制。

从该片区村庄建设规模的空间分布格局来看，仍然可以发现各镇不同建设规模的村庄总体上仍然会呈现一定的空间分布特征，即村庄建设用地密度较高的多为远离中心镇区的村落，如村庄建设用地密度达 4.81 公顷/平方千米和 4.65 公顷/平方千米的晶桥镇怡村和杭村（图 8-9）、密度达 15.79 公顷/平方千米和 7.98 公顷/平方千米的洪蓝镇蒲塘村和姜家村、密度达 5.9 公顷/平方千米和 4.68 公顷/平方千米的石湫镇三星村和九塘村（图 8-10）都在中心镇区 6 千米半径的空间距离之外，和凤镇村庄建设用地密度最高达 7.43 公顷/平方千米的孔镇与中心镇区之间的距离甚至达到了 15 千米之多；相反，建设用地密度较低的行政村则多围绕中心镇区布置，如晶桥镇的新桥村、旦村，洪蓝镇的西旺村，石湫镇的横山村和和凤镇的双牌石村，村庄建设用地密度都低于 2 公顷/平方千米，其空间分布的共同特征是都紧邻各自的中心镇区。

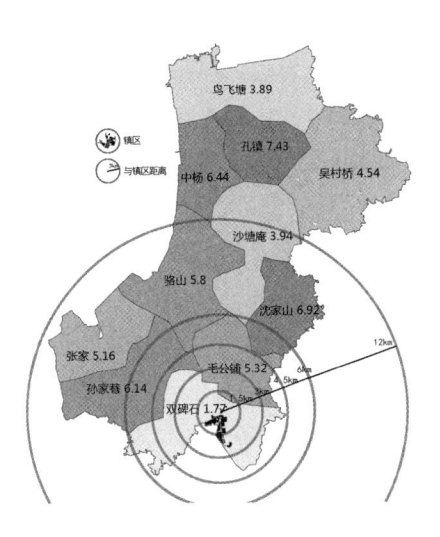

**图 8-8　和凤镇村庄建设用地密度分布**

资料来源：笔者绘制。

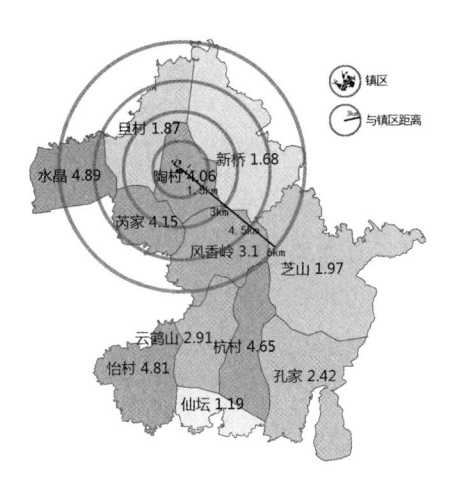

**图 8-9　晶桥镇村庄建设用地密度分布**

资料来源：笔者绘制。

◆ 乡村居住空间重组研究 ◆

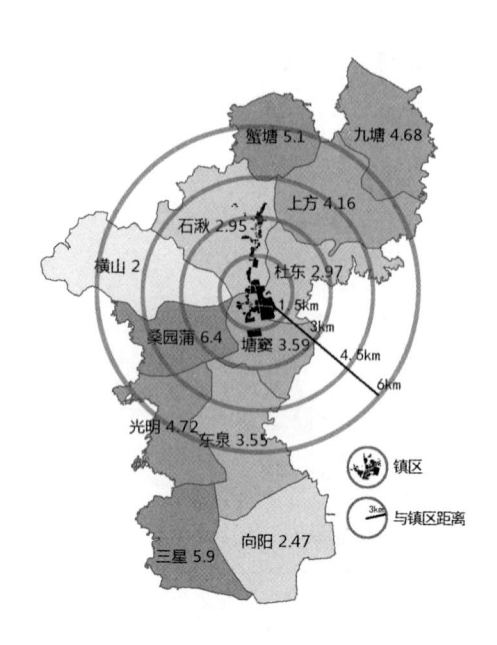

图8-10 石湫镇村庄建设用地密度分布

资料来源：笔者绘制。

以上研究结果显示，该片区四镇建设用地规模较大的行政村空间分布呈现较为显著的离心化态势，即镇区一定距离外的村庄会自发地形成空间和规模的集聚，以满足村民的基本公共服务和生产生活需求，也为该片区镇域"多级舒展型"乡村居住空间体系的中心社区集聚形成创造了基础条件。

2. 东北片区两镇村庄散点化集聚

近年来，随着两镇国家级农业园区的发展，对镇域范围内乡村居住空间重组进程和模式都带来了极其重要的影响，乡村居住空间重组步伐在加快，但村庄集聚多以散点化撤并为主，空间组织上缺乏一定的规律性。

东北片区的东屏、白马两镇村庄建设用地密度分布显示，虽然总体上也呈现外围行政村村庄建设用地密度高于镇区周边的行政村，但镇内各村的建设用地密度差距并不明显。如东屏镇最北端的爱廉村村庄建设用地密度为4.46公顷/平方千米，镇区附近的徐溪村、定湖村村庄建设用地密度也达到 3.48 公顷/平方千米和 3.42 公顷/平方千米，中心与外围的村庄建设用地密度差距相对较小（图 8-11）；白马镇最南端与最北端的石头寨村和浮山村村庄建设用地密度分别为 4.87 公顷/平方千米和 7.03 公顷/平方千米，而紧邻镇区的白龙和上洋两个行政村村庄建设用地密度也达到了 4.29 公顷/平方千米和 3.8 公顷/平方千米（图 8-12）。

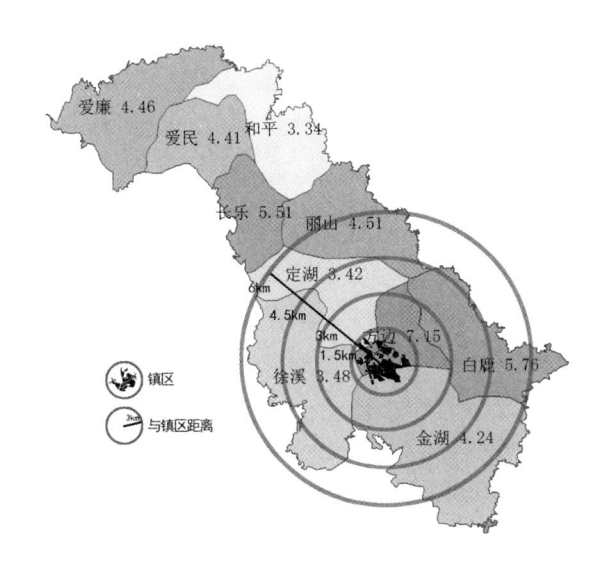

**图 8-11 东屏镇村庄建设用地密度分布**

资料来源：笔者绘制。

可见，从东北片区两镇村庄居民点建设用地密度分布及居民点撤并特征来看，没有像西南片区四镇在外围形成建设用地密度较大的行政村落，而是相对均质化布置在镇域范围内。实地调研结果则显示，当现代农业园区等新型空间载体嵌入发展时，乡村居民点则多散点式地搬迁至城镇社区安置，部分自然村落则围绕特色化产业发展为基础，在镇域范围内，深度参与城镇市场的分工。

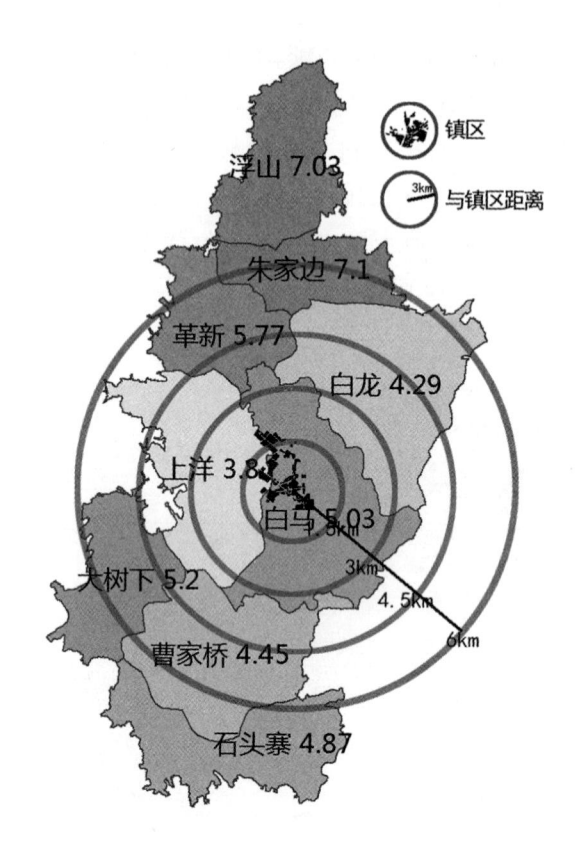

图 8 - 12　白马镇村庄建设用地密度分布

资料来源：笔者绘制。

## 三　区域生产生活失调的空间布局随意性

从乡村居民点体系的形状分析结果看，15 年间，溧水区乡村居民点体系的平均斑块形状指数与面积加权平均斑块分维数整体变化不大，但在乡村居住空间重组的进程中，受到城镇化发展、城乡发展规划、空间发展政策、农业现代化发展水平等多种不同作用力的影响，溧水全域乡村居住空间重组的过程变化起伏则较剧烈，尤其是 2006—2007 年度和 2011—2012 年度均发生了较大的变化，可见，在居民点重组的进程中，空间形状呈现极不规则性（图 8 - 13）。

这充分说明了乡村居民点体系在空间重组过程中缺乏有效的引

导和科学规划，无论是新建乡村社区的用地选址、空间布局，还是一定区域范围内的乡村居民点体系的结构形态、功能组织都因缺乏规划引领而表现出较强的空间随意性。更深层次的原因，这是农业生产、农民经营及其延伸的农业产业体系与农民生活居住条件改善需求之间的失调，即农业现代化发展为人口流动创造了条件，流动性增强的农民在美好生活向往与追求的驱动下出现居住空间分异，从而推动农民生活居住与农业生产及产业经营之间的空间错位现象。

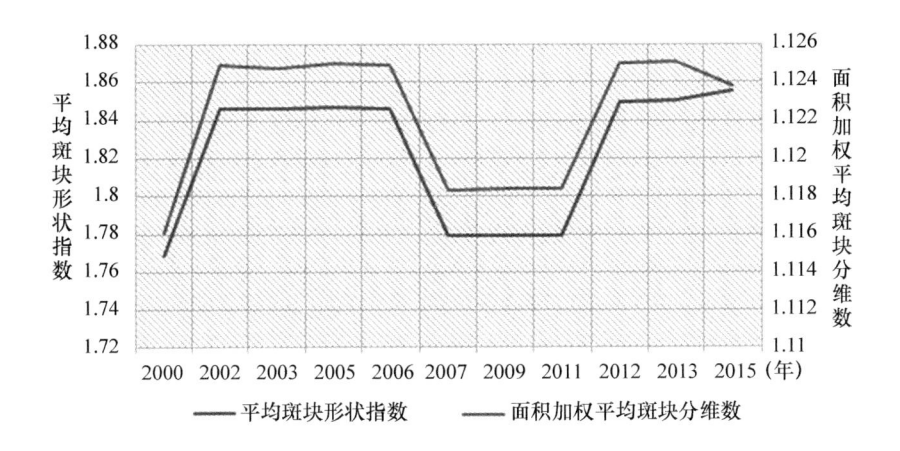

图 8-13　溧水区乡村居民点斑块平均斑块形状指数、面积加权平均斑块分维数变化趋势

资料来源：笔者根据溧水区近15年乡村居民点分布现状图统计分析。

## 四　动力转换下的空间应对不充分性

研究结果表明，经济力是推动乡村居住空间重组的主作用力，即推动乡村居民点体系重组的主动力都是来自于城乡经济社会发展的推动。但从溧水区乡村居民点体系分时段的缩减空间数据来看，推动溧水区乡村居住空间重组的经济力在15年间存在形式的转换。

数据显示，2000年至2009年的10年间，城镇化发展带动城乡空间快速变迁，从而推动城镇中心地区空间重组与外围乡村地区空间重组同步进行，如城镇空间外延扩张带动城镇中心地区乡村居民点撤并数量和规模显著，外围地区城乡建设用地增减挂钩、农村建设用地复垦、万顷良田整治等关于促进现代农业发展的政策实施带动乡村地区居民点大规模撤并重组是城镇化发展带动城乡空间重组同步进行的有力体现。而2010年至2015年的5年间，随着城镇化发展注重内涵提升、城市空间注重低效用地再开发和功能的复合使用，其对乡村地区的作用显著下降，农村地区空间重组的节奏放缓，在此期间，乡村地区空间重组更多地受到以现代农业园区为主要表现形式的农业现代化发展而持续发挥作用。

因此，21世纪近15年来溧水区乡村居住空间重组受经济力主导作用下，存在动力转换作用的过程，即由城镇化和农业现代化并行主导向农业现代化持续作用转换。也正是因为伴随着乡村居住空间重组发生的动力转换，使得溧水区乡村居住空间重组出现了应对不充分，而导致空间布局随意、空间集聚不均衡等空间问题的出现。

## 第二节　科学预测乡村人口流动的路径及集聚规模

农业现代化发展带来乡村人口流动是乡村居民点体系重组的前提条件和根本动因。因此，要实现乡村居住空间重组，应基于乡村居民点体系现状空间格局的测度与识别，稳步推进在城乡间流动的乡村人口市民化和在乡村内部流动的乡村人口城乡一体化发展，只有明确这个原则，才能迈出居住空间重组的第一步。一方面，在城乡间流动的乡村人口已经基本实现脱离农业生产，以进城务工或直接搬迁进城居住，应加强这类人口的市民化进程，这是乡村居住空间重组的基础；另一方面，在乡村内部流动的人口，则主要以务农或者从事农业生产相关的产业为主，应加强这类居民生活空间的规划引领，注重居住环境的改善和公共服务均等化方面的供给和配套。为了有利于乡村空间在规划引领下合理布局，则应注重乡村产业的发展，通过农业产业空间的布局优化，带动乡村居民生活空间的重组。

基于此，研究以溧水区为例，以近15年来溧水区乡村人口的空间分布特征为基础，结合村庄社会调查，进一步分析溧水区乡村居民点空间演进及集聚的不均衡性特征，科学预测溧水区乡村人口流动的路径及积聚规模。

## 一 人口迁移路径预测

### 1. 乡村人口"基层村—中心村"横向近地迁移

溧水区西南部的和凤镇、石湫镇、晶桥镇和洪蓝镇四镇相对较低的工业化水平对乡村人口吸附较弱，带动乡村居民点缩减的数量明显较少，但居民点形状及村庄外部轮廓则有较为明显的变化。说明尽管居民点撤减式的重组进程较慢，但仍有一定的重组现象发生，只是以缺少规划科学引导的居民点空间盲目扩张和人口流动以"自然村向中心村"的就地、就近转移为主（图8-14）。这类重组现象的出现，也体现了几个镇的乡村人口流动时有发生，但从几个乡镇38.7%的平均常住人口城镇化率与38.5%的平均户籍人口城镇化率近乎相等的数值来看，说明几个乡镇的人口异地流动性较低，即人口流动主要以乡村内部流动为主，从而造成居民点空间盲目扩张而较少规模性的撤并重组。

### 2. 乡村人口"村—镇、村—城"纵向跃迁迁移

强烈的外力拉动和农村内部出现新的动力主体的推动，乡村人口由村庄直接向城镇和城市跳跃式迁移。如城镇化发展、开发区设立会增加新的就业机会，增强对乡村人口的"吸附"效应；而农业园区规模化经营，对农民专业化需求程度提升，增强对乡村人口的"挤出"效应。东北片区的乡镇在农业园区等新兴功能载体的推动下，人口流动呈现较为显著异地跃迁规律。柘塘镇的乡村居民点在15年内已基本随着空港新城及开发区的建设和空间拓展而全部撤并；永阳镇城关镇的属性特征，决定了其乡村居民点缩减则由内而外，随着城镇空间重组而不断变化，主要集中在城区中心1—3千米圈层范围内。显然，这两个镇级主体空间内乡村居民点撤并更多受到城镇化及工业化进程的直接影响和推动，乡村人口随着城镇化及开发区"吸附效应"的凸显而进入城镇空间单元。

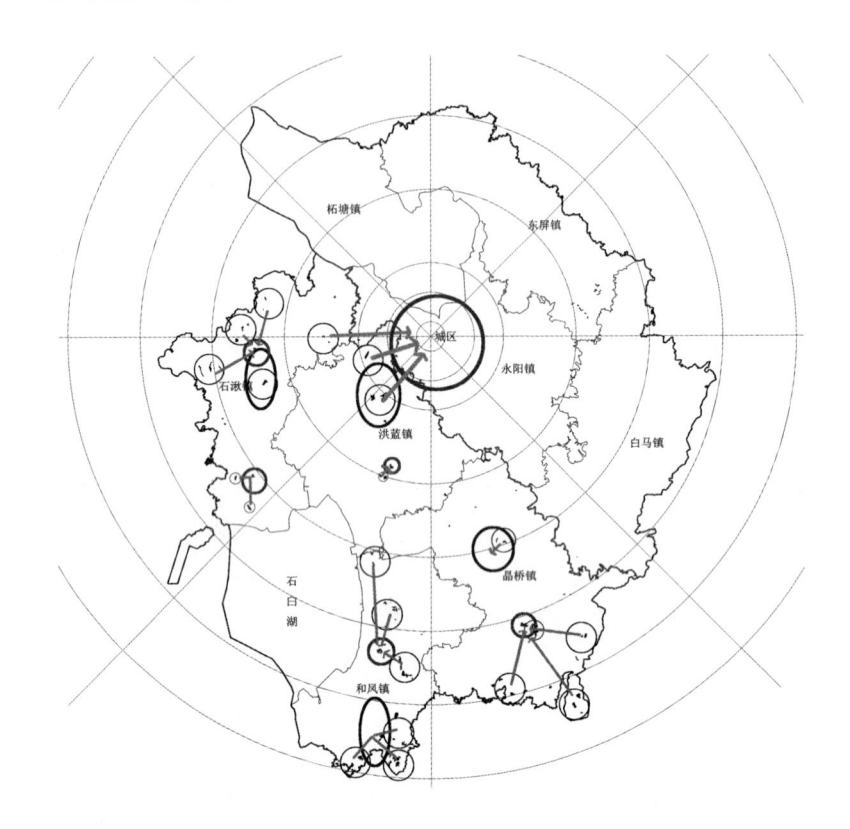

**图 8 - 14　15 年来西南四镇人口迁移路径分析**

资料来源：笔者自绘。

　　东屏镇和白马镇乡村居民点撤并则是这段时期该县乡村居民点空间撤并力度较大的另外两个镇级主体，分别占撤并村庄总数的 6.5% 和 14.0%。第五章研究显示，两镇乡村居民点空间形状变化不明显，显示两镇乡村居民点在总体数量、用地规模减少的同时，单个居民点的空间规模未出现较大变化。这充分说明两镇的乡村居民点撤并以向城区和集镇集中安置为主，乡村人口流动随着农业园区对农业生产专业化程度的提升和"挤出效应"的增强，向城镇空间单元跃迁式转移为主（图 8 - 15）。

◆ 第八章 平原地区乡村居民点体系重组的空间策略 ◆

**图 8-15　15 年来东北部四镇人口迁移路径分析**
资料来源：笔者自绘。

## 二　人口集聚规模预测

人口集聚规模预测，是指一个镇级空间单元内所能容纳的乡村人口总体规模，是科学构建乡村居住空间体系的基础，需要根据现状人口规模，结合村庄公共设施配套水平等综合要素的分析来确定。

一是现状人口规模要素。现状乡村人口规模主要包括从事农业、林业等第一产业的人口和从事乡村旅游业等第三产业的人口以及两者人口总和。劳动人口还可细分为乡村劳动人口数量、劳动力就业构成等乡村人口规模的基本情况。通过现状人口规模的统计，为乡村人口集聚规模预测奠定基础。

二是农地规模要素。农地规模是指镇域内农用地的总体规模,包括耕地、林地、菜地等所有农业生产对象空间。农地规模要素是衡量镇域农业生产空间的承载力——承载农业劳动力的重要要素。

三是劳均耕作水平要素。劳均耕作水平是指在农业现代化生产条件下,每个劳动力所能耕种的土地规模,是衡量劳动生产率的重要指标,主要由农业现代化水平来决定,包括农业生产机械化程度、农业生产专业化程度等。如江苏省农林厅相关课题研究观点,基本现代化和机械化条件下农业人均劳动力水平为15—20亩/人。另据溧水区调研数据显示,一个壮年劳动力每天耕种面积仅约3—5亩地,而一台手扶拖拉机每天可耕种耕地面积约25—30亩,一台大型拖拉机的耕种面积则达到80亩地,机械化耕种下的农业生产效率提高了10—20倍。劳均耕作水平又直接影响农业生产的耕作半径,再结合镇域农用地的规模,进一步计算镇域农业劳动力总需求,可计算出乡村人口总体集聚规模。

四是公共服务设施要素。公共服务设施是乡村地区文化、教育、卫生、体育及娱乐设施的总称。通过乡村公共服务设施的服务半径,预测地区容纳的人口规模总数,再结合现状乡村人口总数,预测农业现代化发展背景下乡村人口的集聚规模。这是乡村人口集聚规模的另一种计算途径,可以作为前述方法的补充和检验校核。

## 第三节 合理选择乡村居民点重组的空间优化模式

### 一 客观评估原有乡村居民点发展条件

1. 评估村庄规模及集聚度

村庄规模包括村庄的人口规模和用地规模。衡量一个村庄是否具备良好的发展条件,首要考虑的是村庄现状规模,显然村庄规模越大,其发展条件越好,越难以实现空间的转移。村庄的集聚度既是指一个村庄的集聚程度,即村庄单位面积上的人口、户数及房屋建筑面积的数量,又是指乡村居民点体系的集聚度,即一定区域内乡村居民点的空间分布状况。通常前者与村庄人口密度呈正相关性,即在用地规模一定的前提下,人口密度越高,村庄集聚度越大,村庄空间重组的难度就越高;而后者则与村庄数量、村庄规模等指标相关,区域内乡村居民点规模越大、数量越少,则集聚度相对越高,村庄撤并的难度就越大。

以石湫镇乡村居民点空间演化变迁为例(图 8 – 16),15 年间,该镇乡村居民点数量减少了 15 个,整体变化不大,但从撤并的村庄规模来看,15 个村庄平均人口规模在 35 人左右,平均不足 10 户;再从村庄集聚度来看,撤并的村庄主要集中分布在西侧的微丘地带和镇区集中建设地带。分散的村庄布局导致村庄集聚度较低,提高了乡村基本公共服务设施的成本,在乡村居住空间演化的进程中,率先进入了重组范畴。

**图 8 – 16　2000 年和 2015 年石湫镇乡村居民点分布以及变化对比**
资料来源:笔者自绘。

2. 测算村庄人口密度

村庄的人口密度是一个村庄单位建设用地面积上的人口容量,是衡量村庄能否参与空间重组、以何种方式进行重组的重要因素。对于人口密度过高、老龄化人口比重偏高、农业劳动人口比重较高的村庄而言,显然是难以进行规模化拆除或搬迁的;而对于人口密度低、人口年龄层级偏低、非农就业结构较高的村庄，随着人口流动性的增加，将会率先进入拆除、撤并等重组序列。晶桥镇2000年与2015年乡村居民点变化对比分析显示，人口密度较高的中部、北部地区的芮家村和枫香岭村（图8-17）居民点撤并力度远低于镇域南部边缘人口密度较低的仙坛村和北部的新桥村（图8-18）。

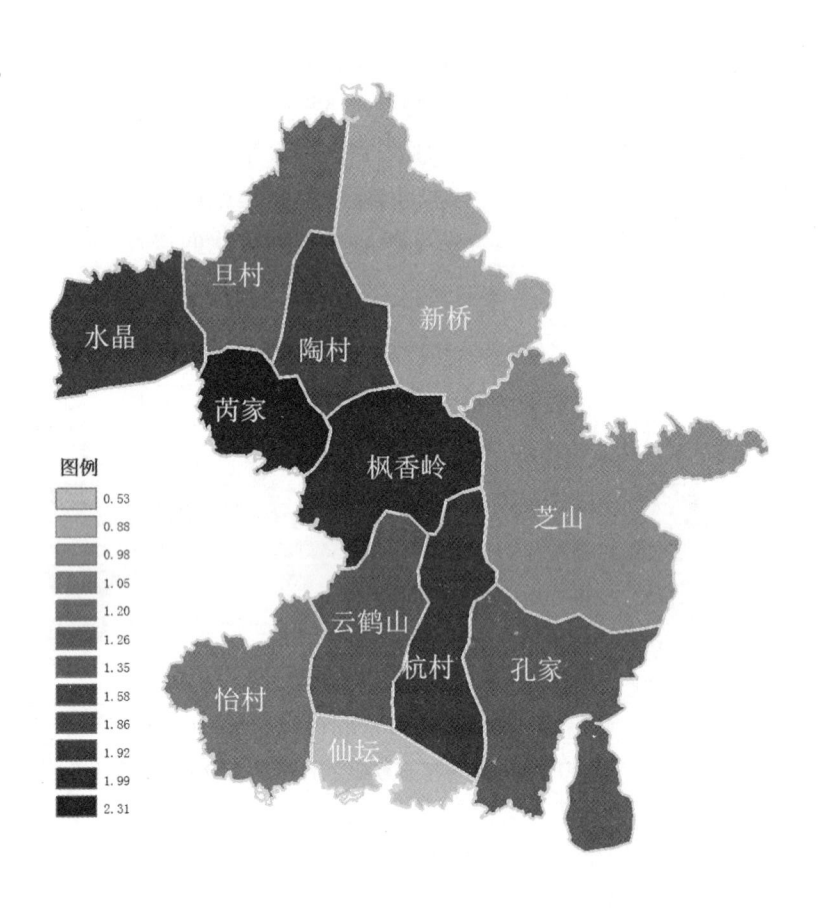

图8-17 2015年晶桥镇行政村人口密度分布

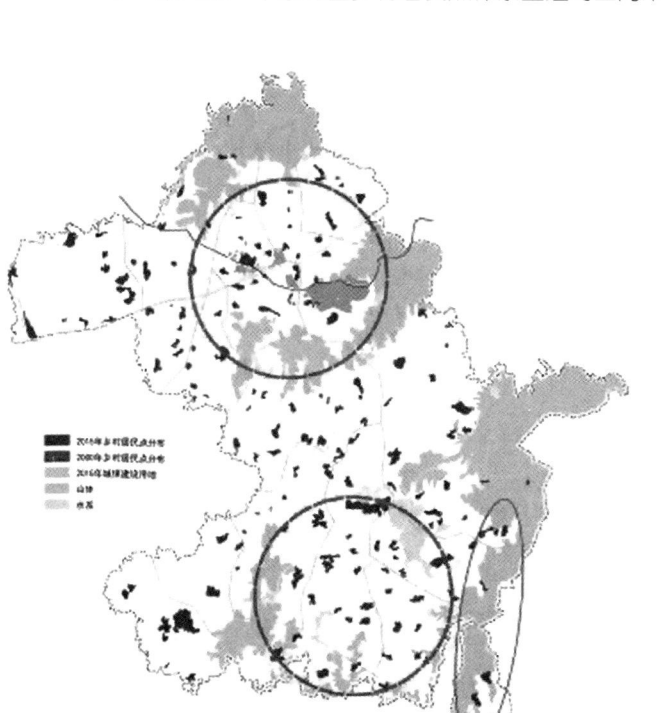

图 8-18　2000 年和 2015 年晶桥镇乡村居民点变化对比

另外，随着村庄人口流动性的增强，村庄老龄化和空心化现象日益增多，村庄建设用地并未随着人口迁移而集约利用，造成人均实际建设用地面积远超相关规定上限要求。此时，如果仅从村庄的用地集聚度来衡量村庄的发展条件，就会产生该村庄发展条件较好的假象，因此需要结合村庄人口密度的进一步分析，对村庄真正的发展条件做出科学评估。如晶桥镇中部的陶村建设用地密度远高于北部的旦村和南侧枫香岭村（图 8-19），但是从乡村居民点变化的情况来看，该村撤并力度却大于其相邻的两个村庄，显然陶村较高的村庄空心化率是导致该村居民点重组力度的重要因素。

◆ 乡村居住空间重组研究 ◆

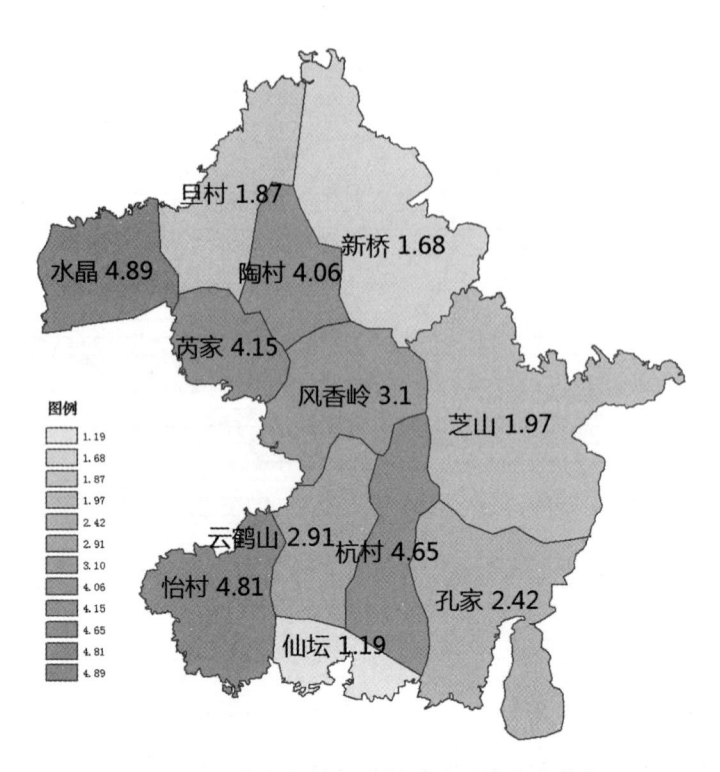

图8-19 2015年晶桥镇行政村建设用地密度分布

资料来源：笔者自绘。

3. 判别农业现代化发展模式

(1) 农业生产组织化经营主导的乡村地区

溧水区西南部的晶桥、洪蓝、石湫和和凤四个镇的自然资源条件好，特色化发展具备一定基础，但长期以来各乡镇的乡村人口流动缓慢，间接造成了近年来乡村居民点空间重组进程较慢。

然而，西南片区四镇地域特色明显，农业生产组织化经营的基础条件极佳。石湫、洪蓝和和凤三镇环抱石臼湖（图8-20），形成了独特的湖区乡村风貌，以水为媒，形成了一系列的特色产业；近年来，美丽乡村建设的全面开展，该地区进行了系统的特色村落资源普查，形成了晶桥镇石山下（图8-21）、洪蓝镇仓口老街（图8-22）

等一系列的乡村旅游目的地；而以洪蓝镇傅家边草莓园（图8-23）为代表，围绕特色产业发展而成的田园综合体成为该地区内乡村产业发展的新型功能空间……四镇的现状空间特色对于农业现代化发展有着天然的基础条件，现状乡村均质化的空间格局有利于现代化的农业生产条件嵌入，而特色化的产业发展则有利于农业生产组织化经营，新型农业功能空间集聚则有利于农业生产特色化、组织化经营的同时，也为该区域的乡村旅游发展奠定了较好的基础。

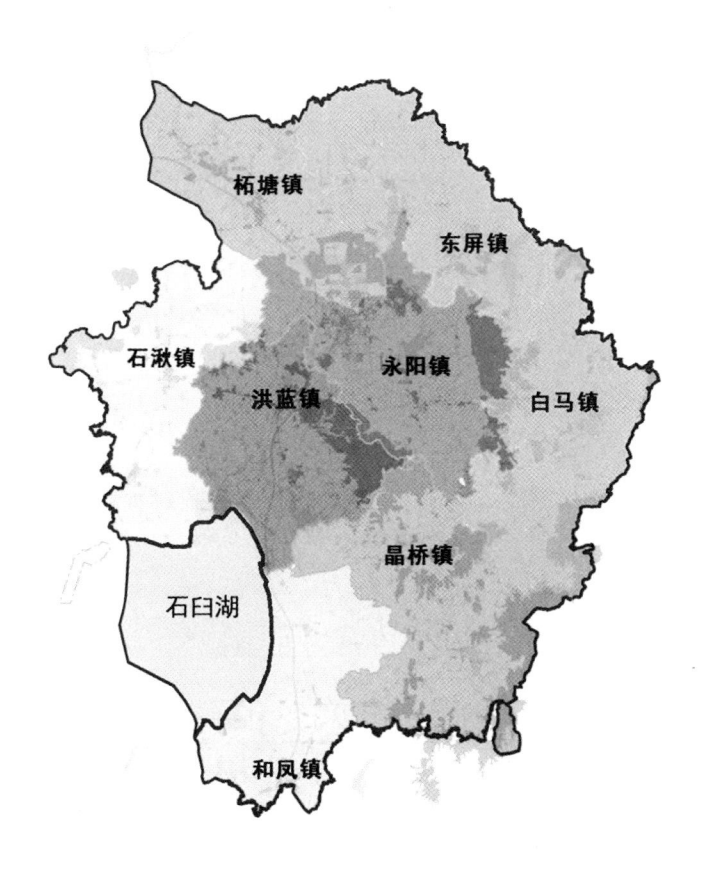

图8-20　西南四镇环湖分布的空间格

乡村居住空间重组研究

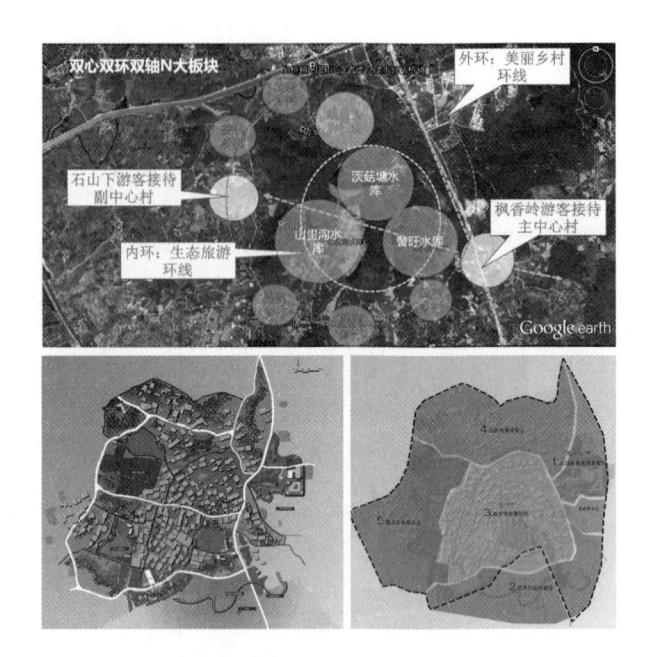

图 8-21　晶桥镇石山下村资源分布形态

资料来源：笔者自绘。

图 8-22　洪蓝镇仓口村空间格局

图 8 – 23　洪蓝镇傅家边家庭农场特色草莓基地
资料来源：笔者自绘。

(2) 农业生产规模化经营主导的乡村地区

溧水区东北部的东屏、白马两镇拥有便捷的交通条件，为溧水区东北片区的两镇农业生产和农民出行提供了便捷的条件。近年来，依托便捷的交通区位条件和良好的自然资源基础，白马镇引进了江苏省农科院、南京农业大学、南京林业大学、江苏省林业科学研究院等七家科研院所进驻，成立了白马国家级农业科技园区（图 8 – 24）。通过科技创新引领白马农业生产科技化发展，结合农业生产空间的规模化和集约化发展，实现白马农业科技园区的整体实力壮大，推动该镇农业农村现代化发展。东屏镇则结合区位优势，依托镇域特色农业产业发展，强化农业规模化经营理念，借助白马国家农业科技园品牌效应，通过"一园多基地"的形式在东屏镇境内设立白马农科园分园（图8 – 25），加快了东屏镇农业规模化经营的步伐。两个农业园区依托两镇空间载体设立，极大地提升了两镇农业规模化经营水平的同时，强化了园区与镇区的空间互动和功能互补，镇区、农业园区都能够为周边村庄提供基本的公共服务，从而依托农业园区带动村庄实现"园村一体"发展成为可能。

图 8-24　白马镇国家农业科技示范园

4. 评估农业现代化发展水平

前文分析，农业现代化发展水平对乡村整体空间格局产生剧烈影响，不仅对农业生产空间重组有严格的要求，同样也影响着乡村居民点空间发展的方向和布局形态。显然，农业现代化发展水平越高，对乡村居民点空间格局的要求就越高，对乡村居民点未来发展影响就越大。

从东屏、白马两镇近年来乡村居民点空间格局变化态势来看，两镇乡村居民点规模和数量缩减态势均较为明显，且主要集中在镇区、园区周边（图8-26、图8-27）。这与两镇近年来引入新型功能载体建设的政策措施及以农业现代化发展模式的变迁密切相关。白马国家级农业科技园和东屏镇现代农业科技园的建设和发展对该区域内农业生产空间、农民生活空间及农村生态空间格局的重组产生了极大影响，尤其是农业园区机械化生产、规模化经营及科技化、市场化运营等现代农业生产方式的创新驱动，对两镇镇域内乡村居民点体系重组产生了积极的推动作用。

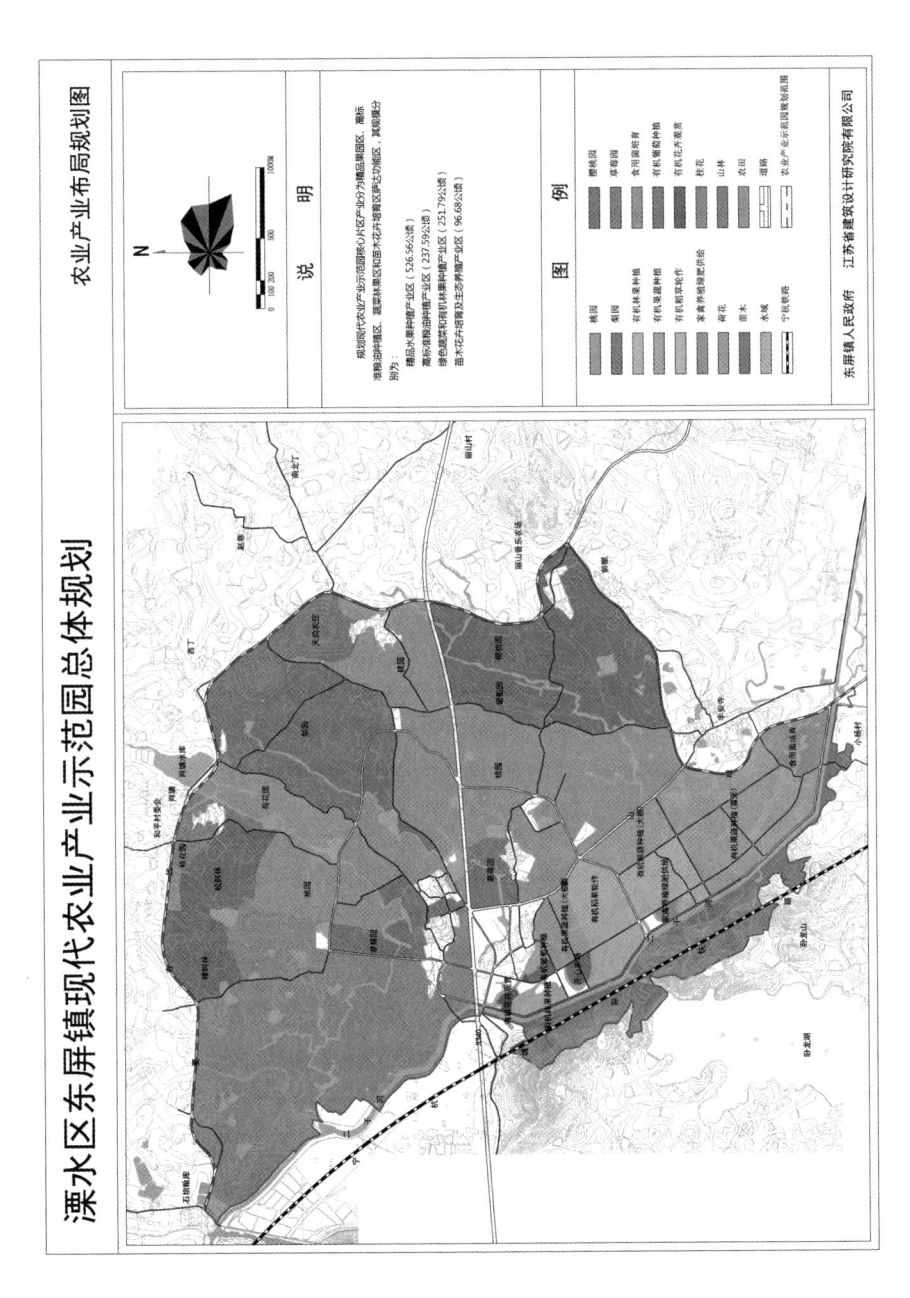

图8-25 东屏镇现代农业产业示范园空间分布

资料来源：笔者自绘。

◆ 乡村居住空间重组研究 ◆

2000年乡村居民点现状

2015年乡村居民点现状

2000年与2015年乡村居民点体系分布对比

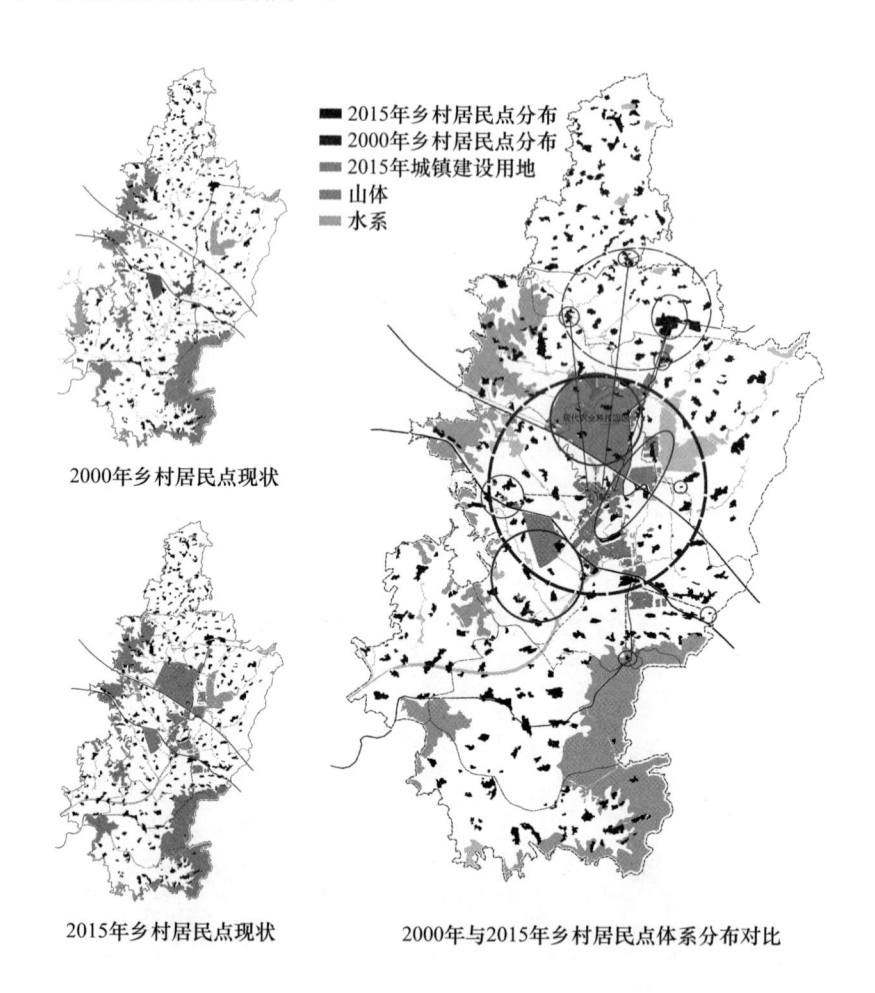

**图 8-26　白马镇 2000 年与 2015 年乡村居民点分布对比**
资料来源：笔者自绘。

5. 村庄建筑质量及风貌条件

村庄建筑质量的好坏是决定村庄能否顺利实现空间重组的表象因子。显然，村庄建筑质量越高、建筑层数越高，越难以实现撤并重组；当村庄建设质量较差、建筑层数较低时，在农业现代化发展背景下，将较容易实现空间的重组。

358

◆ 第八章 平原地区乡村居民点体系重组的空间策略 ◆

2000年乡村居民点现状　　　　2015年乡村居民点现状

■ 2015年乡村居民点分布
■ 2000年乡村居民点分布
■ 2015年城镇建设用地
■ 山体
■ 水系

2000年与2015年乡村居民点体系分布对比

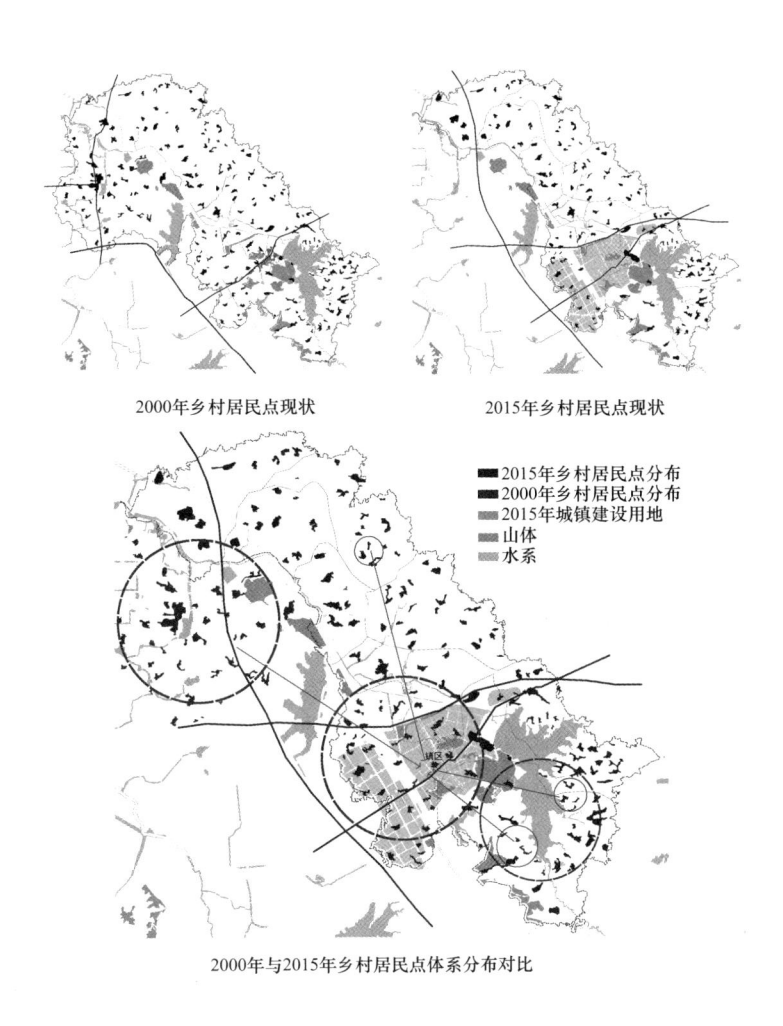

**图 8-27　东屏镇 2000 年与 2015 年乡村居民点分布对比**

资料来源：笔者自绘。

村庄风貌水平是衡量村庄发展条件的一项重要潜在要素。漫长的农耕文明时期在乡村社会孕育了大量的历史文化资源，历史村落的保护与传承一直是乡村空间和社会发展的重要课题。在乡村居民点重组过程中，要挖掘乡村历史文化资源，尤其是历史村落的整体空间格局、风貌特征、历史建筑及内在特色树木等资源要进行普查

359

和编号登记，科学评定村庄风貌水平，为乡村居民点空间重组奠定基础。

如溧水区白马镇的李巷村（图8-28）是新四军抗日战争时期的临时指挥部，村庄遗留了包括陈毅、江渭清等领导人的旧居在内的大量革命战争年代的实体建筑和关于抗战的故事、传说等红色记忆，在村庄风貌水平评定时，需要结合红色文化资源，科学评定其未来的发展水平及重组策略。

6. 设施支撑水平

村庄的公共设施服务水平及基础设施支撑条件是影响村庄未来发展的重要要素。这个服务水平和支撑条件包括了两个层面，一个层面是村庄内部的公共服务设施配套和道路通达性，水电、环境卫生等基础设施条件；另一个层面则是村庄所处的环境内重大区域基础设施对村庄发展的影响，两者对村庄发展条件的影响结果通常是截然相反的。一个村庄内部公共服务水平越好、基础设施条件越高、通达性越好，那么村庄未来保留或者成长的空间就越大，整体发展条件就越好；而外部的区域重大基础设施条件越是靠近村庄，对其影响就越大，其面临撤并、迁移重组的可能性就越大。

7. 生态环保要求

城镇化发展由外延扩张向内涵提升转变，带动乡村地区的发展也注重质量和效能的提升，突出表现在对乡村地区生态环境保护的重视。如国土空间总体规划要求在市域范围内划定新的"三生"空间管治保护范围线——城市开发边界线、永久基本农田保护红线和生态保护红线，要求生态保护红线范围内村庄分期分批实行"退居还林、还耕"。因此，生态环境保护政策的实施，加强了乡村空间的管治，相应的环保政策要求成为乡村居民点发展条件的重要评估要素。如近年来东屏湖两级生态红线、大金山国防园生态控制线划定，加快了红线范围内的乡村居民点的撤并。未来生态环保政策的趋紧将进一步加快生态控制线范围内的村庄撤并。

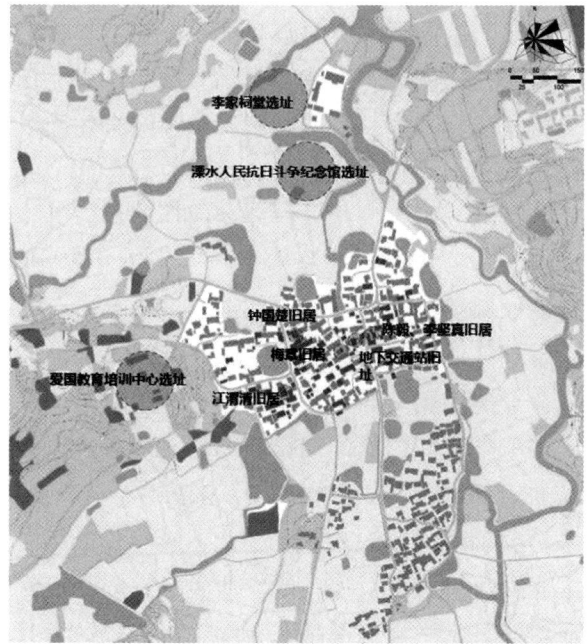

◈ 第八章 平原地区乡村居民点体系重组的空间策略 ◈

图8-28 李巷村历史文化资源分布及风貌建筑现状
资料来源：《石头寨村整体发展规划》。

## 二 乡村居民点重组的对标理论模式确定

根据乡村居民点体系现状空间格局识别和乡村居民点发展条件评估，结合乡村人口流动的主要路径方式，选择各乡镇合适的乡村居民点重组理论模式。

1. 近地均衡集聚的乡村"次区域自平衡"模式

农业生产组织化经营和特色化经营水平较高的乡村地区，通常经济条件较好，适宜结合地方特色资源，强化农业生产特色化和农业生产组织社会化服务。通过农业生产的特色化和经营的组织化，延展农业生产产业链，健全农业生产体系，推动较低密度的农民实现近地就业和全产业链就业，从而推动人口横向近地流动集聚形成"中心社区"，建构"次区域自平衡"的乡村居民点空间组织模式。

溧水区西南部的晶桥、洪蓝、石湫和和凤四个镇的农业现代化发展模式及人口流动的空间特征及趋势显示，未来这类乡镇适合以"次区域自平衡"的模式来组织乡村居民点体系重组。一方面，农业现代化发展带动乡村旅游目的地、乡居酒店、田园综合体及乡村特色产业发展，为农民提供了多元化的就业机会，就业机会的多元化则有助于农民职业分化，推动乡村人口在乡村社会内部流动，为乡村居民点就地、就近集聚重组，形成服务功能集中的"中心社区"提供了可能；另一方面，该类地区均质化的空间格局不同于东屏、白马镇内拥有农业园区的核心带动，亦不同于柘塘、永阳镇有强力的城镇化驱动，扁平化、层级化分异的居民点体系结构显然更加适应其居民点体系空间建构。因此，若干个功能趋同、规模不等的乡村居民点在品质化的公共服务需求导向下聚集形成功能相对完备、结构舒展的"中心社区"，这个"中心社区"又通过便捷的交通体系和生态网络系统将外围的基层社区和特色村落以及广域的农业生产空间相链接，形成紧凑集约、弹性适应的日常生活圈网络；若干个中心社区与其提供服务的基层社区、特色村落一起，围绕着公共服务核心——新市镇，构建了镇域"新市镇—中心社区—基层社区（特色村落）"特色化的"多级舒展型"乡村居民点空间结构（图8-29）。

第八章　平原地区乡村居民点体系重组的空间策略

图例：⊙ 新市镇中心　■ 中心社区　● 基层社区　▲ 特色村落　○ 农民日常生活圈　□ 居民点体系

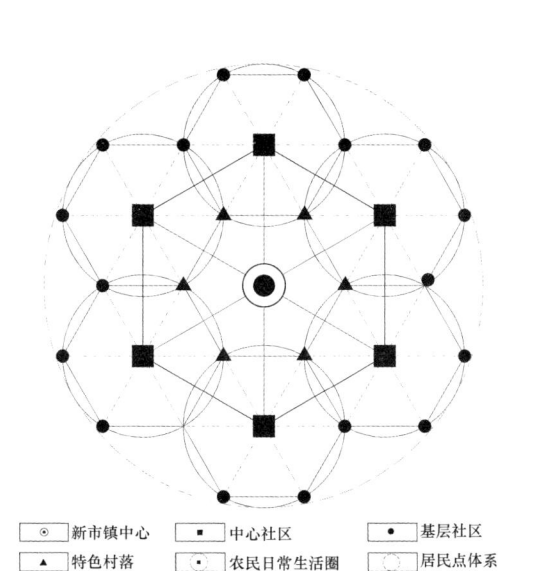

**图 8-29　"次区域自平衡"模式主导的"多级舒展型"乡村居民点体系空间模型**

资料来源：笔者自绘。

2. 异地纵向跃迁的乡村"全网络多节点"模式

农业规模化经营程度较高的地区，通常农业生产工业化、机械化程度较高，对农业生产空间即土地整理的成熟度要求较高，使得农业生产效率极大提升的同时有效释放农村劳动力；相对较高的市场化水平又为地区农产品深度参与城镇市场分工创造了条件，加剧乡村人口向城镇空间的流动；而高附加值的农产品又极大提升了农民收入，为农民享受高层次的公共服务设施提供了外部条件和经济动力，从而推动乡村人口向城镇、城市纵向跃迁式流动，建构"全网络多节点"的乡村居民点空间组织模式。

溧水区东北部的东屏、白马两镇农业现代化发展模式及人口流动的空间特征及趋势显示，未来这类乡镇乡村居民点体系重组将以"全网络多节点"的模式来组织乡村居民点体系重组。农业园区建设对农业生产技术要求门槛的提升，强化了对乡村人口的"挤出效应"，推动乡村人口向城市、镇区流动，选择新的就业方式及享受高水平的公共服务，而乡村人口内部流动性的缺失导致"为配套相应高等级公共服务设施而聚集的"中心社区难以在此类地区形成。各具特色的自然村落在特色产业的引导下，依托特色农业园区带动和基础设施支撑，不断强化与城镇空间的互动。因此，以新市镇或农业园区为核心，若干个基层社区或一定特色的自然村落围绕核心布局，组成了"新市镇（农业园区）—基层社区（特色村落）"的两层级、"单核收敛型"乡村居民点空间组织模式（图8-30），这也是农业规模化经营程度较高地区乡村居民点空间重组的最佳组织模式。

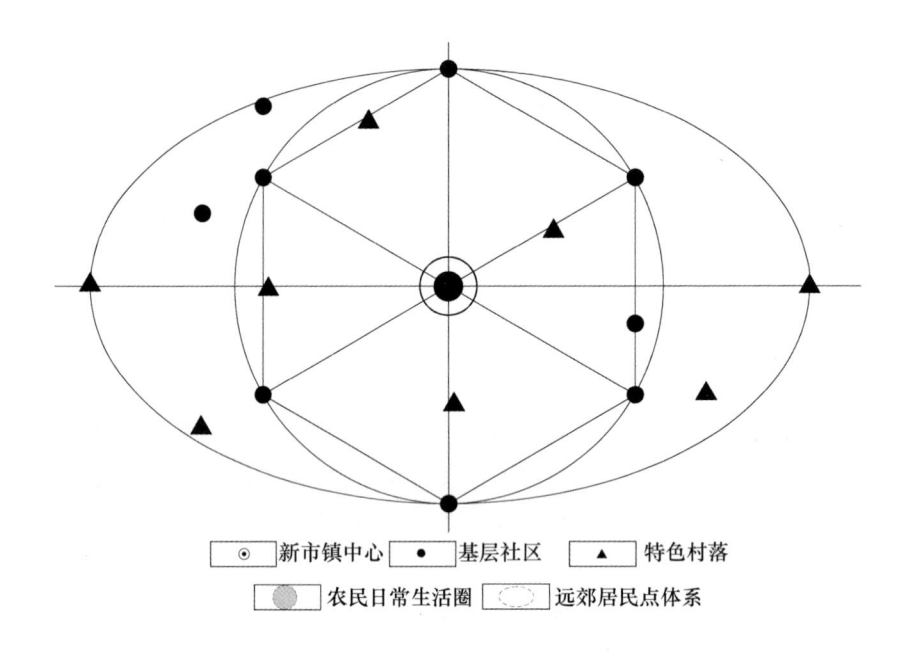

图8-30 "全网络多节点"模式主导的"单核收敛型"乡村居民点体系空间模型

资料来源：笔者自绘。

## 第四节 因地制宜确定乡村居民点空间布局规划

### 一 "中心社区主导"的次区域自平衡模式乡村居民点布局规划

乡村居民点体系结构是对各乡镇居民点数量、规模及等级进行整体控制，依据乡村人口集聚规模及迁移路径预测，结合居民点发展条件分析，确定镇域空间组织结构模式。对于"乡村次区域自平衡"模式的乡村居民点体系结构而言，重点是如何确定各镇的中心社区数量及规模；中心社区如何组织形成并实现社区区域内的自平衡等问题。

1. 确定镇域中心社区数量及规模

（1）中心社区数量的确定

前文村庄建设用地密度分析结果显示，西南片区四镇村庄呈较为明显的离心化集聚态势，即建设用地密度大的村庄通常距离中心镇区较远。研究以此为基础，进一步利用 GIS 技术平台和核密度法[①]，对西南片区四镇乡村居民点格局、发展趋势及与镇区建设用地关系进行多环缓冲区分析，形成 1 千米以内、1—3 千米、3—5 千米、5—10 千米及 10 千米以上五个缓冲区，与所得核密度分析图进行叠加，分析镇域现状乡村居民点与镇区的关系，为镇域中心社区数量及空间结构的确定奠定基础。

研究结果显示，洪蓝和和凤两镇村庄密度相对较高，洪蓝镇内共形成了 5 片密度高于 2.5 个/平方千米的村庄密集区，其中最高值位于镇区附近，密度为 3.28 个/平方千米，3 处位于镇区 1—3 千米范围内，另有 1 处密集区位于镇区 5 千米之外，并形成自镇区向南延伸的带状分布格局（图 8-31）；和凤镇内共形成了 3 片密度高于 2.5 个/平方千米的村庄密集区，三片村庄均位于镇区 6 千米之外，其中最北片密集区位于镇区 10 千米之外（图 8-32）。石湫镇与晶桥镇整体村庄密度则较低，两镇村庄密度最高值分别为 2.47 个/平方千米和 2.45 个/平方千米。石湫镇内共形成了三片村庄密集区，其中北部的

---

[①] 核密度方法的根本出发点基于地理学第一定律，即所有事物都是相互联系的，但离得越近的事物彼此之间的联系就越强。密度估计值是随中心辐射距离的增大逐渐变小。通过对区域中每个要素点建立一个平滑的圆形表面，然后基于数学函数计算要素点到参考位置的距离，对参考位置的所有表面求和，建立这些点的峰值和核来创建平滑的连续表面。该研究中，每一个栅格点所表示的都是经过计算后该点的村庄密度值，单位为个/平方千米。

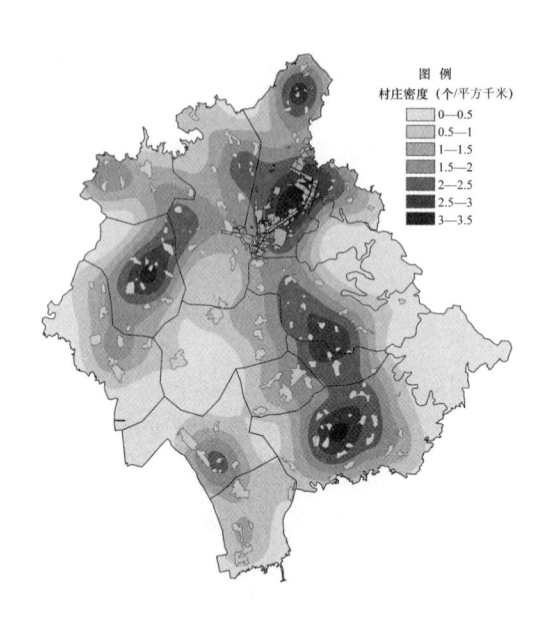

图 8-31 洪蓝镇村庄居民点核密度分布

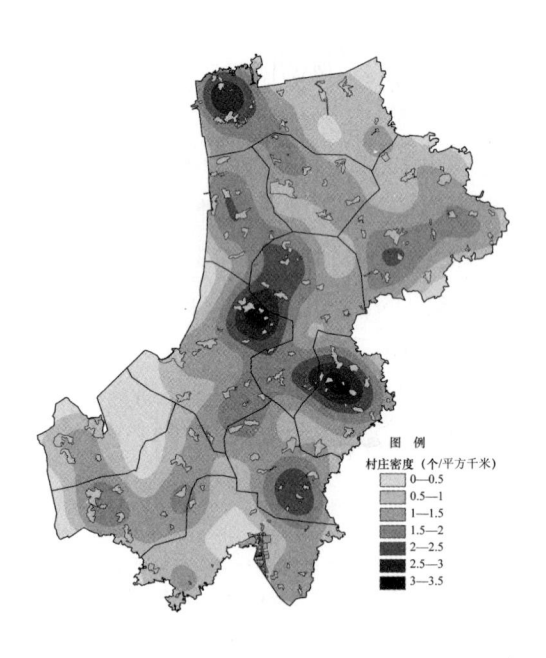

图 8-32 和凤镇乡村居民点核密度分布

资料来源：笔者自绘。

村庄密集区围绕镇区呈半环状布局，南部村庄密集区距离镇区超过5千米（图8-33）；晶桥镇内形成了四片村庄密集区，其中南部两片村庄密集区主要分布在距离镇区5—10千米的范围之内（图8-34）。

据此分析结果，可以初步确定"多级舒展型"结构体系内中心社区的数量及框架结构。

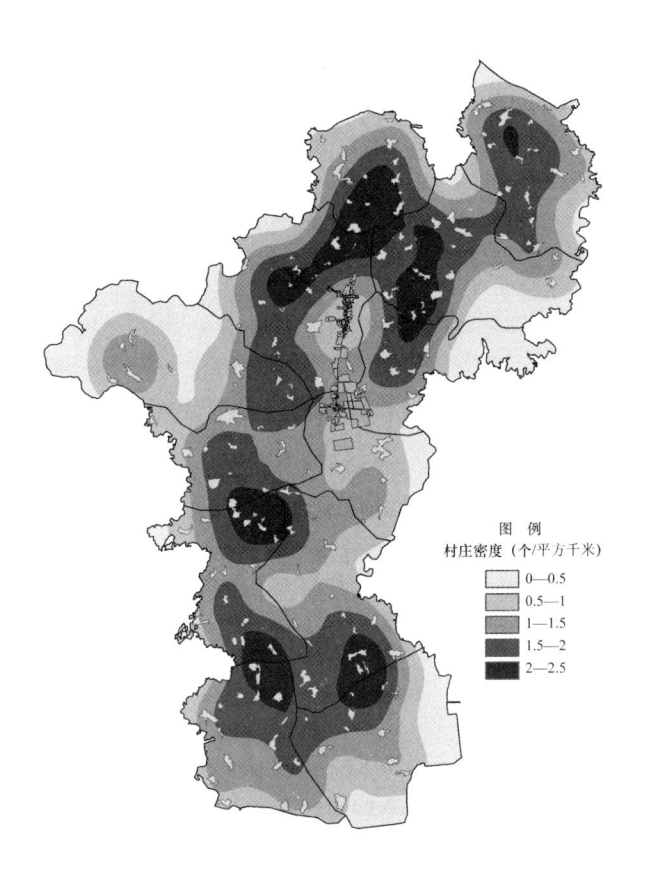

图 8-33 石湫镇村庄居民点核密度分布

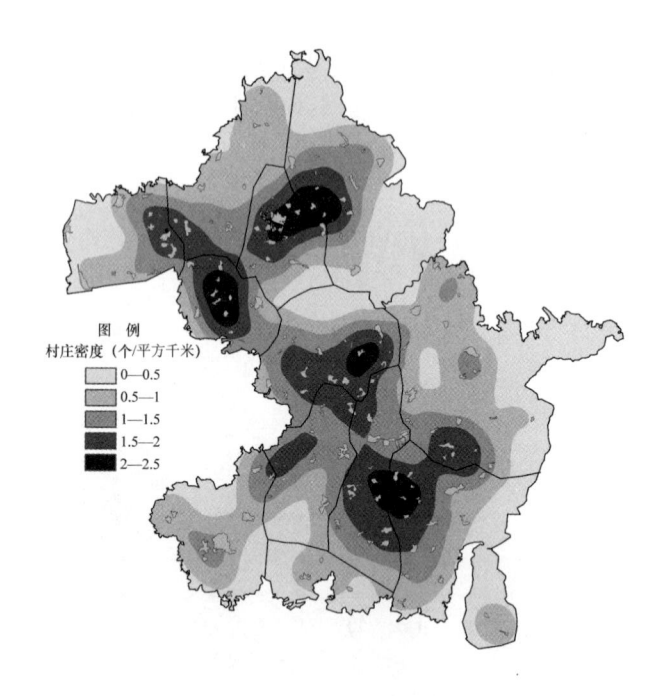

图8-34 晶桥镇乡村居民点核密度分布

资料来源：笔者自绘。

(2) 中心社区的规模确定

①依据人口集聚规模预测的乡村总人口数，确定镇域空间内能够容纳的乡村总人口；②结合地方社区人口规模制定标准和中心社区密度要求，计算镇域空间内需要配置的"中心社区"数量，如南京市人民代表大会制定的《南京市农村地区基本公共服务设施配套标准规划指引》规定，一级社区的人口规模在1000—5000人，二级社区的人口规模控制在300—1000人左右。此处一级社区与二级社区所对应的即为中心社区和基层社区；③根据镇域空间单元内设置的中心社区的总数量，参照现代农业生产方式下，农业生产耕作半径需求和社区基本公共服务设施服务半径需求，结合居民点现状布局、地理位置及行政村属地关系等因素，综合确定中心社区选址位置；④根据"中心地"服务半径的要求及中心社区密度大小，适当调整中心社区空间布局，构筑镇域居民点体系框架均衡舒展的"中心社区"结构。

## 2. 确定基层社区数量及布局

基层社区数量及密度的确定包含了两个层面内容：一方面是镇域空间内的基层社区数量及布局；另一方面是一个中心社区所能服务的基层社区数量及布局。①镇域内基层社区数量的确定与布局引导，类似于中心社区数量与规模的确定，主要根据镇域乡村人口总数，结合单个基层社区人口规模标准来测算镇域空间内基层社区数量，再根据现状居民点空间布局特征及人口规模，确定保留或集并的自然村，最终形成镇域基层社区的空间布局框架；②对一个中心社区内所包含的基层社区数的确定，则要依据中心社区的基本公共服务设施所能覆盖的面积及人口规模来测算。按一个中心社区的人口规模为1000—5000人，一个基层社区人口约300—1000人的标准，从最大极限值来推算，一个中心社区最多能够为17个基层社区服务，显然这样的空间组织模式，是难以满足现代农业生产方式下规模化经营的需求。考虑到平原地区，乡村人口规模相对较大，假设中心社区人口规模平均取3500人左右，在集中集约利用乡村建设用地要求和公共服务设施利用最大化原则的指引下，每个基层社区人口按1000人推算，则一个中心社区大约包含3.5个左右的基层社区。

## 3. 合理组织中心社区形态

"中心社区"的选择与确定，要结合村庄现状空间格局、村庄人口规模、村庄地理位置、区域环境、村庄产业特色等条件进行综合评估。通常包含两种类型，即保留扩大型和选址新建型。

（1）保留扩大型

"保留扩大型"中心社区是在原有保留的乡村居民点基础上，通过空间的适当外延和服务设施的完善来吸引乡村人口内部流动集聚而成（图8-35）。

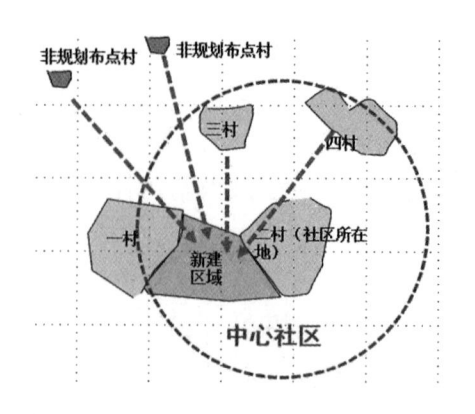

图 8 – 35  "保留扩大型"中心社区组织示意

资料来源：笔者自绘。

对于保留扩大型的"中心社区"选择及培育，又可根据村庄现状空间布局情况，分为两类：①"独立扩大型"：是指在1个村落基础上发展壮大起来的中心社区（图8-36），如溧水区和凤镇孔镇村，该村原为孔镇镇政府所在地，后孔镇与双牌石镇合并组成新的和凤镇，孔镇行政建制取消后，其原有的文教卫体等公共服务设施仍然发挥着相应的服务功能，维系地区"中心地"服务功能，故而可以作为独立扩大型的中心社区进行培育。②"织补扩大型"：是指2个或2个以上相邻的村庄，根据规划需求，在相邻村庄之间进行有机织补，形成1个相对集中的新型社区（图8-37），如李巷村是行政村村委会所在地，南头村与李巷村毗邻，且具有丰富的历史文化资源，村庄建筑风格具有鲜明的风貌特色，两者之间进行适当的空间织补和服务功能完善，共同形成新的"中心社区"。

（2）选址新建型

"选址新建型"中心社区是镇域总体规划引导下，在村庄建设用地范围内重新划定建设用地，以集中、集约建设用地，提高乡村建设用地利用率为导向，通过"统规统建"或"统规自建"等方式建设农民住宅，并通过文化教育、医疗卫生及体育休闲等均等化的基本公共服务设施配套建设，在乡村地区形成的一定规模和配套服务的"中心地"。

图 8-36 独立扩大型的中心社区

资料来源：笔者自绘。

图 8-37 织补扩大型的中心社区

资料来源：笔者自绘。

选址新建的"中心社区"建设，则应充分坚持集中、集约建设用地的原则，注重中心社区的服务范围及通达性，能够发挥乡村地区高级中心地和城镇体系次级中心地的职能，承担承上启下的综合服务职能。

4. 分类优化基层社区、特色村落布局

基层社区保留和特色村落的选择要依据村庄现状人口规模、村落特色等发展条件的评估，进行分类化指引。西南部的晶桥、洪蓝、石湫、和凤四镇自然景色秀美、湖光山色，与镇域内自然村落相得益彰，构成极为和谐的田园牧歌、渔歌唱晚的美丽乡村景象，尤是滨水特色的自然村落、微丘山麓的历史村落等各具风貌的特色村落形成片区内丰富的村落体系格局。如石臼湖畔的水乡村落、无想山下的历史村落等自然特色村落应先行保留，并提出相应的保护措施；石山下和山凹里等人文特色村落、傅家边和沙塘角等产业特色村落，则应根据村落的空间形态、风貌特征、产业特点等发展条件识别，进行差异化分类，确定保留的特色村落，在提升乡村空间品质的同时，丰富乡村居民点体系层次。

5. 科学指引镇域乡村居民点发展

合理引导乡村居民点空间布局的同时，需要强化乡村居民点体系的功能完善和品质提升，实现以中心社区为空间基础的农村次区域自平衡，以维系乡村居民点体系的可持续发展。

（1）完善公共设施配套。首先，分级分类设置公共服务设施。分级是按照中心社区、基层社区的等级分别配套公共设施；分类是将公共服务设施按公共属性及使用功能分为公益性的行政管理服务、文教卫体、社会福利与保障、市政公用、公共绿地设施以及经营性的商业金融服务设施。其次，确定服务设施设置准则。按照刚性设置和弹性设置两种资源配置手段，实现不同层级社区配置不同等级公共服务设施的全覆盖，提高服务质量与运营效率，由下而上地实现基本公共服务设施的逐步共享。最后，根据地方公共设施配套标准，依据乡村人口规模及各项设施服务半径及服务对象，设置相应规模的公共服务设施。原则上，中心社区的公益性基本公共服务设施总建筑面积不应少于1200平方米，基层社区公益性基本公共服务设施总建筑面积不应少于500平方米。

（2）强化支撑设施建设。依据中心社区及基层社区的基础设施配套要求，结合各级社区人口规模和设施的服务半径，对社区道路设施、停车服务、公交出行及水、电、气等基础设施做出合适的引导与安排。结合支撑设施建设供给方式和运营要求，将设施分为服务半径依赖型和服务网络依赖型。对服务半径依赖型的设施，有一定的服务人口规模的门槛要求，按一定的服务半径面状覆盖，采用据点式分布。如各类社会公共服务设施以及公交站点、垃圾转运站和收集点、快递收发所（点）、液化石油气瓶装供应站（点）、消防站（点）等部分市政基础设施；对服务网络依赖型的设施，产品或服务依赖于管网运输和提供，采用网络状分布。如道路交通、给排水、污水处理、供电、供气、通信等市政基础设施或管线。

（3）提升乡村空间品质。主要挖潜乡村地域空间资源特色，对保留的基层社区及特色村落的历史文化资源、建筑风貌特征等进行强化塑造和彰显利用，提升乡村空间品质。

## 二 "节点联动"的全网络多节点模式乡村居民点布局规划

1. 确定基层社区数量

"全网络多节点"模式的乡村居民点布局，由于人口的乡—城纵向跃迁而弱化了中心社区层级居民点存在的可能性与必要性，原有自然村落要么面临拆除进入城镇空间，要么通过基本服务功能的完善转化为基层社区。

（1）充分挖掘村庄特色，优化现状空间形态并在发展条件评估的基础上，对村庄的"拆、留、并、转"作出初步的判定。村庄风貌水平是衡量村庄发展条件的一项重要潜在要素。漫长的农耕文明时期在乡村社会孕育了大量的历史文化资源，历史村落的保护与传承一直是乡村空间和社会发展的重要课题。在乡村居民点重组过程中，要挖掘乡村历史文化资源，尤其是历史村落的整体空间格局、风貌特征、历史建筑及内在特色树木等资源要进行普查和编号登记，科学评定村庄风貌水平，为乡村居民点空间重组奠定基础。如溧水区白马镇的李巷村（图8-38）是新四军抗日战争时期的临时指挥部，村庄遗留了

◆ 乡村居住空间重组研究 ◆

**图 8-38　李巷村历史文化资源分布及风貌建筑现状**
资料来源：《石头寨村整体发展规划》。

包括陈毅、江渭清等领导人的旧居在内的大量革命战争年代的实体建筑和关于抗战的故事、传说等红色记忆，在村庄风貌水平评定时，需要结合红色文化资源，科学评定其未来的发展水平及重组策略。

（2）结合镇域乡村人口集聚规模总量和基层社区容纳的人口规模标准，确定镇域内需要的基层社区总量。对未能满足基层社区设定人口门槛的自然村落，从服务设施的规模效益和集约利用建设用地角度出发，进一步优化其空间布局，确定镇域一般保留的基层社区（图8-39），但对具有一定建筑风貌特色或历史文化底蕴的特色自然村落（图8-40），则应从村庄风貌特征及文化资源的保护角度出发，予以保留。

（3）根据镇域基层社区总体需求及现状村庄发展条件的综合判断，确定保留的自然村落与部分特色村落紧密围绕在新市镇周围，通过便捷的道路交通网络、开放的绿色生态网络和广域的农业生产空间相连，形成一个集聚紧凑、弹性开放的日常生活圈网络。在镇域空间体系上，构成了基层社区（特色村落）的居民点框架体系。

第八章 平原地区乡村居民点体系重组的空间策略

图 8-39 一般保留的基层社区

资料来源：笔者自绘。

图 8-40 特色保留的自然村落

资料来源：笔者自绘。

◆ 乡村居住空间重组研究 ◆

从近年东屏、白马两镇乡村居民点空间演化的历程来看，东屏镇在镇区东西两侧分别形成了两个主要的村庄密集区（图8-41），其中西侧密集区村庄密度为3.0—3.5个/平方千米，东侧密集区村庄密度为2.5—3个/平方千米。两个村庄密集区均位于距离镇区1—3千米的范围之内，而在5千米之外很难形成较大规模的村庄密集区；白马镇整体村庄建设整体呈低密均质分布（图8-42），镇区5千米范围以内难以形成高于5个/平方千米的村庄密集区，村庄密度最高的连片村庄集聚区位于白马镇最北端，距离镇区接近10千米之遥，村庄密度可达7.5—8个/平方千米，总面积可达10.09平方千米。

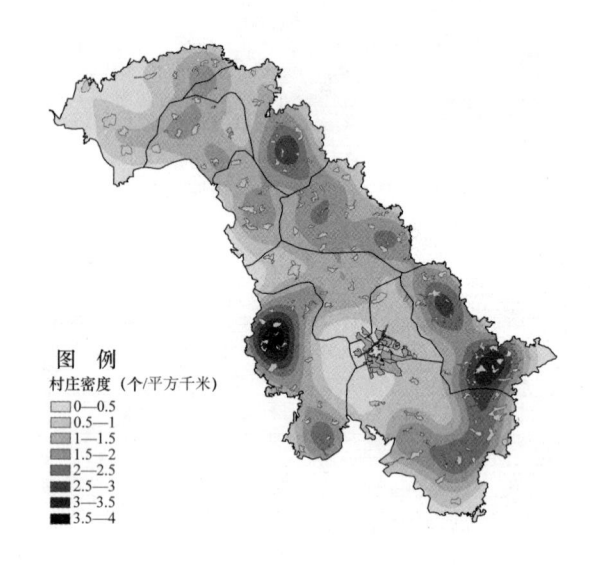

图8-41 东屏镇村庄居民点核密度分布图

但结合两镇近年农业现代化发展水平及城镇化动力等因素来综合考虑，则发现两镇形成的村庄密集区则在外部经济力的作用下，难以真正形成。东屏镇区西侧的村庄密集区与坐落在东屏镇境内的溧水高铁枢纽经济区相重叠，在全区极力打造"一城三区"的战略引领下，溧水高铁枢纽经济区空间框架已经拉开，显然难以在此形成大规模的村庄密集区；东屏镇区东侧的村庄密集区与白马镇北部的村庄密集区性质相似，两片区域特色农业发展极为迅猛，在两镇国家级现代农业科技园区的整体布局下，正围绕地方特色农业，开启新型农业化发展道路，农民城乡跃迁流动性日渐增强，也缺乏就地就近转移集聚的动力基础，而难以形成大规模的村庄密集区。

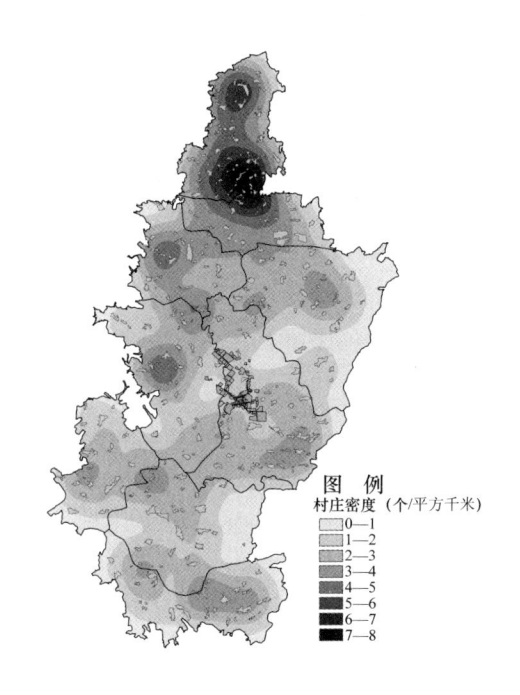

**图 8-42　白马镇乡村居民点核密度分布**

资料来源：笔者自绘。

2. 完善基层社区服务配套水平

基层社区是"单核收敛型"乡村居民点组织框架的最基本单元，也是乡村地区内唯一的居住空间层级，因此，在满足基本的居住功能的同时，要结合基层社区的人口规模，产业发展特色，依据农村地区基本公共服务配套标准对基层社区的公共服务配套要求，对基层社区的公共服务及道路交通设施、停车、公交、水电气、垃圾收集点等市政环卫服务设施做出科学布局和安排。以南京市溧水区为例，《南京市农村地区新社区基本公共服务设施配建标准》规定，人口规模在

300—1000人的二级新社区基本公共服务设施参照一级新社区，适当减量或有选择性配置，鼓励空间多功能复合利用，公益性基本公共服务设施总建筑面积不应少于500平方米，从刚性与弹性相结合的角度出发，具体配置行政管理服务设施、文化体育设施、公共绿地、垃圾收集点及公共厕所等必备的刚性设施，卫生服务站、居家养老及商业服务等弹性设施则可结合实际情况酌情配置。需要说明的是，此处二级社区即为乡村居民点体系结构最末端的基层社区。

3. 强化特色村落的特色塑造与彰显

特色村落是乡村居民点体系中相对独立的空间单元，其空间规模不等、形态分布也没有规律性，但却是乡村居民点体系内的"亮点"所在，在村庄布局规划中应根据村庄特色类型，分类做出发展指引，如产业特色保留型、自然资源特色保留型、历史人文资源保留型、建筑风貌特色保留型等，予以完整保留和科学保护。在科学地保护历史资源的同时，还要在发展中利用，如结合美丽乡村建设将历史村落资源找出来，进行有机更新与保护，结合乡村旅游将散落的历史村落资源串联起来，借助新时期的产业功能植入，将历史建筑等用地"活"起来，通过"找、保、串、用"的系列措施，实现历史村落的保护和发展。

4. 优化镇区空间结构、完善镇区服务功能

"单核收敛型"的乡村居民点空间布局，新市镇构成的"单核"在框架体系中承担着集聚极化的重要功能，需要为镇区生产、生活提供完善的公共服务职能外，还需向镇域内农业生产、农民生活提供最基本的公共服务，因此，镇区的空间结构和服务功能需要在乡村居民点重组过程中，进一步优化调整和完善升级。

（1）强化公共服务功能完善，为农民向城镇空间转移提供健全的服务。在注重新市镇公共服务设施规模、等级配套的同时，突出文化、教育、医疗卫生和休闲娱乐设施的品质建设，拉开与基层社区公共服务的差距，彰显差异性和镇区的"吸附"效应。

（2）产业结构优化和功能升级，为农民纵向迁移提供就业机会和迁移通道。产业门类设置在符合新市镇总体功能定位与发展目标的同时，要注重乡村人口进镇的就业需求，结合当地资源禀赋条件拓展产业

门类和结构的优化,为进镇劳动力提供多元化的就业机会;适时开展农民职业培训,提升农民生产技术,培养新型职业农民,拓宽农民就业面,加快乡村劳动力流动和乡村居民点空间重组,优化城乡空间结构。

(3) 增强弹性空间储备,为乡村人口流动提供空间蓄容。农业现代化发展是传统农业向现代农业转变的过程,乡村人口迁移随着农业生产方式的转变而持续不断呈现历史性和时代性,城镇空间布局需要结合人口迁移路径和集聚规模的实践,适当"留白"以增强空间蓄容能力,作为乡村人口流动进镇的弹性空间储备。

## 第五节 差异引导乡村居民点特色职能发展

### 一 农旅结合的"强心育点、田园综合体"策略

"乡村次区域自平衡"模式,重点是要积极发挥中心社区的"中心地"职能,坚持"强心育点、田园综合体"的发展策略。

"强心育点"是指强化中心社区居住生活和设施配套功能的建设与完善,培育节点村庄的居住生活职能和特色村落的风貌特色等职能。通过中心社区职能强化、节点村庄和特色村落职能培育,构建"多级舒展型"的网络化乡村居民点体系结构,加快乡村空间社会重组进程。2017年"中央1号"文指出:"支持有条件的乡村建设以农民合作社为主要载体、让农民充分参与和受益,集循环农业、创意农业、农事体验于一体的田园综合体,通过农业综合开发、农村综合改革转移支付等渠道开展试点示范。"首次正式提出了田园综合体概念,可以理解为以农业发展为基础,乡土文化创意和美丽乡村旅游为核心,乡村地产为延伸的一种新型乡村社区。在发展主体上强调要以农民合作社为主要载体,农民能够充分参与和受益;在产业内容上是集循环农业、创意农业、农事体验于一体的田园综合体。可见,田园综合体是农业现代化发展到一定阶段,通过农业生产经营方式的优化,实现农业生产空间的重组,进而带动乡村居住生活空间、生态开放空间同步变迁的一个新兴空间单元。

1. 乡村休闲旅游带动的综合职能强化

溧水区西南部的晶桥镇和洪蓝镇，由于区位条件和交通设施的影响，乡村居民点体系尚未开始大规模重组。但长期的农业生产经营，使得该地区奠定了较好的农业基础条件，培育了一定的特色农业产业，加之该地区内现存一定的特色村落，从而使该地区乡村社会空间重组形成了较为充分的基础条件。同时，注重乡村空间品质的提升和内涵重组的步伐并未停止，以洪蓝镇傅家边的草莓种植为主的特色产业，以晶桥镇枫香岭、石山下等美丽乡村建设为龙头的特色村落建设成为两镇乡村经济社会发展的亮点。美丽乡村建设与特色农业产业的联动带动了乡村旅游业蓬勃发展，农旅结合带动乡村产业发展成为推动乡村社会经济发展的动力源泉。两镇以农旅互动核心形成的集现代农业发展、农村生活体验于一体的田园综合体开始逐步形成。

规划建议通过土地使用权的流转，推进农业生产规模化和特色化经营，重点发展生态农业、观光农业，注重农业生产与乡村旅游的结合，发展休闲体验农业，同时注重现代农业经营方式的革新，整体性建设乡村农业生产和农民生活空间，通过田园综合体的打造，带动乡村社会空间的整体性重构。田园综合体的建设，重在其现代农业生产及农事体验职能打造，并逐步向乡村旅游和乡村体验等功能延伸，因此，田园综合体是一个集农业生产、生活服务、生态保育功能于一体的农村新型社区。田园综合体的规模、职能都随其内部的产业结构、居民生活及提供的服务不同而呈现不同的空间表现形式（图8-43、图8-44）。

2. 特色原乡农业主导的中心社区强化

西南部的石臼湖是南京市第三大水库，自然风景秀丽、水系景观独特，现状乡村居民点围绕湖面分散布局。溧水区全域居民点空间演化过程及空间特征显示，围绕石臼湖的和凤镇和石湫镇乡村居民点体系重组进程较慢，一方面，受自然条件和区位条件的影响，乡村居民点分散布局的现状阻碍了居住空间的重组；另一方面，依托于湖塘水系的农业生产在推进农业现代化的进程中，通过特色产业发展与社会化服务组织联合实施，其对空间集约利用要求及对空间重组的推动作用不太显著。

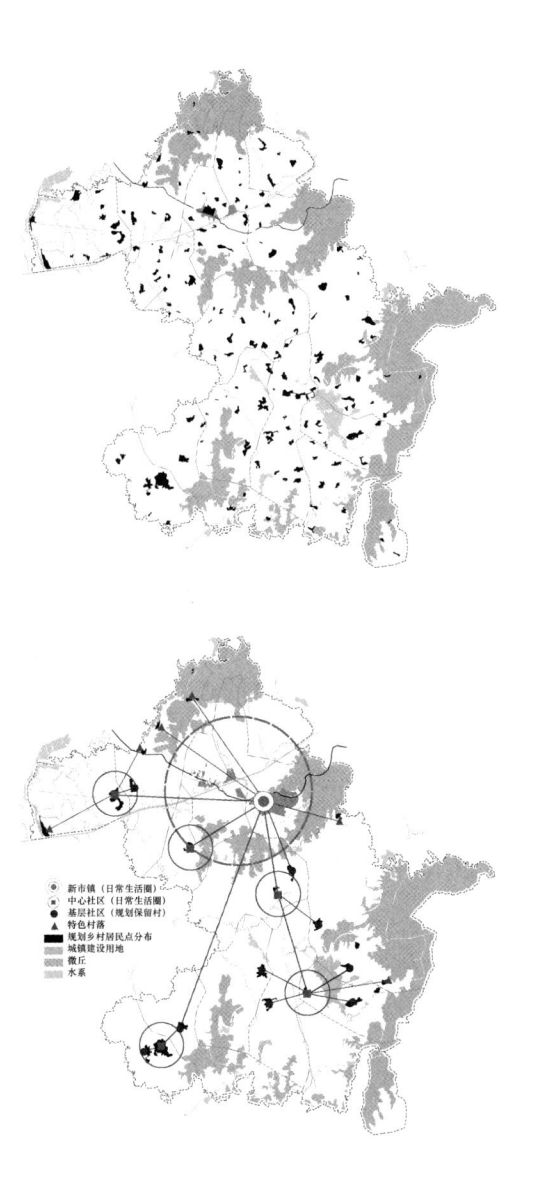

◆ 第八章 平原地区乡村居民点体系重组的空间策略 ◆

图8-43 晶桥镇2015年乡村居民点体系现状与农业现代化背景下
乡村居民点空间重组示意

资料来源：笔者自绘。

◆ 乡村居住空间重组研究 ◆

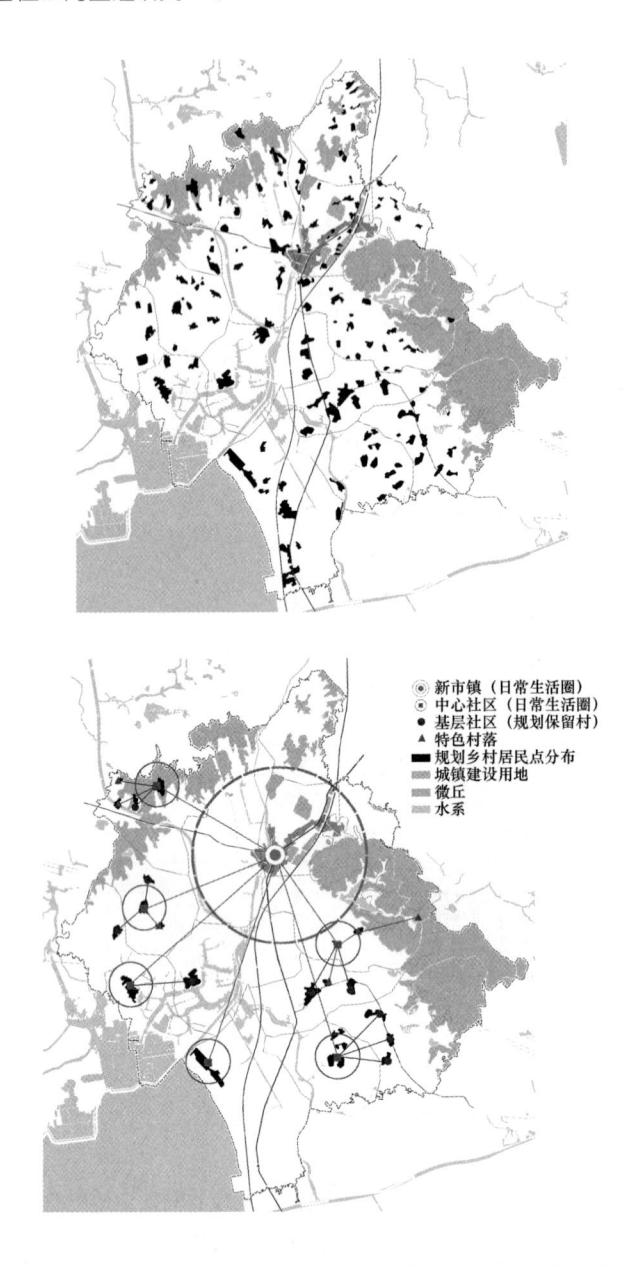

图 8-44 洪蓝镇 2015 年乡村居民点体系现状与农业现代化
背景下乡村居民点空间重组示意

资料来源：笔者自绘。

规划建议这两个乡镇的乡村居民点体系组织，主要依托原乡农业特色产业发展，延展产业链，发挥聚集经济的规模效益，利用河塘水系特色资源塑造特色化的居住生活空间来实现。通过村庄环境整治工作，发挥圩区原乡农户的积极性，由新市镇政府和村委会牵头，鼓励以家庭为单位，共同改造村庄环境；同时通过渔家乐、水乡渔歌等特色产业的发展，延伸农业和休闲服务业产业链，带动乡村居住空间的重组。原乡农业特色多依托于自然资源禀赋发展，农业现代化发展以特色化带动为主，由此产生的乡村居民点体系重组，除因就业结构变化向城镇空间集中集聚外，多以特色农业产业带动空间的就近、就地集中集约发展形成"中心社区"，若干个特色居民点围绕着中心社区形成日常生活圈网络，构成"多级舒展型"的乡村居民点空间格局（图 8-45、图 8-46）。

## 二　专业化驱动的"特色塑点、园村一体化"策略

对于"乡村全网络多节点"模式，在因地制宜确定镇域乡村居民点布局规划基础上，结合镇域空间特征，提出镇域乡村居民点"特色塑点、园村一体化"的发展策略。

"特色塑点"是注重基层社区及特色村落空间特色和空间品质的塑造，在丰富乡村居民点体系框架的同时，为乡村居民提供优质化的服务。"园村一体"发展是指以规模化生产、特色化经营为主的农业园区与乡村融于一体，通过农业园区的空间整合带动乡村居民生活空间的重组，实现园村一体化发展。溧水区乡村居民点体系现状空间集聚的不均衡性，显示溧水区东北部的柘塘、永阳、东屏、白马等镇的乡村居民点体系重组的进程和速度明显快于南部的其他乡镇，柘塘空港新城综合园区建设、白马国家级农业科技园区和东屏现代农业产业园区建设既是农业现代化发展的空间载体，同时也正是园区带动乡村社会空间发展的真实写照。未来柘塘镇、永阳镇是城镇化发展的集中建设地区，受城镇空间外延扩张和内涵重组的双重影响，乡村居民点将纳入城镇集中建设区统一布局规划。

◈ 乡村居住空间重组研究 ◈

图 8 – 45 石湫镇 2015 年乡村居民点体系现状与农业现代化背景下
乡村居民点空间重组示意

资料来源：笔者自绘。

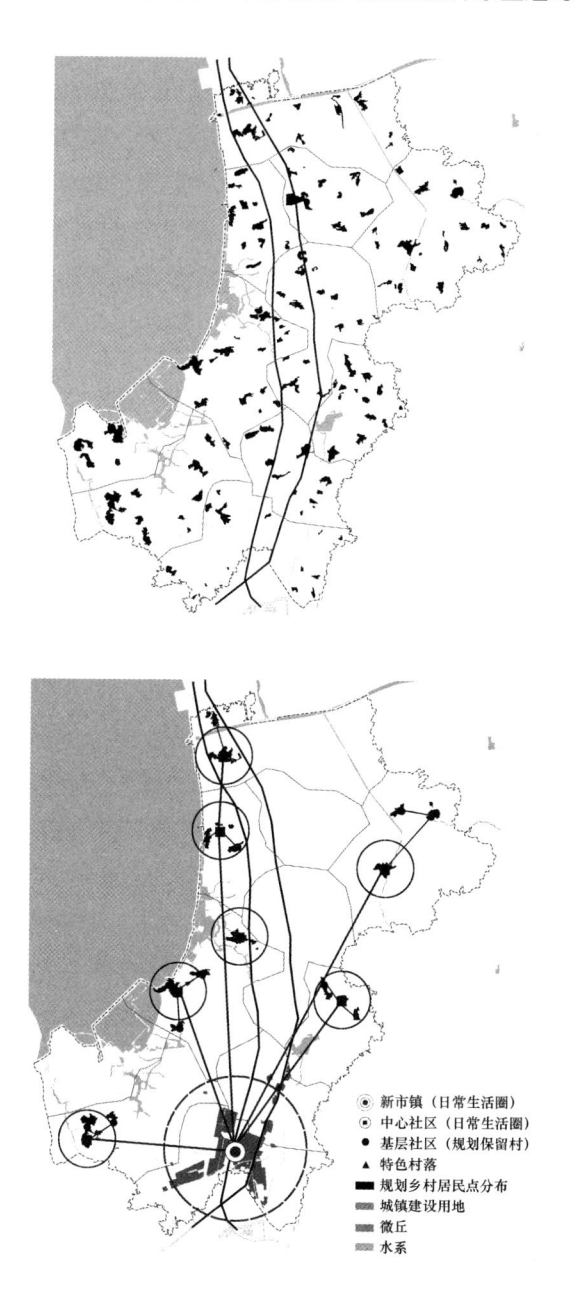

◆ 第八章 平原地区乡村居民点体系重组的空间策略 ◆

图 8-46 和凤镇 2015 年乡村居民点体系现状与农业现代化
背景下乡村居民点空间重组示意

资料来源：笔者自绘。

◆ 乡村居住空间重组研究 ◆

对于东屏、白马两镇的乡村居民点而言（图8-47、图8-48），农业园区的发展是影响其乡村居民点体系重组的重要因素。规划建议在既有园区良性运转和不断修正完善的运行机制下，进一步通过集体土地流转平台将乡村农业用地收储、转租给农业专业公司或种粮大户，开展机械化种植和规模化经营，形成现代农业产业园、家庭农场等多种农业经营主体。

通过产业体系的构建和专门化运作，强化园区农业生产体系、经营体系的完善，促进全镇农业生产和农民生活空间的融合发展。对园区或农场内部的乡村居民生活空间予以统一规划，保留部分特色村落（图8-49、图8-50），园区内因缺少相应的技能而难以进城就业的原乡居民可通过园区务工或农业产业工人的形式，进行二次就业，实现收入的增长。

图8-47 2015年东屏镇乡村居民点空间格局

资料来源：笔者自绘。

◆ 第八章 平原地区乡村居民点体系重组的空间策略 ◆

**图 8-48 2015 年白马镇乡村居民点空间格局**
资料来源：笔者自绘。

由于该类地区农业园区和家庭农场建设体系健全、运作成熟，因此乡村居民点体系重组不仅是空间的重构，同时更是乡村空间品质的整体提升。"园村一体化"建设带动乡村空间重组要注重差异化实施，对园区内人口向城镇流动为主的村庄，要通过城镇化的有序推进，加快乡村转移人口市民化进程，以利于乡村居民点体系重组；对

乡村居住空间重组研究

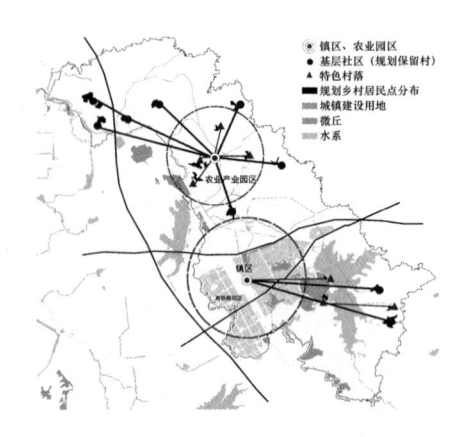

图 8-49 东屏镇乡村居民点空间重组格局指引
资料来源：笔者自绘。

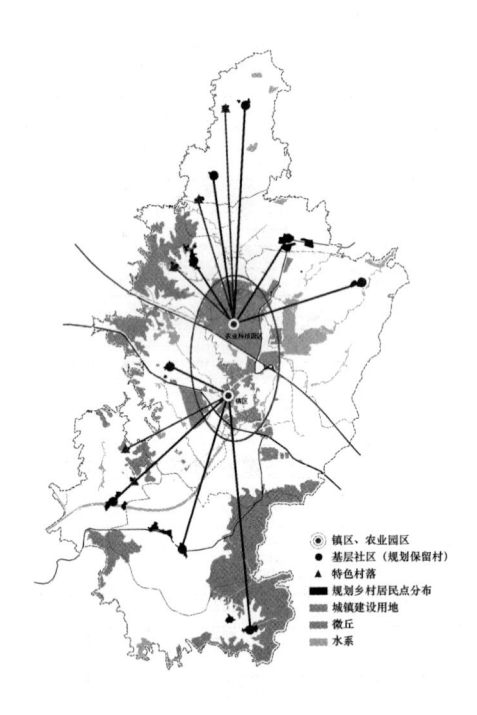

图 8-50 白马镇乡村居民点空间重组格局指引
资料来源：笔者自绘。

于少量人口以乡村社会内部流动为主的村庄，则要通过生产要素的产权关系重组，形成农业种植和旅游服务相结合的家庭农场休闲园，间接推动居住生活空间的重组。无论是城镇化推进模式，还是产权关系重组推动模式，乡村居民点体系重组都离不开农业园区的带动，而两个镇的农业园都是国家级的现代农业园区示范区，先进的工业生产技术及科技创新推动农业园区产业化运作能力不断提升，产业结构不断优化，将有助于镇域乡村居民点空间重组进程的推进。农业现代化推动的农业园区建设既是推动乡村居民点体系重组的动力主体，同时也是组织园区整体产业化运作的核心，将向园区内外提供日常生活必备的生产、生活服务功能，与新市镇一起共同构成镇域内"高级中心地"。为加强乡村居民点体系结构的弹性，规划要注重乡村生活空间的留白，应对动力转换下乡村流动人口在城乡间徘徊形成缓冲。同时，要注重农业产业化体系建设，以防止农业园区或家庭农场的建设"穿新鞋走老路"，套取农业补贴，在撂荒农田或权责不清的情况下，走上注重配套建设空间的外扩而降低农业生产效率的老路。

## 第六节　本章小结

结合前文基于农业现代化发展的溧水区乡村居住空间重组的深度剖析，识别溧水区全域及各镇乡村居住空间格局特征。并以此为基础，提出乡村居住空间重组引导策略。

"现状识别—科学预测—模式选择—布局规划—差异引导"的乡村居住空间重组引导策略，即结合镇域乡村居民点现状空间格局识别与发展条件的评估，科学预测乡村人口迁移路径及集聚规模，合理选择适应各镇级空间单元自身条件和发展的乡村居住空间重组模式，根据前述章节关于农业现代化推动人口流动差异所建构的不同类型的乡村居民点体系重组模式，因地制宜确定乡村居民点布局规划，提出乡村居民点差异化的分类特色职能引导。其中，"乡村次区域自平衡"模式的乡村居住空间重组，要注重实施"人口近地均衡集聚、中心社区自平衡、农旅结合的强心育点、田园综合体的职能引导"策略;"乡村全网络多节点"的乡村居住空间重组,应积极实施"人口城乡跃迁转移、特色村落节点联动网络一体化、专业化驱动的特色塑点、园村一体化的职能引导"策略。

# 第九章 结论及讨论

## 第一节 结论

农业现代化发展是未来乡村经济社会发展的重要动力源泉，将影响乡村地区的生产、生活、生态空间的发展方式和空间模式。乡村居民点作为乡村经济社会发展主客体的集中统一体，既是决定乡村社会"三生"空间发展的主体，也是乡村"三生"空间发展绩效的客观体现。通过科学研究探索农业现代化发展与乡村居民生产、生活的作用关系，引导乡村居民生活与生产的协调、与生态的融合发展，构建高效、合理的乡村居住空间结构，既是城乡规划研究的目的与职责所在，更是响应党中央实施乡村振兴战略的重要途径。

本书基于农业现代化发展对乡村居住空间格局的影响研究，得到如下几方面结论。

### 一 "大分散、小集中"是农耕文明时期中国乡村居住空间的基本特征

运用结构主义分析方法，以"经济—社会—文化"在乡村居住空间体系内的作用方式为逻辑主线，对农耕文明时期与工业化时期下乡村居民点体系的演化历程进行分析总结得出：农耕文明时期的中国乡村居民点体系空间格局受小农经济模式、家族血缘为纽带的社会关系和寄情山水的文化影响，总体呈现分散性主导下"大分散、小集中"的空间特征；工业化时期，经济社会发展推动乡村居民点体系呈现

"集中分散交错"的无序混乱状态,分散性主导下的"空心化、离散化和碎片化"成为该时期乡村居民点体系的主要空间特征。但纵观漫长的农耕文明时期下的中国乡村社会,小农经济模式、传统乡土文化传承、以家族血缘关系为核心的社会关系网络成为影响乡村居住空间体系格局的重要因素,而小农经济模式和传统乡土文化维系的家族血缘关系为主要表现形式的社会力则主导着乡村居住空间体系总体呈现"大分散、小集中"的空间特征。

## 二 "人口的双重流动性"是农业现代化发展对乡村人口流动的最直接影响

依据中国农业现代化的内涵,结合中国农业现代化发展水平与乡村劳动力需求、乡村劳动就业构成及乡村社会关系的定性比较和定量研究,指出中国农业现代化发展对乡村人口流动的影响主要体现在劳动力需求、劳动就业构成、乡村公共服务需求以及乡村社会关系这四个方面,其最直观的空间体现就是乡村人口流动性的增强,即"两个流动性"——乡村人口在城乡间流动、乡村人口在乡村社会内部流动。

## 三 "经济力、社会力和政策力"的合力作用构成了平原地区乡村居住空间重组的动力框架

基于农业现代化发展影响,乡村人口流动性增强为乡村居住空间重组提供了可能的研究,文章以溧水区乡村居民点空间演化为例,结合数学模型的构建,定量分析研究乡村居住空间重组过程中的真正影响因子,通过动力因子影响乡村居住空间重组的作用机制解析,归纳提炼农业现代化发展为表征的经济力、业缘关系主导的乡村社会关系变迁形成的社会力、户籍及乡村房屋产权制度滞后产生的政策力,三者共同作用于农业现代化时期平原地区的乡村居住空间,三力共同构成了平原地区乡村居住空间重组的动力框架模型。三力作用下的乡村居住空间的主要表现形式为:农业现代化发展主导的经济力推动乡村居住空间体系要素由"小规模分散化"向"大规模组团化"集聚,

结构由"外扩内空的均质化"向"集中集约的差异化"发展，功能由"小而全的多元综合"向"广而专的生活家居"转变；而由农业现代化发展带来的乡村社会关系网络变迁形成的社会力则推动乡村居住空间体系由同宗同姓聚集的"簇群式"居住向资源信息共享的"互联式"居住转变、由"封闭内聚式"的居民点结构向"开放弹性式"的居民点结构转变；而户籍制度、房屋产权制度的滞后及故土难离的家乡情结又进一步固化了"乡村社会结构单一、村落空心化、村庄空洞化"的特征。

本书进一步指出，农工时期向农业现代化时期转型背景下，平原地区乡村居住空间格局转变的内在机制是由家族血缘关系主导的社会力向现代农业生产方式主导的经济力转变的空间映射。

### 四 "次区域自平衡"和"全网络多节点"是乡村居住空间重组的理论模式

平原地区乡村居住空间重组是"社会、经济、文化"复合系统的背景要求。通过"聚集经济"理论的乡村演绎"中心地"理论的现实延伸、"市场区位论"的理念创新——三大理论的修正与集成创新奠定了乡村居住空间重组理论的思想基础。

本书结合农业现代化背景下平原地区乡村人口流动的两种路径，提出平原地区与现代农业劳动生产方式匹配的"次区域自平衡"和"全网络多节点"的两种乡村居民点空间重组的理论模式，分别具有中心社区强化、功能完善、动态平衡、层级协作与特色村落培育、功能专业分化、网络开放互联的空间特征。

基于理论模式指导，提出在不同经济发展水平、乡村人口密度和农业生产方式等条件下，有两种不同的乡村居住空间结构模型：乡村内部人口流动主导的"多级舒展型"乡村居民点空间重组模型；城—乡人口迁移主导的"单核收敛型"乡村居住空间重组模型。

### 五 "因地制宜、差异引导"的乡村居住空间组织策略

坚持"现状识别—科学预测—选择模式—布局规划—差异引导"

的总体思路，结合镇域乡村居民点现状空间格局识别与发展条件的评估，科学地预测乡村人口迁移路径及集聚规模，合理地选择适应各镇级空间单元自身条件和发展的乡村居民点体系空间重组模式，因地制宜地确定乡村居民点布局规划，提出乡村居民点差异化的分类特色职能引导。其中，关于"乡村次区域自平衡"模式的乡村居住空间重组，要注重实施"人口近地均衡集聚、中心社区自平衡、农旅结合的强心育点、田园综合体的职能引导"策略；推进"乡村全网络多节点"模式的乡村居住空间重组，应积极实施"人口城乡跃迁转移、特色村落节点联动网络一体化、专业化驱动的特色塑点、园村一体的职能引导"策略。

## 第二节 研究特色及创新点

### 一 研究特色

1. 跨学科理论的前瞻性研究

乡村地区的发展是城乡一体化发展的重要组成部分，随着传统小农经济模式的退出，机械化大生产和社会化组织为内涵的现代农业生产方式逐步成为未来农业生产的主题和核心。而以农业现代化发展为表现形式的农业经济模式转变势必带来乡村社会空间剧烈变化，承载着乡村居民生活的乡村居住空间如何适应现代农业生产方式的转变和乡村社会关系网络变迁，是未来乡村社会发展过程亟待解决的实践难题。本书从系统思维出发，以城市"聚集经济理论"为基础，拓展其理论内涵和价值内核，探索"聚集经济理论"在乡村空间的理论延伸；同时，借助社会学、经济学、地理学等相关学科理论体系，模拟"中心地理论""田园城市"等经典规划理论在乡村社会中的跨时空演绎，以在理论层面解决农业现代化平原地区乡村居住空间重组的现实难题，具有一定的理论前瞻性。

2. 跨时空维度的规律性研究

从农耕文明时期和工业化初期中国乡村居住空间体系的演进过程研究入手，把握历时态下乡村居住空间特征规律；以此为基础，借助

◈ 第九章 结论及讨论 ◈

人口的城乡和区域流动触媒,判别未来农业现代化背景下影响平原地区乡村居住空间重组的因素,提取动力因子,解析乡村居住空间重组动力机制,构建平原地区乡村居住空间重组的普适性理论模式和空间模型。这是超越传统乡村地区阶段性研究、个案研究为主的局限,突出了平原乡村地区空间发展共同性规律的挖掘,是一种跨时空的、大维度的乡村空间发展普适性规律研究。

3. 实践应用型的技术性研究

以乡村居住空间重组为主要特征的乡村社会空间重构是未来乡村地区在规划控制及引导下发展的重要空间映射。本书不仅就乡村居住空间体系的演化历程及空间特征开展动态分析研究,还对其内在的运行机理进行深度剖析。同时为了增强理论模式及空间模型对未来农业现代化发展背景下乡村居住空间重构的科学指导性,还结合县域、镇域乡村居民点空间发展实践,提出引导居民点空间发展的模式和组织策略,以突出文章应用型技术研究的特点。

## 二 研究创新之处

1. 指出了农业现代化对乡村人口及社会的影响体现在流动性的增加

文章以农业现代化发展对乡村人口流动影响作用为导向,指出农业现代化发展的核心是现代农业生产方式的更新和农业生产组织方式的跃迁,由之带来劳动生产率水平的提升,从而直接影响乡村劳动人口规模和劳动就业构成。农业现代化发展在提升乡村居民生活水平的同时,又间接影响着乡村社会公共服务的需求与乡村社会关系网络变迁,这些直接影响或间接影响在乡村社会空间上的最直接体现就是乡村人口的流动性增加——乡村人口在城乡间的流动和乡村社会内部的流动。乡村人口的流动为乡村居住空间重组创造了必要条件和社会基础。

2. 揭示了平原地区农业现代化发展对乡村居住空间格局的作用机制

本书结合农业现代化发展对乡村居民生产、生活状态影响的社会调查定性分析、农业现代化发展与乡村居住空间重组实践关系的定量研究，基于层次分析法、景观生态分析法，借助 ArcGIS、SPSS 软件平台，从农业经济模式、乡村社会关系和城乡二元制度结构这三个维度建构平原地区乡村居住空间重组的动力机制框架。其中，以农业现代化发展为表现形式的农业经济模式是主动力、以户籍制度及房屋产权制度等为核心的政策制度是制约力、以业缘关系网络为基础的乡村社会关系是可变力。

因此，本书揭示了农业现代化发展乡村居住空间格局的影响作用机制，其实质就是劳动生产率水平的提升导致农业经济模式的转变和乡村社会关系网络的重组，从而影响了乡村居住空间格局的变化。经过历时态、共时态及未来态下的互动研究，提出了不同时期乡村居住空间重组的动力嬗变解释框架：在农工时期向农业现代化时期转变的时代背景下，乡村居住空间格局转变的内在机制是由家族血缘关系主导的社会力向现代农业生产方式主导的经济力转变的空间映射。

3. 提出了乡村居住空间重组的理论模式和空间模型

本书从"城市聚集经济理论"出发，继承并延伸了"中心地"理论、"市场区位论"理论等经典规划理论，在乡村社会复杂系统开放的经济环境、涨落有序的社会关系和非线性联系的城乡文化网络等前提条件下，提出了农业现代化背景下，平原地区乡村居住空间格局重组在不同人口流动路径下呈现"乡村次区域自平衡"和"乡村全网络多节点"两种不同的理论模式。在空间上相应地呈现两种不同的乡村居住空间结构模型：乡村内部人口流动主导的"多级舒展型"空间结构模型，以及乡—城人口迁移主导的"单核收敛型"空间结构模型。

# 第三节　研究不足与展望

**1. 乡村居民点体系重组的空间量化测评研究不足**

关于农业现代化发展水平的测度，已有众多农业经济类学者基于不同地区、不同地形地貌特征及不同经济社会发展水平，开展较为广泛和深入的研究，并构建了相对较为成熟的评价指标体系（蒋和平、龙花楼、刘彦随等）。由于理论水平和专业知识所限，本书基于农业现代化发展较为成熟或快速发展的未来态下，开展乡村居住空间重组动力机制、理论模式及空间模型研究，即建立在农业现代化发展是一个较为稳定或成熟状态下的研究，而基于农业现代化发展推动的乡村居民点体系重组的空间量化研究则未能涉猎。

这也是本书研究的难点所在。在后续研究中，需要引入相关学科的理论及计算方法，建构乡村居民点体系重组的人口（要素）、结构、功能三个维度的测度方法与评价指标体系，以便更加科学地引领乡村地区空间发展。

**2. 分类研究有待进一步深化**

本书属于跨学科的基础理论研究，领域宽泛，内容庞杂，从广度来讲，涉及地理学、经济学、社会学、人类学等多学科的理论知识；从深度来讲，需要历时态的回溯总结、共时态的案例归纳、未来态的逻辑推演等多层次、多维度的论证分析，命题论证的难度较大。

尽管如此，全书依然仅仅涉及农业现代化在平原地区发展所带来的乡村空间影响一种类型，对于山区、滨水地区及高原地区等复杂地区类型的农业现代化发展模式，及其所带来的乡村居住空间体系乃至乡村地区空间发展的研究尚未涉及。因此，农业现代化在不同地区的发展模式带来的乡村居住空间重组的分类研究需要笔者在今后的研究工作中进一步加以深化与完善。

# 参考文献

## 中文著作

陈翰笙：《现代中国的土地问题》，中国展望出版社1987年版。

陈威：《景观新农村：乡村景观规划理论与方法》，中国电力出版社2007年版。

陈锡文：《在中国农业经济学会2013年年会暨学术研讨会上的报告》，中国农业出版社2014年版。

崔功豪：《区域分析与区域规划》，高等教育出版社2006年版。

费孝通：《乡土中国》，北京大学出版社1998年版。

费孝通：《费孝通学术精华录》，北京师范学院出版社1988年版，第381页。

高鸿业：《西方经济学》，中国经济出版社1998年版。

高尚德：《新村规划》，中国建筑工业出版社1982年版。

耿明斋：《中国农业现代化困惑与探索》，社会科学文献出版社2015年版。

顾颉刚：《古史辨》（第1册），上海古籍出版社1936年版。

何传启：《世界农业现代化的发展趋势和基本经验》，科学出版社2013年版。

黄宗智：《华北的小农经济与社会变迁》，中华书局2000年版。

黄祖辉：《农业现代化：理论、进程与途径》，中国农业出版社2003年版。

李立：《乡村聚落：形态、类型与演变——以江南地区为例》，东南大学出版社 2007 年版。

李培林：《村落的终结：羊城村的故事》，商务印书馆 2004 年版。

梁漱溟：《乡村建设理论》，上海世纪出版集团 2006 年版。

刘建生：《农村居民点整治模式与布局优化研究》，科学出版社 2015 年版。

刘沛林：《古村落：和谐的人聚空间》，生活·读书·新知三联书店 1997 年版。

骆中钊等：《新农村规划、政治与管理》，中国林业出版社 2007 年版。

宋恩荣：《晏阳初文集》，教育科学出版社 1989 年版。

孙志海：《自组织的社会进化理论方法和模型》，中国社会科学出版社 2004 年版。

田淑敏：《北京市农村居民点用地变化研究》，中国农业出版社 2013 年版。

王沪宁：《当代中国村落家族文化》，上海人民出版社 1991 年版。

王鲁民：《中国古典建筑文化探源》，同济大学出版社 1998 年版。

吴良镛：《人居环境科学导论》，中国建筑工业出版社 2001 年版。

许骥：《徽州传统村落社会——许村》，复旦大学出版社 2013 年版。

徐杰舜：《乡村人类学》，宁夏人民出版社 2012 年版。

徐扬杰：《宋明家族制度史通论》，中华书局 1995 年版。

徐振宇：《小农—企业家主导的农业组织模式》，社会科学文献出版社 2011 年版。

宣杏云等：《西方国家农业现代化透视》，远东出版社 1998 年版。

杨朝现等：《人地协调的土地整治——从理论到实践》，科学出版社 2016 年版。

于海：《西方社会思想史》，复旦大学出版社 1993 年版。

于维栋：《中国农业现代化的过去、现在和未来》，科学出版社 2013 年版。

湛垦化等：《普里戈金与耗散结构理论》，陕西科学技术出版社 1982 年版。

张冬平:《农业现代化问题:研究综述与展望,中国"三农"问题解析:理论述评与研究展望》,浙江大学出版社 2012 年版。

张红:《农业现代化进程中的村落变迁研究》,中国农业出版社 2014 年版。

张泉等:《城乡统筹下的乡村重构》,中国建筑工业出版社 2006 年版。

张文奎:《人文地理学概论》,东北师范大学出版社 1987 年版。

周魁一:《农田水利史略》,水利电力出版社 1986 年版。

朱绍侯:《中国古代史》(中册),福建人民出版社 2000 年版。

# 中文论文

白积洋:《农民专业合作社如何促进农业分工和专业化发展的实证分析》,《新疆农垦经济》2012 年第 11 期。

蔡运龙等:《中国地理科学的国家需求与发展战略》,《地理学报》2004 年第 59 期。

曹炳栋:《苏南模式与农业现代化》,《学习月刊》1987 年第 12 期。

陈会英、周衍平:《分化·动因·对策——中国农民职业分化问题探析》,《农业现代化研究》1996 年第 5 期。

陈秋红、于法稳:《美丽乡村建设研究与实践进展综述》,《学习与实践》2014 年第 6 期。

陈锡文:《中国特色农业现代化的几个主要问题》,《改革》2012 年第 10 期。

陈秧分等:《基于生计转型的中国农村居民点用地整治适宜区域》,《地理学报》2012 年第 3 期。

陈英:《法国农业现代化及其对我国农业发展的启示》,《学术论坛》2005 年第 5 期。

程宇航:《日本农村的家庭污水处理》,《老区建设》2012 年第 4 期。

成晓星:《美国农业政策和农业现代化探析》,《青海社会科学》2007 年第 4 期。

邓宏海：《关于我国农业发展战略的问题》，《农业经济问题》1981年第11期。

邓宏海：《中国农业现代化的哲学探讨》，《社会科学》1984年第5期。

董江爱、张嘉凌：《政策变迁、科技驱动与农业现代化进程》，《科学技术哲学研究》2016年第5期。

董英华：《耗散结构理论、协同学和突变理论的方法论分析》，《安顺师专学报》1998年第4期。

方方、刘彦随：《传统平原农区人口非农化对耕地利用方式的影响》，《人文地理》2013年第1期。

付标等：《河南省"空心村"治理与农村环境建设》，《生态经济》2004年第12期。

苟翠屏：《卢作孚、晏阳初乡村建设思想大比较》，《西南师范大学学报》（人文社会科学版）2005年第5期。

顾焕章：《论农业现代化的涵义及其发展》，《江苏社会科学》1997年第1期。

管永祥：《江苏美丽乡村建设的思路与对策》，《江苏农业科学》2014第4期。

郭庆海：《我国农村家庭经营的分化与发展》，《农业经济问题》2000年第5期。

郭文韬：《中国古代农作制知识的考察》，《中国农报》1963年第9期。

贺雪峰：《国家与农村社会互动的路径选择——兼论国家与农村社会双强关系的构建》，《浙江社会科学》1999年第4期。

韩士元：《农业现代化的内涵及评价标准》，《天津社会科学》1999年第5期。

何仁伟：《中国乡村聚落地理研究进展及趋向》，《地理科学进展》2012第8期。

胡海燕：《世界农业现代化发展模式与借鉴》，《中国农业信息》2014年第12期。

黄佩民：《中国农业现代化的历程和发展创新》，《农业现代化研究》2007年第3期。

黄倩：《土地流转与我国农业生产的生态化发展路径》，《农业经济》2016年第4期。

黄庆华：《发达国家农业现代化模式选择对重庆的启示》，《农业经济月刊》2013年第4期。

黄杉：《国外乡村发展经验与浙江省"美丽乡村"建设探析》，《中国园林》2013年。

黄盛璋：《江陵凤凰山汉墓简牍及其在历史地理上的价值》，《文物》1974年第6期。

惠国琴：《农业现代化：模式之争与路径整合》，《学习与探索》2014年第3期。

姜广辉等：《科学发展观指导下的农村居民点布局调整和整理》，《国土资源科技管理》2005年第4期。

蒋和平：《中国农业现代化发展阶段的评价》，《科技与经济》2006年第4期。

蒋剑勇：《社会网络、社会技能与农民工创业资源获取》，《浙江大学学报》2013年第1期。

金其铭：《我国农村聚落地理研究历史及近今趋向》，《地理学报》1998年第4期。

金新民：《荷兰、比利时发展现代化农业的启迪》，《农村农业农民》1998年第1期。

[日] 井上俊一：《中国、韩国、日本城市化透视》，《国际政治研究》1995年第5期。

康芸：《试论农业现代化的内涵和政策选择》，《中国农村经济》2000年第9期。

孔祥智：《试论我国现代农业的发展模式》，《教学与研究》2007年第10期。

李兵弟：《农村人居环境治理的路径和方法》，《中国井冈山干部学院学报》2006年第2期。

李春玲:《城乡移民社会流动》,《江苏社会科学》2007年第2期。

李根蟠:《中国小农经济的起源及其早期形态》,《中国经济史研究》1998年第1期。

李汉宗:《血缘、地缘、业缘:新市民的社会关系转型》,《深圳大学学报》(社会科学版)2013年第7期。

李君、李小建:《综合区域环境影响下的农村居民点空间分布变化及影响因素分析——以河南巩义市为例》,《资源科学》2009年第31卷7期。

李克强:《以改革创新为动力加快推进农业现代化》,《求是》2016年第2期。

李屏等:《我国现阶段土地利用变化驱动力的宏观分析》,《地理研究》2001年第20卷第2期。

李仁贵:《国外乡村学派区域发展理论评价》,《经济评论》1996年第3期。

李仁贵:《西方区域发展理论的主要流派及其演进》,《经济评论》2006年第6期。

李群:《日本农业现代化进程与启示》,《古今农业》2002年第2期。

李伟民:《论人情——关于中国人社会交往的分析和探讨》,《中山大学学报》(社会科学版)1996年第2期。

林青:《结构主义的马克思主义与空间理论的兴起》,《天津社会科学》2013年第3期。

刘广宇:《新时期中国乡土文化建设的进路探析》,《学习与实践》2007年第8期。

刘建荣:《社会转型时期农民价值观念的冲突》,《湖南师范大学社会科学学报》2005年第3期。

刘森林:《中国古代民居建筑等级制度》,《上海大学学报》(社会科学版)2003年第10卷第1期。

刘涛:《制度变迁与农民流动》,《中共杭州市委党校学报》2009年第1期。

刘晓峰:《我国乡土文化的特征及其转型》,《理论与现代化》2014年第 1 期。

刘彦随等：《中国农业与乡村地理研究进展与展望》，《地理科学进展》2011 年第 12 期。

刘彦随等：《中国农村空心化的地理学研究与整治实践》，《地理学报》2009 年第 10 期。

刘彦随、刘玉：《中国农村空心化问题研究的进展与展望》，《地理研究》2010 年第 1 期。

刘彦随、李裕瑞：《中国县域耕地与农业劳动力变化的时空耦合关系》，《地理学报》2010 年第 12 期。

刘彦随、杨忍：《中国县域城镇化的空间特征与形成机理》，《地理学报》2012 年第 8 期。

刘彦随、杨忍：《中国环渤海地区城乡发展转型格局测度》，《地理学报》2015 年第 2 期。

刘彦随、周扬：《中国美丽乡村建设的挑战与对策》，《农业资源与环境学报》2015 年第 2 期。

刘彦随等：《新时期中国城乡发展的主要问题与转型对策》，《经济地理》2016 年第 7 期。

刘玉等：《环渤海地区农村居民点用地整理分区及其整治策略》，《农业工程学报》2011 年第 6 期。

刘玉：《农业现代化与城镇化协调发展研究》，《城市发展研究》2007 年第 6 期。

刘志玲、张丽琴：《农村居民点用地发展驱动力演究——以安徽省为例》，《农村经济》2006 年第 3 期。

刘志仁：《日本推进农村城市化的经验》，《中国农村经济》2000 年第 3 期。

龙花楼：《论土地利用转型与乡村转型发展》，《地理科学进展》2012 年第 2 期。

卢良恕：《21 世纪的农业和农业科学技术》，《自然杂志》1996 年第 1 期。

卢良恕：《推进农业产业化经营加快农业和农村经济发展》，《科学学与科学技术管理》1996年第10期。

娄永琪：《系统与生活世界理论视点下的长三角农村居住形态》，《城市规划学刊》2005年第5期。

毛飞：《中国农业现代化总体态势和未来取向》，《改革》2012年第10期。

毛霞：《美国农业现代化发展的历程对中国的启示》，《浙江万里学院学报》2007年第11期。

倪虹：《完善我国新农村规划编制体系相关问题的探讨》，《安徽建筑工业学报》（自然科学版）2007年第1期。

牛节光：《农业生产经营组织现代化是农业现代化的要素之一》，《时代论丛》1998年第3期。

牛若峰：《中国农业产业化经营的发展特点与方向》，《中国农村经济》2002年第5期。

潘峰：《生产力要素、结构、功能统一论》，《晋阳学刊》1990年第4期。

潘莹、施瑛：《简析明清石器江西传统民居形成原因》，《农业考古》2006年第3期。

钱学森等：《一个科学新领域——开放的复杂巨系统及其方法论》，《自然杂志》1990年第13卷第1期。

乔家君等：《欠发达农区村域空心化特征及其微观机理——以兰考县三个村为例》，《人文地理》2011年第6期。

乔陆印等：《中国农村居民点用地变化类型及调控策略》，《农业工程学报》2015年第4期。

仇保兴：《我国农村村庄整治的意义误区与对策》，《城市发展研究》2006年第1期。

沈茂英：《中国山区聚落持续发展与管理研究》，中国科学院成都山地灾害与环境研究所，2005年。

沈茜：《山水比德——略论先秦儒家的自然美学思想》，《贵州大学学报》（社会科学版）1999年第3期。

宋圭武：《对小农经济特性的两点再思考》，《内蒙古社会科学》（汉文版）2003年第1期。

苏昕：《我国家庭农场发展及其规模探讨——基于资源禀赋视角》，《农业经济问题》2014年第5期。

孙鸿志：《美国农业现代化进程中的政策分析》，《山东社会科学》2008年第2期。

孙建欣等：《城乡统筹发展背景下的村庄体系空间重构策略——以怀柔区九渡河镇为例》，《城市发展研究》2009年第12期。

田光进等：《基于遥感与GIS的中国农村居民单规模分布特征》，《遥感学报》2002年第4期。

王红：《析中国古代小农经济封闭性的原因》，《阴山学刊》1994年第3期。

王冠军：《新时期我国农田水利存在问题及发展对策》，《中国水利》2010年第5期。

王家梁：《建设农业商品生产基地是实现农业现代化的重要途径》，《农业现代化研究》1992年第7期。

王利民：《农业现代化的条件与选择》，《中国农村经济》1999年第6期。

王西秦：《我国农业现代化历程的回顾与反思》，《宝鸡学院学报》1990年第2期。

王跃生：《家庭责任制、农户行为与农业中的环境生态问题》，《北京大学学报》（哲学社会科学版）1999年第3卷第36期。

吴理财、吴孔凡：《美丽乡村建设四种模式及比较》，《华中农业大学学报》（社会科学版）2004年第1期。

吴蔚：《延续文化脉络　再现古镇风韵》，《江苏城市规划》2009年第8期。

徐承红：《聚集经济理论研究新进展》，《经济学动态》2010年第6期。

徐炜、曾琼：《西方政治社会学理论模式述评》，《武汉大学学报》（哲学版）2006年第11卷第6期。

徐星明：《我国农业现代化进程评价》，《农业现代化研究》2000年第

9 期。

徐勇：《"再识农户"与社会化小农的建构》，《华中师范大学学报》（人文社会科学版）2006 年第 3 期。

徐勇、邓大才：《社会化小农：解释当今农户的一种视角》，《学术月刊》2006 年第 7 期。

徐勇：《人口流动使乡村陷入治理性困境》，《社会科学报》2007 年第 11 期。

宣杏云：《国外农业现代化的模式及其借鉴》，《江苏农村经济》2006 年第 5 期。

杨锋等：《海南省美丽乡村建设调查报告》，《中国经贸导刊》2014 年第 11 期。

杨忍等：《基于格网的农村居民点用地时空特征及空间指向性的地理要素识别——以环渤海地区为例》，《地理研究》2015 年第 6 期。

杨忍等：《中国村庄空间分布特征及空间优化重组解析》，《地理科学》2016 年第 2 期。

应建敏、汪琦：《上海新农村的嬗变升华》，《中国园林》2015 年第 12 期。

尹怀庭、陈宗兴：《陕西乡村聚落分布特征及其演变》，《人文地理》1995 年第 10 卷第 4 期。

于转利：《循环农业与循环经济》，《经济研究导刊》2010 年第 28 期。

张保华、张二勋：《农村居民点土地整理初步研究》，《土壤》2002 年第 3 期。

张根：《关系：农村留守青年经济精英地位获取的内在逻辑》，《学园》2010 年第 1 期。

张敬华、戴其根：《韩国新村运动对我国西部农村开发的启示》，《财经科学》，2001 年第 1 期。

张敬华、项复民：《韩国新村运动对中国中西部开发农村建设的启示》，《经济问题探索》2001 年第 3 期。

张京祥等：《体制转型与中国城市空间重构——建立一种空间演化的制度分析框架》，《城市规划》2008 年第 6 期。

张汝立：《我国的城乡关系及社会变迁》，《社会科学战线》2003年第3期。

张士云：《美国和日本农业规模化经营进程分析及启示》，《农业经济问题》2014年第1期。

张庭伟：《1990年代中国城市空间结构的变化及其动力机制》，《城市规划》2001年第7期。

张新光：《农业资本主义演进的普鲁士范式和德国的农业现代化》，《燕山大学学报》2009年第6期。

张正峰：《土地整理潜力分析》，《自然资源学报》2002年第6期。

赵俪生：《有关井田制的一些辨析》，《历史研究》1980年第4期。

赵燕菁：《城市的制度原型》，《城市规划》2009年第10期。

郑高强：《中国特色农业现代化道路模式的选择》，《农业现代化研究》2008年第7期。

周干峙：《城市及其区域——一个典型的开放的复杂局系统》，《城市规划》2002年第2期。

周国华等：《论新时期农村聚居模式研究》，《地理科学进展》2010年第29卷第2期。

朱红波：《湖北省农村居民点用地问题与对策》，《安徽农业科学》2005年第7期。

# 中译著作

[法] 白吕纳：《人地学原理》，任美锷、李旭旦译，钟山书局1935年版。

[德] 格罗塞：《艺术的起源》，蔡暮晖译，商务印书馆1998年版。

景军：《神堂记忆——一个中国乡村的历史、权利与道德》，吴飞译，福建教育出版社2013年版。

[美] 拉尼斯、费景汉：《劳动力剩余经济的发展》，华夏出版社1989年版。

[美] 迈克尔·波特：《国家竞争优势》，李明轩、邱如美译，华夏出

版社2002年版。

［美］米歇尔·沃尔德罗普：《复杂：诞生于秩序和混沌边缘的科学》，陈玲译，生活·读书·新知三联书店1997年版。

［美］塞缪尔·亨廷顿、劳伦斯·哈里森：《文化的重要作用——价值观如何影响人类进步》，程克雄译，新华出版社2002年版。

［美］舒尔茨：《改造传统农业》，梁小民译，商务印书馆2010年版。

［德］乌尔里希·贝克等：《个体化》，李荣山等译，北京大学出版社2011年版。

闫云翔：《礼物的流动》，李放春、刘瑜译，上海人民出版社2000年版。

［日］原广司：《世界聚落的教示100》，于天祎、刘淑梅译，中国建筑工业出版社2003年版。

［比利时］伊·普里戈金、伊·斯唐热：《从混沌到有序——人与自然的新对话》，曾庆宏、沈小峰译，上海译文出版社1987年版。

## 古籍

（汉）班固：《前汉书》卷4《"景印文渊阁四库全书"第249册》，上海古籍出版社，台北商务印书馆文渊阁影印本1987年版。

《北史》卷36《薛辩传》

（唐）杜佑：《通典》卷3《关东风俗传》

《汉书卷》卷90《酷吏传·郅都传》

《后汉书·百官志五》

《旧唐书》卷120《郭子仪传》

《论语·为政》

《论语·子罕》

《史记》卷68《商君列传第八》

《宋书》卷88《薛安都传》

《太祖实录》卷12、卷193

《盐铁论》：力耕第二、通有第三、禁耕第五

（北宋）张载：《经学理窟·宗法》

# 学位论文

陈朝云：《商代聚落体系及其社会功能研究》，博士学位论文，郑州大学，2004年。

房艳刚：《城市地理空间系统的复杂性研究》，博士学位论文，东北师范大学，2006年。

冯小：《去小农化：国家主导发展下的农业转型》，博士学位论文，中国农业大学，2015年。

何峰：《湘南汉族传统村落空间形态演变机制与适应性研究》，博士学位论文，湖南大学，2012年。

胡怡婷：《土地流转制度下农村社区建设策略研究》，硕士学位论文，华中科技大学，2011年。

霍阳阳：《社旗县县域居民点体系空间布局研究》，硕士学位论文，北京建筑大学，2014年。

雷振东：《整合与重构——关中乡村聚落转型研究》，博士学位论文，西安建筑科技大学，2005年。

李富强：《新中国农田水利建设研究1949—1959》，硕士学位论文，湘潭大学，2012年。

李逸波：《现代化进程中的农民职业分化研究》，博士学位论文，河北农业大学，2013年。

林小如：《反脆性大城市地域结构的目标准则和理论模式》，博士学位论文，华中科技大学，2015年。

刘海利：《试论日本农业现代化进程及其影响》，硕士学位论文，河北师范大学，2013年。

吕文广：《甘肃农业现代化进程测度及特色农业发展路径选择研究》，博士学位论文，兰州大学，2010年。

宁新田：《我国农业现代化路径研究》，博士学位论文，中共中央党校，2010年。

强百发:《韩国农业现代化进程研究》,博士学位论文,西北农林科技大学,2010年。

史蒙:《老挝农业发展战略研究》,博士学位论文,西北农林科技大学,2014年。

万宁:《哈尔滨市新农村建设中居民点用地需求与整理研究》,硕士学位论文,东北林业大学,2009年。

韦松林:《珠江三角洲传统村落形态可控性研究》,博士学位论文,华南理工大学,2014年。

谢晓鸣:《论江汉平原地区中心村的建设与选择》,硕士学位论文,华中科技大学,2007年。

肖璇:《湖北省小城镇建设用地集约利用评价与对策研究》,硕士学位论文,华中科技大学,2015年。

熊会兵:《我国农村劳动力非农就业问题研究》,博士学位论文,华中农业大学,2005年。

许增谋:《广东增城霞迳美丽乡村建设实践研究》,硕士学位论文,广东仲恺农业工程学院,2015年。

张良:《西安明城区内传统建筑设计方法探索与实践》,硕士学位论文,西安建筑科技大学,2010年。

张绍风:《基于生活圈的农村居民点整理研究》,硕士学位论文,清华大学,2013年。

张勇强:《城市空间发展自组织研究——深圳为例》,博士学位论文,东南大学,2003年。

张正芬:《上海郊区农村居民点拆并和整理的实践与评价》,硕士学位论文,同济大学,2008年。

章莉莉:《欠发达地区乡村居民点体系重构研究》,硕士学位论文,安徽建筑工业学院,2012年。

周洋博:《农业现代化进程中生产经营组织的演变研究》,硕士学位论文,河南大学,2014年。

## 外文著作

Nicolis G., Prigogine I., *Exploring complexity*, New York: W. H. Freeman and Co., 1989.

Nishimoto K., *The resurrection of traditional Japanese architecture toward the twenty-first century: The architecture of Shigeru Ban*, New York: State University of New York at Buffalo, Visual Studies, 2010.

Ni Pei-chun, *A study on the strategies for the urban plan from the traditional settlement development of Yongan settlement in Mei Nung*, Taiwan: National Cheng Kung University Institutional Repository, 2009.

Sabeo Martinho, *Historic anthropogenic factors shaping the rural landscape of Portugals interior alenteio*, Arizona: Arizona University Press, 2001.

S. Dasgupta., *Rural Canada: Rural Sociological Perspectives*, Lewiston, Queenston, Lampeter: Edwin Mellen Press. 2001.

Todaro M. P., *Economic Development*, London: Longman, 1997.

## 外文期刊

Amarasinghe U., Samad M., Anputhas M., "Spatial cluster-ing of rural poverty and food insecurity in Sri Lanka", *Food Policy*, 2005, 30 (5-6).

Banks D. I., Griffin N. J., Shackleton C M, et al., "Wood sup-ply and demand around two rural settlements in a semi-arid Savanna, South Africa", *Biomassa and Bioenergy*, 1996, 11 (4).

Bański J., Wesołowska M., "Transformations in housingconstruction in rural areas of Poland's Lublin region-In-fluence on the spatial settlement structure and landscapeaesthetics", *Landscape and Urban Planning*, 2010, 94 (2).

Gallagher R., Appenzeller T., "Beyond reductionism", *Science*, 1999, 284 (5411).

Goldenfeld N., Kadanoff L. P., "Simple lessons from complexity", *Science*, 1999, 284 (2).

Lisa Dwi, Walandari, "Typology and morphology of spatial settlement in the traditional village of Penglipuran, Bali", *International Journal of Academic Research*, 201, 2 (1).

Mc Kenzie P., Cooper A., Mc Cann T. et al., "The ecologicalimpact of rural building on habitats in an agricultural landscape", *Landscape and Urban Planning*, 2011, 101 (3).

Naveh Z., "Interaction of landscape cultures", *Landscape and Urban Planning*, 1995, 32 (7).

Saleh M. A., "The decline vs the rise of architectural and urban forma in the vernacular villages of south west Saudi Arabia", *Building and Environment*, 2001 (36).

Sevenant M., Antrop M., "Settlement models, land use and visibility in rural landscapes: Two case studies in Greece", *Landscape and Urban Planning*, 2007, 80 (4).

Speeding R., "Agricultural system and the role of modeling", *Agricultural Ecosystems*, 1984, 12 (2).

Sylvain Paquette, Gerald Domon, "Changing ruralitues, changing landscapes: exploring social recomposition using a multi – scale approach", *Journal of Rural Studies*, 2003, 19 (9).

Zomeni M., Tzanopoulos J., Pantis J. D., "Historical analysis of landscape change using remote sensing techniques: An explanatory tool for agricultural transformation in Greek rural areas", *Landscape and Urban Planning*, 2008, 86 (1).

# 网络文献

《上海将实现规划建设用地总规模"零增长"》，http://news.officese.com/2014-4-28/82842.html.，2014年4月28日。

《法国城市化助力农业现代化》,《参考消息网》,http://world.cankaoxiaoxi.com/2013/0424/198711.shtml,2013年4月24日。

《什么叫农业现代化? 看日本农民如何种菜》,http://mt.sohu.com/20160320/n441226579.shtml,2016年3月20日。

《日本造町运动对我国美丽乡村建设的启示》,http://blog.sina.com.cn/s/blog_9f864b200102x9tf.html,2015年9月27日。

《世界共识:传统村落再打造与现代社会相融合》,《中国网》,http://news.china.com.cn/2015-11/12/content_37044641.htm,2015年11月12日。

《一路追寻 勾勒湖州美丽乡村的发展轨迹,http://www.sohu.com/a/123104414_434584,2016年12月31日。

# 附录 1 附表

附表 1-1　江苏、湖北、重庆三省市 30 个区县农业现代化水平及乡村人口就业情况等基础数据一览表（2000 年）

|   |   |   | 农业机械化 | 农业电气化 | 农业水利化 | 农业规模化 | 农业市场化 | 农业劳动生产率 | 土地综合生产率 | 乡村从业人员总数 | 农民非农产业就业数量 | 农民农业产业就业数量 | 农民非农就业结构 |
|---|---|---|---|---|---|---|---|---|---|---|---|---|---|
|   |   |   | 万千瓦/人 | 万千瓦时/人 | % | 亩/人 |   | 万元/人 | kg/亩 | 万人 | 万人 | 万人 |   |
| 1 | 江苏省 | 南京市 江宁区 | 2.80 | 0.23 | 31.71 | 7.25 |   | 0.36 | 476.10 | 33.94 | 18.02 | 15.92 | 1.13 |
| 2 |   | 溧水区 | 2.36 | 0.16 | 27.57 | 8.62 |   | 0.42 | 477.45 | 16.64 | 7.69 | 8.95 | 0.86 |
| 3 |   | 无锡市 宜兴市 | 2.85 | 0.58 | 47.45 | 4.46 |   | 0.37 | 450.93 | 44.97 | 22.74 | 22.23 | 1.02 |
| 4 |   | 江阴市 | 3.87 | 1.82 | 48.25 | 5.72 |   | 0.29 | 428.70 | 51.42 | 37.87 | 13.55 | 2.79 |

续表

| | | | 农业机械化 | 农业电气化 | 农业水利化 | 农业规模化 | 农业市场化 | 农业劳动生产率 | 土地综合生产率 | 乡村从业人员总数 | 农民非农产业就业数量 | 农民农业产业就业数量 | 农民非农就业结构 |
|---|---|---|---|---|---|---|---|---|---|---|---|---|---|
| | | | 万千瓦/人 | 万千瓦时/人 | % | 亩/人 | | 万元/人 | kg/亩 | 万人 | 万人 | 万人 | |
| 5 | 扬州市 | 邗江区 | 5.70 | 0.50 | 40.33 | 8.17 | | 0.35 | 405.54 | 23.72 | 16.99 | 6.73 | 2.52 |
| 6 | | 高邮市 | 1.60 | 0.11 | 39.60 | 6.10 | | 0.51 | 430.39 | 34.17 | 14.88 | 19.29 | 0.77 |
| 7 | 盐城市 | 亭湖区 | 1.94 | 0.15 | 58.36 | 5.08 | | 0.43 | 439.27 | 11.45 | 6.19 | 5.26 | 1.18 |
| 8 | | 建湖县 | 2.03 | 0.10 | 46.35 | 6.09 | | 0.45 | 431.64 | 29.36 | 13.44 | 15.92 | 0.84 |
| 9 | 徐州市 | 丰县 | 1.48 | 0.02 | 48.33 | 2.97 | | 0.11 | 366.36 | 47.21 | 8.47 | 38.74 | 0.22 |
| 10 | | 铜山区 | 2.28 | 0.17 | 40.35 | 5.60 | | 0.28 | 384.81 | 48.98 | 17.93 | 31.05 | 0.58 |
| 11 | | 睢宁县 | 1.00 | 0.02 | 31.90 | 3.31 | | 0.12 | 306.82 | 60.77 | 15.12 | 45.65 | 0.33 |
| 12 | 武汉市 | 江夏区 | 2.71 | 0.11 | 32.91 | 6.51 | | 1.12 | 330.41 | 14.89 | 4.13 | 10.76 | 0.38 |
| 13 | | 黄陂区 | 1.04 | 0.11 | 33.95 | 3.32 | | 0.48 | 378.59 | 40.58 | 15.05 | 25.53 | 0.59 |
| 14 | 襄阳市 | 襄城区 | 1.28 | 0.08 | 0.00 | 3.01 | | 0.55 | 404.52 | 4.44 | 1.7 | 2.74 | 0.62 |
| 15 | | 襄州区 | 1.44 | 0.05 | 11.25 | 5.10 | | 0.62 | 534.76 | 44.85 | 11.61 | 33.24 | 0.35 |
| 16 | | 枣阳市 | 1.32 | 0.04 | 28.40 | 5.92 | | 0.73 | 454.34 | 33.03 | 7.65 | 25.38 | 0.30 |

行5-11 江苏省；行12-16 湖北省

续表

| | | | 农业机械化 | 农业电气化 | 农业水利化 | 农业规模化 | 农业市场化 | 农业劳动生产率 | 土地综合生产率 | 乡村从业人员总数 | 农民非农产业就业数量 | 农民农业产业就业数量 | 农民非农就业结构 |
|---|---|---|---|---|---|---|---|---|---|---|---|---|---|
| | | | 万千瓦/人 | 万千瓦时/人 | % | 亩/人 | | 万元/人 | kg/亩 | 万人 | 万人 | 万人 | |
| 17 | 宜昌市 | 夷陵区 | 2.64 | 0.08 | 29.30 | 3.54 | | 0.28 | 286.18 | 5.56 | 2.41 | 3.15 | 0.77 |
| 18 | | 枝江市 | 2.15 | 0.04 | 24.47 | 5.79 | | 0.51 | 405.17 | 17.2 | 4.84 | 12.36 | 0.39 |
| 19 | 黄冈市 | 黄梅县 | 1.01 | 0.10 | 26.00 | 4.29 | | 0.35 | 345.33 | 30.92 | 14.12 | 16.8 | 0.84 |
| 20 | | 麻城市 | 0.65 | 0.03 | 22.55 | 3.48 | | 0.38 | 384.35 | 37.05 | 13.13 | 23.92 | 0.55 |
| 21 | 荆门市 | 沙洋县 | 1.22 | 0.06 | 48.48 | 5.48 | | 0.65 | 566.96 | 22.68 | 4.76 | 17.92 | 0.27 |
| 22 | | 钟祥市 | 3.23 | 0.05 | 31.18 | 6.34 | | 0.77 | 553.19 | 26.43 | 7.07 | 19.36 | 0.37 |
| 23 | 荆州市 | 监利县 | 1.67 | 0.05 | 41.11 | 5.34 | | 0.29 | 454.26 | 47.17 | 15.86 | 31.31 | 0.51 |
| 24 | | 洪湖市 | 1.82 | 0.04 | 46.54 | 4.19 | | 0.30 | 492.06 | 28.84 | 6.78 | 22.06 | 0.31 |
| 25 | 重庆市 | 万州区 | 0.44 | 0.01 | 33.62 | 1.11 | | 0.17 | 243.60 | 72.63 | 8.78 | 63.85 | 0.14 |
| 26 | | 江津区 | 0.26 | 0.02 | 22.78 | 1.33 | | 0.27 | 346.30 | 69.76 | 7.84 | 61.92 | 0.13 |
| 27 | | 合川区 | 0.66 | 0.01 | 29.29 | 2.24 | | 0.21 | 316.26 | 76.04 | 19.82 | 56.22 | 0.35 |
| 28 | | 綦江区 | 0.36 | 0.03 | 25.49 | 1.62 | | 0.21 | 251.52 | 48.73 | 9.56 | 39.17 | 0.24 |
| 29 | | 大足区 | 0.80 | 0.04 | 19.53 | 2.31 | | 0.37 | 360.60 | 25.44 | 5.82 | 19.61 | 0.30 |
| 30 | | 武隆县 | 1.15 | 0.05 | 22.71 | 2.89 | | 0.18 | 191.87 | 23.52 | 12.55 | 10.97 | 1.14 |

资料来源：笔者根据各省市年度农村统计年鉴统计，部分数据经过简单计算后整理形成。

附表1-2 江苏、湖北、重庆三省市30个区县农业现代化水平及乡村人口就业情况等基础数据一览表（2003年）

| | | | 农业机械化 | 农业电气化 | 农业水利化 | 农业规模化 | 农业市场化 | 农业劳动生产率 | 土地综合生产率 | 乡村从业人员总数 | 农民非农产业就业数量 | 农民农业就业数量 | 农民非农就业结构 |
|---|---|---|---|---|---|---|---|---|---|---|---|---|---|
| | | | 万千瓦/人 | 万千瓦时/人 | % | 亩/人 | | 万元/人 | kg/亩 | 万人 | 万人 | 万人 | |
| 1 | 江苏省 | 南京市 江宁区 | 3.30 | 0.40 | 40.57 | 7.00 | | 0.50 | 495.01 | 32.15 | 19.24 | 12.91 | 1.49 |
| 2 | | 溧水区 | 3.46 | 0.33 | 32.43 | 9.99 | | 0.53 | 490.12 | 16.31 | 9.74 | 6.57 | 1.48 |
| 3 | | 无锡市 宜兴市 | 3.54 | 0.96 | 48.83 | 5.20 | | 0.31 | 431.87 | 42.58 | 24.07 | 18.51 | 1.30 |
| 4 | | 江阴市 | 4.20 | 5.24 | 51.30 | 7.21 | | 0.17 | 414.40 | 51.6 | 41.54 | 10.06 | 4.13 |
| 5 | | 扬州市 邗江区 | 6.58 | 0.80 | 44.04 | 9.91 | | 0.32 | 393.51 | 21.21 | 16.32 | 4.89 | 3.34 |
| 6 | | 高邮市 | 2.87 | 0.29 | 39.93 | 9.83 | | 0.40 | 377.93 | 31.74 | 19.91 | 11.83 | 1.68 |
| 7 | | 盐城市 亭湖区 | 2.58 | 0.22 | 39.26 | 6.08 | | 0.34 | 409.42 | 11.37 | 7.05 | 4.32 | 1.63 |
| 8 | | 建湖县 | 2.37 | 0.16 | 45.73 | 6.63 | | 0.38 | 429.92 | 28.52 | 13.93 | 14.59 | 0.95 |
| 9 | | 丰县 | 1.53 | 0.02 | 48.71 | 2.94 | | 0.53 | 284.75 | 50.87 | 11.98 | 38.89 | 0.31 |
| 10 | | 徐州市 铜山区 | 2.67 | 0.21 | 43.11 | 6.14 | | 0.51 | 285.55 | 46.87 | 19.21 | 27.66 | 0.69 |
| 11 | | 睢宁县 | 1.70 | 0.08 | 32.73 | 4.77 | | 0.35 | 287.95 | 60.18 | 28.68 | 31.5 | 0.91 |

续表

| | | | 农业机械化 | 农业电气化 | 农业水利化 | 农业规模化 | 农业市场化 | 农业劳动生产率 | 土地综合生产率 | 乡村从业人员总数 | 农民非农产业就业数量 | 农民农业产业就业数量 | 农民非农就业结构 |
|---|---|---|---|---|---|---|---|---|---|---|---|---|---|
| | | | 万千瓦/人 | 万千瓦时/人 | % | 亩/人 | | 万元/人 | kg/亩 | 万人 | 万人 | 万人 | |
| 12 | 武汉市 | 江夏区 | 2.78 | 0.13 | 40.06 | 6.28 | | 1.23 | 338.66 | 16.26 | 5.46 | 10.8 | 0.51 |
| 13 | | 黄陂区 | 1.40 | 0.15 | 31.51 | 3.63 | | 0.58 | 336.60 | 40.33 | 18.67 | 21.66 | 0.86 |
| 14 | 襄阳市 | 襄城区 | 0.81 | 0.06 | 26.51 | 3.76 | | 0.51 | 404.17 | 19.14 | 7.14 | 12 | 0.60 |
| 15 | | 襄州区 | 1.72 | 0.03 | 18.88 | 4.98 | | 0.72 | 446.71 | 32.92 | 7.11 | 25.81 | 0.28 |
| 16 | | 枣阳市 | 1.55 | 0.03 | 12.06 | 6.02 | | 0.78 | 376.22 | 34.04 | 9.96 | 24.08 | 0.41 |
| 17 | 宜昌市 | 夷陵区 | 1.21 | 0.04 | 11.95 | 5.21 | | 0.53 | 300.74 | 19.61 | 7.54 | 12.07 | 0.62 |
| 18 | | 枝江市 | 2.55 | 0.03 | 15.39 | 4.62 | | 0.59 | 364.85 | 18.4 | 4.96 | 13.44 | 0.37 |
| 19 | 黄冈市 | 黄梅县 | 1.19 | 0.10 | 38.82 | 4.81 | | 0.46 | 350.97 | 31.35 | 13.39 | 17.96 | 0.75 |
| 20 | | 麻城市 | 0.69 | 0.04 | 36.93 | 3.65 | | 0.41 | 382.38 | 38.56 | 16.16 | 22.4 | 0.72 |
| 21 | 荆门市 | 沙洋县 | 4.52 | 0.06 | 38.27 | 5.69 | | 0.71 | 479.50 | 22.62 | 6.26 | 16.36 | 0.38 |
| 22 | | 钟祥市 | 1.05 | 0.06 | 29.60 | 6.32 | | 0.91 | 518.44 | 26.62 | 7.39 | 19.23 | 0.38 |
| 23 | 荆州市 | 监利县 | 1.88 | 0.06 | 22.86 | 9.23 | | 0.47 | 384.81 | 47 | 19.11 | 27.89 | 0.69 |
| 24 | | 洪湖市 | 1.76 | 0.04 | 28.23 | 6.80 | | 0.57 | 445.97 | 30.12 | 7.26 | 22.86 | 0.32 |

湖北省

续表

| | | 农业机械化 | 农业电气化 | 农业水利化 | 农业规模化 | 农业市场化 | 农业劳动生产率 | 土地综合生产率 | 乡村从业人员总数 | 农民非农产业就业数量 | 农民农业产业就业数量 | 农民非农就业结构 |
|---|---|---|---|---|---|---|---|---|---|---|---|---|
| | | 万千瓦/人 | 万千瓦时/人 | % | 亩/人 | | 万元/人 | kg/亩 | 万人 | 万人 | 万人 | |
| 25 | 万州区 | 0.66 | 0.01 | 24.26 | 2.03 | | 0.22 | 269.39 | 75.39 | 25.16 | 50.23 | 0.50 |
| 26 | 江津区 | 0.46 | 0.04 | 16.50 | 2.84 | | 0.37 | 382.96 | 62.20 | 20.76 | 41.44 | 0.50 |
| 27 | 合川区 | 0.56 | 0.02 | 21.22 | 3.86 | | 0.27 | 349.73 | 70.07 | 23.39 | 46.69 | 0.50 |
| 28 | 綦江区 | 0.54 | 0.06 | 11.73 | 4.69 | | 0.28 | 278.15 | 45.75 | 15.27 | 30.48 | 0.50 |
| 29 | 大足区 | 0.88 | 0.03 | 14.15 | 2.09 | | 0.24 | 398.77 | 46.63 | 15.56 | 31.07 | 0.50 |
| 30 | 武隆县 | 1.08 | 0.05 | 24.07 | 3.44 | | 0.27 | 212.18 | 19.81 | 6.61 | 13.20 | 0.50 |

（第25—30行属重庆市）

资料来源：笔者根据各省市年度农村统计年鉴统计，部分数据经过简单计算后整理形成。

附表1-3 江苏、湖北、重庆三省市30个区县农业现代化水平及乡村人口就业情况等基础数据一览表（2006年）

| | | | 农业机械化 | 农业电气化 | 农业水利化 | 农业规模化 | 农业市场化 | 农业劳动生产率 | 土地综合生产率 | 乡村从业人员总数 | 农民非农产业就业数量 | 农民农业产业就业数量 | 农民非农就业结构 |
|---|---|---|---|---|---|---|---|---|---|---|---|---|---|
| | | | 万千瓦/人 | 万千瓦时/人 | % | 亩/人 | | 万元/人 | kg/亩 | 万人 | 万人 | 万人 | |
| 1 | 南京市 | 江宁区 | 5.24 | 0.72 | 41.24 | 9.77 | | 0.58 | 467.64 | 31.3 | 22.2 | 9.1 | 2.44 |
| 2 | | 溧水区 | 5.73 | 0.88 | 32.68 | 12.92 | | 0.69 | 478.07 | 17.03 | 11.99 | 5.04 | 2.38 |
| 3 | 无锡市 | 宜兴市 | 4.04 | 3.12 | 48.29 | 6.57 | | 0.40 | 438.15 | 43.71 | 28.9 | 14.81 | 1.95 |
| 4 | | 江阴市 | 4.02 | 13.64 | 51.83 | 7.68 | | 0.33 | 425.23 | 51.74 | 43.74 | 8 | 5.47 |
| 5 | 扬州市 | 邗江区 | 7.43 | 1.86 | 45.70 | 12.07 | | 0.45 | 461.30 | 23.1 | 19.15 | 3.95 | 4.85 |
| 6 | | 高邮市 | 3.75 | 0.54 | 42.46 | 10.97 | | 0.81 | 464.18 | 32.36 | 21.88 | 10.48 | 2.09 |
| 7 | 盐城市 | 亭湖区 | 2.13 | 0.33 | 39.97 | 7.05 | | 0.69 | 438.00 | 20.61 | 12.62 | 7.99 | 1.58 |
| 8 | | 建湖县 | 3.17 | 0.46 | 45.37 | 8.58 | | 0.79 | 483.86 | 28.96 | 17.64 | 11.32 | 1.56 |
| 9 | 江苏省 | 丰县 | 1.64 | 0.04 | 44.91 | 3.01 | | 0.39 | 348.76 | 53.48 | 15.93 | 37.55 | 0.42 |
| 10 | 徐州市 | 铜山区 | 2.83 | 0.26 | 45.28 | 6.59 | | 0.54 | 402.37 | 46.73 | 21.79 | 24.94 | 0.87 |
| 11 | | 睢宁县 | 2.25 | 0.15 | 35.14 | 5.19 | | 0.35 | 370.27 | 62.76 | 33.92 | 28.84 | 1.18 |

续表

| | | | 农业机械化 | 农业电气化 | 农业水利化 | 农业规模化 | 农业市场化 | 农业劳动生产率 | 土地综合生产率 | 乡村从业人员总数 | 农民非农产业就业数量 | 农民农业产业就业数量 | 农民非农就业结构 |
|---|---|---|---|---|---|---|---|---|---|---|---|---|---|
| | | | 万千瓦/人 | 万千瓦时/人 | % | 亩/人 | | 万元/人 | kg/亩 | 万人 | 万人 | 万人 | |
| 12 | 武汉市 | 江夏区 | 3.41 | 0.14 | 34.35 | 7.06 | | 1.39 | 363.59 | 17.44 | 8.33 | 9.11 | 0.91 |
| 13 | | 黄陂区 | 1.69 | 0.24 | 31.70 | 3.88 | | 0.66 | 387.41 | 43.45 | 22.68 | 20.77 | 1.09 |
| 14 | 襄阳市 | 襄城区 | 3.46 | 0.07 | 24.67 | 4.12 | | 0.45 | 265.77 | 22.1 | 10.73 | 11.37 | 0.94 |
| 15 | | 襄州区 | 2.62 | 0.03 | 33.66 | 4.34 | | 0.71 | 349.35 | 39.48 | 8.69 | 30.79 | 0.28 |
| 16 | | 枣阳市 | 2.34 | 0.03 | 21.60 | 5.62 | | 0.87 | 401.15 | 35.05 | 8.5 | 26.55 | 0.32 |
| 17 | 宜昌市 | 夷陵区 | 0.60 | 0.06 | 0.00 | 4.78 | | 0.67 | 334.72 | 20.94 | 8.9 | 12.04 | 0.74 |
| 18 | | 枝江市 | 4.32 | 0.04 | 20.99 | 4.78 | | 0.82 | 382.75 | 19.7 | 5.73 | 13.97 | 0.41 |
| 19 | 黄冈市 | 黄梅县 | 1.52 | 0.11 | 35.87 | 5.57 | | 0.59 | 396.95 | 32.84 | 16.06 | 16.78 | 0.96 |
| 20 | | 麻城市 | 0.73 | 0.05 | 44.07 | 2.96 | | 0.40 | 432.00 | 50.2 | 22.82 | 27.38 | 0.83 |
| 21 | 荆门市 | 沙洋县 | 2.04 | 0.08 | 39.85 | 5.57 | | 0.87 | 512.43 | 23.93 | 7.21 | 16.72 | 0.43 |
| 22 | | 钟祥市 | 4.95 | 0.07 | 29.67 | 6.36 | | 1.05 | 550.04 | 27.97 | 8.9 | 19.07 | 0.47 |
| 23 | 荆州市 | 监利县 | 2.57 | 0.05 | 27.62 | 9.51 | | 0.58 | 420.52 | 47.73 | 20.68 | 27.05 | 0.76 |
| 24 | | 洪湖市 | 2.29 | 0.04 | 26.58 | 6.98 | | 0.70 | 502.40 | 31.73 | 7.89 | 23.84 | 0.33 |

(湖北省)

续表

| | | 农业机械化 | 农业电气化 | 农业水利化 | 农业规模化 | 农业市场化 | 农业劳动生产率 | 土地综合生产率 | 乡村从业人员总数 | 农民非农产业就业数量 | 农民农业产业就业数量 | 农民非农就业结构 |
|---|---|---|---|---|---|---|---|---|---|---|---|---|
| | | 万千瓦/人 | 万千瓦时/人 | % | 亩/人 | | 万元/人 | kg/亩 | 万人 | 万人 | 万人 | |
| 25 | 万州区 | 0.99 | 0.02 | 25.50 | 2.35 | | 0.22 | 223.98 | 84.96 | 45.44 | 39.52 | 1.15 |
| 26 | 江津区 | 0.81 | 0.07 | 11.97 | 5.59 | | 0.37 | 318.42 | 76.64 | 48.91 | 27.73 | 1.76 |
| 27 | 合川区 | 0.80 | 0.03 | 22.31 | 4.23 | | 0.24 | 290.80 | 97.93 | 59.16 | 38.77 | 1.53 |
| 28 | 綦江区 | 0.82 | 0.09 | 12.33 | 5.48 | | 0.28 | 231.26 | 55.99 | 32.27 | 23.72 | 1.36 |
| 29 | 大足区 | 1.20 | 0.05 | 14.88 | 2.20 | | 0.27 | 337.33 | 52.8 | 25.89 | 26.91 | 0.96 |
| 30 | 武隆县 | 0.66 | 0.03 | 25.30 | 1.61 | | 0.41 | 176.42 | 25.58 | 9.7 | 15.88 | 0.61 |

(重庆市)

资料来源：笔者根据各省市年度农村统计年鉴统计，部分数据经过简单计算后整理形成。

附表1-4 江苏、湖北、重庆三省市30个区县农业现代化水平及乡村人口就业情况等基础数据一览表（2009年）

| | | | 农业机械化 | 农业电气化 | 农业水利化 | 农业规模化 | 农业市场化 | 农业劳动生产率 | 土地综合生产率 | 乡村从业人员总数 | 农民非农产业就业数量 | 农民农业产业就业数量 | 农民非农就业结构 |
|---|---|---|---|---|---|---|---|---|---|---|---|---|---|
| | | | 万千瓦/人 | 万千瓦时/人 | % | 亩/人 | | 万元/人 | kg/亩 | 万人 | 万人 | 万人 | |
| 1 | 江苏省 | 南京市 江宁区 | 6.50 | 1.18 | 41.90 | 12.29 | | 0.73 | 490.08 | 30.7 | 23.59 | 7.11 | 3.32 |
| 2 | | 溧水区 | 6.22 | 1.16 | 33.30 | 14.63 | | 0.84 | 452.24 | 17.48 | 13.02 | 4.46 | 2.92 |
| 3 | | 无锡市 宜兴市 | 4.63 | 5.45 | 49.01 | 8.49 | | 0.78 | 448.06 | 41.24 | 29.61 | 11.63 | 2.55 |
| 4 | | 江阴市 | 3.75 | 20.15 | 55.00 | 7.15 | | 0.74 | 455.08 | 43.64 | 36.86 | 6.78 | 5.44 |
| 5 | | 扬州市 邗江区 | 8.96 | 3.23 | 58.08 | 12.99 | | 0.63 | 412.76 | 23.14 | 20.06 | 3.08 | 6.51 |
| 6 | | 高邮市 | 6.07 | 0.93 | 38.78 | 12.40 | | 1.25 | 471.82 | 32.43 | 23.18 | 9.25 | 2.51 |
| 7 | | 盐城市 亭湖区 | 2.98 | 0.65 | 47.11 | 6.98 | | 0.97 | 427.06 | 23.35 | 14.76 | 8.59 | 1.72 |
| 8 | | 建湖县 | 3.71 | 0.65 | 45.81 | 9.31 | | 1.07 | 478.42 | 29.47 | 19.03 | 10.44 | 1.82 |
| 9 | | 丰县 | 2.12 | 0.06 | 44.71 | 3.48 | | 0.57 | 399.18 | 52 | 19.38 | 32.62 | 0.59 |
| 10 | | 徐州市 铜山区 | 3.83 | 0.32 | 46.91 | 6.51 | | 0.65 | 409.27 | 52.62 | 28.13 | 24.49 | 1.15 |
| 11 | | 睢宁县 | 3.10 | 0.26 | 38.15 | 5.39 | | 0.58 | 397.85 | 63.66 | 35.84 | 27.82 | 1.29 |

续表

| | | | 农业机械化 | 农业电气化 | 农业水利化 | 农业规模化 | 农业市场化 | 农业劳动生产率 | 土地综合生产率 | 乡村从业人员总数 | 农民非农产业就业数量 | 农民农业就业数量 | 农民非农就业结构 |
|---|---|---|---|---|---|---|---|---|---|---|---|---|---|
| | | | 万千瓦/人 | 万千瓦时/人 | % | 亩/人 | | 万元/人 | kg/亩 | 万人 | 万人 | 万人 | |
| 12 | 武汉市 | 江夏区 | 4.77 | 0.14 | 35.48 | 8.46 | | 1.77 | 330.19 | 18.77 | 11.64 | 7.13 | 1.63 |
| 13 | | 黄陂区 | 2.33 | 0.32 | 31.81 | 4.50 | | 0.93 | 390.55 | 44.87 | 26.86 | 18.01 | 1.49 |
| 14 | 襄阳市 | 襄城区 | 3.83 | 0.11 | 20.97 | 4.92 | | 0.71 | 464.86 | 25.42 | 14.22 | 11.2 | 1.27 |
| 15 | | 襄州区 | 4.09 | 0.04 | 30.05 | 6.29 | | 1.05 | 504.19 | 36.65 | 13.39 | 23.26 | 0.58 |
| 16 | | 枣阳市 | 8.28 | 0.13 | 21.89 | 12.17 | | 1.38 | 495.28 | 38.12 | 24.6 | 13.52 | 1.82 |
| 17 | 宜昌市 | 夷陵区 | 0.00 | 0.09 | 15.72 | 4.46 | | 0.98 | 357.07 | 22.94 | 10.69 | 12.25 | 0.87 |
| 18 | | 枝江市 | 5.30 | 0.06 | 2.53 | 5.23 | | 1.37 | 384.66 | 21.09 | 8.14 | 12.95 | 0.63 |
| 19 | 黄冈市 | 黄梅县 | 2.28 | 0.10 | 37.33 | 5.31 | | 0.76 | 397.24 | 37.08 | 20.7 | 16.38 | 1.26 |
| 20 | | 麻城市 | 1.07 | 0.09 | 37.23 | 3.53 | | 0.68 | 425.19 | 53.81 | 30.84 | 22.97 | 1.34 |
| 21 | 荆门市 | 沙洋县 | 3.71 | 0.14 | 34.26 | 7.82 | | 1.41 | 513.63 | 26.32 | 11.34 | 14.98 | 0.76 |
| 22 | | 钟祥市 | 7.21 | 0.09 | 23.14 | 6.71 | | 1.20 | 577.34 | 35.54 | 17.18 | 18.36 | 0.94 |
| 23 | 荆州市 | 监利县 | 4.39 | 0.09 | 27.62 | 10.51 | | 0.94 | 501.51 | 54.79 | 30.31 | 24.48 | 1.24 |
| 24 | | 洪湖市 | 3.74 | 0.08 | 26.55 | 7.45 | | 0.97 | 492.28 | 35.89 | 13.53 | 22.36 | 0.61 |

(湖北省)

425

续表

| | | 农业机械化 | 农业电气化 | 农业水利化 | 农业规模化 | 农业市场化 | 农业劳动生产率 | 土地综合生产率 | 乡村从业人员总数 | 农民非农产业就业数量 | 农民农业产业就业数量 | 农民非农就业结构 |
|---|---|---|---|---|---|---|---|---|---|---|---|---|
| | | 万千瓦/人 | 万千瓦时/人 | % | 亩/人 | | 万元/人 | kg/亩 | 万人 | 万人 | 万人 | |
| 25 | 万州区 | 1.27 | 0.03 | 25.60 | 2.74 | | 0.39 | 509.99 | 77.63 | 41.08 | 36.55 | 1.12 |
| 26 | 江津区 | 0.88 | 0.09 | 17.41 | 3.82 | | 0.64 | 563.78 | 64.05 | 33.89 | 30.15 | 1.12 |
| 27 | 合川区 | 1.08 | 0.04 | 22.39 | 5.20 | | 0.46 | 398.75 | 72.15 | 38.18 | 33.97 | 1.12 |
| 28 | 綦江区 | 1.04 | 0.13 | 12.38 | 6.32 | | 0.49 | 211.51 | 47.10 | 24.93 | 22.18 | 1.12 |
| 29 | 大足区 | 1.68 | 0.08 | 14.93 | 2.82 | | 0.42 | 656.78 | 48.02 | 25.41 | 22.61 | 1.12 |
| 30 | 武隆县 | 2.07 | 0.12 | 25.40 | 4.64 | | 0.46 | 377.75 | 20.39 | 10.79 | 9.60 | 1.12 |

(重庆市)

资料来源：笔者根据各省市年度农村统计年鉴统计，部分数据经过简单计算整理形成。

附表1-5 江苏、湖北、重庆三省市30个区县农业现代化水平及乡村人口就业情况等基础数据一览表(2013年)

| | | | 农业机械化 | 农业电气化 | 农业水利化 | 农业规模化 | 农业市场化 | 农业劳动生产率 | 土地综合生产率 | 乡村从业人员总数 | 农民非农产业就业数量 | 农民农业就业数量 | 农民非农就业结构 |
|---|---|---|---|---|---|---|---|---|---|---|---|---|---|
| | | | 万千瓦/人 | 万千瓦时/人 | % | 亩/人 | | 万元/人 | kg/亩 | 万人 | 万人 | 万人 | |
| 1 | 江苏省 | 南京市 江宁区 | 8.09 | 1.76 | 50.40 | 13.54 | 69.05 | 1.59 | 520.53 | 30.3 | 24.14 | 6.16 | 3.92 |
| 2 | | 溧水区 | 7.79 | 1.65 | 45.92 | 16.61 | 80.38 | 1.78 | 481.65 | 18.34 | 14.38 | 3.96 | 3.63 |
| 3 | | 无锡市 宜兴市 | 5.74 | 9.18 | 42.06 | 15.29 | 79.90 | 1.46 | 473.71 | 35.44 | 25.48 | 9.96 | 2.56 |
| 4 | | 江阴市 | 4.79 | 32.51 | 28.79 | 13.60 | 52.53 | 1.32 | 473.51 | 39.17 | 33.5 | 5.67 | 5.91 |
| 5 | | 扬州市 邗江区 | 4.34 | 0.03 | 40.19 | 5.14 | 70.88 | 0.90 | 472.78 | 20.4 | 15.84 | 4.56 | 3.47 |
| 6 | | 高邮市 | 6.24 | 0.06 | 40.88 | 10.47 | 88.49 | 1.75 | 503.15 | 35.85 | 24.92 | 10.93 | 2.28 |
| 7 | | 盐城市 亭湖区 | 1.65 | 0.58 | 29.90 | 9.65 | 77.27 | 1.56 | 446.47 | 18.84 | 12.59 | 6.25 | 2.01 |
| 8 | | 建湖县 | 1.77 | 0.66 | 37.88 | 10.92 | 87.87 | 1.49 | 483.12 | 30.32 | 21.02 | 9.3 | 2.26 |
| 9 | | 徐州市 丰县 | 2.99 | 0.32 | 43.12 | 4.60 | 72.25 | 0.99 | 404.24 | 54.14 | 28.12 | 26.02 | 1.08 |
| 10 | | 铜山区 | 4.27 | 0.48 | 35.08 | 6.93 | 80.28 | 1.07 | 425.54 | 55.42 | 32.26 | 23.16 | 1.39 |
| 11 | | 睢宁县 | 4.43 | 0.45 | 32.62 | 6.46 | 81.35 | 1.00 | 379.12 | 59.28 | 35.26 | 24.02 | 1.47 |

427

续表

| | | | 农业机械化 | 农业电气化 | 农业水利化 | 农业规模化 | 农业市场化 | 农业劳动生产率 | 土地综合生产率 | 乡村从业人员总数 | 农民非农产业就业数量 | 农民农业产业就业数量 | 农民非农就业结构 |
|---|---|---|---|---|---|---|---|---|---|---|---|---|---|
| | | | 万千瓦/人 | 万千瓦时/人 | % | 亩/人 | | 万元/人 | kg/亩 | 万人 | 万人 | 万人 | |
| 12 | 武汉市 | 江夏区 | 4.62 | 0.13 | 31.38 | 7.35 | 33.05 | 3.01 | 423.43 | 19.52 | 12.43 | 7.09 | 1.75 |
| 13 | | 黄陂区 | 3.89 | 0.34 | 40.62 | 5.27 | 49.16 | 2.23 | 428.02 | 45.26 | 30.31 | 14.95 | 2.03 |
| 14 | 襄阳市 | 襄城区 | 8.67 | 0.14 | 31.15 | 6.64 | 69.3 | 1.26 | 412.27 | 13.23 | 9.25 | 3.98 | 2.32 |
| 15 | | 襄州区 | 6.82 | 0.09 | 35.97 | 10.10 | 65.2 | 1.82 | 484.01 | 48.5 | 32.08 | 16.42 | 1.95 |
| 16 | | 枣阳市 | 10.90 | 0.18 | 35.17 | 12.88 | 63.7 | 1.95 | 453.24 | 43.95 | 31.00 | 12.95 | 2.39 |
| 17 | 宜昌市 | 夷陵区 | 3.43 | 0.18 | 18.03 | 5.07 | 73.78 | 2.32 | 344.45 | 23.34 | 13.39 | 9.95 | 1.35 |
| 18 | | 枝江市 | 8.41 | 0.12 | 40.74 | 7.34 | 85.23 | 3.23 | 409.04 | 21.83 | 12.52 | 9.31 | 1.35 |
| 19 | 黄冈市 | 黄梅县 | 2.40 | 0.19 | 32.58 | 4.31 | 77.37 | 1.26 | 444.00 | 38.5 | 19.50 | 19 | 1.03 |
| 20 | | 麻城市 | 1.62 | 0.09 | 31.67 | 3.46 | 73.91 | 0.80 | 434.54 | 57.28 | 34.27 | 23.01 | 1.49 |
| 21 | 荆门市 | 沙洋县 | 8.17 | 0.20 | 48.96 | 8.71 | 90.27 | 1.87 | 540.15 | 27.79 | 16.69 | 11.1 | 1.50 |
| 22 | | 钟祥市 | 11.16 | 0.29 | 33.84 | 8.65 | 86.42 | 1.46 | 574.86 | 38.39 | 24.00 | 14.39 | 1.67 |
| 23 | 荆州市 | 监利县 | 8.61 | 0.15 | 40.37 | 10.06 | 87.69 | 1.39 | 507.00 | 57.89 | 37.35 | 20.54 | 1.82 |
| 24 | | 洪湖市 | 4.74 | 0.11 | 49.81 | 5.34 | 85.45 | 1.42 | 505.19 | 36.78 | 18.74 | 18.04 | 1.04 |

续表

| | | 农业机械化 | 农业电气化 | 农业水利化 | 农业规模化 | 农业市场化 | 农业劳动生产率 | 土地综合生产率 | 乡村从业人员总数 | 农民非农产业就业数量 | 农民农业就业数量 | 农民非农就业结构 |
|---|---|---|---|---|---|---|---|---|---|---|---|---|
| | | 万千瓦/人 | 万千瓦时/人 | % | 亩/人 | | 万元/人 | kg/亩 | 万人 | 万人 | 万人 | |
| 25 | 万州区 | 1.81 | 0.05 | 0.26 | 3.14 | 63.2 | 0.73 | 308.67 | 71.35 | 39.64 | 31.71 | 1.25 |
| 26 | 江津区 | 1.25 | 0.12 | 0.17 | 4.41 | 74.3 | 0.97 | 435.12 | 68.53 | 42.37 | 26.16 | 1.62 |
| 27 | 合川区 | 2.58 | 0.06 | 0.23 | 5.99 | 60.9 | 0.76 | 396.68 | 74.7 | 45.23 | 29.47 | 1.53 |
| 28 | 綦江区 | 1.49 | 0.19 | 0.20 | 4.63 | 59.4 | 0.79 | 353.71 | 47.87 | 28.63 | 19.24 | 1.49 |
| 29 | 大足区 | 1.64 | 0.11 | 0.15 | 3.25 | 64.7 | 1.37 | 449.80 | 24.99 | 5.38 | 19.61 | 0.27 |
| 30 | 武隆县 | 3.10 | 0.17 | 0.10 | 9.54 | 51.2 | 0.70 | 229.41 | 23.11 | 14.78 | 8.33 | 1.77 |

资料来源：笔者根据各省市年度农村统计年鉴统计，部分数据经过简单计算后整理形成。

附表 2　溧水区 2000 年至 2015 年相关经济社会数据

| | 经济因素:农业现代化指标 | | | | | | 社会因素:乡村人口就业 | | | | 制度因素:户籍制度 | | | | | 社会因素:社会服务水平 | | | | 经济因素:农民经济收入 | | | |
|---|---|---|---|---|---|---|---|---|---|---|---|---|---|---|---|---|---|---|---|---|---|---|---|
| | X1 | X2 | X3 | X4 | X5 | X6 | X7 | X8 | X9 | X10 | X11 | X12 | X13 | X14 | X15 | X16 | X17 | X18 | X19 | X20 | X21 | X22 | X23 | X24 |
| | 万千瓦/人 | 万千瓦时/人 | % | 亩/人 | 万元/人 | kg/亩 | 万人 | 万人 | 万人 | % | 万人 | 万人 | % | 万人 | 万人 | % | 元/人 | 元/人 | 元/人 | 元/人 | 亿元 | 亿元 | 元 | 元 |
| | 农业机械化 | 农业电气化 | 农业水利化 | 农业规模化 | 农业劳动生产率 | 土地综合生产率 | 乡村从业人员总数 | 农民非农就业数 | 农民农业就业数 | 农民非农就业结构 | 常住总人口 | 城镇人口 | 常住人口城镇化率 | 户籍总人口 | 乡村人口 | 户籍人口城镇化率 | 居住消费支出 | 医疗保健消费支出 | 交通通信消费支出 | 文娱用品及服务消费支出 | GDP | 一产增加值 | 农民工资性收入 | 家庭经营收入 |
| 年份 | | | | | | | | | | | | | | | | | | | | | | | | |
| 2000 | 2.36 | 0.16 | 27.57 | 8.62 | 0.42 | 477.45 | 16.64 | 7.69 | 8.95 | 0.86 | 39.62 | 17.35 | 43.79 | 41.05 | 33.03 | 19.54 | 556.12 | 193.46 | 243.31 | 352.01 | 38.27 | 6.94 | 2745.85 | 2465.96 |
| 2002 | 3.01 | 0.25 | 30.49 | 9.41 | 0.49 | 486.17 | 15.97 | 8.41 | 7.56 | 1.11 | 40.02 | 18.32 | 45.78 | 40.39 | 32.09 | 20.55 | 511.82 | 210.47 | 349.99 | 425.32 | 49.67 | 7.95 | 3337.4 | 2419.84 |
| 2003 | 3.46 | 0.33 | 32.43 | 9.99 | 0.53 | 490.12 | 16.31 | 9.74 | 6.57 | 1.48 | 40.14 | 18.49 | 46.06 | 40.38 | 31.87 | 21.07 | 585 | 264.78 | 471.79 | 546.91 | 61.26 | 8.41 | 3859.06 | 2439.42 |
| 2005 | 5.04 | 0.69 | 32.47 | 11.85 | 0.63 | 482.76 | 16.54 | 10.65 | 5.89 | 1.81 | 40.35 | 19.55 | 48.45 | 40.37 | 31.09 | 22.99 | 759.2 | 345.88 | 592.48 | 820.78 | 83.03 | 10.79 | 4886.26 | 3323.92 |
| 2006 | 5.73 | 0.88 | 32.68 | 12.92 | 0.69 | 478.07 | 17.03 | 11.99 | 5.04 | 2.38 | 40.58 | 20.2 | 49.78 | 40.59 | 31.05 | 23.50 | 868.37 | 389.11 | 731.54 | 992.12 | 102.5 | 11.67 | 5558.98 | 3317.91 |

续表

| | 经济因素:农业现代化指标 | | | | | | 社会因素:乡村人口就业 | | | | | 制度因素:户籍制度 | | | | | 社会因素:社会服务水平 | | | | 经济因素:农民经济收入 | | | |
|---|---|---|---|---|---|---|---|---|---|---|---|---|---|---|---|---|---|---|---|---|---|---|---|---|
| | X1 | X2 | X3 | X4 | X5 | X6 | X7 | X8 | X9 | X10 | X11 | X12 | X13 | X14 | X15 | X16 | X17 | X18 | X19 | X20 | X21 | X22 | X23 | X24 |
| | 万千瓦/人 | 万千瓦时/人 | % | 亩/人 | 万元/人 | kg/亩 | 万人 | 万人 | 万人 | % | 万人 | 万人 | % | 万人 | 万人 | % | 元/人 | 元/人 | 元/人 | 元/人 | 亿元 | 亿元 | 元 | 元 |
| 年份 | 农业机械化 | 农业电气化 | 农业水利化 | 农业规模化 | 农业劳动生产率 | 土地综合生产率 | 乡村从业人员总数 | 农民非农就业数 | 农民农业就业数 | 农民非农就业结构 | 常住总人口 | 城镇人口 | 常住人口城镇化率 | 户籍总人口 | 乡村人口 | 户籍人口城镇化率 | 居住消费支出 | 医疗保健消费支出 | 交通通信消费支出 | 文娱用品及服务消费支出 | GDP | 一产增加值 | 农民工资性收入 | 家庭经营收入 |
| 2007 | 5.93 | 1.01 | 32.89 | 13.41 | 0.74 | 469.35 | 17.38 | 12.88 | 4.5 | 2.86 | 40.74 | 20.54 | 50.42 | 40.72 | 31.13 | 23.55 | 928.73 | 421.44 | 849.98 | 1132.2 | 128.56 | 12.65 | 6221.74 | 4802.86 |
| 2009 | 6.22 | 1.16 | 33.30 | 14.63 | 0.84 | 452.24 | 17.48 | 13.02 | 4.46 | 2.92 | 41.37 | 21.14 | 51.10 | 41.05 | 30.9 | 24.73 | 1209 | 495 | 1148 | 1389 | 199.37 | 14.66 | 7639 | 4165 |
| 2011 | 6.95 | 1.39 | 39.48 | 15.57 | 1.31 | 465.53 | 17.96 | 13.77 | 4.19 | 3.29 | 41.85 | 21.56 | 51.5 | 41.71 | 31.24 | 25.10 | 1325 | 536 | 1274 | 1594 | 294.3 | 26.01 | 8265 | 4308 |
| 2012 | 7.38 | 1.52 | 41.35 | 16.04 | 1.54 | 472.77 | 18.14 | 14.06 | 4.08 | 3.45 | 41.86 | 21.85 | 52.2 | 41.88 | 31.61 | 24.52 | 1491 | 583 | 1315 | 1815 | 366 | 29.33 | 9310 | 4417 |
| 2013 | 7.79 | 1.64 | 45.92 | 16.61 | 1.78 | 481.65 | 18.34 | 14.38 | 3.96 | 3.63 | 41.95 | 24.37 | 58.1 | 42.33 | 31.91 | 24.62 | 1562 | 625 | 1396 | 2333 | 432.4 | 32.62 | 10552 | 4484 |
| 2015 | 8.01 | 1.78 | 46.73 | 17.05 | 2.05 | 490.84 | 18.48 | 14.52 | 3.96 | 3.67 | 42.05 | 25.02 | 59.5 | 42.7 | 32.24 | 24.50 | 2515 | 742 | 1911 | 1744 | 515.6 | 35.56 | 12868 | 2869 |

# 附录 2　调查问卷

南京市溧水区东屏镇_____村村民社会经济生活入户调查问卷

**（一）答卷人基本情况**

1. 您是否是本村原住村民：_____

A. 是，　B. 否；

2. 性别：_____

A. 男；　B. 女；

3. 年龄：_____

A. 20 岁及以下；　B. 21～35 岁；　C. 36～50 岁；

D. 51 岁～60 岁；　E. 60 岁以上

4. 文化程度：_____

A. 小学；　B. 初中（中专）；　C. 高中（大专）；

D. 大学及以上

**（二）调查内容**

（1）人口情况

5. 您家共有_____口人；常住有_____口人；家中儿童_____人，老人_____人。（填入数字）

6. 您家中有劳动力_____人，外出劳动力_____人。其中：进城_____人，进镇_____人。（进镇属于早出晚归的）

（2）土地情况

7. 您家拥有耕地_____亩，林地_____亩，每亩年收益_____元；_____耕种？

　　A. 自己或家人　B. 请人耕种　C. 种田大户

　　D. 流转给公司　E. 抛荒

8. 您对农村土地流转的态度是：_____

　　A. 应加快流转，集约化经营　B. 不可强求，水到渠成

　　C. 维持现状

9. 如果您家的耕地已经流转了，请问_____亩耕地流转了？补偿的方式是_____

　　A. 土地换现金，每亩地每年_____元

　　B. 已被征用，土地换社保　C. 其他

（3）经济产业情况

10. 您的家庭年收入：_____

　　A. 1万元以下；　B. 1万元到3万元；

　　C. 3万元到5万元；　D. 5万以上

11. 您家庭的主要收入来源为：_____

　　A. 农业收入　B. 打工工资收入　C. 集体分红

　　D. 生意经营收入　E. 其他收入

12. 您目前主要从事工作类型：_____

　　A. 务农（自耕农）　B. 进农业大户或农业公司务农

　　C. 进厂打工　D. 开店做生意　E. 没有工作

13. 您家耕地种植的是：_____

　　A. 水稻　B. 棉花　C. 林果　D. 蔬菜　E. 其他（养殖等）

14. 您如果仍是自己耕种，居住地点到耕地的距离_____公里？您认为_____公里的距离比较合理？

　　A. 0.5以内　B. 0.5~0.8　C. 0.9~1.0

　　D. 1.0~1.5　E. 1.5以上

15. 您去田间耕种，是_____去种地

　　A. 步行　B. 自行车　C. 电瓶车　D. 摩托车　E. 其他

16. 您家是否参与村里的合作社组织：_____，如果有，属于：_____类型

   A. 农机服务　B. 农副产品收购　C. 农副产品销售

   D. 农资销售　E. 其他

17. 您家里有_____人专门从事合作社工作？年龄是：_____

   A. 21~30岁；　B. 31~40岁；　C. 41~50岁

   D. 51岁及以上；

（4）户籍情况

18. 农业户口已逐步取消，您是否愿意在城镇落户：_____

   A. 愿意　B. 不愿意

19. （如果您愿意落户城镇）落户城镇对您的吸引力是：_____（可多选）

   A. 生活质量　B. 经济收入　C. 子女教育　D. 城市低保

   E. 医疗保障　F. 其他福利保障　G. 其他

20. （如果您不愿落户城镇）不愿落户城镇原因是：_____（可多选）

   A. 城市生活消费太高　B. 在城市中没有生活来源

   C. 不愿放弃农村土地（宅基地）权益

   D. 不愿放弃农村集体收益分配　E. 在城镇没有住房

   F. 无法享有城镇养老（医疗）保险等社会保障

   G. 不习惯城镇生活　H. 其他原因

（5）住房及居住意愿情况

21. 您在城（镇）里是否有住房：_____

   A. 有　B. 没有；

22. 如果政府给予支持，统一规划（拆村并点），您理想的居住地是：_____

   A. 原住宅改造；　B. 就近原址新建；　C. 搬迁到农村新社区；

   D. 进镇区居住

23. 如果愿意进新社区居住，您认为哪种方式比较合适：_____

   A. 联排住宅；　B. 多层公寓楼；　C. 电梯公寓楼

24. 如果愿意进城镇居住，原因是_____

A. 工作机会多　B. 子女教育质量高　C. 医疗条件优

D. 卫生环境好　E. 设施完善、生活便利　F. 政府优惠政策

G. 农村收入太少了　H. 其他_____

25. 您认为村庄集并工作中需要解决的首要问题是：_____

A. 新社区建设及配套设施；

B. 新社区选址及交通、卫生环境等；

C. 动迁补偿问题；

D. 农民土地及农业生产问题；

E. 其他

（6）公共设施情况

26. 您认为农村出行条件最需要改善的是：_____

A. 加快道路建设　B. 发展农村公交

C. 增加客运车辆　D. 优化道路网

27. 您家孩子现就读于：_____

A. 农村幼小　B. 农村中学　C. 进城择校　D. 没上学

28. 您一般会选择的医疗场所类型：_____

A. 市、区医院　B. 镇医院（镇卫生所）

C. 村卫生站　D. 私人门诊

29. 您认为是否需要敬老院：_____

A. 需要　B. 不需要　C. 无所谓

30. 您认为农村养老院更关心：_____

A. 硬件设施齐全　B. 环境优美　C. 服务水准高

D. 免费或收费低　E. 离亲友近　F. 交往氛围好

**（三）其他开放问答**

您对现阶段农村居住环境还有哪些独到的见解，欢迎您提出来（可另附），谢谢您的参与！

## 乡村居住空间重组研究

_____
_____
_____
_____
_____
_____
_____
_____

姓名：_____ 联系方式：_____

2016. 10. 01

# 村庄访谈提纲
## ——村支书或主任、村民组长

调查日期：

（根据镇社会经济报表结果，至各村进行座谈、调研、核对；座谈对象通常包括村干部、村民代表等）

## 一 村庄概况

1. 负责人姓名　　　　　　联系电话
2. 村庄（组）名称　　　　　　　（村）
3. 行政村（或自然村）总面积　　　　亩，管辖　　个村民小组（自然村有＿＿＿＿个居民点）。
4. 耕地情况

[1] 耕地总面积　　　亩，其中村集体经营面积　　　亩；近年增加或减少耕地　　　亩。

[2] 村里主要粮食作物（可多选）：

A. 小麦　B. 稻谷　C. 玉米　D. 大豆　E. 薯类　F. 其他

5. 人口状况调查表（向村会计查询村庄统计台账）

| 项目 | 数值 |
| --- | --- |
| 全村总户数（户） |  |
| 户籍总人口数（人） |  |
| 劳动力总数（人） |  |

续表

| 项　目 | 数　值 |
|---|---|
| 上年年外出务工人数（人） | |
| 近10年平均外来流动人口数（人）及动态 | |
| 上年年出生人口数（人）、死亡人口数（人） | |

## 二　村庄经济社会建设

6. 近年来，村庄居民点新建及拆迁情况：_____

| 类型 | 名称 | 地点 | 户数 | 面积 | 原因 |
|---|---|---|---|---|---|
| 新建 | | | | | |
| 拆除 | | | | | |

7. 村里有_____个医务室和诊所，占地_____平方米，医务人员_____人，床位数_____。

8. 村内是否有小学：_____

A. 有　B. 否

9. 村内是否有幼儿园：_____

A. 有　B. 否

10. 全村道路总长度约____公里，其中，硬化道路约____公里。

11. 村里是否有专门从事农业生产的专业户：_____

A. 有　B. 没有　若有，有____个。

12. 每个农业生产专业户的类型

A. 农产品交易　B. 农资生产销售　C. 农业耕作大户　D. 其他

13. 每个农业生产专业户的用工____人，劳动力的来源_____？如果是耕作大户，那么其耕作面积_____？耕作方式_____？

14. 村里有没有专业协会、合作社等合作经济组织：_____

A. 有　B 没有　若有，有（回答类型、规模等）_____。

15. 村民新建建房一般需要_____。
A. 原址翻建　B. 集中新社区　C. 进城进镇　D. 其他

### 三　村庄发展

16. 未来村庄经济发展主要依托产业类型：_____
A. 农业　B. 特色旅游业　C. 科技研发　D. 其他。
17. 未来村庄建设意向：_____
A. 原址翻新　B. 在村庄内选址集中建设（有无选址意向）
C. 去镇区附近建设　D. 其他。
18. 未来村民发展愿望：_____

### 四　村庄发展

19. 开放式回答村庄人口、劳动力流动及劳动生产专业化分工等相关内容
——村庄整体外出打工情况？
——农民愿不愿意进城？为什么？好处是什么？坏处是什么？
——土地流转的政策？公共服务配套政策？户籍制度政策？社保政策？
20. 关于生产方式改变的问题。
——农业机械化程度？
——农业水利化程度？
——农业大户数量？
——土地流转数量？
——家庭农场数量？
——……
21. 关于农业专业化水平问题。
——村庄农民专业合作社数量？
——农民进城打工数量？
——农民进城打工意愿？
——农民非农就业数量？

——农产品商品化程度？
—— ……

22. 关于农村制度环境（户籍、土地、宅基地等）问题
——户籍制度
——土地制度
——宅基地制度
——农村社会保障制度（新农保、合作医疗保险、低保等）
——农地耕种奖励制度
—— ……

23. 关于农村生活模式、生活水平（对社会关系）问题
——孩子上学问题
——老人就医问题
——乡土情结问题
——熟人社会问题
—— ……

24. 开放式回答村庄农业现代化发展的相关内容